The Invention of News

How the World Came to Know About Itself

新闻的发明

世界是如何认识自己的

［英］安德鲁·佩蒂格里　著

董俊祺　童桐　译

GUANGXI NORMAL UNIVERSITY PRESS

广西师范大学出版社

·桂林·

XINWEN DE FAMING: SHIJIE SHI RUHE RENSHI ZIJI DE

出 品 人 刘春荣
责任编辑 安　静
助理编辑 何虹霓
装帧设计 张　军

THE INVENTION OF NEWS:
HOW THE WORLD CAME TO KNOW ABOUT ITSELF
Copyright © 2014 by Andrew Pettegree
Originally published by Yale University Press

著作权合同登记号桂图登字：20-2018-042 号

图书在版编目（CIP）数据

新闻的发明：世界是如何认识自己的 ／（英）安德鲁·佩蒂格里著；董俊祺，童桐译. —桂林：广西师范大学出版社，2022.1
书名原文: The Invention of News: How the World Came to Know About Itself
ISBN 978-7-5598-4331-9

Ⅰ．①新… Ⅱ．①安… ②董… ③童… Ⅲ．①新闻事业史—欧洲—1400-1800 Ⅳ．①G219.509

中国版本图书馆 CIP 数据核字（2021）第 203504 号

广西师范大学出版社出版发行

（ 广西桂林市五里店路 9 号　邮政编码：541004 ）
网址：http://www.bbtpress.com

出版人：黄轩庄
全国新华书店经销
湛江南华印务有限公司印刷
（广东省湛江市霞山区绿塘路 61 号　邮政编码：524002）
开本：880 mm×1 240 mm　1/32
印张：15.5　　字数：350 千字
2022 年 1 月第 1 版　　2022 年 1 月第 1 次印刷
审图号：GS（2021）6405 号
定价：128.00 元

目 录

引言：一切新闻，皆足道也

　　1704 年，英国作家丹尼尔·笛福着手创办了一份政治期刊——《法国每周评论》[1]，此时的他还未因其伟大的小说《鲁滨逊漂流记》而名声大作；他在后来才发现自己作为小说家的使命。到目前为止，笛福在许多方面都有涉猎，但经常以失败告终。《评论》也是他为赚钱做的又一尝试。这一次，他做到了。不出几个月，笛福的出版物就找到了新的形式——将围绕时事性话题的单篇文章分期连载，一周发行两到三次。

　　笛福是幸运的，他创办《评论》的时候正值读者大众迅速增长，时事市场迅猛扩张。笛福自然充分利用了这样的时机。在 1712 年的一篇文章中，他开始将注意力转向上升的新闻出版市场，并且义无反顾，毫不退缩。笛福写道，我们的时代正在见证一场媒体的高度繁荣。他回忆说，在他的有生之年从未见过哪段时间有这样铺天盖地的报纸、政府文件和政论文章。人们对新闻的渴望正在改变社会，笛福也乐于处在风口上。[2]

　　笛福并非唯一一个注意到当时新闻热潮以及似乎是与其相伴随的政治辩论中的恶毒口吻的人。但如果他真觉得这是新现象，那就大错特错了。六十多年前，英国内战也催生了一股宣传册、新闻报道和讽刺性政论的潮流。第一批大陆报纸创办于四十年前。早在笛福之前，甚至在报纸诞生之前，在谚语中就可以看到对新闻的渴望。"怎么样，有什么新闻么？"这种常见的英国式问候经常出现在伦敦的舞台上。[3] 旅行者可以购买写有必要词汇的短语书，因此他们也可以加入谈话："你有什么新闻吗？这个城市正在发生着什么？西班牙有什么新闻？"[4]

新闻最初成为一件商品，并非起于笛福的伦敦，甚至并非始于报纸的发明，而是更早：在 1450 年到 1530 年的八十年间，紧随印刷术的发明。在这段技术创新的时期，出版商们开始尝试新的图书形式，远比早先主导手抄本市场的神学和学术文本简短、便宜。这些小册子和传单为业已存在的新闻需求转变为大众市场创造了机会。新闻得以首次成为流行文化的一部分。

本书回溯了欧洲新闻市场在从 15 世纪到 19 世纪这四个世纪间的发展，讲述了这一变革。它承前于中世纪（彼时新闻是政治精英的特权）以来商业新闻市场的发展。四百年后，新闻开始在大众政治中起决定性的作用。直到 18 世纪末的法国和美国革命时期，新闻出版物不仅为正在展开的事件提供日复一日的记述，而且就塑造这些事件发挥了重要作用。大众传媒时代即将到来。

信任信使

人类想获取信息、想知道内情的欲望，与人类社会本身一样古老久远。人们总是会不遗余力地去发现新闻。11 世纪在地形崎岖的威尔士乡村有两个修道院，彼此相距一百英里，每隔两年它们会交换信使到对方的修道院住一星期以分享新闻。[5]

这个存在于都铎编年史中的故事，说明了早期信息文化的另一个重要方面。中世纪的前人们对于那些他们获取到的书面形式的信息有着很深质疑。他们丝毫没有把握写下来的比嘴上说的可信度更高。恰恰相反：一条新闻的可信度来自这条新闻发布者的名誉和声望。所以，一个可信赖的朋友或者信使口头传达的新闻要远比一篇匿名书面报道更有可能被人相信。这一古老的传统——对报道的信任依托于讲述者的信用——持久地影响了对新闻报道的态度。但是这个早期的新闻世界不易被重构。口头报道为历史学家留下过少的研究线索：研究早期的新闻史就是要将残余和片断给整合起来。

克莱尔沃的伯尔纳铎，是西多会的缔造者，身处中世纪欧洲最庞大的新闻关系网的中心。那些去法国东部的克莱尔沃拜访的人会给他带去他们旅途中的见闻，有时也会在离开的时候带着他的信件。我们异常清楚伯尔纳铎的新闻网络，因为他有五百多封信件留存下来。[6] 但在某些方面伯尔纳铎也特别具有中世纪新闻世界的特色。当时，定期获取新闻是权力圈层的特权，只有他们能够负担，也只有他们有办法收集。但即使是对这些处于社会顶层的特权个体来说，新闻收集也不是没有问题的。他们清楚地知道那些给他们带来消息的人很可能都是有利害关系的。一个游历教士为伯尔纳铎带来一次远方的主教选举的信息，他可能是支持其中某位候选人；一位从国外写信回家的使者可能正在尝试去影响政策；商人们则企图从动荡的市场中获利。尤其是商人，对信息的价值以及依据虚假传言行动的危险有着敏锐的意识。在本书所涵盖的时期的前两个世纪里，商人既是新闻的主要消费者，又是新闻最可靠的提供者。[7]

即使是在新闻变得更加丰富的 16 世纪和 17 世纪，确定新闻报道真实性的问题依然严峻。新闻市场——到了 16 世纪，它已然是一个真实的市场——充斥着相互矛盾的报道，一些不可思议，一些似是而非：生活、财富，甚至王国的命运，都要取决于是否在正确的信息指导下采取行动。遍及这些篇章的重大历史事件常常在一开始就被错误报道。1588 年，欧洲大陆的大部分人起初都认为西班牙无敌舰队大败英国舰队。在这种情况下，谣言、一厢情愿的臆想、扩散的恐慌或基于误判的庆祝仪式，总是颠覆最初准确的新闻。只有在真实的前提下，追求新闻时效才有意义。

这一令人苦恼的悖论开启了新闻分析史的第二阶段：调查确认。正如我们即将看到的，到 16 世纪，专业的新闻工作者对敏感信息的处理已经显得非常老道。骚乱事件的最初征兆会被报道出来，但也会被附上谨慎的意见："此报道尚未确认"。[8]欧洲统治者们都会为关键事件的首次报道倾注大量财力，但他们经常会在采取行动之前先静候第二次或第三次报道。这并非所有人都能负担得起的奢侈：对于法国新教徒们而言，听到 1572 年 8 月圣巴托罗缪之夜大屠杀的新闻以后，只有当机立断采取行动才能避免成为下一个受害者，在这些风雨飘摇的年代，新闻可能关乎生死。

新闻、谣言与流言

并非所有新闻都涉及如此重大或直接相关的事件。即使是在 17 世纪第一份周报出版之前，那些愿意花钱的人就可以获得大量的新闻了，他们甚至只是为了跟上市集广场上的谈话。对于笛福而言，这种丰裕是现代社会的一个巨大奇迹。而其他人却深感不安。在如此大的信息漩涡中，一个人如何提取出真正重要的信息？一个人如何从噪声中分辨出征象？[9]

那些关注新闻的人不得不自创一套方法，在大量的谣言、夸张和屏息分享的秘密中，建构一个关于真相的合理版本。首先，他们会排除纯个人和纯地方的信息。我们的前人无疑很乐于听家族、邻居和朋友中那些充满野心、阴谋和不幸的故事。谁要嫁给谁了，哪个商人或手艺人面临破产，谁因为与仆人或学徒的私通而名声受损。1561 年，一个来自德意志南部梅明根市的市民，很不明智地决定要彻查到底是谁造谣说他女儿为隐瞒意外怀孕而离开了本地，有五十个市民都能够非常明确地回忆起他们最初是如何听到这一有趣的流言的。[10]然而，无论人们如何热切地分享和传播这种谣言，他们一般不会认为这种闲话就是新闻。当问起朋友、生意合伙人或者邻居"有什么新闻？"时，他们意指的都是大事件，比如说，法庭上的进展、战争、战役、瘟疫或者大人物下台。这才是他们在通信或者谈话中会去分享的新闻，正是这种新闻为最早的时事商业市场提供了燃料。

我们偶尔能通过日记或者家族纪事了解到早期的新闻读者权衡和评价这些新闻报道的过程。赫尔曼·魏因斯贝格就是其中之一，他 16 世纪晚期生活在德意志的大城市科隆，可以说是一个古怪之人。直到他去世以后，他的家人才惊愕地发现，他对他们的生活和时代做了非常全面的记录，包括他们的所有活动。[11]魏因斯贝格生活安逸，靠继承的财产收租过活，对同时代的大事有着很紧密的关注。由于他并不属于城市的精英圈层，他不得不依赖朋友或者从自己买的小册子中获取信息。幸运的是，像科隆这样的新闻中心到处都是信息，但不是所有的来源都具有可信度。魏因斯贝格的技能就是权衡相互冲突的报道，并且识别"一般观点"或者共识，这个过程与城市的执政官和欧洲王室处理信息的方式不谋而合。然而有时候，准确地识别事务的真实状态也不可能。1585 年，德意志西部城市诺伊斯的边陲小镇被新教大主教格哈德·冯·特鲁克泽斯用武力占领，魏因斯贝格听说了不下十二个不同的报道称大主教的士兵在未被察觉的情况下偷偷溜进了城。他采访了讲述各自见闻的目击者。市议会不断地派遣信使去调查发生了什么，但都被拒于城门外。魏因斯贝格最终得出结论，真正的事实可能永远都不会为人所知："每个人所说的和所知道的，都不可能超出他在当时当地的所见所闻。但如果他是从别人那里听说的，故事就可能是假的；他就不可能真正地知道。"[12]

新闻报道的指数级增长并没有必然地使事情变得简单；很多人反而觉得事情变得更糟了。事实上，对传统的知情者而言，新闻的产业化，新闻业（交易新闻以获利）的诞生，预示着传统意义上新闻被查证的整个过程——在这一过程中，报道的可信度与讲述者的信誉紧密关联——的动摇。在急速扩张的大众市场,新闻传播者人格的正直这关键的一环被打破了。

新闻的商业化

在本书叙述的第一阶段,还没人从提供新闻当中赚钱。相反,新闻的供应是如此昂贵,只有中世纪欧洲的精英阶层才能够负担得起。你要么支付大量资金建立一个信使网络系统——其固定成本被证实超过了欧洲一些最富有的统治者的财力;要么靠一些人承担起免费提供新闻的社会义务,比如说封建领主的扈从、渴望获得恩惠的人,或者教会中的教士。即使是实力最为雄厚的王室,也要经常把快件交给一些关系要好的商人免费捎带,以此来削减开支。

只有到了16世纪,我们才会见到新闻服务的系统性商业化。最早是一群在意大利各城市里跑生意的人,他们世故而审慎,通过卖新闻赚钱。在这个欧洲最成熟的新闻市场,他们为他们的客户,为这些本身就很有影响力的人提供手写的每周简报。其中最成功的一个人开了一家满是抄录员的店,每周能产出几十本复本来。这些新闻信札[1] 简明扼要,内容广泛,并且都广为人知。它们是早期新闻市场不为人知的了不起的故事之一。[13]

提供新闻是一项非常昂贵的服务,然而对于信息的渴望使得欧洲的统治者和他们的顾问订阅了其中的一些。但这也仅满足了一些人的需求,对于他们来说,获取最好的信息资源是一项政治需要。大多数人将就利用他们免费得到的新闻:在客栈或者市场,以及发布在市政厅门阶处的官方通知。这些免费新闻在舆论气候的形塑中也发挥着重要的作用,且在本书所覆盖的历史时期的新闻市场中,

---

[1] 原文为意大利语"Avvisi"。本书脚注均为译者所加。

依然是不可或缺的一部分。欧洲更为下层的居民们会在他们能够发现新闻的地方挖掘新闻：在谈话和通信里，从旅客和朋友那儿。

新闻市场的真正变革来自新闻印刷市场的发展，15世纪中叶印刷术发明之后，它才步履蹒跚地开始。半个世纪或者更久之后，印刷工人们都奉行着一个极其保守的策略——热衷于出版最接近中世纪手抄本传统的书籍版本。[14] 但是到了16世纪，他们也开始开拓新的市场，其中之一就是新闻市场。新闻正好契应了廉价印刷品市场的扩大，并迅速成为一种重要商品。这股新闻报道的新兴浪潮与既有秩序完全不同。它采用之前的新型的小册子的语气：伴随宗教改革而来的激情四溢的辩护。所以这类新闻报道与手抄新闻工作者那种审慎、冷静的报道有着很大区别。这种新闻小册子不仅要承担起告知的义务，也要承担说服的义务，新闻也第一次成为娱乐产业的一部分。有什么比远方的灾难或者耸人听闻的谋杀更具娱乐性呢？

这也并非没有问题，尤其对传统的社会领导人而言，他们已经习惯于认为新闻是一项由可信的专门机构提供的机密服务。精英们自然会试图去掌控这个新的商业市场，确保这些新闻书册中传递的是有关他们的正面信息。那些还想继续营业的出版商们，就只能谨慎地报道当地贵族所取得的胜利和成就，而不去报道会辱没名声和颠覆权威的战场失利。这些乐于合作的出版商们可以依靠帮助获得正确的文本。宫廷诗人和作家们，经常是一些知名的文学人士，也有义务承担一些新的和不熟悉的任务，去为君主的军事实力唱赞歌和痛斥敌人。[15] 大量这样的作品被印刷出来。尽管这经常被视作一个独裁和非代议制政府的时期，我们会发现，从特别早期的第一批印刷书籍的年代开始，欧洲统治者们就投入了相当的努力，向他们的民众表达观点、解释政策。这也是新闻史中一个重要的部分。

这些新闻小册子上爱国的乐观主义，对欧洲统治者们管理公共舆论的早期尝试很有助益，但也为那些依赖准确的信息流而做决策

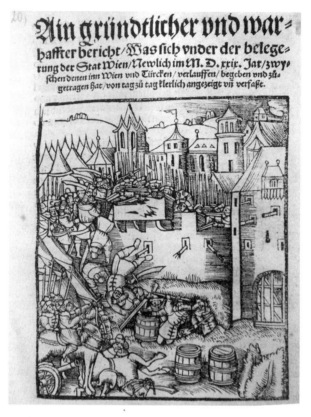

0.1 前线捷报。在维也纳击败土耳其侵略的振奋消息，刊登在当时的一份新闻小册子上。（德国历史博物馆，柏林）

的人带来了困难。已经准备交货上路的商人们不得不对他们的发现报以更为审慎的态度——如果货物能否平安抵达很重要，那么模糊了事实真相的新闻小册子就对他们没有好处。宗教改革带来的欧洲内部的分裂是一个更加复杂的因素：新教和天主教国家的新闻卖主们会不断地只复制认信分界线（confessional divide）一边的新闻。因此新闻就愈发呈现出宗派特征。所有这一切会导致种种歪曲，掩盖事件的真实过程。这对振奋士气也许是好的，但对那些有影响力的人来说，他们需要途径去获得更为冷静的报道，新闻印刷大众市场的增长主要就是个消遣。由于这个原因，16 世纪大量涌入市场的新闻小册子并未淘汰更为专门的手抄服务。新闻信札依然能在有钱人市场中立足；在欧洲的很多地方，秘密的手抄新闻服务一直持续繁荣到 18 世纪下半叶。

报纸的诞生

16 世纪印刷的新闻小册子是新闻市场发展的一个里程碑，但它们也进一步增加了追求真实性和精确性的难度。为了在不那么富裕的读者阶层中争夺有限的可支配的现金，新闻小册子的提供者们有明确的动机让描述尽可能生动，这就对新闻的可信度提出了真正的问题——如果一个作者为增加报道的商业吸引力极尽夸张之能事，那么这个新闻报道又如何能被信任呢？

17 世纪早期报纸的出现，代表了一种应对以上棘手状况的尝试。随着在欧洲新的民族国家中政府机构的增加，需要及时了解新闻的人数也呈指数级增长。1605 年，一位颇有事业心的德意志文具商认为他可以通过将其现有的手抄新闻信札服务机械化来满足这一需求。这即是报纸的诞生：然而其风格——从手抄新闻信札中继承下来的冷静严肃、不偏不倚的叙述——与之前更有立场且散漫杂乱的新闻小册子几乎没有共同之处。

事实证明，报纸的诞生之路困难重重。尽管报纸传播得很迅速，在接下来的三十年中，在二十多个德意志城市都有创办，但在欧洲的其他地区却遭遇了抵抗——比如意大利就较晚才接纳这种形式的新闻出版。第一批报纸中很多为了盈利而挣扎，很快就倒闭了。

报纸的问题在于它不太有趣。虽然被视作一个订购者进而获得关注世界时事的社会荣誉可能很重要，但早期的报纸读起来并不是很有意思。那一连串赤裸裸、不加修饰的事实让人难以理解——有时，干脆是不知所云。有消息说塞萨公爵已抵达佛罗伦萨，但在不知道塞萨公爵何许人也、为什么会出现在那儿的情况下，这条新闻意味着什么呢？这是好还是坏？没有经验的新闻读者会觉得读起来很费劲。而那些习惯了新闻小册子亲近有序的叙事的人能察觉到这种风格的疏异。

新闻小册子提供了一种截然不同的新闻呈现方式，更适合当时的叙事传统。它们聚焦的是最激动人心的事件、战役、犯罪和轰动一时的人或事；通常会在所描述事件结束时发表。它们有一个开头、经过和结尾。最重要的是，新闻小册子尝试解释前因后果。总的来说，这是一个宗教的时代，而这类新闻小册子也会引出一种道德寓意：国王强大，作恶之人自食其果，自然灾难的不幸受害者是在因罪受罚。

而报纸的新闻报道方式很不同，对那些以前没有订阅过手抄服务的人而言，是完全陌生的。每条报道都不过几句话长短，不提供任何解释、评论或实况报道。与新闻小册子不同，读者不知道这属于叙事中的哪一部分，甚至不知道报道内容是否重要。这引向了一种极其讲究的、对读者极为苛求的新闻，给没有经验的读者提供的帮助寥寥。最重要的故事很少放置在最前；没有标题，也没有插图。而且由于报纸是按订阅方式提供的，所以读者们会被期待逐期密切注意事件的进展；这既费时、费钱，还很费心。

这完全不是这些年来欧洲社会的大部分市民对新闻的经验。对他们来说，大事件只有切实影响到他们的生活时，他们才会感兴趣。即使就那些好奇心更强的人而言，新闻也是一个出入自如的领域，在感兴趣的时候买一本新闻小册子，而如果不感兴趣，就把钱省下来留作他用。从事件的展开方式来看，这一点更加说得通——它们有时重大，有时着实寡淡无趣。新闻小册子反映了这样一个现实：新闻有时候很重要，会在新闻界激起一阵骚动，有时则不然。

因此，说服生活在 17 世纪的欧洲居民去定期购买新闻出版物绝非易事。这也就不难看出为何报纸流行起来的步伐如此缓慢。消费者必须被教导要定期了解新闻，而且他们也必须掌握理解新闻的工具。这需要时间，那些了解自己所在城镇或村庄以外的世界的人的圈子扩展缓慢。出于所有这些原因，从第一份报纸创办到它真正成为人们日常生活的一部分，经历了一百多年——直到 18 世纪末，报纸才成为形塑舆论的主要媒介。

　　报纸的出现并没有即刻改变新闻市场。事实上，在至少一百年里，报纸一直努力在仍属多媒体业务的地方寻找一席之地。印刷术的出现并没有抑止早期的新闻传播形式。大多数人依然通过口耳相传的方式获得很多新闻。新闻的传播深刻地展示了这些喧闹、亲密的睦邻社会的发展活力。在市集广场上、教堂内外、家族团体中，新闻在人与人之间传播。富有进取精神的市民们在歌声中庆贺喜事：这

0.2 定期周报，奥地利国家图书馆数字报刊阅览室，1629 年。一份早期的德文报纸。信息冗塞，门外汉读起来很费劲。（普林斯顿大学图书馆，福尔克·达尔藏品，普林斯顿）

也成了一个重要的新闻渠道，而且对于那些原本艰难谋生的旅行歌手来说，相当有利可图。[16] 唱歌也具有潜在的煽动性——地方法官们发现，找到一首煽动性歌曲的作者要比关闭一家印刷店难得多。[17] 更为练达老成、博闻强识的人会在剧院欣赏到对当代的引鉴。由于内行人才懂的笑话和对时事的提及是其保留节目，看戏在较大的城市也是一个重要的新闻领域。[18] 在这个与印刷业新世界共存的多媒体新闻世界中，所有这些不同的地方都扮演了它们各自的角色。

这些长久以来建立的信息交换习惯，为新的印刷媒体设定了很高的标准。我们需要时刻谨记，在这几个世纪里，公共事务的交流几乎都是在社区的环境中进行的。市民们聚集在一起见证市政事件，比如，显贵访客的到来或处决臭名昭著的罪犯。他们听市政或王室官员颁布官方命令；聚集在教堂的门口，研究法令或原告诉状；互通传闻，唱时事性的歌曲。重要的是在这个时代，"发表"意味着声音的流传，是口头上的：书仅仅是"印刷"的。[19] 印刷新闻既鼓励了新的消费习惯（私人阅读以前被视为精英的禁脔），同时又采用了这些古老的口头传统的韵律和文体形式。读早期的新闻小册子，我们经常能听出街头的音乐，它的喧闹嘈杂和不拘一格。相反，提供给早期报纸的读者们的是一种档案馆的与世隔绝的宁静。这不符合所有人的品味。

新闻工作者

这一行当的复杂性要求那些希望从新闻中赚钱的人具有敏捷度和灵活性。许多尝试过的人都失望而归。小册子的发表竞争非常激烈，只有那些能通过人脉获得可靠信息的人才有望发迹。最早的报纸许多都非常短命，能够幸存下来的往往从当地王室那里得到了断断续续的资助（这使得编辑的独立性很难保证）。在写《评论》的大部分时间里，笛福被英国政要秘密聘请来宣传他们的政策。[20]罗伯特·沃波尔爵士通过购买报纸并将其作为他的喉舌来抗衡一个批判性的新闻界。他后来成为英国 18 世纪在位时间最长的首相。

在这段时期的大部分时间里，出版新闻赚不到什么钱，而且收益大部分都流向了那些处于行业顶端的人。如果说确实有人变得富有了，那就是报纸的所有者——在 16 世纪是定制手抄新闻服务的出版商，后来则是报纸出版商。一份手抄新闻服务基本上是由一个消息灵通的个人完成的。随着名声渐长，他会发现有必要雇用更多的抄写员来制作手抄复本；但他是唯一具有编辑权的人。

最早的报纸大都以同样的方式拼凑而成。出版商对其发表的内容全权负责。出版商的任务基本上就是编辑：收集、整合且传播各种报道。大多数情况下，出版商是参与生产过程这一阶段的唯一的专业人员。他没有雇用任何员工或者现代意义上的记者。在最早的报纸中，构成其稿件的许多信息都是免费提供的：信息通过迅速扩张的欧洲邮政服务传播，或者通过函件传送。有一些报纸是与地方王室官员关系密切的半官方出版物，这些官员能提供从国家文件中获取可靠信息的途径。出版商们寻找其他方法从标价出售和订阅中增加微薄的收入。对许多报纸来说，广告成为商业模式的支柱；其他则用礼品、养老金或官职承诺满足政客们，为更好的生存铺路。

报纸的性质和汇编方式没有给我们可能视为新闻业的东西留有多少余地。这些报道的篇幅不够长，没法给评论或实况报道留下太多空间。随着报纸在 18 世纪逐渐确立地位，一些出版商就雇用了一些特约记者在法庭或证券交易所四处游荡，以期采获一些可以发表的材料片断。[21]但他们很少会在记录中留下太多的痕迹。虽然我们会在这一时期看到一些性格鲜明的角色，但这还不是专业记者的时代。他们所提供的信息几乎不具有足够的价值来满足某一报纸的独家新闻服务的需求。大多数人都把自己的故事卖给任何想要的人。

只有随着 18 世纪末的重大事件——英国的新闻自由斗争以及法国和美国的革命——的发生，报纸才找到了强有力的社论声音，也正是在那时，新闻事业才真正成为可能。但它总是危险重重。正如法国大革命中许多著名政论作家发现的，政治命运的转变可能会使一项事业戛然而止。至少这些人的生与死都受到公众的瞩目。而对于其他人，贫穷是一种更为寻常的威胁，他们属于这一行当中的雄蜂，靠嗅闻着谣言作为残羹剩饭。

权力的筋[1]

在这一时期，新闻市场更为成熟，这依赖于通信网络的建设。而在 14 世纪到 18 世纪之间，情况也在稳步改善。欧洲邮政网络变得更为复杂和可靠。新闻报道变得更加频繁。从第二个或第三个独立来源验证一个人所听到的信息也变得更加容易。这之所以可能，在很大程度上是因为创造出了更有效的方式来进行长距离的书信沟通。14 世纪初，只有有钱有势者才能负担起维系一个信使网络的成本；因此，那些掌权者在很大程度上决定了哪些信息应该与其他市民分享。到 18 世纪，相对普通的公民也可以旅行、收发邮件和购买新闻报道。信息交换的过程已建立在合理的商业基础上。这时每年有数以百万计的通信沿着欧洲贸易干线流动。新闻很丰富：如今每个人都能有自己的观点，而且许多人选择表达出来。

有四个主要因素在很多方面主宰着新闻商业——速度、可靠性、内容把控和娱乐价值，而且引人注目的是，这四个要素在这几个世纪里未曾改变。在不同时期，这些因素对新闻的消费者的影响会此

---

[1] 这里作者玩了一个文字游戏，筋的英文为 "sinews"。

消彼长；有时它们会直接冲突。真相很少会像荒诞不经的故事那样有意思，新闻工作者会经常不由自主地移花接木。但无论何地、何种新闻媒介，这四项原则——速度、可靠性、把控和娱乐，都相当简明扼要地表达出了收集、出售和消费新闻的人们最看重的方面。

本书所涉及的几个世纪见证了欧洲市民视野被极大拓宽。美洲的发现和通往亚洲的新贸易通道的建立，带来了遥远大陆间的新联系。虽然这些新发现在形塑我们对这些历史时期的看法上发挥了很大作用，但与此同时，静悄悄的渐进式革命也同样重要，它让市民能接触到毗邻的城市、首都，甚至欧洲其他国家。坐下来翻开 1750年欧洲十几个国家中任意一个的每周新闻摘要，男人和女人都可以感受到远方事件的魅力。他们可以通过定期阅读去了解欧洲社会的杰出人物以及对权力的处理。在四个世纪以前，这样的知识还远不会被广泛传播。在更早期，对绝大多数市民来说，村庄和城墙之外的生活新闻，都是来自邂逅陌生人的偶然机会。他们对外面的世界知之甚少，除非直接受到高层政治活动或战争在当地的影响。这对新闻而言是一个全然不同的时代。然而哪怕是在这一更早的时期，我们仍然发现一种对信息的饥渴，即使只有那些政、商界的最高层人士才能被满足。在接下来的几个世纪里，也是同样的饥渴促使欧洲社会走上了通往现代传播文化的道路。

第一部分
新闻出版的开端

第一章　权力与想象

　　1493 年到 1519 年在位的神圣罗马帝国的马克西米利安一世并非最精明的统治者。虽然进行了一系列旋风般的旅行、外交和乐观的王朝联盟，但他从未成功控制其辽阔而分散的疆土。甚至在他被选为皇帝之前，低地国家就已对他怨声载道，以至于 1488 年，布鲁日人民把他扣押了七个月，直到他屈服于他们的要求。他总是债务缠身，有一次为了躲避他的德意志债主，不得不在黑暗的掩护之下偷偷溜出奥格斯堡。这既不尊贵，又有失威严。

　　但马克西米利安似乎总能战胜逆境。他超常的适应力和层出不穷的阴谋诡计，使得他的孙子查理五世将从他这里继承辽阔到愈发让人生畏的领土，包含了欧洲大陆的大部分地区。马克西米利安也不乏想象力。他比当时任何统治者都更加高效地利用印刷的革新力量。[1]1490 年，他开始了一项将在传播史上留下巨大反响的项目：他决心创建帝国邮政服务系统。

　　此时马克西米利安所统治的是一个很不寻常的领土组合。他与父亲腓特烈三世共同执政，统治着奥地利哈布斯堡王朝和德意志南部；通过他的第一任妻子——勃艮第的玛丽，他成为尼德兰的实际统治者，为他的幼子腓力摄政。后来，与米兰公爵女儿的联姻开启了王朝进一步扩张的前景，但也使他陷入与法国国王的持续冲突以及对意大利至高权力的争夺。要应付这么复杂的领土且处于持续的行动中，马克西米利安就需要拥有最新的政治情报。有鉴于此，

1490 年，他将来自意大利通信专家家族的弗朗西斯科·德塔西斯和杰诺多·德塔西斯召到因斯布鲁克。[2] 这两个人是亚历山德罗·塔西斯的儿子，后者由于组织建立了教皇的信使服务系统而享有盛誉。弗朗西斯科随后在米兰和威尼斯也积累了类似项目的经验。现在，马克西米利安雇用了这两个人来建立一个横跨欧洲的定期邮政服务：从奥地利的因斯布鲁克到他的尼德兰首都布鲁塞尔。双方协议以固定的间隔建立长期驻人的驿站：信使以每小时七点五公里的速度，每天驰行一百八十公里。1505 年，一份新协议将这一网络的范围扩展到西班牙的驻地，在格拉纳达和托莱多，当时马克西米利安的儿子腓力作为共同统治者驻在这里。

　　像马克西米利安的很多宏伟蓝图一样，帝国邮政网络只取得了部分成功，在它能够完全运转起来之前还要一百年。但从这些发端中，终会出现一个通信网络来支撑我们将在本书中看到的很多事物：新闻商业市场的开端，以及第一批定期的分期连载新闻出版物。

1.1　两幅马克西米利安皇帝的肖像。哈布斯堡家族的人长得并不英俊，虽然艺术家阿尔布雷希特·丢勒的艺术才能至少能赋予其一定的威严。（大英博物馆委托人，伦敦）

现在很难得知究竟是什么激发了马克西米利安施行这一重大举措。但在进行这样一个雄心勃勃的擘画时，他和许多文艺复兴时期的同时代人一样，从先人那里寻求灵感。在弗朗西斯科·德塔西斯的帮助下，马克西米利安有机会似是而非地仿出一套古罗马帝国的邮政系统——这是截至当时人类文明中最为成功的通信系统。

时光的流逝就算没有抹去罗马帝国的记忆，也还是在相当程度上消除了它物质上的残余。但罗马通信系统所留下的印记被证明经久不绝。当中世纪的欧洲逐渐建立起自身的新闻和通信系统时，它将犹如幽灵在背后徘徊。

文德兰达[1]幽灵

像许多罗马帝国时期创造出的东西一样，罗马的邮政服务是一项具有超凡想象力和行政抱负的成就。罗马道路网的设计就是为了调动从西班牙延伸到德意志、从不列颠延伸到小亚细亚的军事统辖区周边的大批军队。高速的信使服务是支撑这一体系的信息和行政基础设施的重要组成部分。虽然大部分工程都是在共和国时期落成的，但邮政服务到奥古斯都皇帝统治时期才完全建立起来。[3]信使们骑马或乘马车，主要的驿站相隔八英里，每三个驿站设置一个夜宿的营房。这说明一个信使通常是以每天二十五英里左右的速度前进。倘若消息特别紧急，每天五十英里也是有可能的，但如果行程非常远的话，路上将会花掉信差不少通行费。

一般来说，一整段行程都是由一位信使捎信。原则上，送信人

---

[1] 文德兰达（Vindolanda），即英国古罗马文德兰达堡垒，位于北英格兰罗马墙南侧，以文德兰达木牍闻名，它被视作现存最古老的英国手写文件，上面记载了大量罗马帝国统治时期英国北境的生活状态。

如果轮班，旅行就会舒服得多，但很多信息十分机密，所以只能委托给特定的人来送。通常书写的信息不过是一封能够证明递送人资质的介绍信，重要的实质性内容会通过口头传达。同一个送信人还要带回一个答复。根据苏埃托尼乌斯的说法，奥古斯都个人对建立邮政很感兴趣，他还将注明信件日期的做法正规化，甚至要求记录派送的确切时间。

帝国邮政系统是专门服务于庞大的罗马行政机器的。这项服务的维护费用极高，尤其是在发展出了供旅客住宿、歇马和换马的更考究的休息站（mansiones）之后。这个系统一般不向公众开放。然而在专差服务的同时，管理帝国也需要在沿途运输大量军备。而这种更加平常的交通方式似乎给分散在遥远村落的帝国公民们提供了充足的机会，让他们的书信交流保持了相当惊人的水准。

还原这一切也只能靠臆测，因为大多证据早已消失。但幸亏近期在罗马帝国不列颠北部边境的哈德良长城的一个重大发现，让人们可以一窥这个遗失的世界。文德兰达是一个驻扎在古城墙附近的军事营地，1973 年，一队考古学家继续在这里进行常规的挖掘工作。在挖到一条战壕的时候，他们发现了一堆皮革、织物和稻草，混杂着蕨类和木头。其中一些木头又小又薄，呈碎片状。他们检查了这些碎片，发现上面有明显的字迹。之后他们又发现了将近两千块书写板，都是用墨水写在木制薄板上——不知怎么的，它们在诺森伯兰无氧的土地中奇迹般地保存了下来。[4]

在此次挖掘中发现的木片，改变了对帝国北部书写文化的既有了解。用途广泛的芦苇是罗马时代最廉价，也最丰富的书写材料，而不列颠地处一隅，远离纸莎草的生产中心。在没有莎草纸的地方，官员们就在上过蜡的木片上书写，把内容刻在石蜡中。在文德兰达的挖掘行动也发现了大量的此类木片。不过，一旦上面的蜡消失，刻在上面的内容就几乎无法辨认了。在文德兰达发现的碎木片——

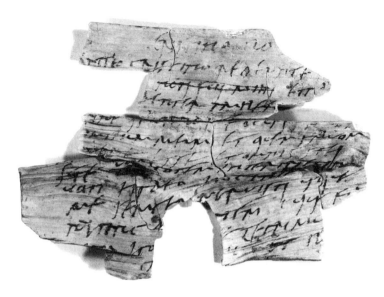

1.2 来自文德兰达的木制书写板碎片。其内容是一位文德兰达的地方行政长官写给某位克里斯皮努斯的书信手稿。（大英博物馆委托人，伦敦）

随后也被其他发现证实——揭示了一种全新的书写媒介，它向一般公众广泛开放。现在在大英博物馆里的这些书写板，保存着一百多位作者的通信往来，他们之中有当地官员和他们的妻子，也有驻边防区的地位较低的人。

文德兰达的幽灵往往只是一些小小的、不完整的碎片，包含着神秘难解的信息，但它们揭示了一个兼具深度和广度的书写共同体，其范围甚至能延伸到帝国极其边缘的一个边境哨所。而应该铭记的是，这个共同体不是由罗马军团，而是由从臣属民族中招募的辅助部队来控制的。我们不知道读写技能在罗马帝国传播得有多广泛。[5]但从文德兰达的书写板中，我们可以推断的是：即使社会还没有达到足够高的文化教养，但倘若书面交流已然是一种规范化的传达新闻的手段，政府和行政系统也能以此为前提得到建立。

毋庸置疑，罗马人是用权的大师。帝国邮政系统的创立反映了这样一种认知，即信息控制以及重要新闻的迅速传递，对于高度分散、领土守备薄弱的政府而言至关重要。罗马时代的不列颠是一个以极小力量管辖较大区域的典型。这之所以可能，是因为对通信的控制意味着一股更为强大的、更势不可挡的力量可以被迅速汇聚。

罗马的邮政系统随帝国一同灭亡了，直到16世纪初，怀着同样野心的德意志皇帝们才使其复活。但罗马的通信网络留下的主要教训——对新闻的控制是权力的本质属性——在中世纪的欧洲被完全领会。而这些，我们将会从中世纪世界三大权力掮客——教会、国家和商人阶层——的行为中看到。这三大权力将发展出一种生动的新闻文化。

从修道院中

教会是中世纪欧洲最大的阶层之一。教会制度的确立对罗马帝国覆灭后学问的保存发挥了至关重要的作用。由于教士阶层的成员资格在根本上是依读写能力来确定的，所以神职人员也就必然成为早期中世纪社会的指定记录者。随着教会巩固了其在整个西欧的势力，它在文化转型中也走到了最前沿——传承下来的智慧不再通过记忆，而是通过书写记录来保存。[6]但这并不意味着，书写被假定的优越性完全不具争议。在11世纪和12世纪爆发的世俗力量与教会力量的各种冲突中，民间人士并不总是愿意承认口头报道的权威性不及他们所说的"写在动物皮上的文字"。[7]这种措辞巧妙的侮辱成功地把注意力引到羊皮纸那不怎么浪漫的起源上，这种纸是彼时唯一可供大量使用的书写材料。它由干燥的羊皮或牛皮制成，是一种优良、可靠、耐用的书写表面，但制作复杂且造价昂贵。这一书写表面必须按照原来兽皮不规则的规格，所以通常使用的是从边缘部分切下来的薄片。因此，除了最正式的用途（比如宪章或条约），人们强烈希望能简短地记录信息。通常，就像在罗马时代一样，书面交流只能证明信使的可信，信息的实质则由他们通过口头传达。羊皮纸也可以反复使用，但重要的文献信息往往就丢失了，因为这时文本已被刮掉，由其他文字覆盖。这意味着中世纪早期的信息文化往往需要从碎片化严重的遗迹中重建。

这一性质的问题甚至同样适用于中世纪欧洲新兴新闻网络发展的鼎盛时期。例如，西多会的修士克莱尔沃的伯尔纳铎，从他那里传来了中世纪基督教最为卓著的声音之一。他深陷于当时重大的政治和神学争论之中，直言不讳地反对卡特里派和神学家彼得·阿伯拉尔。他自愿介入关于主教选举的争论，并向法国国王路易六世建言献策。1146 年到 1147 年间，他在布道中充满激情地支持第二次十字军东征。所有这一切，都需要对维持一个活跃的信息、信使和通信网络保持密切关注。

在 12 世纪的欧洲，这绝非易事，不过伯尔纳铎有一个无法估量的优势。克莱尔沃修道院是一个范围很广的修道院网络的母院，而作为克莱尔沃修道院的院长，伯尔纳铎可以求助于一群愿意四处云游且有文化修养的教士。伯尔纳铎有大量信件留存下来——大约五百封，远远超过与他同时代的（对手）彼得，后者是颇受爱戴的克吕尼修道院院长。[8] 这些还仅仅是信息网络的可见遗迹，这一网络已经远远超出了与罗马进行定期通信的范畴，甚至远及君士坦丁堡和耶路撒冷。维护这样的网络也不是没有挑战性。正如罗马信使的情况一样，书面的沟通经常只是一封介绍信，消息的内容依赖口头传达。伯尔纳铎有时候需要耐心等待一个合适的信差，他可以被信任且能够准确地传达一则敏感信息。他的幸运之处在于，克莱尔沃是许多朝圣者与神职人员因官方事务而经常驻足之地，它地处繁荣的香槟产区，介于巴黎、第戎和阿尔卑斯山山隘之间。

以当时的标准来看，伯尔纳铎的消息可以说特别灵通。但是哪些人会路过以及他们会带来什么样的新闻，这中间依然有着很大的偶然成分。要确证来访人带来信息的真实性，几乎是不可能的。伯尔纳铎必须自己来评估来源的可信度。很多带来新闻的人都怀有私心，比方说一场充满争议的主教选举。如果这个新闻对伯尔纳铎重要到让他差遣自己的信使，他可能也要过好几个月才能收到回复。即便是往返于罗马这个欧洲最密集的信息交流中心，大概也要四个月的时间。而且由于这位被派遣的信使肯定有自己的事要办，他可能并没有返回克莱尔沃的计划。与临时通信者的联系甚至要更加零星。很难想象一次需要几封快件来回传递的复杂的协商。

编年史

克莱尔沃的伯尔纳铎是个例外，他的地位实际上相当于枢机主教。但是，他的许多教士同工也希望能够及时地了解事件，并且都意识到了解修道院之外的生活的重要性。中世纪的修道院发挥了作为社会集体记忆守护者的重要作用：修道士是西方基督教世界第一批历史学家。为了履行这一职能，他们需要竭尽所能去收集有关这个世界的愚行和苦痛的信息；用编年史家坎特伯雷的热尔韦的话来说，就是"发生在那些年代的国王和君主们的事功，以及其他事件、征兆和奇迹"。[9]

其中一些事件具有非常鲜明的时代特征，而这一趋势在 14 世纪和 15 世纪的编年史撰写中更加突出。其部分原因是在俗神父甚至平信徒在编年史写作中日益占据支配地位，他们许多都与宫廷的权力中心有着密切关联。修道院的编年史家囿于其使命的特性，基本被局限在他们的住所中，这些新编年史家却可以外出四处走动：他们一般都是书写他们的亲身经历，或者记录下他们亲自与之交谈过的目击者和参与者的故事。

这些中世纪编年史家提供了一种超前的且非预期的发展新闻价值的观念。他们自然是从宗教视角来书写的：事件反映出上帝意图的展开，而且必须在上帝启示的语境中加以诠释。但他们也展示了这样一个深刻的关切，即他们所记录的事件应该是可信的，并且被承认为可信的。他们反复提供关于信源质量、证人的数量或社会地位，以及作者是否在场的证明。即使是对发生在遥远地区的事件的记录，也反映了明确的关切，即只报道可信的东西。因此，对于1325年发生在阿维尼翁的罕见的、导致多人丧生的严重霜冻灾害，伦敦圣保罗大教堂的编年史家是这样记录的："据当地亲眼见到的人说，一天一夜之间，覆盖在湍急流动的罗讷河的冰就超过了八英尺[1]厚。"[10]请注意它是如何通过附加一个看起来精确但又无法证实的细节——冰层的厚度——来大大增加报道的可信度的。

许多中世纪的编年史家是偏袒的，是他们为之记录事功的国王们激烈的批评家或狂热的拥护者。但他们也表现出了一种超前的新闻报道伦理的本能。如果他们依靠的是二手或三手报道，他们会这样表述："据说""人们说"。当他们发现描述相互矛盾时，他们往往会审慎地报道这一事实。当然，如果事件已经得到解决，他们再写起来就可享受"后见之明"的益处，没有报道同时代事件的风险。编年史家们可以回过头来反思，并且得出恰当的道德教训：一颗彗星预示着大坏事，国王或因其美德嘉行而被褒奖，或因其倒行逆施而被谴责。新闻从来都不是转瞬即逝的，而是贯穿着目的。正如我们将要看到的，这种道德说教形式同样是接下来几个世纪的许多新闻报道的特色。在这方面以及其他许多方面，中世纪的编年史家们

---

[1] 英美制长度单位，1英尺约为0.3米。

对同时代历史的观点，将对商业新闻市场的发展产生深远的影响。他们共享着历史连续性的观点，将过去、现在和未来的事件联结在一个有机的整体中。

朝圣之路

中世纪的旅行从来就不是无谓的。路途上的艰险人所共知，而且几乎没有资源或空闲去进行一场与职业需要不直接相关的旅行。途经一个城镇或村庄的旅客，如果不是在这条路线上定期来往的商人，那很可能是一个朝圣者或战士。朝圣者经常以交谈化缘。有时候他们可能会被说服捎口信或送信到途中的一个目的地。几乎没有人会向一队装备齐全的士兵寻求类似的帮助。

在中世纪中期的大部分时间里，朝圣者和战士这两组人纷纷将目光转向巴勒斯坦。十字军的集结是 11 世纪到 13 世纪期间主要的公共事件。整个欧洲大陆都回响着动员备战以及呼吁宗教捐赠来承担十字军东征费用的声音。许多欧洲市民都知道谁加入了神圣军队，归来的骑士和随营人员也带回了他们自己对那些陌生险恶之地的描述。耶路撒冷是对朝圣者虔诚的终极考验，尤其是因为在 1291 年阿科陷落之后，这些圣地就再也不属于基督徒了。

在接下来的几个世纪里，那些踏上这段艰苦旅程的人，可以利用相当多的旅行文学作品，它们提供了去各个圣地的路线和游览经历。到了 14 世纪，这样的游记提供了对地方风情和珍奇动物的丰富观察（旅行者们对长颈鹿尤其觉得惊奇）。[11] 这样的书面指南在更广泛的公众中慢慢传开所耗费的时间削弱了使它们成为新闻出版物的权利。请记住，这是一个每本书都必须手抄复制的年代。但它们确实标志着某种程度上的视野开阔的第一阶段，也标志着地理参照系的扩大，这将是接下来几个世纪中新闻文化的一个重要方面。

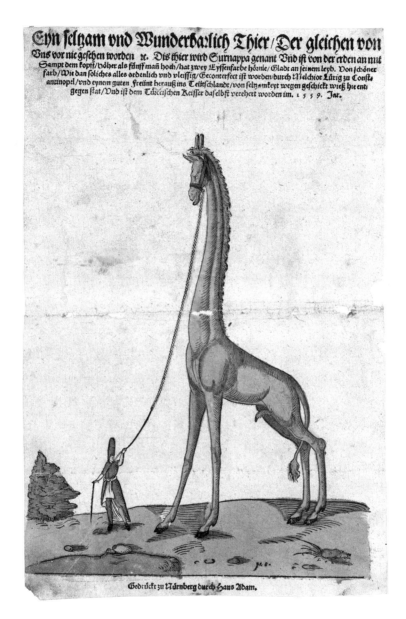

1.3 一种稀有罕见的动物：长颈鹿。既然像长颈鹿这样难以置信的存在都被证明是真的，也就很容易理解为什么那么多在我们看来是不可能的旅行者的故事会被信以为真。（中央图书馆，苏黎世）

在那些招募十字军的西方国家中，十字军东征必定对其大部分社区产生了影响。在一个依然将演讲作为传递事实主要手段的社会里，人们更愿意听来自远方的故事。据说在 11 世纪，一个普通的基督徒，对耶路撒冷的存在，比对离他们最近的大城市的名字更为熟悉。[12] 但这是有代价的。通过煽动基督徒的舆论来反对伊斯兰教，似乎永远不会结束的十字军东征将一系列耸人听闻且后来证明经久不衰的成见予以经典化。即使是 14 世纪和 15 世纪最具人类学意义的朝圣者的叙事，似乎也没有对关于伊斯兰社会的奇异幻想构成挑战，这一时期的文学作品中充斥着这种异国情调的想象。如果说基督教社会对萨拉森人有任何了解的话，那也是来自武功歌式的流行史诗，而不是亲历者的描述。

这为新闻的接受制造了一个充满挑战的环境。在整个中世纪和 16 世纪，新闻，尤其是远方事件的新闻，不得不与游记和浪漫史诗中记载的奇迹、骇闻和英勇事迹相竞争。[13] 真相往往更加平淡无奇，因此乏善可陈。要想将虚构与真相分开来绝非易事。纵使我们把自己限定在那些声称是真实的文学作品里，也没有哪一部朝圣者的作品，能享有一丝马可·波罗描述更远地区的游记或者约翰·德曼德维尔来得更假的游记的成功。这两部作品有五百多份手稿从中世纪留存了下来。[14] 它们都在文艺复兴时期旅行者的想象中占有一席之地，包括最负盛名的克里斯托弗·哥伦布。

信仰与商业

并非所有的朝圣之旅都像去耶路撒冷那样艰难。其中大多数，尤其是平信徒的朝圣，都在本地。我们也许还记得，杰弗里·乔叟笔下的朝圣者从萨瑟克到坎特伯雷的旅行相对来说便很简单，行程约六十英里。由于这条路是英格兰最完善并且得到精心养护的道路之一，人们不禁好奇他们怎么有时间发生两个或三个以上的故事。当然，乔叟的朝圣者们所享受到的悠闲环境，以及他们的旅途无需费什么力的性质，是笑话的一部分。

到了这时，朝圣之风已然招致了一定程度的批评，更为严格的宗教信仰者担心像这样一些人的朝圣会演变成对虔诚与审美的背离。著名神学家雅克·德维特里就是一位持尖锐意见的人——"思想轻浮、好奇心重的人踏上朝圣之旅，并非出自虔诚，而仅仅是出于好奇和喜新"。[15] 即便如此，乔叟着实是高度概括了朝圣之旅为欢宴、流言和交换新闻提供的机会。

在中世纪后期，朝圣成为教会生活中错综复杂的一部分。坎特伯雷是吸引英国崇拜者和来自更远地方的朝圣者的诸多地点之一。法国中世纪的朝圣地点激增，包括利摩日、普瓦捷和布尔日。[16] 更为艰苦的地点有苏格兰的圣安德鲁斯和西班牙北部的圣地亚哥-德孔波斯特拉，尽管许多朝圣者都是乘船去圣地亚哥，而不是忍受陆路的长途跋涉。各朝圣地之间竞争很激烈，尤其因为当地的统治者非常清楚接待朝圣者以及随之而来的销售小饰品和纪念品的金钱收益。这种商业的范围，及其背后在欧洲道路上交错往来的朝圣者的数量，可以通过这样一个史实来判断——一个野心勃勃的德意志企业家在 1440 年签订了一份合同，为在亚琛七年一度的圣物展览提供三万二千面朝圣者的镜子。[17] 这一事业的失败（合作伙伴弄错了年份，无法在规定期限内偿还债务），导致一个叫约翰内斯·谷登堡的策划人，将其精力转向另一种试验性的商业技术——印刷术。

所有朝圣地中最出名，也最受欢迎的就是西方教会的源头罗马。[18] 有相当数量的朝圣者都进行过一次真正艰苦卓绝的旅行，对非意大利人来说，要么是危险的海上旅程，要么是穿越阿尔卑斯山的长途跋涉。1300 年，当教皇卜尼法斯八世宣布对到过梵蒂冈大教堂的朝圣者施行大赦，大约有二十万朝圣者踏上征程。1350 年又是一个大赦年，此后每隔一段时间出现一次。当朝圣者集聚在意大利半岛，手持一张为他们制订的路线图，会让他们更容易找到正确的路。这些寻路工具是方便携带的手写卷，上面列出了路线上的重要节点，通常还会标识出它们之间的距离。像布鲁日旅行指南这样一张路线图，可以带着旅行者从佛兰德中心走到莱茵河畔。[19] 它勾勒出的路线在后来的几个世纪里将成为欧洲第一条伟大的信息高速公路。

在十字军东征的三个世纪中，连续几任教皇在号召收复耶路撒冷方面发挥的领导作用大大提升了罗马作为朝圣地的显著地位。在中世纪后期，这个城市就自然成为了新闻和国际政治的中心。它向西方教会所有教省声索财政支持的权利导致了大量的资金转移，为此教会广泛地使用了新兴的国际金融网络。寻求教皇对任命、分配和撤销的批准，需要不断的书信和请愿书。中世纪教皇对欧洲权力政治的积极干预也引起了人们的注意，尤其是意大利人，但也有可能来自其他国家。因此，罗马是第一个有许多国家设立它们各自代表的地方。外交的诞生，使新闻、流言与阴谋自然地随之出现，这在很多方面都是偶然的。去罗马的旅程很长，而教会的事务进展缓慢。当旅行者们恢复元气并且耐心等待办事时，他们会看到各种景象，而且经常写信回家。他们成为第一批大使，与其说是有意使然，不如说是出于偶然。[20]

在这一时期的大多时间里，教皇权力的权威甚至所在地都遭到了激烈的抢夺。1309 年至 1376 年间，在新当选的克莱蒙五世拒绝移居罗马之后，接下来的连续七任教皇都居住在法国南部阿维尼翁的教皇飞地。在这七十年里，即在西方教会大分裂导致在阿维尼翁和罗马确立了竞争性的权力中心之前，阿维尼翁成为教会事务的中心，吸引了大量之前在罗马建立的官僚机构。这其中就包括了一个相当大的信息网络。14 世纪的纸质记录包含有至少六千份信件：秘书处每天会向欧洲某个地方发二十封信，而这就需要苦心经营一个具有相当规模的基础设施。[21]

　　这些信件中只有很小一部分是由教皇自己的信使带来的。信使身份尊贵，是在教皇官邸中享有特权的成员，在14世纪大约有四十位，但他们不可能同时都在路上。送急件也只是职责之一，他们还要去周围的市场上谈价钱，为教皇官邸的供应发挥相当大的作用。不管怎么说，通过信使送信的成本都十分高昂。教皇秘书处竭尽全力地压缩成本，让返程的密使或者其他要离开阿维尼翁的顺路的旅行者送信。就像在罗马一样，其他教会或君主的密使都可能为一次派件等上几个月的时间，然后一次性带着一大堆要送的信离开。教廷的代理人去收税或者主教和修道院院长去巡视教务时，也可以帮着送信。不过这种机会大都可遇不可求。大量的日常通信都是教皇们利用在阿维尼翁、意大利总部和欧洲各地其他分支机构之间来往的商人信使来完成的。14世纪上半叶，意大利所有的大公司都在阿维尼翁确立了永久居留权。巴尔迪、佩鲁齐和阿恰约利是教皇的三大银行家，他们的大部分信件都是有关融资和债务偿付的。在世纪中叶的佛罗伦萨金融危机之后，教皇被迫依赖一些未必有自己的信使的公司，或一些实际上为满足教皇的通信需求而专门成立的私人专业服务机构。这其中的一些自由经营者，像皮耶罗·迪杰里，生意做得相当大。皮耶罗将其在阿维尼翁的旅馆经营与按需提供的信使服务结合在一起，这一举措赋予了他相当大的影响力：从1355年开始，作为某种非官方的邮政局长，他可谓名利双收。[22]

　　就可以用来接收和发送信息的机制的多样性而言，教皇与皇室宫廷并无不同，不过他多了一项方便，即一个由遍布西方教会的供信和送信志愿者组成的大规模基础设施。即便如此，维系一个如此庞杂的信息网络，尤其是在教会的困难时期，给它的财政带来相当大的压力。节省开支的需求常常会导致拖延，送往像罗马或威尼斯这样的目的地的日常通信就会积压，直到信件足够装满信使的行囊，这可能需要几个星期的时间。[23] 在中世纪的消息网中，经济和效率一直处于张力之中。

挚爱双亲

另一个建立起自己的邮政服务的群体，是欧洲文教阶层中地位相对不那么高的部分——大学生。大学是一种非常特殊的教会团体。它们和修道院一样，致力于培养侍奉上帝的年轻人。但其人员流动性更强，年轻人在这里待的时间较短。尽管中世纪的大学生活非常简朴，但学生们并不拘泥于禁欲生活的严格要求。

那些最大的大学吸纳的学生来自全欧洲。这些离家在外的年轻人常常得思乡病，大学便发展了成熟的通信服务来让他们与家人保持联系。第一个有记载的大学邮政服务机构在博洛尼亚，成立于1158年；配备这样一项服务是15世纪几乎所有大学共有的特征。西班牙萨拉曼卡大学雇用了十五名赶骡子的人作为信使；法国的布尔日在其成立之日就设了六名信使。记载最为完备的一个例子在巴黎大学。[24] 它成立于1300年左右，信使由不同学生的"国家"委任来为本国人服务。[25] 长途旅行一年里有一到两次，短途则更为频繁。大学的信使享有特权，可以免除一系列税收和义务。这种职位非常吃香，到14世纪以后变得更加有利可图，这时信使们也开始为其他顾客送信。这种私人的邮政服务持续了相当长的时间。1610年，谋杀法兰西国王亨利四世的让·德拉瓦亚克，就是这所大学的一名小信差。他以给八十名学生送信为生。

那些留存下来的学生通信，无疑只是穿梭于学校与家之间的焦虑交流中很小的一部分。但这些信件的数量大到足以让我们希望从其中发现一些有根据的时事评论。而且大学都坐落在欧洲一些最富生气的城市，与政治生活的潮起潮落离得很近。尽管如此，我们也只能获得很少的对当时重大事件的见解和评论。学生们写信回家想到的最重要的两件事：一件是通过他们在写信艺术上的进步给父母留下深刻的印象，另一件就是要钱。[26] 中世纪的书信体很正式，而且高度讲究结构，学生们常常以官员或文员为职业目标，因此热衷于展示他们在掌握这门艺术方面取得的进步。如果他们碰巧没那么勤于参加那些传授技艺的大师班的话，那就利用带有模板信函的字帖和指南来取巧。[27] 在正式的问候之后，写信人就切入正题：钱花完了，家里人很难知道读大学能有多贵，寄更多的钱来。下面这封来自牛津大学的信写于 1220 年前后，它可以代表成千封有着相似风格的信：

> 此次写信是想让您知晓我正在牛津大学极其勤勉地学习，但钱的问题大大阻碍了我的上升之路，因为您上次寄的钱已在两个月前花完。在这个城市生活很贵，有很多开销：我得租房子，买生活必需品，还有许多杂七杂八的，在此我就不一一赘述。因此，恭请父亲大人为神的怜悯所励，助我完成我已开了个好头的学业。[28]

很少有父母能拒绝饿肚子的孩子的请求，即使关于不懈勤奋的声明相当可疑。"近来我发现，"一位生气的家长从贝桑松给他在奥尔良的儿子写道：

> 你生活放荡不羁、懒散无度，毫无节制，玩乐放纵，其他人都在学习的时候你却在弹吉他。比你更勤奋的同伴已经读了几卷法律时，你却只读了一卷。因此，我决意劝你彻底忏悔，不要再被人称为挥霍者，能唤醒羞耻心以获得好名声。[29]

这封信很有意思，因为它表明父母不仅仅是靠着自己的孩子来了解正在发生的事，来回旅行的其他当地人也会带来消息。学生们会描述他们的生活区，他们（可敬得令人安心）的室友，以及去学习场所路上的危险。但他们似乎对围绕在自己身边的大事都不太感兴趣。正如我们看到的，私人通信在这方面常常令人失望。[30] 但这些信件确实提供了门径，让我们得以了解一个非凡的通信网络，这个得到许可的网络从欧洲的许多大城市中心辐射开来，在一定程度上受到规制，却独立于国家机器而运转。

国王的命令

教会可以依靠那些有意愿并且信得过的使者，这些信使在各社群之间游走或者在去朝圣的路上。大学有充足的需求来建立一个常规付费的信使服务机构。但只有欧洲的统治者才能凭借其拥有的资源和权力，去建立类似于罗马分程传递的信使制度。而这也直到中世纪末才有可能实现。在此之前，一个正式的新闻采集系统被证明超出了大多数中世纪国家的能力。大多数情况下，君主们都把精力集中在建立一个向臣民传达意旨的机制。若要跟进国外事件的最新情况，则需要更多的特殊部署。

在中世纪，国家行政部门产生的业务量惊人。在亨利一世国王1100 年至 1135 年漫长的统治期间，英国财政署记载了四千多份公文。[31] 如果不是财政署使用了符木来记录税收，留存下来的记录可能会更多。不像文德兰达的木条，这些符木都在 19 世纪被大火吞噬了。意大利城邦是最早采用纸张进行簿记的地方之一，它们选择的介质被证明更为持久。对英国的国王们而言，他们尤为注重让王国的不同地区都知晓他们的意旨。消息、令状、传票和新法律的通知都由骑马的信使来传播。每个信使负责四个郡。到了 14 世纪，不出意外的话，郡长每年都会收到数以千计的令状。[32] 每一份令状都需采取应对的行动，国王的意志也因此得到宣扬。他们共同为构建国家意识、地方意识和社区意识做出了实质的贡献。

这时的西欧民族国家都在自己的疆域内投入比收集新闻多得多的资源来加强权力。这样的优先次序是可理解的，考虑到在分散的土地上建立权力会造成运筹上的挑战。在欧洲南部，情况却大不相同。意大利竞争激烈、生活富裕但不稳定的城邦是紧挨在一起的。在这些结构紧凑、秩序井然的社区，与公民沟通就要容易得多，但潜在的敌对邻国也近在咫尺。准确掌握敌国的意图和策略绝对是生存的关键。整个地中海地区很容易受到黎凡特和中东发生的政治事件后果的冲击，加上对领土的竞争，这使得对可靠情报的需求成为重中之重。我们从阿拉贡国王海梅二世（1291 年到 1327 年在位）的书信中可以得知，他在意大利和其他地方培养了一个广泛的线人网络。他留存的书信中记录了一万五千条收到的情报。[33] 这位国王从各种各样的通信者那里获得信息，包括商人克里斯蒂亚诺·斯皮诺拉，此人从父亲那里继承了与阿拉贡国王的联系。从 1300 年到 1326 年去世，克里斯蒂亚诺从他的家乡热那亚，或者从阿维尼翁和其他的旅行地，给海梅国王写了差不多三十封信。国王回报他以贸易特许权和王室庇护。斯皮诺拉公司在西西里的代理商们是另一个可靠信源。克里斯蒂亚诺对大部分信息都只是转送而不加评述；他不会建议国王应该采取什么行动。

海梅的情报收集高度依赖于与商人的联系，既是为了获得信息，也是为了确保信件能够到他手上。这两个网络被相互锁定在由海梅的一个通信者设计的相当有魔力的密码中："当我提到弗罗林[1]，就会被理解成热那亚舰队，当我说起达布隆[2]，就会被理解成萨沃纳舰

---

[1]　佛罗伦萨的金币。

[2]　旧时西班牙的金币。

队。"[34] 新闻在地中海国家那里有着相当不同的优先性，这从意大利
的外交早熟，及其官方常驻使节制度就可见一斑。新闻收集很快被
认定为被派往国外的代表的首要职责。[35]

在北欧，随着君主国开始认识到一个更成体系的新闻采集制度
的必要性，景象逐渐转变。这发生在百年战争时期也并非偶然，当
时英格兰、法国和勃艮第之间正在上演激烈的王朝竞争和变幻不定
的联盟政治。派特使去执行特定的任务是特别昂贵的。1327 年，去
往阿基坦的使节团团长收取了十九英镑，用来支付给二十一名被派
回英国告知国王事情进展的送信人。1343 年，一位到阿维尼翁教廷
的特使，仅单程就收取了十三英镑的旅费。英国王室认为，很多信
息都可以由通信获得。威尔士亲王爱德华，未来的爱德华二世，在
1305 年到 1306 年这一年的时间里就发出了差不多八百封信。他的
妻子伊莎贝拉雇用了两名骑马的和十一名不骑马的信使，主要为了
与她国外的家人保持联系。[36]

正如这些例证表明的，外交通信是主要的资源消耗。因而重要
的是，欧洲统治者收到的大部分消息都不必付钱。宫廷本身就是很
好的新闻中心。被吸引来宫廷的人包括已经拥有自己的通信网络的
地方大亨，还有那些不停地来来去去，请求帮助或索要报偿的人。
到了 14 世纪，所有宫廷都会有它们的常驻诗人和编年史学家。获胜
的骑士们也会经常来这里，以确保他们的名声和事迹能够被人知道
和记录。让·傅华萨是骑士编年史家中的一个典型，当他开始为其
编年史第三卷收集资料时，他去了富瓦伯爵加斯东在法国南部奥尔
泰兹的宫廷，发现聚集在这里的人都愿意给他提供素材：

> 受人敬仰的骑士和扈从在大厅、房间和庭院里来来往
> 往，可以听到他们在谈论武器和历险。在那里，每一个关乎
> 荣誉的主题都被讨论过。在那里，每个地方和王国的新闻都

可以被听到，鉴于房子主人的名声，它们被从各地带来。在那儿，我听说了在西班牙、葡萄牙、阿拉贡、纳瓦拉、英格兰、苏格兰以及朗格多克境内大部分军队的卓著功勋，因为在我逗留那里的期间，所有这些国家的骑士和扈从都去拜访伯爵。所以我从他们和伯爵本人那里都搜集了信息，后者总是愿意和我谈话。[37]

欧洲的统治者处于一个独特的地位，可以对服务进行支配，为采集新闻分配必要的资源。但正如这个例子表明的，许多显赫贵族也建立了实际上的微型王宫，派出使者以加强他们在自己的土地上的权威，与盟友或远亲交换信件。到了 14 世纪，许多城市政府也感觉到有必要拥有自己的信使。在伦敦，市政当局、行会和私人对写信的大量需求，推动了一个正式行会的注册成立，即"代书人公司"（Scriveners' Company）。[38]

新闻管理

这些处于萌芽期的通信系统在 1350 年之后的一百年里遭到了相当大的破坏。首先是黑死病，接着就是长时间的战争，给王室的财政和权威带来了沉重负担。为王室信使备马和招待他们的任务执行起来变得更加不易。道路不安全，质量似乎也在下降。在法国，这是一个先濒临解体，然后在百年战争后逐渐重建的时期。此类事件使得对可靠信息的需求更为迫切，即便提供信息要冒更大的风险。[39]在英格兰玫瑰战争的动乱中，王权反复易手，大多数主要参与者都死于非命，跟踪事件的进程就变得格外困难。在听到"爱德华四世国王于 1483 年 4 月 6 日逝世"这一显然很可靠的报告后，约克市长命令第二天做安魂弥撒。事实上，这位国王直到 4 月 9 日都还活着。[40]

这么多的假信息四处传播、扰乱视听，有时需要采取非常措施来保证真实的报道得到信任。由于 1471 年的巴尼特战役发生在离伦敦非常近的地方，谣言在这个城市里广为流传，没人相信关于约克派胜利的第一批报道。只有当一个骑手带着国王的金属手套——作为他成功的象征送给王后——经过威斯敏斯特，伦敦人才得知结果。爱德华国王决定在圣保罗大教堂展出战败的沃里克伯爵的尸体也是精明之策。当沃里克伯爵幸存的报道开始流传起来，很多人都能够辨别这是个谎言。

在这些狂热的年代，相斗的两派都更加关注对新闻的管理。在历经圣奥尔本斯之战（1455）、陶顿战役（1461）和图克斯伯里战役（1471）后，胜利方开始传播详述事件的书面报道。这些有时也会被称作新闻信札，但还没有系统地大规模生产的证据。幸存下来的副本，都是在当地社会有头有脸的人物圈子里流传的手稿，这些人热衷于跟进事件的最近变化。[41] 最为重大的事件会以公告的形式让伦敦和其他城镇的市民知道，公告会在教堂或者市集被公开宣读。至少在 17 世纪以前，这种立法和新闻管理的形式，是欧洲许多地区政府的一个持久的特征。[42]

法国王室也很关注操纵舆论。一个早期的较为成熟的例子是 1419 年暗杀勃艮第公爵约翰之后如同一阵疾风般出现的作品，它们是为了争取那些踌躇于要不要效忠法国王太子查理的人，这位抵抗益格鲁–勃艮第联盟的法国领袖必然与公爵谋杀案有关。[43] 毫无疑问，这些手稿当时虽然只在很有限的圈子中传播，但它们在某种程度上为法国中世纪最伟大的作家们以更为密集的宣传来捍卫法国的权利开辟了道路。[44]

尽管在信息网络发展方面取得了很大进步，但可靠的信息仍会通过奇怪的偶然出现。有一位诺福克人在圣保罗大教堂看到被展出的沃里克伯爵的尸体后，知道了巴尼特战役的结局。因为想着要第一个把这新闻带回家，他当天便乘船离开伦敦，但在海上遭遇伏击，并被俘获他的人带到了荷兰海岸。他的故事很快传到了正在根特的勃艮第公爵夫人玛格丽特那里，她即刻将这一重要情报告诉了她的丈夫查理，后者正在亚眠附近的科尔比。[45] 因此，爱德华四世有影响力的盟友在四天内就得知了他胜利的消息，但这只是碰巧而已。

考虑到所有这些情况，欧洲统治者毫不意外地开始愈发关注建立一项常规的、可靠的邮政服务，这将赋予他们特权，以快速的方式获得重要的政治信息。15 世纪一系列皇家邮政传送服务被创造出来，其背后的动机正在于此。首个成功的案例是前面说到的腓特烈三世的成就，后来他做了罗马帝国的皇帝，1443 年在奥地利的费尔德基希与维也纳之间建立了一个中转站。而法国国王路易十一（1461 年到 1483 年在位）创立的国家邮政信使网络则要更有野心。在驱逐英国人之前，还是一个孩子的路易就切身体会过法国王室可耻的虚弱。即使在收复巴黎和法国北部以后，由于王亲贵胄间的内讧凤仇，其统治也不得安宁，饱受困扰。因此，路易建立起来的受王权控制的通信网络，既是重树王室权威的有力象征，也是在无休止的争斗中领先躁动不安的臣民一步的重要工具。路易的计划要求在所有出入境的主干道上设立驿站。[46] 每一站都任命了带薪的邮政局长，负责为王室信使备马，以保证他们能够迅速通过。依循罗马帝国确立且由塔西斯延续下来的做法，邮政局长要对每位信使到达和离开的时间进行备案。这一体系，至少在原则上受到了严格管理，并且专门为王权服务。擅自允许他人使用马匹的邮政局长，将被处以死刑。信使们皆配有明确指定目的地的详细通行证，且不允许偏离路线。外国信使也必须遵守邮政路线，否则将被剥夺安全通行权。

法国的试验启发了英格兰的爱德华四世，他为王国最为重要的新闻干线——通向苏格兰之路——设计了一个类似的系统。伦敦到海峡港口之间的短途路线被一系列邮政点覆盖，沿途城镇被责令承担让王室信使迅速到达沿海的大部分费用。距离北部边境越远，就越具有挑战性。1482 年，国王爱德华设计了一套方案——每二十英里设置一名骑马的信使。当要传送一条重要信息时，每个信使都会骑行到下一个站点，然后再回到他们的岗位。[47] 这一套流程贵得离谱，只能用来应急，平时根本难以为继。

法国的系统也被证明过于好高骛远，成本太高以致无法长时间维持。路易十一死后，这个系统就被极度缩减，直至最后废弃。显然，爱德华和路易都面临两个棘手问题：一个是，他们只能掌握必要的资源，让这个系统在自己的领土范围内运行，这从获取国际新闻的角度来说十分局限；另一个是，这些邮政线路无法在财政上自立。这种痛苦延续到 16 世纪的大部分时间，并凸显了哈布斯堡王朝帝国邮政的殊卓。通过雇用一个私人承包商家族的方式，马克西米利安皇帝将运转这个系统的问题交给了一群以获利为目的的专家。依照 1505 年的合同规定，皇帝需支付一万二千里弗[1] 的固定年费。作为回报，塔西斯同意保证主要邮政目的地之间的投递时间。值得注意的是，这些目的地中包括巴黎：作为私人承包商，而非皇家服务机构，他们一定程度上可以在哈布斯堡王朝领土之外运作。

1519 年，查理五世继任神圣罗马帝国皇帝，使得帝国邮政辐射的范围更广。而在 1516 年，他达成一项引人注目的新协议，允许塔西斯家族向私人客户开放其邮政服务。帝国邮政服务因此大大增加了业务量。这就意味着，大多参与其中的人都有望分得一杯羹。这与英法的体系形成鲜明对比，后者直到 17 世纪仍然是封闭的王家网络。由于诸多限制，英国的邮政局长们很尴尬地意识到，他们的经费捉襟见肘，几乎从来无法满足开销。因为疆土横跨欧洲许多重要

---

[1] 旧时法国货币。

商贸线路，哈布斯堡王朝的邮政处于一个十分有利的地位。但同时也得承认，要让欧洲通信系统有生命力，就必须也满足欧洲商人的需求。

在哈布斯堡邮政系统开始运行前的数个世纪里，"新闻"概念的发展取得了长足进步。建立这样一种基础设施的实际困难是非常大的，但新闻的概念也需要相当重要的思想上的重新定位，即使到这一时期结束时，这种重新定位依然远未完成。自 12 世纪以来，书面交流的增加和文献资料的积累并未立即对口头语言的既定优越性造成挑战。[48] 中世纪在面对面的相会中实现信息的传播，并围绕这种传播来建立社会。主要的沟通方式都是口头的：布道、大学演讲、颁布新法、吟游诗人讲的故事，这其中也包括分享新闻。1471 年约翰·帕斯顿在被请求提供新闻时回复道："我的表兄弟约翰·洛夫迪可以告诉你，因为他去过伦敦，但我没有。"这反映出当时的一个普遍观念，即目击者口头报道的优越性。[49] 新闻报道的可信度和可靠性皆与传播者的信誉密切相关：这在匿名书写的情况下很难判断。即使书面文件大量增加，但正如我们已看到的，那些书信很多都是高度模式化的，几乎没什么信息量。它们是为了展示书写者的学识，或者为传播者的信用背书：关键的信息依然要通过口头传达。

在中世纪社会里，大部分新闻仍然是通过口头传播的，因此令人沮丧的是，它们多半已失却。我们得深入探索其他的原始资料，例如编年史，以证明那时的人们对接收和分享新闻的浓烈兴趣。不过有一个重要的例外，那就是由不断增长的国际贸易网络产生的通信往来，这部分将另起一章。因为长途贸易必然会将商家与其合作伙伴和代理商分开来，所以他们得在相互信任的氛围中，发展出共享新闻的系统，并且合理地期待他们的通信者将基于信息而采取行动。这是新闻采集史上一个关键性的发展。

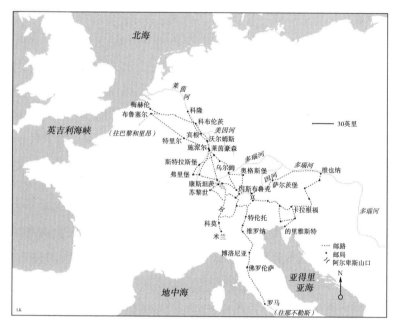

原书所附地图 1　16 世纪的帝国邮政系统。

第二章　商业之轮

　　当我们考虑欧洲那些戴王冠的人在努力与时俱进（实际上他们经常无法做到）的过程中面对的问题和花费，商人们在通信上取得的顺利而高效的进步，就成了一个鲜明的对比。1200年到1500年间，欧洲经济由于大型商业公司的崛起而大为改观，这些公司在意大利、北欧、德意志、地中海和黎凡特之间往来贸易。对东方的奢侈品、香料和珍贵面料的渴望，以及同北方进行的羊毛和布料的交易，创造了一个庞大广阔的市场，为大胆有识的商人提供了充分的商机。但危险同样显而易见。航船可能会在海上走失，装载的货物也可能在欧洲危险横行的道路上被拦截。货币市场的错综复杂，给那些尚未掌握不断变化的汇率的人带来了新的繁难。同时，哪怕是最为谨慎经营的企业，政治因素——战争、王朝冲突或者内战——都可能会使其脱轨。

　　为了在这个迷宫般不可预知的世界里取得成功，商人们必须消息灵通。在13世纪，某些等级的商人就已不再带着货物出行，取而代之的是尝试通过经纪人和代理人来经营他们的生意。在这个阶段，商业通信网络的发展变得无可避免。基本的建构模块已经就位。不同于王室需要从零开始构筑这样一个网络，商人有船只，有分布广泛的代理商和仓库网络。在欧洲主要的贸易城镇之间，每天都有来回往返的货车、信使和驮畜。它们带来了新闻以及越来越多的手写书信。

正是如此，这种通信的数量非常惊人。我们可以通过考察托斯卡纳地区普拉托商人弗朗西斯科·达蒂尼留下的详细文献来感受一下。达蒂尼从来不是伟大的商人家族中的一员。作为一个白手起家的商人，他在阿维尼翁靠军火生意积累了财富，然后又在中年回到家乡，通过运作一系列特殊的合作关系，精明地在银行和一般贸易领域进行分散投资，来巩固自己的财富。从 1383 年到 1394 年间，他在比萨、热那亚、西班牙和马略卡岛都设立了分支机构。[1]尽管如此，达蒂尼仍只是列居第二等级：1410 年去世时，他的财产足有一万五千弗罗林。他还留下了五百本账本和分类账目，几千份保险单、汇票和契据，以及令人震惊的十二万六千封商业信函。[2]幸亏这些材料被保留下来（没有孩子的达蒂尼将他的所有财产都留给了当地穷人），它们成为了解中世纪国际经济最重要的档案之一。

一个中等的商人就可以积累出如此惊人的文件档案，好像是个罕见的例外，然而在当时也可能只是寻常：达蒂尼档案的特殊之处，仅在于它被保存了下来。然而，它取决于一场深远的技术革命，这场革命的重要性不下于中世纪时期的其他任何革命，即纸的引入。羊皮纸（通常称为皮纸），由刮下的动物皮制成，在中世纪广受欢迎。它很结实，着墨流畅均匀，而且非常耐用，正如留存到今天的大量羊皮纸文件所证明的。羊皮纸在一定程度上还可以重复使用。但它很脆，不易折叠。它必须依皮的形状切割，裁剪时会有很大的浪费。而且它造价昂贵，原料有限，还需要很长的准备时间。商业和不断扩大的国家官僚机构所产生的文件数量，需要更加灵活、更合算的书写媒介。

纸在 12 世纪通过摩尔人统治的西班牙进入欧洲。在不到一百年的时间里，意大利、法国和德意志就建立了造纸厂。这项技术尽管资本密集，但相对简单。造纸需要大量亚麻碎布，以及快速流动的水来给磨坊提供动力，将碎布捣碎成地膜（mulch）。造纸厂通常建在靠近主要人口中心的丘陵地区。到 13 世纪，它们生产出了一系列精密成熟的纸制品，有严格的重量和尺寸评级。对于那些要保存的珍贵文件，像宪章、契据和手稿，羊皮纸仍然是首选。在北欧，纸张使用的普及则经历了更长时间，因为在寒冷的天气里，人们穿着由羊毛而不是亚麻布制成的衣服，这使得原材料更难获取。在英格兰，直到 18 世纪才有本国的纸张制造商，此前所有的纸张都必须依赖进口。但即便如此，到了 14 世纪，在整个欧洲大陆，纸已经成为所有出于世俗目的的记录保存和通信的首选介质。这种不太起眼的人工制品在信息文化中占据了主导地位，并一直延续到 20 世纪的最后几十年。

在布鲁日

欧洲贸易网络的北部轴心是布鲁日，这个充满活力的佛兰德城市如今仍然保留着它大部分的中世纪魅力。布鲁日是羊毛和布料贸易的中心。最上乘的英国羊毛在来到这座城市后，要么被运往南方，要么被制成高档染色佛兰德布料，在意大利、法国和德意志高价出售。热那亚、威尼斯和佛罗伦萨所有大的意大利贸易家族都在布鲁日设有办事处。它的大广场为来自欧洲各地的货物提供了交易场所。

1277 年，第一批热那亚海运舰队的抵达，保证了布鲁日的财富。[3] 在这座城市定居的外国商人团体，被组织成不同的国家，每个国家都有自己的总部和特权许可状。意大利人格外多。在意大利海外贸易由所谓的超级公司主导的时期，每一个超级公司都在布鲁日有大量的代理。[4] 严格来说，在布鲁日，任何东西都必须通过有执照的本地经纪人出售。尽管这个规定经常会被规避，但经纪代理费给当地人带来了巨大的收益。管理对货币工具的巨大需求同样有利可图。到了 14 世纪，布鲁日实际上已成为一个高度成熟的服务经济体，

也是北欧最大的货币市场。⁵

在推动商贸之轮的运转方面，通信起着至关重要的作用。虽然许多来自南欧的大宗货物继续通过海路运输，但信件还是通过陆路，沿着朝圣者和 12 世纪第一代国际商人熟悉的既定路线传送。从布鲁日到意大利的路线被记录在手写的行程单里，大城镇之间的路段被精心描绘，以指引旅行者。从佛兰德出发，这条路或向东至科隆，沿着莱茵河而下，或向南至巴黎，途经香槟平原，到达阿尔卑斯山口。⁶

在这些路线上相遇的商人和旅行者必然会互换消息。有时候，朝圣者也会被说服在回家的路上随身携带一些信件。但数量庞大的文件传输，需要更稳定、更持久的措施。1260 年，意大利商人在托斯卡纳和香槟之间建立了正式的信使服务，那时香槟是中世纪最大的贸易展览会的所在地。贸易的节奏和日程都是围绕着这些展会建立起来的。一场大型国际集会的前景会吸引商人们去做生意。为了获得有价值的生意，城市之间会通过免除关税和通行费来展开竞争。香槟的展览会提供了一系列固定的市场，从春到秋，一年中的大部分时间都营业。⁷它们是欧洲网络的中心，这个网络贯穿 14 世纪和 15 世纪，将南部的日内瓦和里昂、巴黎以北的圣但尼以及德意志的法兰克福涵括在内。更远的地方有莱比锡、西班牙的坎波城以及安特卫普——布鲁日在尼德兰日益强大的对手。展览会给面对面议价和信息交换提供了机会。大部分的商业和政治新闻从未见诸纸上。商人们必须具有很强的能力去获得关于商品价格、汇率、距离和商业竞争对手的信息。在理财时，好记性是一种难得的天赋，也被有意识地训练和培养。威尼斯人安德烈亚·巴尔巴里戈的账本记录了 1431 年一笔十三个达克特的现金交易，支付给"教我记忆的记忆大师皮耶罗"。⁸

在 14 世纪，比较富裕的商人较少旅行。虽然展览会依然吸引生意，但现在大量的大宗商品都通过海路运输。这只会增加对可靠情报的需求。1357 年，佛罗伦萨的十七家公司联合起来设计了一个共享信使服务。最重要的路线分别是：佛罗伦萨—巴塞罗那，佛罗伦萨—布鲁日。布鲁日的服务沿着两条路线运行：一条经米兰，顺莱茵河而上，到科隆；另一条从米兰转道，途经巴黎。竞争对手杰诺韦西公司（scarzelle Genovesi）则提供从热那亚到布鲁日以及从热那亚到巴塞罗那的服务。[9] 除了横贯大陆的路线之外，意大利的商人群

2.1　纸文化的诞生。商人和其他专业书写员被迫建立起归档收件和来信的制度。
（国家美术馆，华盛顿）

体还在意大利半岛内建立了许多短途服务。威尼斯与卢卡之间每周
有两次信使服务。佛罗伦萨和罗马之间的邮包则在每周五抵达罗马，
周日返程。这些在当时，还只是由独立企业家运营的商业公司为建
立商业信使服务而迈出的一小步。由安东尼奥·迪巴尔托洛梅奥·德
尔万塔焦领导的公司在 15 世纪运营了一个完整的路线网，包括佛罗
伦萨和威尼斯之间的每周服务。

信使们应当严格遵守时间表。1420 年代，信使从佛罗伦萨出
发后，预计会在五六天内到达罗马，二十到二十二天内到达巴黎，
二十五天内到达布鲁日，以及三十二天内行进两千公里到塞维利亚。
从安德烈亚·巴尔巴里戈在威尼斯同布鲁日、伦敦和瓦伦西亚的通
讯员之间的来往信件的注释可以看出，这个时间表通常都能够得到
遵守，似乎只有塞维利亚的行程要求严苛得有失公允。[10] 对于 1400
年前后的信使服务的效率，最具有持续性的证据来自达蒂尼档案。
我们通过检查他的信件，连同账簿上对收发信件的说明，可以发现：
大约有三十二万份标注了日期的书信往来可作证据。佛罗伦萨与热
那亚间的一万七千封信，佛罗伦萨与威尼斯间的七千封信，需要五
到七天送达。送达伦敦的时间则变数更多，因为要穿越变幻莫测的
英吉利海峡。另一边，威尼斯与君士坦丁堡之间的邮政就非常稳定：
信件在派出后的三十四天到四十六天之间即可送达。[11]

商人并非这些信使服务的唯一用户。尽管欧洲的统治者们倾注
了大量资源来建立自己的邮政网络，但他们十分清楚，最早的和最
可靠的新闻通常来自商人群体。顺风的消息会传播得非常快。1127
年 3 月 2 日，"好人"查理在布鲁日被谋杀，两天后这个消息在伦
敦被人所知，这多亏了佛兰德商人的帮助。1316 年，当教皇密使带
着新教皇约翰二十二世当选的消息来到英格兰，他受到了亲切接待，
并得到了丰厚报酬。但实际上，国王爱德华二世已在一个月以前就
从爱尔兰的劳伦斯那里听到了这个消息，后者正是佛罗伦萨巴尔迪

家族的信使。[12] 直到 1497 年，当速度已经变得至关重要时，米兰驻伦敦的大使才建议使用佛罗伦萨或者热亚那商人的信使服务。他们的保密性也值得信赖。[13]

商人们往往消息特别灵通。1464 年，一份由美第奇家族在布鲁日的办事处主管编纂的长篇报告，对英格兰和低地国家近期的政治事件进行了详细的评述。[14] 十年前，他曾准确地预言，失去鲁昂将意味着英国人在诺曼底的终结。倘若不考虑商业信息的细节（因为显然政治操纵会影响各种正在进行的交易），那么这些信件几乎具有外交信函的属性。当然，很久以前便建立的商业分支机构的主管们对当地政界有着老道的观察，而且往往比在 16 世纪建立官邸的外国大使有着更好的地方关系。外交官们，尤其是当他们作为敌对势力的代表抵达时，很难建立起信任关系。[15] 因此，他们经常同他们的东道主一样，向表面中立的外国商人（通常是意大利商人）寻求信息。如果商人和东道主权力之间的关系过于密切，这种中立可能会变得紧张。美第奇家族在布鲁日的主管便曾亲自参与有关爱德华四世与伊丽莎白·伍德维尔联姻的秘密谈判。在百年战争期间，英国王室曾向巴尔迪公司和佩鲁齐公司支付巨款，为了刺探法国在诺曼底的军备情况。[16] 商人们之所以受欢迎，是因为他们——特别是那些来自意大利地区未结盟国的商人——比起交战国的国民，更容易自由地跨越国界。[17] 穿越敌国领土的难度很大，也是导致难以建立有效的外交信使服务的因素之一。[18]

商人寄件的主要目的显然是为商人自己提供信息。考虑到他们出售的大量信息的商业敏感度，维系这些信使服务的成本似乎就无足道哉。1348 年至 1350 年间，雅各布和巴尔托洛梅奥·迪卡罗乔·德利·阿尔贝蒂及其合作伙伴，每年在邮政上的花费差不多是三十弗罗林。达蒂尼在阿维尼翁的公司每年要花费二十到四十弗罗林，他在佛罗伦萨办事处的花费则只有区区十三弗罗林。这笔费用与一个级别较低的员工的年薪大抵相同。[19] 作为年度支出的一部分，它很可能远低于海运保险费。新闻在某种意义上说也是一种保险，它提供了作为商业决策基础的关键数据。难度在于知道什么新闻是可信的。

迷失在传播中

欧洲国际商业网络的发展，对 14 和 15 世纪获取新闻的方式产生了革命性的影响。这一发展的根源在于各大意大利财团开始与欧洲各地进行贸易往来。贸易范围涉及各式各样的商品和奢侈品，像巴尔迪和佩鲁齐这样的公司，在整个欧洲都设立了分支机构：布鲁日、伦敦、西班牙和黎凡特。这些分支机构形成了一个有机的通信网络。为了控制分部主管，防止他们做出有悖公司利益的决策，频繁联系是必要的。作为回应，主管们能够证明其能力的方式之一，就是持续提供有根据的意见：关于路线的安全性、交易的运转和未来的商机。

暴露在如此众多的市场中并非没有风险。1340 年代，佩鲁齐和巴尔迪便经历了一次壮烈的破产，当时英国王室未能偿还巨额贷款，使得意大利人遭到致命一击，不得不直面他们的债权人。意大利人之所以被诱导去为爱德华三世在法国的雄图买单，是由于希望自己能在英国羊毛贸易中占据主导地位。佛罗伦萨人只是意大利财团中最晚发现这一事实的：向英国王室贷款风险很高。但是，每有一家公司倒闭，总有另一家公司取而代之。1395 年，曼尼尼预支大笔资金以承担理查二世与法国国王查理六世之女瓦卢瓦的伊莎贝拉结婚的费用。四年后，当理查二世被迫退位，他们也与其同船共命。"由于在英格兰的所作所为，"一位毫无同情的竞争对手记录道，"上面提到的曼尼尼必须放弃他们的贸易，因为世界就是如此。如果没有英格兰的革命，他们也许会变强，但没有人能在不失羽毛的情况下与大领主联盟。"[20] 然而，总有人跃跃欲试。意大利人几乎是一获得理查被废黜，还有他在第二年去世的消息，就开始猜测篡位者兰卡斯特的亨利是否有可能娶理查的年轻寡妇，还是说娶另一个妻子："无论娶谁，他都会在英格兰大摆筵席，丝绸和珠宝的价格将会上涨。因此我建议所有拥有精美珠宝的人把它们送到这里来。"[21]

这里存在一个悖论。在生意的世界里，如果要创造财富，竞争自然而然且无可避免。但在信息共享方面的合作也是必要的，因为很多事情不确定，情报也很难获得。尽管留存到我们手上的商业信函数量惊人，但重要的是要记住，它们也只占据曾经写下的信件的很小一部分。这些信函中经常会出现对沟通的难度以及道路上的不确定因素的焦虑：

> 安德烈亚问您安。您应该知道，这里的锡耶纳人在圣阿尤尔最近一次的集市后，通过一个普通的信使送出了他们的信件。我还通过从锡耶纳来的邮差巴尔扎给您寄了一捆信。如果您没有收到，请再试着收一下。商业行会的信使还没有来。愿主派他给我们带来好消息，因为他已经耽搁太久了。[22]

> 来自博略的问候。正如我通过其他信件写给您的，我很惊讶您离开我们这里之后，除了您从尼斯寄来的那封信，我们没有收到任何信。要不是我确实认为这不是您的错（我相信是您委托的人的错），我敢说您已经完全忘了我们了。对此我不会写更多，只想说您在选择送信人时要谨慎，这样信才能交到我们手上。[23]

许多人无疑会同情下面这个商人从巴黎给意大利回信时发出的绝望

的哀叹：

> 我们等您的消息似乎已经等了一千年之久，就为了知道
> 那里正在发生的事；随后我们就没那么不安了，但看在上帝
> 的份上，还是经常写信吧！[24]

确保邮件能够顺利送达的一个策略就是连同副本一起送。"这封信是碰巧经两人手，沿着两条不同线路寄送的，这样您就能稳妥地收到它。"[25]但这既昂贵又繁复。浏览这些信件让我们清楚地认识到，许多商人都没有使用正式的信使服务，要么是因为他们不属于运营信使服务的财团，要么是因为他们负担不起费用。不可避免的是，这些商务信函是一个缺失了大部分图块的拼图的一部分。我们得知进行了交易，但不知它们的结果如何。这里便凸显了商业信函和它们所包含的政治新闻之间的一个区别。政治新闻提供背景，描述已然发生的并可能对贸易产生影响的事件。信函的生意部分则通常是面向未来的，有计划、建议和指示。它假定了背景知识是不需要一一阐明的。商业信函总体上说是为了发起行动；政治评论则是为了告知行动。

尽管如此，商业讨论与这些信函中包含的更为一般的新闻之间存在着关键的相似之处。分享新闻很费钱，因此很珍贵。它依靠由朋友和通信者构成的网络；最重要的是，它依靠信任。信任，以及信息提供者的可信度，是贯穿接下来四个世纪的新闻采集史的一个关键问题。

在如此存亡攸关的情况下，总会有人试图抢先竞争对手一步。"如果你从事贸易，你的信与其他人的一同到达，"在14世纪中期的一本商人指南中，保罗·达切塔尔多写道：

　　　　请始终谨记先读你的信。如果你的信中建议购买或出售
某些商品以获利，立即叫一位代理人按照信中的建议去做，
再去转送那些与你的信一同送来的其他信函。但得在完成你
自己的生意之后。[26]

有的信使甚至会接受特定商人的预付金，作为回报，先把邮袋递送
给他们青睐的客户。[27] 也就是说，保罗·达切塔尔多的建议很可能
被过分重视了。他针对商业伦理的言论，其实是一篇愤世嫉俗的讽
刺文章的一部分，文中对意大利市民如何管好悍妻提出了同样尖刻
的建议。他的言论与同样强大的传统相对立——商业敏感信息应免
费分享，当有船从远方来时，在市集和酒馆里，无疑更应如此。位
于德意志西北部的埃姆登在 16 世纪建立了一个新的商人社群，其做
法是在市集广场上朗读从远方来的商业信件。[28] 这种传统无疑是基
于早期德意志的先例，在很多方面，免费共享信息要更有意义。远
方事件的新闻很珍贵，但很难求证。因此，在市集上可获得的旅行
者的故事、目击者的描述和传言的数量，对于弄清楚机密信件中可
能包含的内容，起到了至关重要的作用。如果能在一场即将发生的
供粮短缺得到报道进而导致粮价飙升之前先于人群买进粮食，那将
获利不菲。但如果行动是基于一个最后被证明是虚假或夸张的报道，
这可能比什么都不做更具灾难性。

　　这是一种微妙的平衡，没有人愿意铤而走险。第一个知道消息
固然很好，但怎么知道消息是不是真实的？可以指望商人社群中密
集的联系网络会带来确凿的报道。那些最大胆的人不会等。关于里
亚尔托 [1] 的谣言可能会在一天之内就将威尼斯商品市场的价格推高

---

[1]　威尼斯从前的贸易中心。

2.2 阿尔布雷希特·丢勒的《小信差》。这幅木刻版画戏剧性地刻画了速度之于欧洲信使服务的重要性。(国家美术馆,华盛顿)

几个点。无良商人有可能为了从市场波动中获利而故意散布虚假报道。

因此,尽管危险丛生,商人们依然孜孜不倦地收集着传言。"让我知道,"1392 年弗朗西斯科·达蒂尼给热那亚的一位通信者写道,"关于香料,以及与我们的贸易有关的一切,特别是你听到的关于海洋和其他事物的所有传言和新闻。当你看到任何涉及进口或出口商品的事情,都烦请告诉我。"[29] 当然,一个不幸或轻信的选择可能会损害声誉,让投机破灭。1419 年,威尼斯日记作者安东尼奥·莫罗

西尼花了相当长的时间，为他的侄子、威尼斯驻亚历山德里亚领事
比亚焦·多尔芬编撰了长篇的新闻。如果莫罗西尼知道他的另一个
侄子阿尔班曾写信提醒比亚焦不要相信他所读到的内容，他应该会
大为不悦：

> 我已看过安东尼奥叔叔的一封信，他给你写了许多新
> 闻，但其中也有许多他听来的谎言。他只是听到什么写什么。
> 但我劝你别相信这样的流言，我担心有朝一日可能会给他带
> 来麻烦。所以，请你不要在公开场合展示或阅读这些在你看
> 来慎之又慎的信件［的部分］。30

更令人恼火的是，这似乎不公平：莫罗西尼信中的内容没有不曾被
报道过的。判断传言何时能够成为新闻是一个棘手的问题。什么东
西可信以及何时采取行动，取决于每个人的判断。

报道者的个人声誉起到很大的作用。中世纪早期的传统是，口
耳相传比散见在一些通信中的书面报道更值得相信。"将多梅尼科放
上马背，让他速从陆路赶来，给我关于你所做所为的消息"是某个
不耐烦的商人的要求。31 但这通常是不切实际的。达蒂尼一直生活
在对两面派的恐惧之中（也许是因为他与他的合伙人之间建立的习
惯一点也不严谨）。商人们心知肚明，处在偏远地区的主管和代理们
会想尽各种办法中饱私囊。与海外的代理商签订合同时，通常都会
增加一些条款以禁止他们赌运气，这反映出人们意识到了沉重的赌
博损失可能会使人不惜一切代价地通过挪用公款来偿债。32 这些担
忧完全可以理解；但最后这也是不得已，因为贸易只有在商人们分
享信息时才能运转。"您写信给我时，请一定将全部情况都告诉我。"
一个意大利商人从大马士革给巴塞罗那的一个合作者的信中这样写
道，"您那里的形势如何，您对此有什么看法，启程前往这个地区的

船只及其载货为何。我也会为你作同样回复。"此人的哲学也许代表了整个群体：以这样的方式相互扶持。[33]商业信函中充满了盘算和阴谋，但也有引以为鉴戒的故事：船只在海上失踪，货物被盗，满载珍贵货物的商队被阿拉伯人劫持。地中海海盗是一种职业危害。是繁荣还是毁灭很可能就在于是否获得信息。整个欧洲事业的发展必然是信任和互惠的问题。最后意大利人也只能相信他们自己的贸易组织，哪怕其中的中坚分子有时并不足信。

威尼斯

到了 1430 年代，威尼斯已在意大利的贸易城市中占据首要位置。当时它在国际经济的三个重要领域发挥枢轴作用：与伦敦和布鲁日的布料贸易，与西班牙的羊毛贸易，与埃及和黎凡特的棉花及香料贸易。虽然与北欧的大部分贸易活动都需要沿着迂回的海路穿越地中海，但通往德意志的陆路提供了另外一种选择。到这时，来自德意志南部城市的商人本身便是威尼斯市场上的活跃贸易者。共和国的政府体制完全以保护贸易为导向。参议院会负责桨帆船队的组建和行程，这些船队满载着来自东方的货品，运往西班牙和伦敦。同时参议院还会积极干预，以防止产生垄断，从而保护被视为威尼斯商业命脉的独立贸易者的生计。

共和国经济实力的增长并非一帆风顺。1430 年代初，威尼斯在与埃及苏丹的较量中获胜，击溃了后者垄断香料和棉花贸易的企图。与米兰公爵的战争则意味着威尼斯水手们在这几年中都有被强大的热那亚舰队俘虏的危险。与此同时，共和国的死敌西吉斯蒙德皇帝，试图在德意志对威尼斯商品实施禁令，但基本告败。所有这一切都说明共和国的贸易特别容易受到敌人各种花招险棋的影响。如果想要避免毁灭性的损失，商人们就必须密切注意冲突中的每次转折。

时代的不稳定创造了机遇，也带来了危险。准备冒险的人可能获得最大利润，更为审慎的人则会把船只留在港口。宣告和平的时候，先前闲置的资本就会涌入市场。1429 年，埃及苏丹被废的传言导致胡椒价格下跌了两个点。战争抬高了胡椒的价格，却压低了布料的价格，使得向东边的运输更为艰难，和平则有相反的效果。

威尼斯贸易的一个特点是：运到北欧的大宗商品通过桨帆船队走海路运输，而邮件则通过陆路发送。这就给机敏的商人提供了机会，让他们可以趁货物正在运输之际影响市场。下面这条来自安德烈亚·巴尔巴里戈的建议或许很具有代表性：

> 您问到胡椒，我的答复如下。我的看法是：您应该在 1 月底或之前卖掉这些胡椒，尤其是如果您能以十三第纳尔或更高的价钱卖出去，尽管我们的维托雷觉得值十五第纳尔。据我所知，应该没有加泰罗尼亚人会送任何东西到西边去了，如果是佛罗伦萨人带来的话，那又会太晚了。至于热那亚人，我一无所知。我并不认为［贝鲁特和亚历山德里亚］的船队会带来太多胡椒，因为苏丹已经派他在亚历山德里亚的商业代理人将它们处理掉。当来自这个港口的船队确实到达之时（不会早于 2 月或者要到数月后），我想胡椒可能会值四十五到五十达克特。我上面所说的所有是想告诉您我的看法，但我希望您根据您自己的判断去卖我的胡椒，现金交易或以货易货都行，而且在价格上您可以自主决定，相信您会尽您所能。[34]

由此看来，很多事情都取决于代理的判断。相比于建立分支机构，威尼斯商人更倾向于在一次次航行中做出新的安排。定居在瓦伦西亚、布鲁日或阿科的代理人都是靠抽取佣金工作。15 世纪中期，信件从布鲁日送出后大约二十五天内会到达威尼斯。但从西班牙北部的瓦伦西亚走的话，就需要差不多一个月。

到 15 世纪末，无论是运输的速度还是联系的密度都得到了显着提高。那时的威尼斯是欧洲无可争议的新闻中心。每天都有大量的信件和急件到达这座城市，而且最为敏感的报道会直接转送给参议院。年轻的贵族马林·萨努多对此有细致的记录，他长期在威尼斯政府任职，渴望成为威尼斯第一位官方历史学家。在这一点上他可能会感到失望，但他在日记中积累下来的记录，不仅为通信的速度和数量，也为通信对威尼斯经济的影响提供了最为宝贵的证据。[35]

从萨努多的日记中，我们可以看到政治新闻对威尼斯市场上交易商品价格的直接影响。威尼斯严重依赖进口粮食，同时也将大量粮食再出口到德意志。西西里岛是进口的主要来源。因此，当 1497 年的一则报道称那里的收成低于预期，粮食价格立即上涨。[36] 香料的高价贸易对黎凡特政治命运的变动尤其敏感。1497 年，萨努多记载道：从亚历山德里亚传来埃及政治动荡的报道，导致香料商们不愿出售，因为他们预料到了供应链的中断将会迫使价格上涨。在这样的背景下，1501 年葡萄牙人绕过好望角成功开辟通往印度的新香料之路，蕴含着重大的影响。一开始，在佛兰德市场可能因此受损的预期之下，威尼斯的价格走低。但随后传来消息，说葡萄牙人已垄断市场，亚历山德里亚几乎无货可售。威尼斯的胡椒价格在四天内从七十五达克特涨到了九十五达克特。[37] 第二年，当葡萄牙人再次沿着海上通道成功到达印度，这一壮举的重要意义并未被欧洲商人社群忽视。消息从里昂、热那亚、布鲁日和里斯本传到威尼斯。根据当时另一位日记作者的说法，葡萄牙成功的消息比任何军事上的失利都更令人惊恐："所有的人都惊呆了；有识之士认为这是威尼斯共和国有史以来除了失去自由以外收到的最坏的消息。"[38]

货币市场和海上保险市场就更加动荡了。1501 年土耳其海盗船卡马利号在海上劫持大量船只的新闻，导致海上保险费率从百分之一点五跃升到百分之十。[39] 财富总是有得就要有失，那些有钱人愿意付费优先获得新闻。也是在 1501 年，威尼斯船队的所有者们在前往目的地贝鲁特之前租了一艘快艇，让其先行一步，告诉阿拉伯商人有一只载满货物的船队正在路上。如果船长能在十八天内完成这次航行，他将获得八百五十达克特，但每延迟两天就会减少五十达克特。[40] 在 16 世纪，这种价格浮动制已发展为威尼斯和罗马之间的特快信使服务的一部分。在四十小时内结束行程的信使将被支付高达四十达克特的报酬（相当于一位初级行政官员的年薪）。如果用了四天才送达，费用就降为四分之一。[41]

由于涉及如此多的利害关系，形成这样的做法也就不足为奇，即在信件的外包装上注明沿途每个中转站的收发时间。已知的第一个计时标签的例子，载于 15 世纪中叶米兰公爵菲利波·马里亚·维斯孔蒂建立的信使服务。信件将会交付给骑手们，有时还会用潦草的笔迹写上嘱托，以强调任务的重要性：快！快！快！快！不舍昼夜地飞奔，不浪费一点时间[1]。这是 1495 年 2 月 6 日，米兰信使长官托马索·布拉斯卡在一份标签上记录的加急信息。[42] 这样的注解以及这种记录分段时间的做法，成了 16 世纪帝国与国家邮政服务的标准。

特快信使仅被用于传递具有特殊重要性或商业敏感度的消息。萨努多积累的详细记录的非凡之处在于，它们揭示了当时到达威尼斯的消息流量之大。威尼斯驻罗马大使每天都写信，信使每周被派往威尼斯两到三次。那不勒斯、里昂和伦敦则近乎同样频繁地有情报过来。法国历史学家皮埃尔·萨尔德拉曾对这些数以千计的急件

---

[1] 原文为意大利语。

做过系统分析。他研究了从大约从四十个不同城市发往威尼斯的信件，以及它们寄出和抵达的时间——这一点得益于萨努多日记的帮助。然后，萨尔德拉给每个地方计算了每封信到达威尼斯所用的最长时间、平均时间和最短时间，这让他为每个合作城市都创建了一个"信度系数"，用于评估它们与威尼斯之间的邮政往来。最可靠的是威尼斯—布鲁塞尔：几乎所有信件都会在寄出十天后到达威尼斯。他还注意到，与六十年前巴尔巴里戈的通信相比，运输时间有大幅下降。由于需要跨越英吉利海峡，与伦敦的邮递略有变数。依赖长途海路的通信，例如威尼斯到亚历山德里亚，则非常不稳定。[43]

对威尼斯的研究表明，虽然大部分贸易继续通过海路运输，但迄今为止陆路通信要更加可靠。欧洲消息网络的中心，现在是连接德意志、意大利和低地国家的商业城市的固定道路和河道。这一发展对于国际新闻网络的出现具有极其重要的意义。

德意志的耳目

威尼斯还与德意志南部城市进行了极其高效的书信往来。翻越阿尔卑斯山口运输大宗商品可能很艰难，但邮件能顺利通过。

自 12 世纪以来，德意志商人就在欧洲贸易网络中发挥着重要作用。科隆是德意志内陆、低地国家和意大利之间贸易的北部聚集点。来自北方汉萨同盟城市（如汉堡和吕贝克）的商人也深度参与了长途海上贸易。[44] 德意志商人是 13 世纪布鲁日第一个正式成立的民族团体。但在中世纪后期，德意志南部城市崭露头角，成为中欧经济的引擎。到 1400 年，奥格斯堡和纽伦堡处于奢侈品生产的前沿：这两个城市都专产亚麻布和金属制品，欧洲主要市场对它们的需求量极大。奥格斯堡是许多上等盔甲的主要产地，也是早期银行业的中心。纽伦堡由于与萨克森和波希米亚的采矿区联系密切，盛产铁器和黄铜。

到 16 世纪，奥格斯堡将成为欧洲通信系统的关键节点。一百年前，纽伦堡曾扮演过这个角色。14 世纪和 15 世纪，纽伦堡是德意志帝国实际的首都，皇帝们会按预期在这座城市的国会大厦举行他们的首次国会会议，其至高地位由此可见一斑。[45] 在帝国的自由城市中，纽伦堡拥有最大领土，其商人的业务遍布整个欧洲，尤其集中在西班牙、意大利和低地国家。商人家族把家中年轻人送往海外分公司当学徒的做法一直延续到 16 世纪，有大量留存下来的信件都是由得了思乡病、经常行为不端的年轻人写给他们焦虑不安的父母的。[46]

纽伦堡崛起的一大基石，是它参与了萨克森矿产的工业企业融资。纽伦堡是德意志通往东部的门户，各大公司在维也纳、布拉格和克拉科夫都设立了分支机构。纽伦堡的管理委员会成员都选自最富有的商人，这确保了商业利益始终能得到很好的体现。一个城市能够成功地让本市商人在德意志其他许多城镇免于收取过路费，这也反映出了纽伦堡的经济实力。纽伦堡的经济实力受人尊重，但也令人忌惮：城市元老们十分清楚他们的城市利益必须与掠夺者相抗。而这首先需要精准信息的持续供给。

纽伦堡信息中心的地位，一部分源于其地理位置，即地处十二条主要道路的交汇处。马丁·路德称这座城市为"德意志的耳目"，它会在传播他与罗马教皇抗争的新闻中发挥重要作用。[47] 国际商人社群作为信息源的作用受到了广泛认可。1476 年，镇议会的会议纪要中记录了一个"向商人寻求建议"的决议，这也并不奇怪。[48] 土耳其在 15 世纪稳步挺近巴尔干，威胁到了纽伦堡商人投资的许多地区。战争似乎要爆发之时，城市商人会委托他们中在这个地区有利益关联的人调查正在发生的事情。关键性的信息经常会与德意志其他城市共享。1456 年，与土耳其人之战的消息被陆续送到讷德林根和罗滕堡。1474 年，商人们为获取信息联系了在科隆的友方消息源，作为回报，他们也转达了来自波希米亚、匈牙利和波兰的新闻。[49]

为了服务于这个远程信息系统，德意志的各城镇维系了一个复杂的信使网络。到 1350 年，奥格斯堡和纽伦堡之间已有定期的信使服务。纽伦堡第一批留存下来的城市记录（始于 1377 年）表明，这座城市已经在使用有偿的信使了。[50] 到 15 世纪，纽伦堡的城市薪资名单上已有很多信使。尽管花销不菲，但纽伦堡已经频繁地使用这项服务：1431 年至 1440 年的十年间，纽伦堡共派出了四百三十八名信使。[51] 这段密切活动的时期正好与胡斯战争的后期阶段相吻合。在如此动荡的年代，为了防止货物被扣押，对于商人社群来说，关注最新的事态发展就显得至关重要——无论是在商品的交易地点，还是运输途中。城市元老们认为在信使上花钱很值。

有了这些城市信使服务，德意志南部城市建立了一个系统，其性质介于传统的专门用来服务于商人通信的系统与欧洲杰出君主们开始发展的外交网络之间。他们能够利用利益的协同效应，与我们在另一个伟大的商业共和国威尼斯那里看到的一样。

16 世纪，德意志城市的信使服务网络被连接起来，每周定期提供服务来辅助帝国邮政，后来却成为其对手。因为帝国邮政经营的是尼德兰和意大利之间的主要贸易路线，贯穿帝国的南北贸易轴线没得到很好的服务，这些地方便出现了城市自己的邮政。但这是后来才发生的。在中世纪末期，商业邮政已经在威尼斯和德意志南部之间建立了紧密而恒定的通信节点，连接着这两个欧洲最发达的商业经济体。这就建立起了第二条重要的信息流，以反映穿越西阿尔卑斯山，连接意大利与巴黎和布鲁日的路线状况。威尼斯和纽伦堡，作为这个时代的两大贸易中心，已经无可置疑地确立了其作为阿尔卑斯山以南和以北首要信息中心的地位。它们成为由印刷术的发明开启的新信息时代的先锋，绝非偶然。

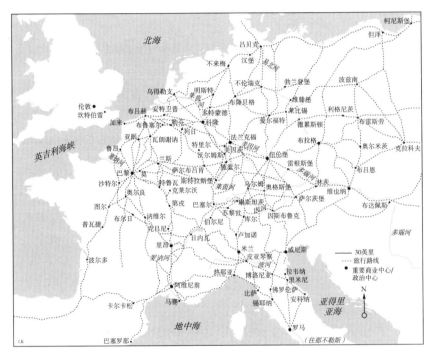

原书所附地图 2　1500 年左右欧洲主要的贸易路线。

第三章 第一份新闻印刷品

在14世纪和15世纪欧洲的新商业世界中,财富带来了诸多特权。有权势的人长久以来享受着空间上的奢侈:他们有可以狩猎的土地,在欧洲最为富庶的城市的主要街道上有引人注目的大别墅。现在,多亏了国际贸易,他们能够用漂亮的东西来填满这些房子。他们的家成了他们财富的象征。他们建花园,穿华服,并在房间里摆满精品:挂毯、雕塑、画作以及各种奇物,像独角兽的角或者宝石。他们也开始收藏书籍。对于欧洲知识文化的发展来说,书籍的流行有着重大的意义。在此之前,书籍基本上就是职业书写阶层的实用工具。书籍只在它们被用到的地方才有积累——在隐修院,在新式大学的教师那里。学生可能有一到两本,通常是费力地听写出来的,或者从租来的原本辛苦抄写而来。直到14世纪晚期,藏书室才成为精英文化的重要组成部分。

书籍和学问在文艺复兴时期的新文化中发挥了关键作用。学者们将对失落的古典文本的重新发现,置于由智识探索和文学改革组成的令人兴奋的新世界的核心。[1]意大利、德意志和低地国家等欧洲的主要商业中心,也成为制造与装饰书籍的新贸易中心。

但凡每一本书都须借抄写另一份手稿而成,书的增长速度就受到是否能找到受过训练的抄写员这一条件的限制。欧洲不同地区的创新者开始尝试通过机械化手段来给这一过程提速。第一次掌握印刷工艺的荣誉将归于德国人约翰内斯·谷登堡,而在十年前他还是朝圣者镜子的制造商。[2]1454 年，谷登堡在法兰克福博览会上展出了他的杰作——一部《圣经》的试印页 ，他将要继续生产一百八十份相同的副本。欧洲拥有书籍的阶层很快便意识到谷登堡所取得的这一成就的重要意义。试图保守这项新技术的秘密是徒劳的。很快，工匠们就将书籍制造的新技术引向了欧洲的各个角落。[3]

印刷术的出色着实令人印象深刻，但第一代印刷商在选择推向市场的书籍时异常保守。第一批印刷的书籍非常贴近老客户对手抄书的品味。在《谷登堡圣经》之后出现的是赞美诗和礼拜经文。意大利的第一批印刷商出版了古典作家作品的多个版本，这些作品是人文主义智识进程的基石。民法和教会法的标准法律文本、中世纪医学和科学手册也成为新市场的主力。基本上，这些书都是大部头而且价格昂贵。印刷商们需要花些时间才能明白，这一新发明要如何被用来开拓新闻市场。

因此，总体而论，15 世纪后期的新闻事件并没有对印刷物这一新媒介产生实质性影响。1453 年，就在谷登堡成功地给他的新发明揭开面纱之前，君士坦丁堡沦陷。接下来的三十年，印刷商们将主要专注于掌握市场的新规则，这个市场突然充斥着空前数量的书籍，但并非所有的书都能找到买家。有关法国、英国和勃艮第之间的冲突，以及笼罩在东地中海上空的乌云的新闻，基本上都是通过传统途径来传播的，即通信和旅行者。1470 年内格罗蓬特陷落以及 1480年罗得岛被围困，是第一次在出版物中引起重大反响的当代政治事件：土耳其入侵的威胁在这时和后来都同样引发了整个欧洲的反应。教皇呼吁团结一致保卫罗得的印刷品广为流传。[4]但这些都只是池塘里的涟漪。

只要新工业仍然是面向传统客户生产大部头的书，那么对当代事件的报道就依然只是次要的关切。印刷业向新市场的扩张是试探性的。首先，印刷商会通过出版用于批量销售的小件（廉价印刷品）

来了解改变产出的价值。然后，他们将利用试验性的印刷品来分享探索时代关于遥远大陆的发现的新闻。但直到 16 世纪早期，也就是谷登堡出版《圣经》整整七十年之后，世界才经历了第一次重大媒体事件——德意志宗教改革。

宗教改革催生了一场强有力的变革运动，永远地摧毁了西方基督教世界的统一。它也使欧洲新生的印刷产业意识到，将当代事件印刷成新闻，具有成为一个全新的大众市场的潜力。新闻市场将被永久性地改变。

商业崇拜

1472 年，罗马最早的印刷商康拉德·斯维因海姆和阿诺德·潘纳茨向教皇求助。他们的出版社濒临倒闭。按照请愿书上乞怜的说法，他们的印刷厂"满是印好的纸张，需求却空空如也"。[5] 至此，他们已经制作了多达两万份的印刷文本，却卖不出去。对于第一代出版先锋来说，他们的经历并不罕见。第一批印刷商都是在其最热情的客户的引导下来选择文本。大学想要课本；学者们想要人文主义者推崇的古典作品。这带来的结果是，第一批印刷商中有很多都在印相同的书。事实证明他们对于如何处理这些副本缺乏考虑。手抄本的市场是封闭的、紧密的：抄写员通常都认识他的客户。印刷商们却面临这样的问题：如何将数百份正文相同的副本卖给散布在欧洲各地的未知买家。未能解决预料之外的分销和流动性的问题，造成了严重的财务紊乱。结果，第一批印刷商中有很大一部分都破产了。

对于他们当中最精明的人来说，救赎的机会在于同可靠的机构——教会或国家——建立客户关系，并与之密切合作。在 15 世纪的最后几十年里，一些欧洲国家的统治者开始尝试将政府的一些例行程序机械化。利用印刷品来宣传官僚的决策，将在适当时机成为新信息文化最为重要的一个方面。[6]但对于第一代印刷商来说，教会是这一新产业最重要的客户。除了众多的祈祷书、圣歌和布道集，教会机构还开始与印刷商签订合同，用机器生产赎罪券。

马丁·路德后来批评赎罪券，其中一个讽刺便是，它们极其流行，竟成了印刷工业早期的支柱。[7]经过几个世纪的进化，赎罪神学在14世纪和15世纪达到了它的成熟状态。[8]作为对虔诚表现——比如，参与朝圣、为圣战或建教堂捐款——的回报，悔改的基督徒会获得赦罪的保证。这种做法与炼狱的教义密切相关，以至于赦免的时间长度，通常被精确地量化成四十天。捐款通过一纸收据或凭据来确认：最初写在羊皮纸或者纸上，而且是手写的。

人们很快便意识到，如果赠予的条款和细节能够印制，留出写收受者的姓名和捐赠金额的空白，那么赎罪券的誊抄工作将会大大减少。很快赎罪券就成为德意志印刷业的一个普遍特色。对于印刷商来说，这是理想的委托。工作简短，只有几行文字，很容易设置和操作。因为完整的文本一张纸就可以容下，而且只占纸的一面，所以它不要求复杂的技术。最重要的是，赎罪券印好后不会给印刷商带来复杂的分销问题，很多早期的企业便是因为这个问题破产。而印刷商是受某一客户委托从事这一工作的，委托者通常是主教或当地教会。宗教机构负责分销：印刷商会在交货时收到全款。

显然这项生意的规模非常大。从15世纪（也即印刷业的第一个时代）幸存下来的二万八千份印刷文本中，大约有二千五百份是单页或宽幅的印刷品，当中三分之一是赎罪券。此外，赎罪券同一版的印数要远远超乎寻常。最早的书籍同一版的印数大约会有三百，到15世纪末上升到五百。然而，我们所知的赎罪券的订单量都是五千、两万，甚至有一个订单是二十万份。[9]这项工作是如此有利可图，以至于印刷商们经常会为了完成这些委托而中断或搁置其他订单，正如受挫的作者们频频抱怨的那样。谷登堡也是众多此类印刷商之一，不过他同时还从事着更具野心的计划。[10]

这种短命的印刷特别容易自然损耗，许多早期的印刷品便是因此而散佚。一些已经完全消失的出版物只能通过档案记录证明其存在过。考虑到所有这些因素，我们可以可靠地估计，到 15 世纪末，印刷商已经产出多达三百万到四百万份赎罪券。这对印刷商而言是个好营生，他们就像抓住救命稻草一样抓着它。

3.1 救赎的交易。1502 年，作为雷蒙德·佩劳迪第三次伟大的德意志运动的一部分而出版的赎罪券。（德国历史博物馆，柏林）

赎罪运动也推动了许多相关作品的出现。谷登堡的早期出版物之一就是所谓的《土耳其日历》，一本六页的小册子，题为"对基督教世界抵抗土耳其之警言"。[11]这本小册子以 1455 年的日历为幌子，里面包含一系列诗文，呼吁教皇、皇帝和德意志民族武装起来为抵御共同的敌人而战。第二年，教皇加里斯都三世颁布诏书，敦促整个基督教世界以入伍或捐款的方式加入圣战。这部诏书在译成德语后以小册子的形式出版，共十四页。[12]

这些小册子具有重要的新闻功能。为国际事业筹集资金的运动，例如不断呼吁对入侵的奥斯曼帝国发动圣战，将这些遥远事件的新闻传播给广大公众。[13] 虽然这些出版物一般都起源于意大利，但其目的地的地理范围广得惊人。贝萨里翁主教关于圣战的著作是最早在法国出版的书籍之一。[14] 威廉·考辛关于围攻罗得岛的记述（出版于 1480 年）是斯堪的纳维亚出版的第一本书。两年后，第一本瑞典语书出版，其内容正是对号召东征土耳其的大赦法令的解释。[15]

这一新的财政福音派无可争议的巨星是红衣主教雷蒙德·佩劳迪。作为一个孜孜不倦的布道者和小册子作家，在 1488 年至 1503 年间，佩劳迪在北欧领导了三场重要的筹款运动。对于接待他的城镇来说，他的布道是重大事件，而筹集到的款项会按照精心制定的方案在教会和地方当局之间分配。佩劳迪的活动得到了大量出版物的支持，既有大幅纸印的广告，也有小册子。[16] 精心编排的信息、劝诫和煽动，同现代的竞选技巧有着诸多共同之处。[17] 佩劳迪所到城市都会盛况空前。在他到访之前，总有出版物宣告他即将到来的消息以及他布道的原因。在他把人群的虔诚鼓动起来之后，捐款者会拿到赎罪券，上面有对他们的捐赠和承诺赦免的约定。那些渴望了解更多人可以购买当地印刷的佩劳迪的布道书。

佩劳迪也不可能遍访各地，所以其他一些地方的活动，就由指定的副手负责。在瑞典由荷兰人安东尼乌斯·马斯特领导，他带了两万封赎罪信，其中六千封被米夏埃尔·波伊奥迪带到了芬兰。[18] 这是一个精心协作和高度复杂的媒体运动，旨在激起基督教世界对在遥远土地发生的重要事件的共同责任感。这也是印刷术潜在影响的早期示范。

对于那些见证了伟大布道者履职的人来说，这些事件极其动人；对于出版的历史，它们同样意义深远。对于许多欧洲公民来说，赎罪券是他们拥有的第一份印刷文本。与许多早期出版商相当保守的本能相反，这些筹款运动提高了业界对这一新媒介的潜在价值的认识。围绕赎罪布道出现的出版机遇，很多出版商第一次意识到廉价印刷品的价值。它是一场媒体风暴的重要预演，随着宗教改革的到来，这场风暴将会在一代人以后席卷德意志。

新大陆

1493 年 2 月 18 日，一艘饱经风吹日晒的小船尼尼亚号登陆亚速尔群岛中的葡属岛屿。船上的人，正是热那亚冒险家克里斯托弗·哥伦布，他刚刚完成了首次成功横渡大西洋的航行。美洲的发现是世界历史的一个关键性的转折点，而且恰好发生在欧洲公众开始探索印刷作为一种新闻媒介的潜力的时候。1492 年，也就是哥伦布从西班牙启航的同一年，一颗巨大的流星落在阿尔萨斯的昂西塞姆村附近。一位名叫塞巴斯蒂安·布兰特的富有想象力的诗人创作了一首诗，用来描述这一事件。几家德意志出版商随后印刷了这一文本，并以粗犷醒目的木刻版画展示出流星划过天空的情景。事实证明，这张大报非常受欢迎，现仍存有几个版本。[19]

美洲的发现意味着一个全然不同的秩序的可能。从长期来看，如果能如愿发现大量黄金和香料，它可以改变欧洲经济。从短期来看，它使得葡萄牙和卡斯蒂利亚 – 阿拉贡这两个君主制国家为获得跨大西洋土地的统治权而相争。几年后，葡萄牙人得意洋洋地结束了他们里程碑式的探险壮举，绕过非洲南端，将东方的香料之国与欧洲市场连接起来。

不得不说，在当时的欧洲新闻市场看来，葡萄牙人的这次探险比起美洲的发现和昂西塞姆村的流星，是更有意义的故事。哥伦布三次伟大航海的真正影响是逐渐显现出来的。尽管如此，对哥伦布的反应提供了一个特别有趣的个案研究，让我们看到在新闻市场本身正处于过渡的时候，一个新闻事件是如何形成的。

　　甚至在被迫登陆亚速尔群岛之前，哥伦布就敏锐地意识到，他必须谨慎管理航行记录。他在出发时得到承诺，倘若他能如自己保证的那样找到一条向西到达亚洲香料市场的通道，他将得到最为丰厚的奖赏。作为"大洋海军上将"，他和他的后代将被授予世袭统治权，还能得到来自新发现土地的收入的百分之十。他的船已横渡大洋，但他们对自己发现了什么，一点也不清楚。哥伦布既不是十分确定去往亚洲的航线，也不能提供任何清晰的财富前景：他能展示的新奇事物、鹦鹉和当地的俘虏，似乎不足以替代他承诺的黄金和香料。

　　为了向斐迪南和伊莎贝拉报告，哥伦布甚至不得不首先忍受与葡萄牙人第二次不必要的摩擦。从亚速尔群岛艰难地救出船员之后，哥伦布的船被迫在里斯本港避难。他被召去与葡萄牙国王进行一次可能会很艰难的见面，这位国王之前曾拒绝过他的效劳提议，但现在想必非常敏锐地明白了他的航海壮举可能意味着什么。

　　在去赴这个尴尬的约见之前，以防万一，哥伦布将一份关于他的发现的报告，寄给了他在巴塞罗那的王室赞助人。令他如释重负的是，他那艘修补过的船获准从葡萄牙首都扬帆起航，之后他从加的斯附近的西班牙帕洛斯港寄出了第二份副本。两份报道都成功抵达巴塞罗那，事实上平塔号的船长马丁·平松已派出一位信使在那里等候。在那场将哥伦布吹到亚速尔群岛的风暴中，平塔号与海军上将的船分开了，在西班牙北部登陆。平松从那儿打发人给宫廷捎信，请求准许他亲身讲述航行的故事，但遭到拒绝：统治者们坚持认为这是哥伦布的特权。现在他被召到巴塞罗那，那里欢腾雀跃，已然是节日庆典的气氛。

　　在面见斐迪南和伊莎贝拉之后的几个星期里，哥伦布报告的更多手抄副本在宫廷周围流传。不久之后，其西班牙语译本在巴塞罗那出版。原始信件的复印本几乎在巴利亚多利德同时开始印刷，正是这封拉丁文的《新发现岛屿的来信》迅速成为大量再版的底本——

在罗马，阿尔卑斯山以北的巴塞尔、巴黎和安特卫普。这封信在被朱利亚诺·达蒂意译成意大利语后，也引起了公众的热切关注，同年年底前又印了三版。[20]

尽管有种种痴心与妄想，哥伦布依然是一个了不起的人。他几乎是出于本能地绘制出了被证明是横渡大西洋的最快捷的航线。他也是一名出色的宣传家，他对第一次航行的描述堪称一篇叙事简明的杰作，正好印刷成一本八页的小册子。但是，《来信》在商业上的成功，不应使我们高估它在形塑当时对哥伦布发现新大陆的认知方面的影响力。即使在它于罗马印刷之前，在1493年4月29日之后的一段时间，关于这次航行的新闻就已经通过手抄报道传到了至少七个不同的城市。[21] 这些手抄信和最早的口头报道，似乎是舆论制造者最为看重的东西。哥伦布至少在公众面前坚持这一观点，即他发现的陆地是亚洲；这样他就履行了协议条款，能得到其应有的报酬。其他人更多是感到怀疑。在那些有机会与哥伦布于宫廷交谈的人中，有两个人将因在他们的出版物中宣传海洋发现而获得影响力，他们分别是彼得罗·马尔蒂雷·丹吉埃拉和年轻的巴托洛梅·德拉斯·卡萨斯。登陆里斯本时，哥伦布还结识了巴托洛梅乌·迪亚斯，后者是一名葡萄牙老兵，曾参加第一次绕好望角航行。这些人都意识到哥伦布取得的成就非凡，但对他已经找到亚洲航线的事还是持怀疑态度。他的王室赞助人的正式回应反映出这一正在形成的共识：他们的问候只是含糊地提到"您在印度群岛发现的岛屿"。

这些怀疑并没有消减大家对哥伦布宣布的返航计划的热情。他毫不费力地招募了一千五百名志愿者于1493年9月上船，此时他的舰队实力已大为增强，包括十七艘船。但风险非常高。向西航行的可能性清楚地表明，亟需解决西班牙和葡萄牙争夺主权的问题。1494年，哥伦布已经回到伊斯帕尼奥拉岛，伊莎贝拉王后在给他的一封信中告知了关于《托德西利亚斯条约》的新闻。其他船只在这个阶段已独立发现大西洋通道这一事实，也给哥伦布带来了问题。现在，管理新闻变得更难：心怀不满和幻想破灭的人很快就把关于新定居地日益混乱的报道传回西班牙。王室在第二次和第三次航海中的投资规模让人们开始认识到，哥伦布的亚洲幻想并无任何根本性的困难需要应付。1496 年末，哥伦布第二次航行归来，接受了正式的调查委托；在第三次航行期间，他被褫夺了权力，并在 1500 年戴着镣铐回到西班牙。

尽管发生了这些反转，很多早期的狂热者依然信念不改。彼得罗·马尔蒂雷就是一位有影响力的支持者。他在 1494 年 11 月的信中庆祝"哥伦布发现了一个新大陆"，这种说法一直沿用至今。几年以后，他发表了一篇关于发现新大陆的极具影响力的报道，"新大陆"[1] 这个词得到了广泛使用。但后来航海的戏剧不再像通信和印刷能产生同样的共鸣。在务实的商业圈中，由于未能发现向西通往神秘亚洲的通道，对美洲的兴致越来越少。正如我们所见，1499 年和 1501 年葡萄牙人通过开普敦航线进口了大量香料的新闻，导致金融和商品市场出现了更大的动荡。[22]

1502 年，阿梅里戈·韦斯普奇对巴西海岸的勘探，为发现新大陆主体提供了确凿的证据。韦斯普奇也是一位有天赋的自我宣传家。他对这次为葡萄牙所作的航行描述，很快便以多种语言和版本出版。[23] 有趣的是，这是所有伟大的旅行故事中，第一个在德意志引起了广泛反响的，至少有八个不同的城市出版了德语译本。这与早期哥伦布的探险形成了鲜明的对比。关于最初的远洋航行的讨论非常注重其政治意涵，因此在意大利引起了特别的兴趣。在那里，来自西班牙的教皇亚历山大六世积极参与解决西班牙和葡萄牙由此产

---

[1]　原文为拉丁语"De orbis novo"。

生的管辖权之争。葡萄牙王室尽管最早知道哥伦布的非凡壮举，却没有想着去宣传这件事：这样做对他们几乎无利可图。另一方面，斐迪南、伊莎贝拉和罗马教皇亚历山大则积极地宣传这次探险的成功。尽管哥伦布的首次报道是成功的，但阿尔卑斯山以北很诡异地没有什么反响。这里有一种对西班牙野心的矛盾心理，这种心理被哈布斯堡家族与西班牙王室之间开始出现的联系强化。因此，法国和德意志对葡萄牙成功的消息表现出明显的偏好（葡萄牙是法国的传统盟友，也是制衡西班牙扩张的力量），也有政治方面的原因。

在 16 世纪的进程中，关于新大陆殖民地开拓的出版物将成倍增加。随着西班牙新领地的版图逐渐清晰，欧洲的北方列强发觉自己已不可阻挡地卷入了正拉开序幕的大西洋地缘政治之中。他们以各自的方式，对第一次哥伦布探险进行了报道，为 15 世纪末的新闻市场提供了一个有趣的简影。哥伦布与其支持者们主要依靠通信把最新的消息带到西班牙，并进而送去意大利。就数量和质量而言，这仍然是最重要也最迅速的跨区域新闻发布形式。通信为那些需要知情的人提供了精确、快捷的信息。信函的分发有限，但可靠性高。[24]印刷则起到了不同的作用。印刷物能让新闻接触到更广泛的公众，那些人根本无法指望收到保密信息。通常情况下，作为新闻而呈现的内容是为在重大事件发生后进行的更为广泛的公众讨论服务的。内格罗蓬特陷落（1470）后的出版物就是如此，这是最早在印刷物上广泛讨论的新闻事件之一。[25]威尼斯的这一关键要塞灾难性地落入土耳其人之手，激起了一阵印刷评论的狂潮，其中大部分采取了韵文的形式。但这些作品的读者很少是第一次听到这个消息。驻军的困境众所周知，他们投降的消息很快就从威尼斯通过信件和口述的方式在意大利传开了。在这一场关于政治责任的激烈讨论中，新闻小册子的出版在其中发挥了作用；它们还使得热切的意大利人文主义者们有机会在当代悲剧主题上展现其精湛的文学技艺。

在这一早期阶段，印刷品是一种零星出现的、偶然的媒介。它还不能给那些身负要责之人提供其所必需的持续的信息流，让他们可以在保持充分知情的情况下做出重要决定。当哥伦布第一次航行归来时，印刷物作为新闻媒介的全部潜质才刚刚开始被意识到。真正的认识还要等待欧洲下一个反响巨大的新闻事件——新教改革。

维滕堡夜莺

新教改革本应失败的原因有很多。马丁·路德不太像个革命者：他是保守的中年学者，而且在教会事业上有颇有建树。他似乎没有理由不去推崇一个培养和奖赏了其才能的制度；他理应认为自己是个虔诚的天主教徒。当他因执意坚持自己关于赎罪券颇受争议的主张，与教会的等级制度产生无法调和的对抗时，他发现欧洲最强大的机构在朝他全力开火。路德事件本应就此结束，蒙辱的修士将被削去职务并监禁，而且很快被遗忘。

拯救路德的是宣传（publicity）。当他撰写《九十五条论纲》以反对赎罪券时，他把副本寄给了几个可能会在争论中与他合作的人，包括当地的主教，美因茨选侯兼马格德堡大主教阿尔布雷希特。论纲很快就找到了印刷方法，并进入纽伦堡和奥格斯堡感兴趣的知识分子圈。[26] 路德愤怒地谴责赎罪券的新闻从那里迅速传遍了北欧。这完全出人意料。无论从哪个角度看，坐落在德意志帝国东北部偏远一隅的小镇维滕堡，都不太可能成为重大新闻事件的焦点。维滕堡与德意志主要的通信网络相去甚远，在随后的几年里，路德发现很难跟得上由他的抗议引发的浪潮。他和他的朋友菲利普·梅兰希通都抱怨过在维滕堡获取消息的难度。[27] 如果说教皇回应迟缓，其中有一部分原因是罗马教会当局压根儿无法想象，从这样的穷乡僻壤流出来的东西能有什么重要性可言。

从路德的违抗成为公共事件开始，前所未有的宣传洪流伴随着这出戏剧的每个阶段滚滚而来。路德对罗马教会的批评以及罗马为迫使他就范而采取的险恶手段，不时作为新闻出现于欧洲受过教育的精英的通信中。伊拉斯谟对路德很着迷，起初倾向于支持这样一个似乎和他一样，对中世纪教会卑劣的、商业的方面予以挖苦蔑视的人。[28] 但为路德赢得更广泛的受众，且最终让他保住性命的，是印刷。他的第一个决定性举动是用德语而不是有学术争议的拉丁语发表了一篇布道，为其对赎罪券的批评辩护。[29] 他把辩论扩大到有限的神学家的封闭圈子之外，动员了更广泛的公众参与，向批评他的教会人员发起了挑战。到 1518 年，他成为德意志出版作品最多的作家；1520 年至 1521 年间，当教皇最终宣布开除他教籍，而且新皇帝查理五世也认可了这一判决时，路德成了出版界轰动一时的人物。他的著作让欧洲印刷业的中心发生全盘转变。

宗教改革是欧洲首个大众媒体新闻事件。因对路德的教义感兴趣而产生的书籍和小册子的数量非常惊人。据估计，1518 年到 1526 年间，市面上流通的宗教小册子接近八百万册。[30] 这是一场完全单边的竞赛。这场争端产生的作品，有超过九成来自路德和他的支持者。

宗教改革也给了挣扎中的行业以一线生机。第一批印刷商中，很多都在 15 世纪破了产，这导致印刷书籍的出版数量大为缩减。直到 1500 年，大约三分之二的欧洲书籍都只在十几个城市出版，大都是像威尼斯、奥格斯堡和巴黎这样重要的商业中心。大公司主导了这个行业，它们拥有雄厚财力，能够维持财政支出（并筹集风险资本），以应对图书出版和销售过程中经常出现的长时间拖延。德意志出版商和书商此前一直很难从书籍印刷中赚钱，而路德的争论给了他们一条新的出路。因为宗教改革的书是不同的。路德及其支持者的许多著作都很薄。其中绝大多数都是用德语出版，而那时国际学术共同体的大部分书籍都是用拉丁文出版的。

　　薄书以当地市场为主，销售起来很快，对于资金不那么充裕的小型印刷厂来说，是理想产品。宗教改革导致印刷业在德意志的五十多个城市恢复或首次建立。维滕堡本身成了印刷业的一个重要中心。[31]

　　宗教改革也给书籍的设计带来了显著变化，这些变化对后来新闻小册子的制作产生了很大的影响。这种设计创新大部分来自维滕堡。在这里，路德依然很幸运。他的赞助人，英明的腓特烈成功地吸引了欧洲最杰出的画家之一卢卡斯·克拉纳赫来到这座城市。克拉纳赫不仅是一位出色的画家，还是一位非常精明的商人。[32]他创建了一个繁忙的油画工坊和一个生产木版的企业，这些木版用作一些维滕堡最早的出版物的插图（包括一份腓特烈文物收藏的精美汇编，考虑到路德后来对赎罪券的批评，这相当讽刺）。尽管克拉纳赫直至生命的最后都欣然接受天主教客户的委托，但他是路德早期忠实的拥护者。他在维滕堡的工坊很快就为推动路德的事业起了重要作用。

　　正是因为克拉纳赫，我们才有了路德的标志性形象，它们标示出他生涯的各个阶段：从理想主义的传教士到成熟的教派创始人。[33]根据克拉纳赫的素描所作的木刻肖像，让路德很快成为欧洲最著名的面孔之一。他巧妙地表现了这位获得启示的孤独的属神的人（man of God），在很大程度上帮助塑造了路德的神秘性。在一个统治阶级以外的人很少会有肖像画的时代，这给了路德一个名人的身份，极大地增强了他的光环。1521年，当路德穿越德意志去沃尔姆斯帝国议会面见皇帝时，他正是作为名人受到了欢迎和簇拥。就因为路德是一个名人，所以皇帝不能听从其顾问们私下提出的建议，像康斯坦茨宗教会议判处扬·胡斯那样对待路德，也即无法撤回他的安全通行权，将他作为异教徒逮捕和处决。

　　安全回到维滕堡后，路德继续其紧张忙乱的日程安排，写作、布道和出版。他的作品由维滕堡日益壮大的出版商群体分享，得益于克拉纳赫的木刻版画，他们在设计上取得了高度统一。所有宗教改革的小册子，或被他们称作"Flugschriften"[1]的东西，都是便携的四开本（约20厘米×8厘米），当时大多数短篇作品都使用这种格式。它们通常只有八页，很少会超过二十页。在最初几年里，这

3.2　路德品牌。成熟的路德小册子突出了对其销量最关键的要素。（福尔杰莎士比亚图书馆，华盛顿）

---

[1]　原文为德语，意为"小册子"。

些小册子都很简朴，只是功用性的，但随着路德的声名远播，德意志的印刷商开始越来越有信心地去开发它们的最大价值。在封面上，路德的名字被精心地与主标题分开：扉页的文字被包装在一个华丽的木刻框架中。这是卢卡斯·克拉纳赫工坊的重要设计贡献，成为"维滕堡小册子[1]"的独特装帧。[34]凭借这一视觉标记，人们可以在书商的摊位上识别出路德的出版物。克拉纳赫的许多设计都很漂亮，能吸引人的眼球，这些微型艺术作品为属神的人的话语增添了光彩。宗教改革小册子的成功也有助于印刷商和书商们认识到品牌认同的商业价值，这是朝向连载出版发展的重要一步。作为对品牌的回应，顾客们会将这些小册子装订在一个临时的选集里，许多小册子便是这样保留至今的。

《新报道》

在传播领域，宗教改革有很多显著的特点，每一个都有其独特的首创性：神学争论变成政治事件的方式；路德获得广大公众支持的速度；印刷业开拓商机的热情。其结果是，它对出版行业的影响几乎与它对西方教会的影响一样深远。

宗教改革使得德意志出版的书籍数量得到了大幅而稳步的提升。然而，最终火势渐微：有关宗教改革争论的新书数量开始下降。这给急剧扩大的图书市场留下了相当大的空白。宗教改革带来了新的读者阶层，男人和女人第一次养成了买书的习惯。它还大大增加了德意志印刷商的数量，其中很多城镇里的人在以前甚至无法负担一台印刷机的日常开销。这些人必然会渴望留住新读者，让他们保持

---

[1]　原文为德语。

用宝贵的收入买书这一新习惯。

因此，在宗教改革出版物从其鼎盛开始衰落的那几年里，其他类型的小册子作品数量急剧上升，并非偶然。其中有一种新型的新闻书：《新报道》（ *Neue Zeitung* ）。[35] 这并非如标题所暗示的是一份"报纸"。虽然"Zeitung"现在在德语中是"报纸"的意思，但这与16世纪的用法意义有所不同。"Zeitung"源于一个较早的中古德语词"zidung"，它与荷兰语"tijding"或英语"tiding"的意义最接近。因此，"Neue Zeitung"最好的翻译是"新音讯"或"新报道"。从词源上讲，"Zeitung"一词本身并不像英语"news"或法语"nouvelles"一样具有新奇之意。

这就引发了一个有趣的问题，即一篇报道是否一定要是最近发生的事件，才能被16世纪的读者视为新闻？答案似乎很大程度上取决于报道的是什么。新闻小册子在其所描述的事件发生数年甚至数十年后重新出版，并不罕见。[36] 一个有趣的案例是15世纪后期一批小册子的涌现（出版于1488年至1500年间），其内容是歌颂1476年死去的"刺穿者"弗拉德·德古拉的生平事迹。这些出版物受到当时对土耳其入侵东欧的关注的影响，实际上是伪装成新闻小册子的历史著作。于是一个残忍的勇士被重新阐释成抵抗奥斯曼敌人的基督徒英雄。[37] 在其他的情况下，新闻小册子也着实最早告知了事件的戏剧性发展。有时，我们会收到一个关于正在发生的事件的"新报道"：一次围攻、一场战役，或者一次帝国国会或者宗教公会的会议。

《新报道》是相对简短的文本，几乎都是将连续性的散篇专用于一则新闻报道。这使它们区别于商业信函或手写新闻信札里出现的更多样化的新闻摘要，而这些才是报纸的真正原型。[38] 然而，这种散文结构确实使这些新闻小册子能够让公众以一定的深度了解当前的重大议题。在16世纪的第一个十年，它们首次出现在了德意志市场上：第一份留存至今的《新报道》诞生于 1509 年。[39] 至少在 1530 年代之前，它们还是相对罕见的。在德意志，路德事件使人们对其他类型的新闻产生了相当大的兴趣，以至于印刷商基本没有理由要去拓展其他的市场。到 16 世纪中叶，新闻小册子才盛行起来。在形式和外观上，《新报道》与宗教改革小册子极其相似，显然它们采纳了后者外观的重要方面。它们几乎无一例外地都以德意志小册子喜欢的四开本的格式出版，有四页或八页的文字。有时封面会用木刻插图来装饰，通常是一个一般的战斗场景，很少专门为特定的标题刻木版。正文中很少有插图，制作成本也不高。即使是一家较小的印刷厂，四页或八页的四开本也只是一天的工作。在印刷商拿到文本后的一两天之内，市面上就会出现五百或六百份副本。

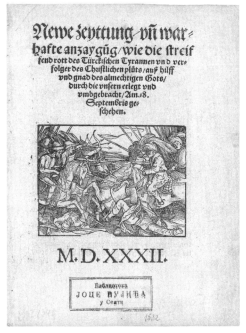

3.3 《新报道》。这是载有奥斯曼帝国战争新闻的诸多例子之一。
（福尔杰莎士比亚图书馆，华盛顿）

事实证明，无论是在购买的公众那里，还是在出版商那里，这些新闻小册子都极受欢迎。出版商可以用非常有限的支出赚到不少的钱。这类小册子远比大部头书籍能更快地带来回报，尤其是大多数通常都能在当地消化。我们可以很容易看到，为什么出版商如此热衷于满足对新闻的欲望，宗教改革期间廉价印刷品的大量增加刺激了这种欲望。我们永远也不会真正知道 16 世纪的市场上出现了多少这样的新闻小册子。这些小东西就是用来阅读、传递，然后丢弃的。毫无疑问，很多书名也一同消失了。因此，这些德意志新闻书中有大约四千本幸存下来，便显得格外神奇。它们占了 16 世纪德意志书籍总产量的很大一部分。[40]

正如我们可能预期的，新闻市场在大的商业城市最为兴盛。纽伦堡、奥格斯堡、斯特拉斯堡和科隆都是已经确立的新闻中心；但这些地方的优势并非绝对。新闻小册子的制作非常分散，遍及德意志各地和主要城市相互竞争的印刷厂。如果认为小册子的制作成本很低，就把它们留给规模较小的印刷厂，那就大错特错了。较为富有的出版商也渴望在这个有利可图的市场中分得一杯羹，而且在获取最新的文本方面，他们具有显著的优势。许多早期的新闻书都以写给市政官员的书信或公函为基础。市议员们乐于将这些记录交到当地印刷行业人员手中，依靠他们去发表严肃、客观和准确的版本，减少引起恐慌和公众焦虑的可能。

《新报道》的绝大部分版面都与高层政治有关，通常是外交事务。现存最早的 1509 年的《新报道》是一篇关于意大利战争的报道；排在第二的来自 1510 年，报道了法国国王和教皇的和解。[41] 整个 16 世纪，在德意志出版的新闻小册子中，有很大一部分专门按时间顺序记录了与土耳其人在陆海的交锋与战役。[42] 对德国意志城邦来说，陆地战争尤其触到其痛处；在不同时期，土耳其军队看似不可阻挡的进攻威胁着东部的哈布斯堡王国，这些地方都是德意志商人进行重要投资的市场。让读者可以时刻了解这些事件的小册子，吸引了焦虑但热切的受众。

这绝不是新闻议程的全部。印刷商也抓住机会去分享关于洪水、地震和火灾，特异的天象和著名罪行的新闻。但这类新闻事件在小册子作品中并不常见。它们在歌谣小报和带插图的大报——这些报纸在这一时期的新闻市场中也扮演着日益重要的角色——那里找到了更自然的归宿。[43] 这些都是追求轰动性的新闻；相比之下，《新报道》的风格一般都相当冷静、克制。扉页还煞费苦心地强调，这些报道有着可靠的信源。上面经常会宣称，他们的文本"来自一个值得信赖的人"，或是复制了一封从国外寄来的"给德意志的一位好友"的信。[44] 有时，他们会逐字逐句地转载一位上尉从军营或战场上发来的快报。[45] 两位知名人士之间的信件作为一种机密媒介会让人产生信任，新闻小册子便通过援引这种信任，以加强现已商业化和普遍可得的出版物的信誉。遵照这些原则，新闻小册子一般也小心避免哗众取宠。标题更加强调其新闻报道是"可靠的"或"值得信赖的"，而不是令人震惊或惊奇的。那种报道留给了这个日益复杂和多样化的新闻市场的其他部分。

新闻小册子的市场并未局限在德意志。低地国家是另一个重要的新闻中心。英国也出版了大量的新闻小册子，其中有许多，特别是在 16 世纪的最后几十年里，是对法国或低地国家新闻的逐字翻译。[46] 但新闻小册子在很大程度上是一个北欧现象。它需要非常重大的事件支撑，比如 1571 年在勒班陀大胜土耳其，这鼓舞了意大利出版商们出版了大量的新闻小册子；作为当时欧洲新闻市场中心的意大利半岛，开始背离北欧模式。德意志小册子在建立清晰的品牌认同方面的成功是独一无二的。任何别的印刷传统都没有发展出能与《新报道》相提并论的东西。在印刷新时代的出版物中，它们最早在扉页上承认提供时事新闻是它们的主要目标。它们与广泛且不断扩大的公众分享的通常是关于远方事件的新闻，而且价格适中。它们使信息的广泛流通成为可能，而在以前，这些信息只有少数有特权的舆论制造者才能获得。仅就此而言，这种新的印刷类型的出现，便代表了新闻商业市场发展的一个重要时刻。

第四章　国家与民族

　　中世纪欧洲的统治者花了大量的时间和精力，为了让他们的臣民和同胞能够了解他们的意愿。正如我们所见，这成了那个时代信息文化的重要部分。判决和法令通过公开宣读为人所知，受托的代理官员通过信函来了解情况。随着印刷术的发明，人们自然会想到如何应用新技术来简化这项任务。在面积较小的意大利各城邦，印刷术的使用似乎是多余的。通过在市集或公民集会上的公告，大多数公民可以了解到法律或法规的变化。比较大的民族国家面临的问题则不同。这里可能需要为迥然各异的区域的省长和郡长起草不同的指示。正是马克西米利安一世不安分的头脑帮助激发了第一次持久的将印刷术用于官方用途的实验。1486 年见证了几个文本的出版，以庆祝马克西米利安当选罗马人的国王（确认了他将继承他的父亲腓特烈三世的皇位）。来自七个德意志城市的印刷商参加了这次宣传活动。[1]

　　印刷机可以为君王服务，但也可以反咬一口。马克西米利安在危险中得到了实际的教训，那是在两年后，他试图将权力施加于尼德兰那些性情乖戾的臣民，结果却以灾难告终。1488 年 1 月 31 日，当他试图离开布鲁日的时候，他在大门口被拦下，然后被匆忙送往城堡。马克西米利安一直被关押在那里，直到他在胁迫下让步于反叛者的要求。屈辱的条约迅速在根特出版；直到这时，他才被释放。一些关于他落得如何狼狈的幸灾乐祸的说法在德意志流传开来。[2] 易受伤害但总能迅速恢复过来的马克西米利安决意让印刷机成为自己的工具。在接下来的三十多年里，他多次用到印刷术来宣传条约、新立法、帝国议会会议、给官员的指示和提高征税。在他父亲执政时期，这一切都必须通过手写的通函来完成。马克西米利安不仅提高了效率，还大大提高了公众对政府工作的认知。

这开创了开发和利用印刷术的新纪元。在 16 世纪，国家成为出版行业最重要的资助者之一。这样或那样的官方出版物成了这个行业的主要产品。在许多外省城市，当地的印刷机是由地方政府和国家政府对印刷法令和法规的需求帮忙维持着，不然很难养得活。

这些试验的成功招来了更大的野心。印刷术不仅可以用来告知，还可以用来说服吗？印刷术能够成为政策阐释和形塑舆论的有力工具吗？不久之后，欧洲就出现了第一次由国家发起的持续论战。这对新闻的历史而言，是一次具有重大意义的进展。

爱国者游戏

我们可以看到，印刷术的宣传潜力并没有在马克西米利安那里被浪费。由于曾在布鲁日受辱，他非常渴望支持他的印刷商们会在领土的其他地方称颂他的政策，传播他的指示。条约的发布始终是宣扬和平的美德、赞美伟人的智慧和宽宏的机会。但要说到最系统地利用印刷机来动员公众支持的国家，我们不该指望德意志或意大利——这两个文艺复兴时期最大、最发达的新闻市场——而应将目光投向法国。15 世纪末，法国从一百五十年的长期战争和政治分裂中崛起为一个强大的国家。在百年战争期间，法国领土中承认国王权力的部分缩小到法国中部的一点残余；1415 年阿让库尔战役之后，就连巴黎也曾一度被英国占领。1453 年，对英国人的驱逐是一个转折点；此后，法国王权通过合并西部和南部的重要封地巩固了

4.1　官员办公使用的印刷物。在召集帝国议会会议时，马克西米利安详细介绍了最近发生的事件，包括维罗纳和维琴察的战争。（德国国家图书馆，柏林）

自己的领土。到 1490 年，法国已经成了一个拥有一千二百万居民的特别有凝聚力和财富潜力的国家。

为了庆祝这一新的民族觉醒，法国国王请来了一些欧洲最具天赋的作家。由追随宫廷的诗人和编年史家组成的圈子，在 15 世纪初一些早期的政治书写运动中，就已经被派上用场。[3] 这种已经建立起来的文学辩护习惯很容易适应印刷时代。在这一点上，法国拥有一件无价的武器，因为巴黎是早期印刷文化最伟大，也最成熟的中心之一。在 15 世纪，这里的定位主要是出版学术和拉丁语书籍。而现在，它将被用来让法国公众参与到国王征服领土的宏图伟业之中。

为了让他们新获得的统一和实力有用武之地，法国人的目光不可避免地转向了意大利。1494 年，法国宣称对那不勒斯王国拥有主权，查理八世着手进行干预，这是后来一系列军事干预的开端，在接下来的六十年里，它们给意大利半岛带来许多苦难，而最终也未

给法国带来多少荣光。从一开始，军事战役就与发回国内的对法国
取得的进展的记载和对他们胜利的歌颂相伴随。一连串印刷的小册
子都分享了国王进入罗马、与教皇的正式会见、征服那不勒斯和查
理的加冕仪式的新闻。[4] 这些都是四页或八页的薄薄的小册子，有时
还会在扉页上装饰引人注目的木刻版画。其中大部分出自巴黎印刷
商之手，不过也有一些似乎是在里昂出版的，里昂是在新闻送回首
都途中的一个天然中介点。

有关意大利战役的小册子绝非第一种在法国市场上出现的此类
印刷物。1482 年，路易十一（查理八世之父）和马克西米利安缔结
的条约便被出版成小册子。[5] 条约的印刷成为官方出版物的主要内容，
如有必要，会对更具争议性的条款进行一些审慎的编辑，以确保能
被顺利接纳。1492 年，查理八世和英格兰的亨利七世缔结的《埃塔
普勒条约》就是这样的情况。王室政策的迅速更迭需要得到谨慎和
合意的处理，如果情况需要，法国王室会号召一些杰出的作家为和
平或战争提出理据。1488 年，罗贝尔·加甘在其《赋闲集》中呼吁
与英国的和平；四年后，奥克塔维恩·德圣热莱在一首诗中支持重
开战端，建议外国军队"回到威尔士喝啤酒会更好"。[6]

这些思想和情感的流露，一些以手稿形式流传，另一些则以印
刷品形式流传。有时宣传的力量会涌上历史的舞台。1498 年，路易
十二意外地继承了法国王位和查理八世在意大利的权利，在他的统
治时期，我们看到了一些最富想象力的亲政权宣传。新闻小册子的
喷涌随着路易在 1507 年和 1509 年发动的战争达到至高点。先是热
那亚叛乱被镇压，然后是康布雷同盟击溃威尼斯。[7] 路易的成功，引
发反对者缔结同盟，决意限制法国的力量，该同盟由暴躁的"战士
教皇"尤利乌斯二世领导。路易和尤利乌斯之间爆发的激烈的、带
着私人恩怨的争斗伴随着持续的对个人的毁谤。一波又一波的政治
论述和诗歌参与其中，让·勒迈尔·德贝尔热、纪尧姆·克雷坦和

让·布歇等人还在此施展了才华。一张印有教皇漫画的印刷布告上，教皇俯卧在空空如也的宝座旁，被尸体环绕，这是一个早期政治漫画的例子。皮埃尔·格兰戈尔是当时最具才华的剧作家，他新写了一部讽刺滑稽剧《愚人国王子和他的白痴母亲的游戏》。1512 年的忏悔节这天，这部充满了对尤利乌斯尖刻讥讽的作品，在巴黎的主要市集雷阿尔演出。[8]

如果这是对首都市民的一种款待，那么印刷的小册子则确保了信息在整个国家得到了范围最广的传播。在意大利战争期间（1494—1559），我们总共能列举出至少四百本用法语出版的新闻小册子。[9]如果我们将法国人对印刷品的使用与公众对法国进攻意大利的反应进行对比，我们就能更好地感受到这种文学真正的创新特征。法国突袭意大利，对意大利各城邦来说是一场灾难。为使意大利各城邦统治者掌握最新事态而发展起来的复杂的传播机制，有助于他们在相互竞争中形成一种不断变化的联盟和对抗格局。但面对一个无情的外部敌人，它几乎毫无保护作用。当意大利最易受攻击的城市集结起并不足够的防御力量时，其他城市还在希望通过与侵略者结盟来实现领土扩张。结果是混乱不堪。

意大利文艺复兴时期的新闻网络，是为了满足封闭的政治和商业精英的需要而发展起来的。在现在这样一个危机时刻，这种文化的局限性暴露无遗。[10]再没有哪个地方像佛罗伦萨一样，统治者与机警的、能言善辩的人民之间的分歧是如此明显。美第奇家族统治的这个伟大城市对印刷机几乎毫无热忱。现在它为此付出了代价，因为萨沃纳罗拉用他振聋发聩的预言俘获了一群狂热的受众，先是通过他的布道，接着是凭借随后的印刷版本。佛罗伦萨那些未受赏识的印刷商们，由于缺乏赞助，自然乐于找新的读者。[11]

在威尼斯、罗马、米兰和其他地方，意大利的作家们从展示优雅的人文主义者的雄辩，转向发表大量充满辱骂的政治评论。正如意大利的诗人们对自私和短视的政治分裂、教会领袖的伪善、王室的虚荣，以及条约和联盟的形同虚设所造成的后果的痛惋，法国入侵年代的诗歌带有鲜明的抨击色彩。这些内容很少会被印刷出来，大部分是以手稿形式流传，或在公共场所匿名发布。从 1513 年来自美第奇的教皇利奥十世当选开始，这种政治诗歌就带有尖锐的人身攻击色彩。利奥和他的继任者们，甚至整个红衣主教团，都因一系列恶行而受到谴责。

从所有角度来看，这种谴责文学清楚地表明了意大利困境的无望。由法国王室精心策划的乐观、喜庆的文学作品与意大利讽刺诗完全负面和消极的基调形成了非常显著的对比。罗马的政治诗歌，虽然机智，且携带着一股急流般的力量，但也发生内转，变得狭隘。红衣主教阿尔梅利尼很可能有一个情妇，但如果他是忠贞的，罗马会得到更好的保护，教会会得到更好的管理吗？这些担忧的微不足道以及它们的卑鄙本质，使得人们很难在流言、花招和小小的胜利之外，看到意大利困境的真正解决之道。这将是在接下来的几个世纪里，等待着许多讽刺作家的命运：激怒大人物所带来的虚弱的欢愉，片刻的消遣，但最终什么也改变不了。

战争迷雾

意大利饱受内讧之苦，加上使用书信的保守传统，使它无法像我们在法国所看到的那样，去有效地使用印刷术。因此，第一个跟随法国人进入政治宣传领域的不是老练的意大利人，而是他们的对手哈布斯堡王朝。1519 年，查理五世被选为神圣罗马帝国皇帝，以最为引人注目的方式完成了其祖父马克西米利安精心制定的王朝计划。法国被哈布斯堡王朝大片的领土包围到令人窒息的地步。为了争夺至高权，一系列劳民伤财的战役和战斗打响了，这也对以协调的努力塑造新闻产生了深远的影响。

小册子战争的起起伏伏，紧密地反映出了冲突的节奏。法国在意大利的作战，导致了1516年和1528年到1529年间的一系列出版物的产生。帝国方面，1527年至1529年间，斐迪南一世加冕为匈牙利国王，紧接着法国战争再度爆发，这些相互关联的事件在尼德兰引发了类似的新闻印刷品的涌现。而就在这几年里，安特卫普逐渐成为欧洲北部新闻中心和重要的印刷中心。三十多家印刷商在那里协助记录了皇帝为使法国屈从做出的坚决努力。[12] 不用说，双方都更热于庆祝成功，而不是承认战败。查理五世的忠实臣民们将读到1535年国王在突尼斯的伟大胜利，但不会读到六年后在阿尔及尔的大灾难。法国人选择曝光了1527年帝国军队在背叛法国的波旁公爵的指挥下劫掠罗马的丑闻。尼德兰的印刷商们更愿意将评论保留到1536年皇帝胜利攻入罗马，这个话题来得更合意。

这场像乒乓球一样来回的争端的高潮发生在1542至1544年，这是一段紧张的外交时期，在几个战区同时爆发了战争。1538年，查理五世和法国国王弗朗索瓦一世在教皇煞费苦心的斡旋下达成和平协议，暂时宣告和解。现在弗朗索瓦面临着一项微妙的任务，就是要向有政治见识的臣民解释，为何法国的领土要欢迎一个被痛斥的敌人，要让这位皇帝在从意大利到低地国家的旅途中受到市民的慷慨接待。文人们再次恪尽职守：克莱芒·马罗庆祝查理成为新的尤利乌斯·凯撒，这一次带着和平来到高卢。与此同时，法国的印刷商们对皇帝在奥尔良和巴黎受到的接待进行了精彩的报道。然而，到1542年，脆弱的和解就已支离破碎。法国的宣战书以小册子的形式在法国的四个城市出版：巴黎、特鲁瓦、里昂和鲁昂。[13] 外省的印刷新闻文化的发轫是这些年来的新发展。近来发现的一大批从1538年到1544年间在鲁昂出版的小册子，让我们能以意想不到的详尽程度去重构它。[14] 鲁昂的小册子是非常基础的作品：所有都是小八开本，篇幅极少超过四页。但它们给这个重要区域中心的读者提供了一个机会，让他们得以详尽了解这场斗争的进展。

鲁昂的小册子特别有价值，因为它们让我们难得地在有特权的政治决策者和有见识的首都市民之外看到一个新闻社群。到 1544 年春天，皇帝已率军深入法国北部。然而，即使是在这危急的几个月里，鲁昂的读者们收到的也都是一连串关于帝国小挫败的乐观消息。这些让人对总体战略形势产生可怕误解的小册子，被鲁昂的读者热切地阅读着。战事新闻使那儿的两家印刷厂维持了六年。在 9 月签署和平协议后，它们很快就销声匿迹了。

这些强有力的，必须说也是前所未有的试图引导公众舆论的努力有多大效果呢？ 1543 年，英国驻巴黎大使颇感不祥地报告说，法国国王的臣民"非常有怨言，不仅在这里，在他的疆域之内都很普遍"。[15] 但他是敌对势力的代表，很难做一个不带偏见的见证人。事实上，在这个危机深重的时刻，法国人民团结在了一起。这其中的一部分至少可以归因于这一时期集中印刷的宣传资料。当时有一位匿名的巴黎编年史作家，通常被称为"巴黎的布尔乔亚"，他在根据公共领域的文件编撰一篇对事件的记叙时，便充分地利用了这些新闻小册子。他非常看重它们的表面价值：他的日记透露出他是一个天生墨守成规的人，渴望能清楚地理解王室政策。官方爱国观点的成功传播，甚至也可以在那些有着更多特权途径的人的历史和文学作品中识别出来。像让·布歇这样的作者，会对军事行动做出详实而有可信来源的描述，他们坚定地认为，这场战争的责任要归于国王的敌人。纪尧姆·帕拉丹认为 1542 年的战争是皇帝背叛的后果，他甚至将 1536 年的王太子之死归咎于查理，称其"被皇帝闻所未闻的恶意所毒害"。拉伯雷的《巨人传》甚至也对其所有呼应，讽刺了自视新亚历山大大帝的国王毕克罗寿。

对王室政策和战争事件提出积极看法的尝试广受欢迎：当留下

新闻空白时，法国王室就面临着更大的风险，例如 1525 年帕维亚战役结束之后的灾难性事件。战败以及弗朗索瓦一世被俘的消息是通过私人信件传递给当地官员的，未向公众透露一丝风声。毫不惊讶，谣言填补了新闻的空白。这使当时的一位日记作者得出这样的结论：这次失败标志着"王国的彻底失败与毁灭"。[16]

在尼德兰，通过活跃的新闻文化来塑造爱国认同的努力收效甚微。查理五世统治下的十七个地区从来就不是一个国家；直到 1543 年，随着对海尔德兰公爵的征服，最后几块独立领土的合并才得以完成。每个地区都精心培育与皇帝独立的关系：皇帝是佛兰德伯爵，却又是布拉班特公爵，又是荷兰君主，等等。因此，促使人们认识到一项反对共同敌人的共同事业绝非易事。南部法语区的情况尤其如此，这是一个极易被渗透的边界地区，很难排除相反的观点。其中图尔奈与哈布斯堡呈环形的土地有着活跃的对话。1513 年，当这座城市落入英国人手中时，亨利八世无动于衷地描述这里"无可救药的坏心肠的人民，他们制造着关于他们邻居的滑稽剧、民谣和歌曲"。[17]

众所周知，尼德兰人在战争时期不愿帮助邻近的社群，因为他们很可能是商业上的竞争对手。与法国打仗需要筹集资金和征税，这让查理皇帝有机会说服低地国家的臣民务必认识到一个共同义务是"挺身保卫自己的祖国"。[18] 但单靠文字并不能创造出一种先前并不存在的共同身份感。即使是国王入城仪式，作为一个城市庆祝其与王室的相互义务的正式场合，也可能会留下一份不必要的遗产。那些描绘 1549 年查理的儿子腓力进入安特卫普时的庆祝活动和静态画面的卷册，在几年以后被视作过度奢靡的证据。在危险时期，尼德兰才最为明显地凝聚为一个统一体。1542 年，在皇帝与海尔德兰公爵战争期间，敌军将领马尔滕·范罗尔瑟姆大败的消息，引起整片土地的欢庆。但是，真正的国家意识的发展要等到这个世纪的下半叶，那时这种民族情感转向反对哈布斯堡王朝；他们被描绘成外国压迫者，而非尼德兰自由的保护者。[19]

战乱时代必然会点燃强烈的情感。新闻小册子的出版商们在推销亲政权的、爱国的新闻时，反映出了读者的希望与热情。即使得到允许，也很难对军队的真正部署进行冷静的分析。到这时，欧洲大多数国家已经形成了控制新闻界的机制，目的是防止发表或传播未经许可的内容。自新教改革以来，这些出版预审制度（更多的是理论而非实践）通过残酷惩罚所有挑战当地正统观念的人而得到了强化。印刷商们知道自己必须小心行事。新闻小册子绝大多数都是持保王派的论调。但如果把这种论调主要归因于审查制度，那就错了。虽然法国新闻界受到严格管制，但大多数印刷商在出版爱国文学方面都很乐意合作。在战争的迷雾中，光靠印刷业本身不可能了解事态的真相。那些需要更准确信息的商人，比如那些在路上运送货物的商人，就继续保守着他们自己的秘密联系方式。

税收与鸡肉

16世纪持续不断的战事需要政府机构进行大规模扩张。军队越来越多，战争时间越来越长，防御工事越来越精密。所有这些都需要发展出一个复杂的官僚体制，也需要筹集更多的钱。无论在理论上多么渴望在上帝的庇护下不受质疑地统治，实际上欧洲的统治者们都明白，一再要求拮据的臣民进行财政捐助，需要解释和一定程度的说服。这是一个仍然固守这一历史原则的社会，即国王和其他大领主一样，应该靠自己土地的收入维系生活。虽然情况很早就不是这样了，但它并未被一种更切实可行的认识所取代，即臣民应该交出收入的固定一部分来支撑国家机器。除了征收不可避免的、令人憎恨的消费税外，对财产或收入征税总是例外的。如果以这种方式给臣民增加负担，统治者必须给出理由。

在 16 世纪，这种关于统治事务的沟通让印刷术越来越多地被使用。那些被印刷出来的敕令、法律和公告，表面上是为了让市民了解新的义务和法规，为了筹集资金、要求听命和对骚乱发出警告。但它们也有着重要的新闻功能。为了鼓励市民自愿缴税，国家当局经常会相当详细地说明为什么需要另征新税。对犯罪或商业的管制也是如此。这种对意图的声明常常被载于印刷的敕令的序言中，而且它们会提供一个对决策过程坦诚得令人惊讶的描述。

这样，法律的制定在新闻的传播中起到了重要作用。新闻小册子可能很受欢迎，但除了政治和商业精英，并无多少人会直接受到它们所述事件的影响。相反，法律对每个人都提出要求。为了有效，法律必须广为人知。这一问题在西欧的民族国家尤其严峻，在那里，国王的命令必须让分散的人口知道，而他们中的大部分一辈子都不曾见过权力的源头。在法国，君主政府有意识地利用税收制度来为其外交政策目标辩护。15 世纪上半叶，尽管从理论上讲，国王征税的权利是不受限制的，但在提出额外征税的要求时，通常得一并对其必要性做详细说明。1517 年二百四十万里弗的平民税，被解释成实现和平的代价；1522 年也征收了一笔数额差不多的税，理由是抵抗英国入侵布列塔尼需要新的火炮。[20]1526 年，在帕维亚战役后出现了明显危机，摄政王请求额外资金，并为将国王灾难性地拖入意大利的决策做细致辩护，同时保证他会一直为谋求和平而战。

很多这种沟通都是用传统的手抄通函传达到地方庄园的。它们的作者只对当地社会人数有限的领导圈子吐露秘密。对多数人来说，信息来自地方首府下达的更为简明的税收要求。然而，在本世纪中，随着时间推移，越来越多的王室敕令被印刷出来。弗朗索瓦一世的王室法令只有百分之二得以付印，到他的孙子弗朗索瓦二世执政时期（1559—1560），这一比例上升到了百分之二十。在法国宗教战争的困难时期，王权广泛地使用印刷术来促进宗教和平。在这一整个世纪里，王室敕令出版了五千多版。[21] 在巴黎出版的敕令，通过地方的重印传播到各省。

在英格兰，历任统治者都面临着一项艰巨的任务，那就是让偶感困惑的民众适应自己熟悉的礼拜模式被频繁调整。亨利八世与教皇关系的破裂，在他的儿子爱德华六世统治时期（1547—1553），被转变成一个完全的新教解决方案。随着 1553 年玛丽的继位，有政治觉悟的人们很清楚地意识到天主教将会恢复。这一恢复经由 1554 年的一部议会法案生效；但过程是以抑制宗教辩论和镇压反对女王政策的示威开始的。

玛丽的意愿由 1553 年 8 月的一项公告确定下来，该公告禁止宗教论争，禁止未经许可的戏剧或印刷品。对于触及问题的核心，文中显得很谨慎。它向读者保证，女王虽然受良知驱使而信仰她的宗教，但她无意将自己的选择强加于臣民，除非这一措施得到普遍认可。它痛惋因宗教异见而造成的混乱。在六百个单词（记住，它是要用来大声宣布的）后，公告才抵达事务的核心：禁止"印刷任何书籍、材料、民谣、韵诗、幕间节目〔戏剧〕、流程或论文，也不能演出任何幕间节目，除非它们获得了陛下的书面特许证"。[22]

印刷是一项伦敦事务，但在王国的其他各处，攻击性的戏剧上演，可能会对服从产生消解作用。因此，这份公告由女王的印刷工印刷发行。收到副本的当地官员无疑会仔细阅读，并将其精髓传达给当地的执法人员。如果仅仅是通过在公共场所宣读的传统方式来传达，很难想象一个这么复杂的文本能够被理解。因此，印刷文本的流通在公共政策的传播中发挥着越来越必不可少的作用。国王的法令和公告被张贴在公共场所的柱子或者公告牌上。应该注意的是，这个公告就像许多都铎王朝的公告一样，是单张纸双面印刷，所以如果是被粘在一块木板上，就不太易于阅读。因此更实际的做法是，

4.2 伊丽莎白一世关于非法和煽动性书籍的范围的公告。(福尔杰莎士比亚图书馆,华盛顿)

把它们堆放在公共建筑或者商店里,以便人们仔细阅读。亚当·刘易斯是位于肯特郡梅德斯通附近的西莫林的一名校长,1537 年 4 月他走进当地的一家商店,看到"里面放着一些与服装、火炮和非法游戏有关的法令"。[23]

1563 年,伊丽莎白女王面临着一个更加棘手的任务。她想通过与法国胡格诺派结盟来夺回其在法国领土的立足点的大胆尝试以惨败告终。被困纽黑文(勒阿弗尔)的英国远征军遭到瘟疫袭击。远征军司令沃里克伯爵别无选择,只能议和,以让残余的驻军脱离困境。[24]当战败的军队七零八落地回到国内,政府发布公告说失败应该完全归因于疫病,军队的表现杰出而光荣,并大手笔地拨款十七英镑，付给那些带着印刷副本穿越王国的信使。[25] 驻伦敦的佛兰德代理人认为这种对外交政策灾难的反常承认，是女王的首席顾问威廉·塞西尔为了免于对可能断送其职业生涯的错误担责而做的努力。

这些都是对非常事件的回应；16 世纪的大量立法则要平凡得多。许多书面文本都用许多理由来宣称，文本中的法规是在相关公民的推动下制定的。政府在管制经济和社会方面不断扩大的功能，确实部分是受到利益相关方的诉求的刺激。这些人往往是强大的经济游说团体，希望限制竞争，实行对学徒资格的管制，或者修缮道路和桥梁。

这些印刷法令留存下来的比率非常低，这让印刷术在这一过程中的使用被很大程度地遮蔽了。这类日常的印刷品并非用于收藏：展出的副本通常会被钉起来，直到被雨水弄得难以辨认，或被其他的通知遮住。有时它们会受到更大的羞辱。1535 年，四个人被传唤到考文垂的地方法官面前，他们被指控撕毁了贴在市场上的公告，如被证实，这就是明显的公开煽动的行为。事实其实是，他们外出喝酒，其中有个人解手后用这些纸"擦了屁股"。[26]

这种印刷作品并非真的打算留存下来。所以我们很幸运，安特卫普印刷商克里斯托夫·普朗坦对存档的非凡热情让它们不至于完全湮没。尽管普朗坦以出版了一些堪称那个时代低地国家最伟大的书籍而闻名，他也欣然承担起给当地市镇议会出版宽幅法令的工作。他还为自己的每份记录保留了一份副本，这让我们受益匪浅。[27] 所以，安特卫普的情况是独一无二的，我们可以详细地追踪了解一座城市十年间的政府活动。

安特卫普是欧洲最大的城市之一，而且这是一个动荡的时代。这座城市的法令反映出西班牙反叛和 1585 年的再次征服对城市生活的影响。在所有那些重大事件中，一个持续的焦点是如何确保这座城市众多人口的食物供应。对市场的适当监管也受到了重视。一项典型的法令致力于解决家禽贸易中的违规问题。我们注意到，这样的一项法令之所以颁布，可能是因为商人将他们的鸡肉卖到指定的家禽市场外。因此，法令要求以后应当适用这些规定，并且以此类推，列出对持续违反行为新增的处罚范围。[28]

很容易忽视这种立法的重要性；历史学家便经常这么干，传播学学者则压根未注意到这种情况。而对于许多拉着一车农产品到市场上的欧洲市民来说，只有自己被驱逐，或者货物、牲畜被没收，立法才成为真正被关心的新闻。通过这种立法，我们还发现了一种触及国内事务的新闻文化的开端。这是之前一直作为口耳相传的流言而活跃着，与国际通信和印刷中捕捉到的重大事件截然不同的新闻的另一个面向。16 世纪，离家门口更近的事情开始影响新闻出版。

真实罪行

许多欧洲市民都亲眼看过执行死刑。这是共同体生活仪式的一部分：作恶者在他们犯下罪行的地方被处死。[29] 大多数很快就被遗忘了。有时，某个令人发指的或者离奇的犯罪的细节，可能会被一个日记作者或者一次通信提及。更为常见的是，这些案件仅被记录在依法有权听审案件和做出判罚的管辖部门的程序中。但在 16 世纪，一种新型出版物让更广泛的公众间接体验到了这些邪恶行为的恐怖或刺激：耸人听闻的大报。

这些带插图的大报在 16 世纪成为德意志印刷文化的一个特色。它们通常都设计精美，制作精良。报纸的上半部分一贯地交给了木刻插画，一般会针对所描绘的事件专门刻版，而事件会在插画下面的文字中展开。尽管这些图文并茂的新闻大报极具收藏价值，但留存下来的寥寥无几。它们被竞相传阅或贴在墙上，经常被用到烂为止。

许多今天为我们所知道的，在很大程度要归功于一位性格古怪的瑞士神职人员约翰·雅各布·维克的收藏热情。

维克在 1557 年被任命到苏黎世大教堂后不久便开始收藏。[30] 在这里，他与苏黎世教会领袖海因里希·布林格及其继任者鲁道夫·格瓦尔特有了密切合作。这两个人都是维克收藏的重要来源：特别是布林格，处于欧洲最发达的通信网络之一的中心，他很乐意将有趣的新闻转给他的同事。维克在 1560 年开始收藏。从那以后，直到 1588 年去世，他每年都会装满厚厚一卷，里面有来自瑞士和其他地方的重大惊人事件的报道。像所有伟大的收藏家一样，维克在来源上不拘一格，兼收并蓄。有时他也会抄录一些信件或外交公文上的报道；他对法国胡格诺派的斗争尤其感兴趣。他的收藏很快就在当地广为人知，甚至会有旅行者顺道拜访，分享他们看到或听到的值得注意的事件和奇事。维克会仔细地将这些记录，连同他借阅的新闻小册子上的文字都抄录下来。剪贴簿上的许多手稿条目都配有精美的手绘彩色插图。他还会把印刷出来的一条条新闻直接放入剪贴簿里：共计有五百本小册子和四百张大报散置其中。维克的一个重要来源是苏黎世印刷商克里斯托弗·弗罗绍尔，他从法兰克福博览会带材料给维克。因此，被抄录的新闻报道的国际化程度更高，而与之相反，收藏中大多数印刷的大报都来自德意志。

这些新闻大报是研究早期犯罪报道的不可替代的资源。在风格上，木刻插图分为三类。其中一类数量最少，会在叙事中呈现单一的戏剧性时刻。一个例子是"学徒的故事"，他谋杀了一个十岁女孩并肢解了尸体。木刻版画展示出行凶者被碎尸包围：一个引人注目的画面，尽管粗糙。[31] 更为常见的是，木刻版画会呈现几个戏剧场景，按照从犯罪现场到处决地的顺序排列。这种因中世纪后期绘画的耶稣受难叙事而被人熟知的形式，特别适用于犯罪报道，这样处决方式的残忍与犯罪的骇人本质才相匹配。在这些大报中，有几份表现了一个臭名昭著的罪犯在前往执行死刑的路上备受煎熬，他被判车裂之刑。[32] 这种叙事形式的一个变体是以连环画的方式，把戏剧性事件分解成不同的场景。我们发现，震惊世人的布莱修斯·恩德雷斯一案在两种方式上都有呈现，他在发现妻子偷了他的钱后，杀了她和他们的六个孩子。[33] 罪行发生在苏黎世以北一百五十公里的万根。其中一篇是在林道印刷的，另一篇印刷于再往北一百五十公里的奥格斯堡。关于最引人注目的罪行的新闻广泛传播，也在小册子作品中找到了回音。

犯罪和惩罚的警诫性不会因距离，尤其不会因时间而减弱。

4.3　真实罪行。图解一个德意志学徒谋杀一名年轻女性。（中央图书馆，苏黎世）

1586 年，伦敦印刷商托马斯·珀富特出版了一篇关于一个法国人在鲁昂犯下谋杀案的报道，受害者是一名旅馆老板，以及他的妻子和孩子。[34] 看到一个家庭被陌生人灭门，读者们会不寒而栗 —— 虽然事件发生在国外。对触目惊心和违背人性的行径的复述被体面地包装在恐怖、发现和彰显正义的叙事中，迎合了许多种口味，在让人得到食尸鬼般的满足的同时，对上帝产生虔敬之心，确保了这类新闻小册子市场的稳定。[35] 在这种情况下，残酷的警诫性的惩罚被看作是善恶角逐的一个必要组成部分。世界充满了危险，而且许多人过着单调而绝望的生活。在一个政府只有极其有限的资源用于预防性治安措施的社会，人们普遍认为只有对可怕死亡的恐惧才能起到威慑作用。在犯罪文学中，大多数被逮捕的人赴死时都充满悲伤和悔恨。在虔诚中死去是治愈过程的一个重要部分。[36] 在日记中，维克记录了一个年轻小偷在去刑场的一路上都在说说笑笑。他临死时说着，"主啊，请接受我的灵魂"。[37]

最后这个案子没有令人难忘到值得发表的程度。大报还是集中在报道一些最引人注意的案件上，例如有人自称为撒旦去犯罪。[38] 像这样的案件很容易变成流传得更为广泛的文学作品，这些耸人听闻的和超自然的事件乃新闻大报的生财之道。出版商和木刻艺术家们源源不断地向读者灌输畸胎的诞生、奇怪的动物、反常的天气事件和自然灾害。[39] 地震和洪水都被精心记录下来。到目前为止，最受公众欢迎的是关于特异天象的故事。可能是流星或彗星，也可能是关于一个全副武装的人、一个燃烧的十字架或众多骑马者穿越天空的异象。维克坚持不懈并深信不疑地记录了这些事件。彗星和其他天体扰动被广泛地解释成未来灾难的征兆。1560 年北极光的壮观景象被与其后十年发生的大量异常事件联系起来。维克对后来出现的北极光有一个出色但不是特别真实的描述。[40] 1571 年，他在笔记本里摘录了诺查丹玛斯写的一本法语小册子，其中描绘了一颗在朗格勒上空出现的彗星。过了一段时间后，维克在这一页补充了一个更冷静的反思："我相信这个异象可以被看作是对随后一年的圣巴托罗缪之夜发生在巴黎和法国其他地方的恐怖屠杀的警告和预示。"[41]

新闻印刷品对女性犯罪表现出了极大的痴迷。这在一定程度上是因为其非常罕见。一项对 16 世纪符腾堡的法律文件的全面调查发现，只有百分之五的犯罪与女性有关。[42] 因此一些惊人案件，比如英国小册子里报道的女性唆使情人弑夫，就更具新闻价值。它们还证明了社会对攻击既定的社会和性别等级制度的最深恐惧。尤其令人震惊的是妇女对自己孩子施行的犯罪。1551 年的一份让人极其难过的报道记述了一名女性在自杀前杀害了她的四个孩子。[43] 和许多大报一样，其文本采用的是韵文体：这个挨饿的女人已经看不到任何摆脱困境的法子。这样一个故事，触及了一个社会最可怕的焦虑，在

4.4　粮食雨。约翰·维克同样热衷于这些鼓舞人心的神奇故事。（中央图书馆，苏黎世）

这个社会里，许多人在生死的边缘挣扎，运势的突变、家里顶梁柱的死亡、恶劣的天气、战争的爆发都可能使他们陷入赤贫。这样的焦虑有助于解释一个完全不同的故事的流行，在这个天意救赎的故事里，一个饥饿的家庭被一场粮食雨拯救。这个关于神明感应的奇妙范例是几份大报和小册子探讨的主题，甚至出现在了17世纪末英国的一本关于上帝奇迹的文集里。[44] 这种对冰雹和极端天气的病态迷恋，也说明了同样的对食物供应难以摆脱的焦虑。

大多数小册子和大报的犯罪报道，都是在未给文本作者署名的情况下出版的。而为人知道的作者中，许多都是神职人员。这并不像看上去的那么令人吃惊。这种戏剧性的叙事让布道变得生动：一个带有教育意义的故事。令人发指的种种罪行证实了牧师们关于人性的彻底堕落和魔鬼无止无休活动的神学观。1551年的一份大报，讲述了四个孩子被一个饥饿的母亲杀害的故事，其成功在很大程度上要归功于路德宗牧师布卡德·瓦尔迪斯高超的写作技巧。瓦尔迪斯是一位多产的作家，写了很多寓言、戏剧和反对教皇的讽刺作品，他能够在骇人听闻的场景中写尽每一分悲怆，比如当年幼的儿子在地窖里走投无路时，为其生命祈求：

> 他说，"哦，我最亲爱的妈妈
> 饶了我吧，我会照您说的去做：
> 从今天起我帮您打水，
> 整个冬天的水。
> 请别杀我！请饶恕我吧！"
> 但恳求无用，只是徒劳；
> 魔鬼不为所动
> 她还是以同样的恐惧打击他，
> 仿佛那只是一个菜头。[45]

这是一个无需过多说明的故事。在其他散文的描述中，道德说教则更加直白。对于巴塞尔牧师约翰内斯·菲格林来说，年轻织工保罗·舒马赫犯下的骇人听闻的谋杀案，是一个从不信神的懒散状态到落入撒旦魔掌的经典故事，但也是更大范围的道德沦丧的缩影："这种令人震惊和恐怖的血腥案件过去也时有发生，但在今天越来越多。"[46]

并不意外，这些骇人听闻的案子吸引了印刷业最多的注意，有时离犯罪地点很远，甚至是在犯罪发生很久之后。瓦尔迪斯的报道在 1551 年印刷了三次，二十多年后又再印了一次。考虑到从 19 世纪开始系统化表达的普遍假设，即这种骇人听闻的报道主要迎合了下层阶级的品味，指出这类报道在早期有着很值得尊敬的地位是很有启发性的。[47]它们的作者是神职人员，读者则大多出自生活舒适的市民家庭。这并不奇怪。这类人最害怕佣人和学徒变坏或变贪婪，攻击雇主或弱势的家庭成员。16 世纪和 17 世纪的社会有其内在的危机与风险；要想穿越多重的危险，获得安全与繁荣，需要勇气和毅力。颇具讽刺意味的是，犯罪小册子最热心的消费者是那些获得了一定的稳定和物质成功的人。它们提醒着人们，即使在最井然有序的家庭里，危险也会不可预测地潜伏在每个角落；精心建立起来的和平与秩序可能会在顷刻间土崩瓦解。16 世纪并非唯一一个这样的年代，最害怕犯罪活动，最积极地支持惩罚的是那些最不可能受到直接影响的人。

女　巫

新闻出版物也揭示出人们对巫术的日益关切，鉴于犯罪报道所展示的强烈神学色彩，这点也就不足为奇了。在 16 世纪和 17 世纪的巫师狂热中，印刷术无疑起到了巨大且邪恶的推波助澜的作用。[48]

一直到这时，教会领袖们都对检控巫术的请求保留着一定的怀疑。奥地利宗教法庭审判官海因里希·克拉默是一名早期的猎巫狂热分子，与当地主教关系冷淡，后者威胁他倘若继续留在教区，将被强制驱逐。克拉默通过印刷猎巫手册扭转了这样的局面。尽管《女巫之锤》没有赢得大学神学家的认可，但它在出版方面取得了快速成功。[49]《女巫之锤》作为一本迫害手册在图书馆占有了一席之地，且与同时代乌尔里希·莫利托的一本与之竞争的著作一起，确立了一种重要的、受人欢迎的新型学术出版物。[50]

手册教人们如何识别和检举女巫；新闻小册子也津津乐道地报道了其后果。通过一个众人皆知的案件——1533 年一名女子在黑森林的小镇希尔塔赫纵火后被处决，我们可以用一些细节重构女巫审判是如何作为新闻事件出现的。关于审判的报道一个多星期之后便印制出来，几周后在德意志另一边的莱比锡再印。纽伦堡出版商委托艺术家埃哈德·舍恩制作了一幅木刻版画，后来作为大报发行，使得此案获得了最大的恶名。显然文本必须大幅简化，但这只会加剧其轰动效应。几年后，维克得到了这个版本，并把它粘贴到他的剪贴簿中。[51]

根据克里斯托弗·弗罗本的说法，这时"希尔塔赫的魔鬼"已经在整个德意志变得众所周知。如果是这样的话，那只能归功于这个案子作为媒体事件的成功。并非人人都赞成这么做。1535 年，斯特拉斯堡的一位印刷商申请许可证印刷另一份关于这些事件的报道，地方法官们予以了拒绝。他们谈及他们对这座显赫而持重的城市的看法时，称"我们不做恶"。[52]但历史的潮流与其相悖。新教改革确实加剧了上帝和魔鬼之间的激烈冲突感；描述魔鬼及其同伴的书从出版社源源不断地流出，并且充斥着路德宗牧师的布道。可以预见，它们所导致的审判和行刑为新闻印刷创造了工作。

一些知识分子一直在呼吁保持克制，其中最著名的是荷兰医生约翰·魏尔。[53] 但如果说学术文本为怀疑和限定留有空间，这种情况在新闻小册子中则极少出现，在大报中更少。到 16 世纪的最后二十五年，新闻大报报道了大量发生在德意志各地和阿尔萨斯的女巫处决。其中一篇讲述了魔鬼如何将一群女巫召集到科尔马的城堡里，她们中有五百个是骑着猫或者小牛犊飞到那里的。[54] 最后超过一百名女巫被处死。在这类报道中，遭受苦难的个体被完全淹没在对可怕威胁的渲染和对大肆报复的鼓吹中。然而这些小册子不仅像其他关于奇迹、耸闻和犯罪的故事制造焦虑，还让人多了一层毛骨悚然的不安全感。

16 世纪证明了印刷术可以成为国家建设的重要工具。精细而审慎地使用新闻印刷，让欧洲的统治者们开始对范围更广的政治国家拥有信心，并为其王朝野心召集更多的爱国忠诚。印刷法令让国家扩大了政府职能的范围，使社会各阶层都了解管制或征税的要求。这是利用新闻文化来形塑社会的最有效，也最令人印象深刻的方式之一。但欧洲人民绝不是新闻的被动接受者。他们有自己的观点；他们可以将官方印刷的内容与他们在街头巷尾听到的进行比较。渐渐地，他们形成了自己的新闻价值观，促成了一个商业市场的出现。如果不加限制，这个市场可能威胁到国家努力推行的脆弱秩序。它是危险时刻的预告者。

第五章　机密通讯员

　　到 16 世纪中叶，印刷术的发展在获取新闻上对整个欧洲产生了深远的影响。那些希望紧跟时事的人，现在有机会读到大量印刷的小册子和大报。这些新闻印刷品属于在售的最便宜的书，许多零售价折合成英国货币只要一便士。对于那些曾是中世纪欧洲新闻主要消费者的特权群体来说，这些发展在很多方面都令人不安。在旧世界，新闻本质上是一种个人的、私密的交易，在相互信任的个体之间实现交换。因为你了解你的通信者，你知道如何衡量他提供的新闻的价值：他的新闻是以他的名誉为支撑的。[1] 但新闻小册子经常是由不知名的印刷商在遥远的地方出版的，然后在市场上混乱地传播，对于上面的新闻，你如何看待？新闻现在更多是一种商业交易。这会破坏信息的可信度吗？从这些不知名的匿名通讯员那里，人们怎么知道该相信什么？他们是为了效果才夸大其词，还是仅仅为了赚钱？

　　这类问题与中世纪社会传统的新闻客户——欧洲的统治者和商人——尤为相关。他们可能会通过研究小册子来测量公众辩论的温度，但他们需要自己的信源来获得更准确的情报。对于那些身居高位的人来说，机密的公文急件仍是可信度的试金石。在欧洲的精英中，消息的交换继续依赖于经过考验的信息收集系统：通过对话、观察，如果所有其他手段都失败，那就通过间谍活动。这种收集新闻的传统并未被商业新闻印刷的出现所取代；事实上，随着邮政网络的改善，机密通信网络在许多方面都得到了巩固和加强，而且更容易保持跨国界的定期联络。普通公民则继续依赖朋友给他们送来新闻。在动乱时期，政府严重依赖驻地大使提供的信息和有情报依据的意见。

在 16 世纪，为了满足这种对迅速而可靠的信息的渴望，第一批私人新闻处建立，以订阅的方式提供机密新闻。这些新闻机构拥有商业发行的手抄新闻纸（news-sheets），是那时的传播媒介中最不为人所知的一种。但这些机构将在报纸出现之前的时代，在创建国际新闻网络方面发挥必不可少的作用。两个世纪以来，对于那些需要及时了解时事并有能力支付订阅费用的人，它们的新闻纸 —— 或被称为新闻信札 —— 将成为可靠性的试金石。

当然，外交官们会提供他们自己的机密简报和建议。驻地大使也应该能够去伪存真：利用他的经验将谣言和事实区分开来，并对当地的政治形势做出自己明智的判断。但大使们也是新闻信札的热心读者。有时，在雇用他们的王室看来，他们提供的无非就是新闻信札的摘要。一种新的新闻媒介被发明出来了，而且就像外交技巧本身一样，它的起源必须追溯到文艺复兴时期的意大利。

和平事务

16 世纪是文艺复兴外交的伟大时代。在一段时间后，一个外交代表的网络已遍布整个欧洲。尽管从 15 世纪起，意大利城邦之间就开始互派大使，但较大的王国却到很晚的时候才这么做：弗朗索瓦一世于 1515 年即位时，法国只有一位常驻大使。当他于 1547 年去世时，已经有十位。[2] 大使已成为文艺复兴时期宫廷的主要装饰，是各国在欧洲国家体系中地位的一个重要象征。大使通常来自本国较高的社会阶层，被寄望能在与其地位同等的人中间自如走动，谦恭有礼地分享信息。他们的个性、诡计、不时的争锋，成为人们热烈谈论的话题。

14 世纪的外交理论认为，大使是对特定问题的回应，是用来解决一项议题或者缔结两国联盟，而不是常驻状态。实际上，这种区分很快就消失了。虽然可能会专门派遣一个大使去提议外交联姻，但条约或联盟的缔结很少能如此迅速。大使们很少能获得完全的授权来弥合双方谈判立场之间不可避免的裂隙。因此，当大使请求进一步的指示时，大使馆可能会拖拖拉拉，常常让疲惫的全权公使感

5.1 一外交使团向国王的女儿求婚。（大英博物馆委托人，伦敦）

到极度沮丧。

就此而言，外交派遣是演变过程中意外的副产品。正如贝尔纳·迪罗西耶在其颇具影响力的关于外交事务的《简论》（1436）中反复强调的，"大使的工作就是维护和平"[3]，"迅速完成大使的使命符合所有人的利益"。没有人会想到这些杰出的全权代表会成为熟知东道国内情的观察员。但随着时间的推移，相互竞争的国家权力之间的谈判网络变得更加错综复杂，越来越迫切需要对潜在盟友的情绪、实力和真实意图进行有依据的评估。大使们奉命定期写信回国。外交的艺术催生了一种全新的媒介：政治评论。这是第一次真正持续地将评论和分析加入新闻原始资料的尝试。

关于最早一代的外交派遣，我们不甚了解。尽管在其他方面，意大利各城邦是官僚制的早期拥戴者，但它们尚未规定如何将大使发回国内的报告系统归档。最早的例子之所以能够被保存下来，是因为它们被纳入了家族档案里：由驻外全权公使积累下来的文件和公文，就像部长文件一样，被作为个人财产，按照他们所认为的最佳方式予以保留或处置。[4] 威尼斯立法要求外交官在回国后上交其拥有的所有公共文件，但这一举措收效甚微。[5] 直到 1490 年代，威尼斯才开始着手组建档案。而这些文件是什么呢？在长达两个世纪的时间里，意大利驻外大使提供了一系列关于东道国政治、习俗和人物的敏锐而透彻的观察。他们的报告涉及面广泛，从当下的时事、八卦、奇怪的事件，到更多关于民族性格、服饰和行为差异的人类学观察。意大利大使完美地符合这一新行业的要求：他们在严苛的意大利政界磨练过，与商业精英们有着紧密联系，有的便是从商业精英中挑选出来的，既务实又思虑周全。

外交公文当然不是公开文件。它们仅仅被用在国家最内层的委员会中的一个有限的圈子里：这是为特权精英提供的新闻和分析。但有些消息确实开始泄露出来，因为不够慎重或者由于全权公使的

5.2　在威尼斯总督和执政团其他成员面前宣读公文。（大英博物馆委托人，伦敦）

虚荣心。有一种半许可的公开性随着报告[1]的传统发展出来。作为在
一项外交使命结束后向威尼斯参议院呈交的反思性总结，报告的目
的与常规公文大不相同。大使在其中并不报道日常事件，而是对状
况进行评估：他会就统治者及其主要智囊的性格、国家的强势与短板、
人民的态度和情绪提出自己的观点。[6] 这些观点都是由喜欢借机展示
自己博学的人口头提出的。报告备受期待，尤其是因为那些故意的
冒失。那些在场的人不会讶异于大使扎卡里亚·孔塔里尼在 1492 年
放肆地对法国查理八世进行直言不讳的描写：

> 法国国王陛下年方二十二，身材矮小，发育不良，脸丑，
> 有点斗鸡眼，长了个鹰钩鼻，比正常鼻子要更肥大，嘴唇也

---

[1]　原文为意大利语 "Relazione"。

5.3　法国查理八世。（维基共享）

较肥厚，还一直张着，手丑得不行，不时伴有痉挛，说话慢
条斯理。我的看法也许是非常错误的，但我肯定他无论在身
体上还是天赋能力上都不称职。[7]

这样并不友好；更重要的是，这种直接而粗鲁的评价很可能会传到
法国去，使两国关系恶化，让孔塔里尼倒霉的继任者在法国的生活
变得更加复杂。但在同时代的人当中，这样的报道却广受赞赏。《威
尼斯政府条约》的匿名法国作者整理了大约一千五百份报告，并带
着称许地提到，新任大使会在档案中寻找前任的报告，为了在开始
外交使命时能熟悉情况。[8] 这些文件在参议员中广为流传，许多威尼
斯家族保存着那些他们认为能带来荣誉的文件的副本。随着时间推
移，副本被制作出来，并在有权看到它们的小圈子之外流传；有些
被转手换钱。直至 16 世纪末，威尼斯参议院终于承认了报告的公共
价值，并允许选取其中的一小部分印刷出版。选取的内容大概不会
像一个世纪前孔塔里尼剖析那位年轻的法国国王那样伤人。

谎言纷纷

在国际外交的发展过程中，一个关键人物就是精明而富有远见的阿拉贡国王斐迪南（1479 年到 1516 年在位）。作为西班牙地中海王国的统治者，他一度对意大利有着浓厚的兴趣，当时法国在这个半岛的野心正在改变它的政治形势。作为卡斯蒂利亚的共同统治者，通过妻子伊莎贝拉，斐迪南成为欧洲早期超级大国西班牙的主人。他伟大的战略目标是挑战法国的霸权；他的主要手段是由传统王朝婚姻支撑的结盟。为了实现这些目标，斐迪南建立了一个常驻使馆网络：西班牙是欧洲第一个这样做的民族国家。他甚至试图在法国建立一个大使馆，主要是为了收集军事情报。这种在敌国建立公使馆的做法，本可再次创造一个第一，但查理八世不是傻瓜，斐迪南的全权公使很快就被打发回去了。[9]

斐迪南不是一个容易取悦的人。这位国王有时会好长时间都不给他的大使们写信，经常让他们不知他的计划为何。他对定期提供信息以互惠的要求，也并未考虑到物流方面的障碍。长期坚守在伦敦的全权公使德普埃布拉博士估计，如果按照国王的要求每天给他送信，将需要六十个信使分程递送；事实上，德普埃布拉只有两名信使，他负担不起其他的费用。斐迪南对文书工作也很粗心，常常把没有分类的文件箱遗落在地点偏僻的城堡。但是，与同时代不羁的皇帝马克西米利安一样，斐迪南也是个创新者。他让他的大使们在任的时间足够长，以成为真正的专家：九年是常态，而德普埃布拉更长，他生命最后二十年的大部分时间都在伦敦度过。因此，斐迪南遗赠给了他的孙子查理五世一个西班牙外交使节团，它在这个世纪余下的时间里一直是欧洲政治的既定事实。

厄斯塔斯·沙皮在亨利八世国王的宫廷中为查理一世长期担任大使一职，他提供了一个文雅而高效的外交服务的案例研究。[10]1529

年 9 月沙皮是在一种无望的状态下抵达英国的。这时亨利八世已明确表示，他决心与阿拉贡的凯瑟琳离婚。这位凯瑟琳女王以前常常会利用她掌握的信息为西班牙特使提供宝贵的建议，如今再也无法提供咨询，而且公道地讲，大使几乎不能掩饰他的主人对亨利施行的政策的强烈反对。但在十六年多的时间里，沙皮逐渐建立起了一个密集而精妙的信息网络，其产生的那些敏锐而翔实的报道，成为历史学家的珍贵宝藏。他的第一步，就是吸纳了凯瑟琳王室的几位成员，包括她的乌杖侍卫胡安·德蒙托亚，现在后者成了他的私人秘书。又从法国和佛兰德招募有教养的年轻男子，他们可以在宫廷内不显眼地四处走动。尽管沙皮自己不会说英语，但他坚持这些年轻人应该学习这门语言；那个走到哪里都陪着他的沉默寡言的贴身男仆（沙皮患有痛风），也是一位才华横溢的语言学家。通过这些代理人，沙皮听到了许多当着他的面不会说的有价值的东西。他还细心照顾和款待国际商业社群，从他们那里可以得到有关汇率变动的大量宝贵信息。他也很关注早期的路德运动（他在德意志商人中间也有朋友）。有些信息是付费的。他取得的一次重大成功是策反了法国大使的首席秘书，后者在十八个月的时间里将马里亚克的私人信件提供给沙皮。他也经常收到安妮·博林的一名女仆的报告。但他所报道的大部分内容都是无偿的，来自那些"每天来看我"的商人：这些消息灵通但经常独居异乡的人用小道消息来换取热情和友爱。

西班牙人在罗马

14 世纪和 15 世纪的罗马无意中成了新外交的试验场。出于利用天主教会的资源这一共同愿望，欧洲统治者有必要经常地派遣密使前往罗马，请求确认教会职位的任命以及其他支持。因为教皇事务进展缓慢，他们不得不在此逗留，实际上成了大使。即使在 16 世纪，罗马作为商业、政治和新闻中心的重要性也丝毫未减。它占据了西班牙哈布斯堡政治算计的中心地位，表现在罗马大使总是拿到最高的薪水（尽管与所有大使一样，薪酬从不够开支）。[11]

尽管哈布斯堡家族在 16 世纪击败法国人，成功确立了在意大利半岛的统治权，但他们的大使还是始终保持着警惕。他们的汇报表现出的焦虑要多于信心，有一种对意大利政治动荡无常的强烈感受。1530 年，帝国驻罗马大使米格尔·梅给查理五世的一封信，很好地说明了这一点：

> 由于罗马是所有世界事务的漩涡，而意大利人是一点就着，那些党徒，甚至是那些［被最近的事件］毁掉的人，都在这里搅乱，因为他们总想要新奇的事物。[12]

请注意，这时离查理五世在博洛尼亚的成功加冕只过了几个月，当时帝国的权力正处于鼎盛。西班牙大使们一次又一次地谈到意大利人对新奇事物的渴望，这使得他们成了如此反复无常的盟友，在这里，罗马、威尼斯和佛罗伦萨并未被加以区分。西班牙当然恰恰相反，他们想要的是静态的盟友，能意识到西班牙霸权的优点。但在这一点上，他们始终大失所望。

在聚集在罗马、威尼斯和其他地方的外交代表中，我们可以发现两种截然不同的代表策略。作为一个公认的小玩家，英格兰最大限度地利用意大利国民，而没有采用今天的领事代表模式。[13]查理五世和他之后的腓力二世，总是任命西班牙贵族。这两种策略都有优势。本土意大利人可以在当地贵族和商人社群中自如行动，他们对其所效力的外国势力的忠诚度会受到怀疑，但这种怀疑似乎在很大程度上是不公平的。西班牙大使们以充沛的精力和热情代表他们的主人，但有时无法理解，为什么意大利人不接受西班牙强权下的和平[1]为自然秩序。他们还经常感到不受欢迎，被隔绝在小道消息和信息交流之外，而这些是外交生活必不可少的润滑剂。但作为西班牙社会的最高阶层，他们善于读解，譬如，对敌对势力的密使表示欢迎所蕴含的意味。[14]这是一个政策转变往往是以公开姿态来表现的时代：对重新得宠的贵族、来访的王子或可能的求婚者的热情；对财富每况愈下的人的冷落。所有这一切都逃不过机敏的外交官的眼睛，而大使的公文里满是这类新闻。

教皇选举是16世纪的重大新闻事件之一，标志着政策和联盟可能发生重要转变。由于与民族国家的世袭继承很不同，教皇选举很难计划，但大使们不得不去尝试。红衣主教中具有教皇潜质的人的性格和忠诚成了令人着迷的外交话题：西班牙大使送回去大量档案，详细地描述了这些重要人物的性格、财富、野心以及关键的，他们的健康状况。1565年，路易斯·德雷克森斯大使为五十多个红衣主教编制了人物传略，共达四十八页。[15]

大使们都清楚地意识到，支持帝国的教皇当选，会巩固西班牙在半岛的势力，反对帝国的，则会起到威胁的作用。每一次选举都竞争激烈，特别是法国，抓住机会通过外交扭转了战场上的连续失利造成的后果。常驻大使承担了这场充斥着窃窃私语和虚伪承诺的战争的大部分负担，但这种多维的国际象棋根本无法预测。1550年乔瓦尼·马里亚·德尔蒙特（尤利乌斯三世）当选的消息在巴黎受到欢迎，因为他曾是查理五世黑名单上一个显眼的名字。[16]事实上，他被证明是哈布斯堡的好朋友，直到二者在1551年帕尔马战争中战败。但这与1555年那不勒斯人吉安·彼得罗·卡拉法（保罗四世）当选的灾难完全无法相比，这位教皇不可动摇地深深憎恨西班牙对

---

[1] 原文为拉丁语"pax Hispanica"。

他祖国的主宰。任何和解的可能性在第二年就破灭了，当时西班牙大使发现自己没有被城门守卫认出来，便强行破门而入。[17]

尽管西班牙控制了意大利半岛，但这是一个艰难的派驻职位，许多大使的职业生涯都以失败而终。腓力二世的前两任大使都因得罪了教皇而满腹愤懑地离任。西班牙的密使们发现威尼斯多变、多极化的政治同样难以捉摸。外交是一种新的行业，需要审慎的魅力和精妙的技巧。并不是所有的大使都意识到，如果他们成为故事，游戏可能就输了。

间　谍

正如这些例子所表明的，建立一个常驻外交代表网络并非总能促进和谐。贝尔纳·迪罗西耶在 1436 年阐述的高尚原则被更为务实的秘策所取代。威尼斯学者兼外交官埃尔莫劳·巴尔巴罗在 1490 年写了一篇文章，以残酷的清晰阐述了新的教义："大使的首要职责与任何其他政府公职人员的完全相同，也就是说，通过言与行、思考与献策，尽一切努力最大程度地保护和壮大自己的国家。"[18] 宗教改革时代的痛苦争端与对抗，进一步加剧了国际关系中的危险和猜忌。大国的外交官不得不在一种日益增长的不信任和敌意的气氛中工作。之前的常规联系和好客招待可能会对东道国的公民造成损害。"我现在在这里不可能找到任何确定的东西，"腓力二世派到伊丽莎白女王那里的第一任大使费里亚公爵报告说，"没人想跟我说话，人们都躲着我，仿佛我是个魔鬼。"[19]

这些复杂情况给特使的任务增加了新的棘手的责任。紧急的信息搜索越来越多地需要依靠秘密联系和间谍活动。在一个信纲冲突的年代，要想找到准备将自己的图谋告诉外国代理人的不满臣民并不难。但这些联系并不总能引导大使们做出冷静或客观的判断。轻信关于对手力量的略带绝望的描述，对叛逆者提供的帮助充满激情，都是很危险的。16 世纪的政府有很多机会去体会一个毋庸置疑的事实：没有什么会比幻灭和一无所有的人的一厢情愿，更加有害于情报收集的了。1588 年，从无敌舰队俘虏的西班牙人透露说，他们得到的情报让他们预计会有三分之一到一半的英国人准备支持入侵。[20]这完全是一个幻想：西班牙大使在与英国天主教徒打交道的时候被证明是太过轻信了，而新教英国的政策制定者们在与法国胡格诺派移民打交道时犯了同样的错误。英国的大使们在西班牙受到冷遇，但至少没有西班牙新教徒让他们误入歧途。

在这些高度紧张的时代，风险很高，而且要想对收到的信息的质量进行评估，也变得越来越难。人们总会在回溯事件经过时，从雪片般相互矛盾的情报报告中离析出一些真相，并对之前没有按照它们行动而感到惊奇。这在当时尤其明显。到 1586 年，英国政府已经确切掌握了西班牙入侵英格兰的后勤计划。然而，即使在两年后的 1588 年 5 月下旬，当无敌舰队准备起航之时，他们还在怀疑它的预定目的地。英国驻巴黎大使爱德华·斯塔福德爵士自信地预言，西班牙舰队将被派往阿尔及尔或者印度群岛（他直到 6 月底才报告了这一点），这显然对他们并无裨益。英国政府不会知道，这个身居高位的消息提供者受雇于西班牙，在故意散布假信息。[21]

即使大使收到了有价值的信息，要把它带回国内也极其困难。东道主非常清楚大使们在会见谁，并且想知道他们写了些什么。外交公文成为合法的目标。沃尔西主教会以最为荒谬的托辞拦截外交信函，加蒂纳拉主教也会以查理五世的名义这么做。后来，外交使节们设计出了复杂的方法来阅读发出去的公文，然后在不被察觉的情况下重新封好。为了确保报道能安全通过，大使们越来越多地使用密码。[22] 总的来说，这些都不是很有效的保护公文的方法。大多数大使馆使用简单的系统，即用数字或任意符号代替字母或简短的单词：任何更为复杂的东西都被证明过于繁琐或致使讯息变得混乱不堪。大使们多年来一直使用相同的密码，也会使得这个系统逐渐失效，比如沙皮在其整个大使任期（1529—1545）便是这样。尽管西班牙驻布拉格大使馆有几套密码可供使用，但1581年到1608年间它只用同一套。欧洲主要国家的首都都掌握着破译密码的关键性信息。

几乎所有大使都维系着一个由间谍和告密者组成的网络。有些是有价值的信息来源；另一些人则是被蛊惑了的幻想家或善于在情报机构之间进行挑拨的机会主义者。[23] 情报的最好形式通常是通过与正在迅速发展的国家官僚机构中一个相对资浅的成员进行简单的现金交易获得。只要付费，一个职员或秘书通常便可复印来函。包括像乌尔比诺新闻信札集中的几封信都是以这种方式获得的。[24] 鉴于15世纪和16世纪在保留记录上的随意性，这既不困难也不危险。驻威尼斯的英国代理有一个四十镑的贿赂预算，主要用来购买送往对手外交官处的信件的副本。即使在西班牙，邮政局长的办公室也容易受到英国黄金的侵染。1598年，一份给伯利勋爵威廉·塞西尔的报告，包含了他的西班牙代理人的一项非常实事求是的观察：

> 西班牙的邮政局长把信件分给职员时是用称量的，每个月用二十八达克特就很容易收买：马德里的一个叫佩德罗·马丁内斯的邮政局长，把所有克雷索尔德和恩格尔菲尔德的信都给我了，退回了那些我不愿留着的。[25]

这些年来，蓬勃发展的商业新闻服务也越来越多地利用了同低收入职员和官员的有偿联系，这些人肯定能看到敏感的材料。

然而，如果信息贫乏，再多精密的情报也没多大用处。16世纪下半叶怨愤的认信政治代表了文艺复兴时期的一段艰难的岁月。欧洲的主要势力深深地卷入长期的敌对状态，几乎不可能再继续维持传统的外交关系。大使们经常被召回或被驱逐。没有什么比一度担任西班牙驻英大使的贝尔纳迪诺·德门多萨那多彩的职业生涯更能说明这种恶化的了。1584 年，门多萨因无耻地策划了一场企图暗杀伊丽莎白女王的阴谋而遭驱逐。之后他又带着组织天主教联盟反对国王亨利三世的明确任务被派往法国。1589 年法国国王遇刺后，门多萨结束了自己的外交生涯，他手握利剑，领导法国首都的反抗势力投奔了新国王纳瓦拉的亨利。²⁶

对外交工作而言，这的确是很诡异的时期。很明显，这种脾气的人不再能提供做决策所需的冷静建议。需要一种不同的来源，以获得有情报根据的机密建议。在 16 世纪，它以一种新的商业手抄新闻服务的形式出现了：新闻信札。

第一批新闻机构

1590 年前后，意大利城市卢卡一直在罗马寻找新的机密信息来源。²⁷那里的一位通信者建议他们雇用乔瓦尼·波利：据说他绝对是最好的，没有一个意大利统治者不与他签约。波利也是一个细心的人，博闻强识又思虑周全。他知道自己在这个行当的声誉不仅取决于他的产品的质量，还取决于某种神秘感的培养。所以他形成了一种特殊的运作方式。他会一大早起来写报道，然后穿过城市，亲自将它们送到邮局。这样，他就能确保这些内容不会在途中被篡改，而罗马会看到一位大师匠人在开展业务。

波利是一名新闻作者 [1]，是新一代新闻采集员中的一员，为订阅用户提供商业新闻服务。这些客户都是来自统治阶层或商业阶层的

---

[1]　原文为意大利语 "novellante"。

有钱有势之人，因为这种服务并不便宜。（顺便说一句，卢卡接受了雇用波利的建议，并向他订阅了将近三十年的新闻信札。）为了取得成功，新闻作者们必须以其信息的质量和来源的广度赢得声誉。波利的情况也确实如此：据说西班牙驻罗马大使的公文只不过是把波利的报道译成了西班牙语。波利在行业里处于领先地位，因此他每周在罗马繁忙街道上的巡视，成了这座传奇城市民间传说的一部分。

波利代表了 16 世纪发展日益多样化的新闻市场的一个新的转折点。[28] 新闻作者这一行当是在罗马和威尼斯这两个欧洲商业新闻和政治八卦的中心孵化出来的。这一新闻媒介可以溯源至中世纪的商业通信。一份从 1303 年流传下来的信件，由卢卡的里恰尔迪公司发给驻伦敦的代表，提供了卢卡和意大利半岛的新闻，还有法国新闻的长篇摘要。[29] 由于附带翔实的细节，这封快信可以与一个世纪之后由安东尼奥·莫罗西尼为其在亚历山德里亚担任威尼斯领事的侄子写的信相比。[30] 这些政治信息摘要——关于它们的细节很稀少——是一个提醒，即让身在远方的代理人及时了解国内的事件与让他们从派驻地送回情报同等重要。

在这些快信中，政治新闻通常与有关重要商业交易的指示和信息混在一起。通过两位有着良好社会关系的意大利人乔瓦尼·萨巴蒂诺·德利·阿里恩蒂和贝内代托·代的首创精神，手抄新闻信札作为一个独立实体的出现又向前迈进了一步。这两个人在代晚年时建立起了亲密的友谊，他们通过颇为不同的途径来实现其作为新闻供应者的使命。对阿里恩蒂来说，他对新闻的兴趣几乎可以说是他在通过传统的文学努力寻求恩庇时一个意外的副产品。在他的文学生涯中，他进入了费拉拉公爵、埃斯特家族的埃尔科莱的圈子；在埃尔科莱的女儿伊莎贝拉嫁给曼图阿的弗朗切斯科·贡扎加之后，阿里恩蒂成了一名很有价值的通信者。[31] 两人都很欣赏他定期而全面的新闻汇编。阿里恩蒂以博洛尼亚为活动中心，可以很方便地从去往佛罗伦萨和罗马的旅行者那里采集新闻。他还维持着一个庞大的新闻记者网络。其中之一就是孜孜不倦的贝内代托·代。代作为一名新闻记者的活动是其不凡一生的顶点，他去过法国、英国和德意志，也曾在亚洲和非洲广泛旅行。在君士坦丁堡居住了几年之后，1468 年他回到佛罗伦萨。擅长交际、广结人缘的他利用这些年来发展起来的关系网络，建立了其作为新闻信源的无与伦比的名声。1470 年到 1480 年间，他采用定期发布公报的做法，第一次背离了传统的书信体，创造了一种新的写作形式。其中一封从 1478 年幸存下来的信中，列出了五十则短新闻。每则都是一个单独的句子，并有日期标明报道来源：

> 来自热亚那的新闻，总督封巴蒂斯蒂诺为爵士，并送走了阿多尔尼和拉奥尼西［的家人们］。
>
> 来自里昂的新闻，商品交易会办得非常非常好；许多纺织品已经售出，也赚了不少钱。
>
> 来自法国的新闻，九位大使将带着两百匹马来到意大利，为大家带来和平。[32]

代在与阿里恩蒂的通信中，提供了很多关于他如何收集新闻的例子。阿里恩蒂经常从博洛尼亚将邮件寄给代，再由其转给同在佛罗伦萨的美第奇银行。代关于法国的细节性信息大部分都来自美第奇的联络人，尤其是里昂美第奇银行的弗朗切斯科·萨塞蒂。[33] 关于西班牙的新闻则来自住在佛罗伦萨的商人。代尤其利用他在奥斯曼帝国和埃及苏丹宫廷中的强大人脉；他夸耀自己有能力每周六定期发送"来自亚洲、非洲和欧洲的新闻"。这是一句意义非常深远的话，因为它表明代是第一个把他的新闻公报构想为每周服务的人。当阿里恩蒂还是随中世纪和文艺复兴时期的大流，希望通过新闻摘要来讨好王侯，代则期待能定期从他的新闻公报中获得报偿。到生命的最后几年，代在一个新闻收集网络的中心占据了独一无二的位置。1490 年科尔托纳的一位仰慕者写信给他，说人们对他的新闻信札翘首以待：信札一到，就会立刻被复印很多次。[34]

从这里可以清楚看出，代还没有发展出最为有效的商业模式。为了使收入最大化，新闻记者必须亲自监督复制和分发的过程。在接下来的几十年里，新闻信札逐渐成熟。16 世纪的新闻信札通常是由一张或两张对折的纸组成，相当于一本四页或八页的四开本小册子。里面有一系列的报道，每条报道是一个两到三句话的简短段落，像代开创的风格那样，一开始注明新闻电头："来自威尼斯的新闻，1570 年 3 月 24 日"；"据一封来自君士坦丁堡的信中报道"。接下来便总结从该地报道的新闻。所以在"来自罗马的新闻"的标题下会列出所有来自罗马消息提供者的新闻，即使涉及的是很偏远的地区。接下来是来自威尼斯、法国、君士坦丁堡，来自低地国家和英格兰的新闻。在 18 世纪的手抄新闻服务中，这种表达方式基本保持不变，而且事实也证明它在形塑首批印刷连载新闻方面产生了极其深远的影响。就此而言，17 世纪早期的报纸更多地要归功于新闻信札的惯例和新闻价值，而不是印刷新闻小册子林林总总的不同风格。

新闻的收集地构成了一张基本上不会变的重点新闻枢纽名单：就跨阿尔卑斯山的地区而言，是那些主要的商业中心，它们通常都拥有良好的陆地邮政服务。传统上新闻须以简洁利落的句子传播，极少附带评论或分析。重点在于提供最大量的信息，这样作为新闻作者的主要客户，商人和统治阶层的成员可以从中得出自己的结论。因此，新闻信札与外交公文有很大不同，后者所提供的信息由大使本国已知的政治优先事项决定。相比之下，新闻信札却喜欢呈现出一种刻意的中立。虽然有时可能是欺骗性的，但它确实使得商业新闻工作者有可能在经常不和的意大利诸城邦的领导人中间发展出一个广泛的客户圈子。新闻信札不会为了迎合个人客户而作剪裁或改写。1565 年后从罗马提供给乌尔比诺公爵的新闻信札中，他会定期收到他自己活动的消息 —— 至少是那些在不朽之城中得到报道的。[35]

另一个不变的惯例是新闻信札没有署名。我们现在也许会觉得很奇怪，因为新闻作者们肯定希望宣传他们的技能，扩大他们的客户圈子。最好的新闻作者，像波利·威尼斯人叶罗尼米奥·阿孔扎约科和蓬佩奥·罗马，成了众所周知的人物。匿名的传统更多的是有意对被报道的事实与观点作区分。未经证实的报道会明确指出："据说……"；"据来自里昂的报道"。

商业新闻机构发展的两大驱动力是罗马和威尼斯。不难看出为什么这些城市如此有影响力。威尼斯是该地区的商业中心，在地中海东部和黎凡特地区拥有最为发达的外交网络、领土和贸易。由于威尼斯也是欧洲邮政和外交通信的一个节点，消息灵通的人可以依靠从巴黎、里昂、布鲁塞尔和西班牙，以及从维也纳和因斯布鲁克等帝国的首都获取消息。里阿尔托是欧洲头等的商业信息交流和流言蜚语的中心。当萨拉尼奥在《威尼斯商人》中发起一场谈话时，他问候道："现在，里阿尔托上有什么消息么？"莎士比亚可以期待伦敦的戏迷们会心一笑。[36]

罗马本身就是政治和教会权力的关键中心。由于有俸圣职需要得到教皇的批准，罗马一直以来是阴谋诡计之地和众多外交使团的目的地。教会收入的不断流入也使其成了银行业的主要中心。1550年的一项调查列举了活跃在该城的五十一家银行。[37]16 世纪下半叶，一位教皇积极有力地发动了反对土耳其和新教异端的战争，引起了全欧洲的关注。

这两个城市的不同特征反映在从它们各自的新闻作者手上流传出来的新闻报道有明显不同的语调上。在罗马，新闻信札往往更爱传流言蜚语，详细地报道教廷和雄心勃勃的红衣主教们的策略。最老练的新闻作者甚至尝试开发一种双层新闻服务，将普通的新闻公报与为特别客户提供机密新闻的优质服务区分开来。只要两者不混淆，一切就都好，就像一位罗马新闻作者的情况，他对教皇官邸的秘密批评很快就被教皇掌握了。除了一些奇怪的不测之事外，罗马的新闻作者很乐意树立这样的名声，即他们能够洞悉这座充满阴谋的城市的最隐秘的计划。一位红衣主教新任命的助手被严令禁止与新闻作者接触。他被警告说：他们能"把鸡蛋从鸡的身体里取出来，更不用说把秘密从一个年轻人的口中套出来了"。[38]

从这两个例子可以看出，尽管意大利的新闻作者提供的服务越来越被视为不可或缺，但他们并未得到普遍的认可。16 世纪下半叶，接连几任教皇都采取了强有力的行动来限制他们的活动。1570 年，庇护五世宣布他将全力追查诽谤性大报的作者。不久之后，作家尼科洛·佛朗科被逮捕、审判并处决。1572 年颁布了一项针对新闻信札的敕令：

> 任何人都不得胆敢或擅自创作、口述、撰写、抄写、保存或传播诽谤性的文字或建议信——俗称为"通知信"，内容包含对他人名声和荣誉的辱骂、诋毁或人身攻击，或者对未来事件的讨论。[39]

1586 年，西克斯图斯五世颁布了一项敕令，重申了这些禁令。近些年来也看到了这些法令不时被执行。1581 年，一名作家据称因散播关于教皇健康状况的谣言而被判终身监禁。1587 年，一名被描述为"异端教派头目"的男子因泄露机密信息而被处决。在罗马，针对新闻作者的活动似乎特别严厉，因为教皇把他们与那些在城市四处张贴所谓"讽刺诗"（pasquinade）的人混为一谈。对当权者而言，这些讽刺诗都是恣肆的、故意的中伤。因为它们是匿名发布的（很多都贴在被称为"帕斯奎诺"（Pasquino）的古代雕像上，"讽刺诗"这个名字就是由此而来），它们的作者很少被发现。[40] 新闻纸的作者更容易成为目标，他们中的很多人还经营大型的抄写局，雇用了许多职员。

尽管许多讽刺诗都针砭时弊，但混淆这两种形式是不公平的。新闻信札可能愤世嫉俗，但鲜有公然冒犯。它们的价值在于作为新闻的可信度；作者们既不能为了追求效果而夸大其词，也不能沉湎于一厢情愿。新闻信札的市场价值，在于其与论争性写作保持明确的距离。1588 年无敌舰队战役期间，它们将展示自身作为新闻形式的成熟，当时它们对初期关于西班牙胜利的报道保持了冷静的怀疑，而罗马当然是热切渴望这一胜利的。[41] 针对新闻作者的最尖锐的敌意，往往出现在当权者想去阻止新闻流通的时候，当然通常是坏消息。

最终，间歇性的报复威胁确实对新闻信札的调性产生了影响。罗马的新闻信札变得越来越单调，当然也越来越谨慎。[42] 尽管如此，对于那些身居官位的人来说，它们仍然是新闻网络中绝对不可缺失的一部分，而且对更广泛的公众来说也是如此。1590 年颁布的一项敕令非常能引人联想，它禁止在布道中提及新闻信札，可见城市的神职人员也属于它们的读者。[43] 在报纸问世很久之后，手抄新闻书仍然是 17 世纪意大利新闻出版的主要形式。威尼斯商人仍然依赖新闻信札来获取可能影响敏感的金融市场的信息。在罗马，新闻信札在猖獗的博彩市场也发挥了关键作用。[44] 不过，在 16 世纪处于新闻文化最前沿的新闻信札到了 17 世纪，越来越少见。1637 年，一个罗马的膜拜者仍然可以自豪地说"世界上的所有新闻都可以在这里找到"。但是，倘若仔细阅读一下新闻信札，就会发现情况已经变了。世界在继续向前。如今，事件的焦点和欧洲政治格局的塑造者都在欧洲北部——欧洲新闻文化的引力也是如此。

富格尔新闻信札

意大利商业新闻市场的稳步增长，不能不引起阿尔卑斯山以北地区的注意。鉴于德意志、尼德兰和意大利半岛之间紧密的商业联系，对手抄新闻信札的需求必然会很快就在其他地方出现。起初，德意志的客户仅仅是利用既有的罗马人的服务，尤其借助威尼斯的新闻作者们。但到了16世纪的最后二十五年，专业新闻机构也成了北方新闻市场的一大特色。这些机构首先位于主要的商业中心，如安特卫普、科隆，尤其是奥格斯堡——这座南德城市享有得天独厚的地位，既是主要的商业都市，也是北欧信息网络的主要枢纽。它是威尼斯与北欧，以及帝国首都维也纳与布鲁塞尔之间的邮政系统的交汇点，是德意志大城市中唯一一个为帝国邮政线路所不可或缺的城市。[45]

手抄新闻信札的第一批北方客户大多是德意志宫廷的王侯和官员。至少幸存下来的收藏品是来自他们：然而，这些信札对商业和政治新闻抱持的强烈偏好，也充分暗示了在德意志南部城市贵族商人之间存在一个活跃的市场。现存最大的收藏品由商人和银行家族——奥格斯堡的富格尔家族编纂。[46] 该家族在16世纪上半叶与哈布斯堡王朝密切合作并从中大量获利。在后来的几十年里，他们对腓力二世的承诺使他们更加被暴露在外和处于危险之中。为了保护其广泛的商业利益，富格尔家族建立了这个时代最为卓越的新闻信息服务。

为了衡量这种全球新闻服务，我们需要求助至今仍保存在维也纳国家图书馆的二十七卷卷宗。[47] 每卷都包含数百个条目：一期又一期的手抄新闻信札。第一卷可追溯到1569年，但富格尔的新闻服务似乎比这更早。罗马的梵蒂冈档案馆有一卷时间更早，可追溯至1554年，是乌尔里希·富格尔的财产。这家人在去罗马之前将其赠予海德堡大学，当时天主教军队在三十年战争期间洗劫了那座宏伟的图书馆。[48]

维也纳卷宗包括年轻一代的两兄弟菲利普·爱德华和奥克塔维安·塞昆德斯的档案，1569年父亲格奥尔格意外去世后，他们掌管了这项业务。幸运的是，这两个年轻人可以号召一个由遍及欧洲各个角落的长期商业伙伴组成的网络。一个以威尼斯为活动中心的因斯布鲁克商人戴维·奥特，让他们接触到了两位最著名的威尼斯新闻作者，即上文提到的叶罗尼米奥·阿孔扎约科和蓬佩奥·罗马。1585年和1586年，这两人以一百一十三弗罗林的收费提供每周服务。奥特之前曾向安东之子汉斯·富格尔推荐过阿科扎约科，不过没那么成功。1577年，汉斯向奥特抱怨阿孔扎约科送来的只是垃圾："全是空话"。他让奥特转而联系胡安·多纳托，因为他名声更好。[49]事实上，两年之后，阿孔扎约科还在为富格尔家族写作。维也纳档案馆里的威尼斯新闻信札是用意大利语发送的，大概读的也是原文。

这是一种简单的商业交易。从北欧的其他各处，富格尔家族不仅会定期收到包含当地新闻纸的包裹，还会收到由他们的当地代理人准备的摘要。富格尔分部的经理都是凭自己的本事取得相当地位的人，通常来自德意志主要的贵族家庭，受过高等教育。他们不仅要从报道中筛选出最可靠的新闻，还得把荷兰语的报道译成德语。新闻作者常常提到他们觉得可疑因而选择不去传播的新闻报道。"虽然我已读过其他细节，但在我看来这些才是最好的。"克里斯托弗·温克尔霍弗在从维也纳发出的新闻中这样写道。[50]由富格尔存档的新闻信札并不太关注新闻大报上的日常内容：耸人听闻的事件、预言和奇妙故事。对于这些严肃的人来说，政治和经济新闻才"值得写"。

1586年，菲利普·爱德华和奥克塔维安·塞古都斯两兄弟合伙与腓力二世签订了为期五年的亚洲胡椒进口许可。（自腓力在1580

年有争议地占领葡萄牙以来，葡萄牙的垄断地位就落到了西班牙手里。）这一冒险的新事业需要扩大新闻服务，以便从伊比利亚半岛获得更多定期的报道。韦尔泽家族在里斯本的代理商负责整理来自前葡萄牙首都的报道；在西班牙的一众代理人则负责组织汇编从塞维利亚、巴利亚多利德和马德里来的新闻。亚洲贸易的发展也带来了第一批直接来自印度的新闻报道。这些由可靠的代理人发来的快件，包含了许多与威尼斯的商业新闻信札大相径庭的东西。富格尔的当地代理人会充当过滤器的角色，在将报道转发之前，运用其判断力来衡量收集到的报道的准确性。但他们也确保将原件和原始数据送到维也纳。即使是最异想天开、最具推测性的报道，也有助于估计时代的倾向。

一旦这些快件送达维也纳，富格尔兄弟会将蜂涌到他们总部的信息慷慨地分享给每个驿站。巴伐利亚公爵和蒂罗尔的斐迪南大公每周都会收到他们准备的摘要。[51] 他们甚至明确地允许他们的一些新闻报道付印，特别是他们的许多记者在快件中附的图画。1585 年，兄弟俩联系奥格斯堡雕刻家汉斯·舒尔特斯给他们做了一张带水彩插图的大报，上面是帕尔马公爵为围攻安特卫普而建的防御工事，这次围攻是公爵重新征服弗兰德和布拉班特的战役的高潮。[52] 这份出版物似乎非常成功：自 1565 年马耳他之围以来，这类军事图解一直是新闻市场上的一种重要风尚。[53] 它们让分散的公众能够从一些细节上，了解这些漫长的军事交战的进展。

富格尔的新闻档案属于私人资源，其创设是为了辅助这个欧洲最大的商业帝国之一的运转。但不久之后，大量新闻采集的机会刺激了效仿威尼斯新闻作者的商业新闻机构的增长。富格尔很可能已经聘请了奥格斯堡最早的独立企业家之一的耶雷米亚斯·克拉泽对送达的快件做摘要。但另一个奥格斯堡人阿尔布雷希特·赖芬施泰因，在 1579 年致萨克森的奥古斯特公爵的信中，提出了一个非凡的提议：

> 我知道您在威尼斯、科隆、安特卫普和维也纳都有人，他们从那里给您提供所有的新闻。不过是邮政把来自意大利、法国、西班牙和葡萄牙和帝国皇宫以及整个基督教世界的所有新闻报道带到奥格斯堡，我也是通过这些邮件为主要的君主们做报道。由于我生而为您的臣民，我将每周为您做同样的事情，再将其送到纽伦堡，然后送到莱比锡，这样您便可以同德意志其他君主一样消息灵通。[54]

这暗示了一个非常发达的商业新闻工作者网络。可以肯定，在短短几年内，新闻作者的队伍就在汉堡、科隆、法兰克福、布拉格、维也纳和莱比锡等地壮大了起来。顺带提一句，奥古斯特公爵在回信中接受了赖芬施泰因的提议。四年后，他又与菲利普·布雷订约，让其提供来自法国和低地国家的新闻。每季度布雷会得到一百弗罗林的巨额报酬。他的新闻信札将由信使经纽伦堡和德累斯顿送到奥古斯特那里。

这些交易表明德意志的政界和商界领袖给予了可靠新闻以惊人的价值。在困难时期，在这些特别动乱的年份里，掌权者有必要获得最迅速和最准确的信息。富格尔的当地代理人扮演了类似于为欧洲国王服务的大使的角色，收集、倾听、筛选和转达他们对可信之事的最佳判断。但他们也尽可能多地传送他们能够采集到的不同的新闻报道。像萨克森的奥古斯特这样重要的地区统治者，既想要他自己的代理人的报道，也想要商业新闻工作者的报道。

商业性的手抄新闻信札持续的时间相当久。16世纪教皇们的敌意和第一批印刷报纸的问世并未让新闻作者消失。在17世纪，随着伦敦建立了第一批新闻机构，手抄新闻服务甚至进入了新领域。[55]

经历了 17 世纪甚至是 18 世纪的小册子风潮和技术变革之后，新闻信札凭借其整洁的段落、有序的行文继续存在："据维也纳发回的报道""来自格拉纳达的新闻""据证券交易所说"。手抄新闻信札来源丰富，内容客观，而且价格昂贵，是新闻世界中独特的但现在几乎被完全遗忘的部分。在两个世纪的时间里，欧洲的舆论塑造者们离不开它们。

第六章　集市与酒馆

手抄新闻机构是特权阶层的工具。从这个意义上讲，商业手抄新闻的费用并非劣势，恰恰相反，费用可以消除对权威性的疑虑，而这样的权威性是掌权者在消息灵通人士身上所寻求的。那些无法获取到这些服务的人仍可从印刷的新闻小册子里获悉很多东西，这种更为混乱和喧闹的媒介如今在与广大公众分享时事新闻方面扮演着越来越自信的角色。但是，对于早期现代的新闻文化来说，还有第三条不应忽视的线——通过口头传播的新闻。

口头新闻文化的全部力量，在宗教改革后的几年里首次在英国得到了体现。在1530年代，新礼拜仪式的引入和修道院的解散引起了广泛的不安和一些公然的反对。确保这一切不致失控的任务落到了托马斯·克伦威尔身上，他是亨利八世的忠实大臣，也是新的新教政权的主要缔造者。克伦威尔做事极其专横。在这困难和混乱的年代里，总理大臣和他的代理人发起了一场旷日持久的运动，以消除异议，惩戒犯罪。[1]许多被他逮捕的人几乎都不识字，也不善言谈，但他们有强烈的观点要表达。丹尼斯·琼斯是一位来自伦敦的铁匠，在雷丁的贝尔旅馆短暂停留时，把从首都搜集到的新闻传了出去。此前他曾和一群怀特岛的邻居一起喝酒，一个小贩进来告诉他们"他在伦敦听说安妮王后被放在铅里煮死"。其他人则对王室的立法进行了歪曲的描述，还散布国王死亡的谣言。1535年3月，埃塞克斯郡沃尔登的亚当·弗莫尔结束首都之行后回到家中，遇到了一个无法回避的问题："有什么新闻吗?"他那句令人不寒而栗的回答让他的邻居们印象极深："以上帝的血作证,都是坏消息!因为国王制定了这样的法律,一个人若死了,他的妻子孩子就得去讨饭。"[2] 从政治上说这确实很危险,也难怪政府会采取强有力的措施。但这些报道所传达出的最强烈的信息是,旅行者作为信息载体,以及酒馆作为道听途说的场所,是无处不在的。即使在英格兰这样一个印刷业完全局限在首都的国家,新闻也可以快速传播,虽然不总是那么准确。

前工业社会在很大程度上仍然是一种口头文化。这不仅仅是因为许多男人和女人不识字,尽管这当然是真的,更因为整个社会的组织和决策过程是围绕着其所继承的公共活动、口头表达和面对面交流的传统来进行组织的。欧洲各政府能够更频繁且以更强的信心来立法、提高征税和发动战争。但这些决定仍需向积极和感兴趣的公民解释。必须获得广泛的公众同意,否则法律很难实施。国家缺乏对本国公民进行持续胁迫的力量:没有常备军队,只有最基本的警力。

即使在不那么紧迫的年代,早期现代社会仍具有一种永不满足的好奇心:邻居、朋友、权贵、重大事件和灾难的新闻,所有这些都给单调的日常生活增添了趣味,使困厄的现实活跃起来。这种社会互动的主要地点就是集市和酒馆。这些都是早期现代社会普遍的聚集场所。它们把旅行者和居民、识字的和不识字的、不同社会阶层的人,以及在某种程度上,把男人和女人,聚集在一起。这些都是口头新闻的王国。

去市场上

集市是整个欧洲社会信息交流的中心场所。在日常生活中,长途旅行和贸易都不常见。大多数生活必需品在当地(村子里或当地市场）即可获得。自中世纪以来，集镇已经发展成了一个方圆三十英里的自然网络。大多数村庄离集镇的距离都不会超过十五英里：骑马的人或赶牛车的农民来回要整整一天。[3] 正如我们所看到的，一日行程的规范感，对包括旅馆和寄宿网络在内的欧洲道路系统以及邮政系统的建设，都产生了巨大的影响。

那些来自更远地方的人则提供了娱乐和多样化的内容：表演者、庸医、拔牙人，以及长途旅行者。这些都在新闻网络中发挥了重要作用。通常，与我们在前几章提到的权威的新闻递送者不同的是，他们的社会地位低下。来自牛津郡的穷女人艾丽丝·贝内特被描述成"外出挨个城镇地卖肥皂和蜡烛来谋生，而且常在邻居之间传话"。[4] 间歇地也会有控制这种闲言碎语的企图，但注定要失败。在英格兰，任何从首都来的旅客都被视作权威，他们可能会面临这个问题："伦敦有什么新闻？"我们可以从划船横渡泰晤士河的船夫那里得到一些信息，还可以从无处不在的酒馆里获得其他新闻。1569年，哈里·沙德韦尔听说了有关尼德兰阿尔瓦公爵的各种谣言，还有一件令人震惊的事：一万名苏格兰人加入了"北方叛乱"。威廉·弗朗西斯带着传闻回到埃塞克斯说："伦敦塔里有一个人，说自己是爱德华国王。"[5] 行脚商也可以偶尔给各省的朋友和家人捎信，比如1619年有个伦敦学徒给他在兰开夏郡威根的父母寄回了一封令人窒息的快信：

> 我渐渐感觉到英格兰正在发生巨大的变化。伦敦有许多奇事。在一个叫纽马克特的小镇上，有一只手执着一把剑从地里冒出来攻击国王。从那之后国王的枪一直处于上膛状态，也不知道这意味着什么，还有许多其他怪事我现在先不说了。[6]

考虑到这个新闻完全是无稽之谈，人们只想知道"其他怪事"的性质可能是什么。但我们可以感受到这位新伦敦人的兴奋之情，他乐于置身于纷繁的事物之中，也不反对用他在新闻市场上尚未习惯的优越感来引诱远方的双亲，无论这种优越感有多么虚幻。

集市是任何社区中心的主要公共空间。它聚集了居民、周围村庄的人和前来做买卖的旅行者。集镇经常是地方政府和其他权力组织——比如镇里的自治机构和行会——的所在地，也会不定期地成为当地法院或巡回审判的所在地。早期现代的司法是迅速的，那些来做买卖的人或许也能看到正义得到伸张。在市场广场上，经常会有卖缺斤少两的面包的烘焙师、骗子、妓女或无业游民受到嘲笑或者体罚的惩戒。这里有时也是处决的地方，虽然死刑通常是在其他一些远离主要交易区域的开阔空地上执行。处决犯人总是一桩公开的盛事。从现代人的眼光看，这似乎是残忍的，是为了满足偷窥癖。但公开行刑的仪式属性，对于早期现代的社区意识至关重要。[7]司法是一个公共过程，而处决是一种驱逐的仪式行为。因此，尽管旁观者有时可能会在那可怕的最后时刻同情囚犯，但他们无疑都赞成这一法律程序。他们会把这个新闻连同他们买的东西一起带走。

有时候，有说法暗示那些更为耸人听闻的案件的新闻价值会被机敏的宣传者们急切地利用，他们会在人群中穿梭，售卖犯罪和囚犯临终忏悔的报道。至少在 16 世纪，这似乎不太可能。正如我们所看到的，这种对臭名昭著的罪行的描述在事件发生后很长一段时间内还广为流传。[8]它们的教学价值和激发读者兴趣的能力，与犯罪或者处决的地点没有密切联系。在英格兰，这样的新闻市场是绝对不可能发展起来的，因为在伦敦以外几乎没有印刷业。[9]新闻事件大部分是目击者亲身经历，然后口耳相传的。留在绞刑架上腐烂的尸体，是对那些后来路过的人的提醒。

来到市场的人也可以看到新闻的制造。当局会利用人群聚集的场合来宣布最新的法规，或者传播最近立法的消息。在一些市场已经是固定社交场合的主要城市里，这些公告可能在任何一天随时发出。在法国和其他地方，最新的王室法令的公开宣布都会伴随一个精心准备的仪式。王室传令官会在一个小号手的陪同下出现，以吸引注意。一旦人群安静下来，他就会慷慨激昂地宣布国王的声明，然后再去下一条主干道。在巴黎，这种活动有一个固定的行程。然后，新的法令会由信差送到主要的外省城镇，那里的市政当局也必须重复这一仪式。

很难知道这些庄严仪式的目击者会理解多少。想必小号手（在其他地方是摇铃）会获得一定的注意；但总体的喧闹，像母鸡的咯咯声、牛的吼叫声，还有不耐烦的购物者的来来往往，会使宣读很难被听见。公告也可能会很长，用正式的法律语言表达，复杂而晦涩。因此，相应的布告随后也会张贴出来，通常有很多份副本，越来越常见的是印刷本。这些东西会被钉在显著的公共场所，在集市里、教堂门上、收费站。公开宣读的作用，差不多就是暗示有一些重要的事情正在发生，而市民们应熟悉个中细节。读者可以将其传递给其他感兴趣的人，理想的状态下，他们的传递应做到适当的准确。对于那些出于职业要求需要知道的人，印刷文本 —— 有时是大报，有时是小册子——成了这些公共宣读越来越重要的补充。即便如此，法律实施的程序总是始于在公共开放空间的展现或宣布。

集市是变化无常的：既是一个火药桶，又是一个交易场所。在匮乏年代，高物价或空货架给当局以确凿的例证，说明政府需要采取措施以减轻危机。幻灭的市民们聚在一起，为谣言、错误消息和不满的滋生提供了肥沃的土壤。在这种情况下，早期现代政府的权力是有限的。它们不是警察国家：大多数城市只养得起少量法庭执达官或看守，其他武装人员、军队或者贵族侍从通常非常不受欢迎。法律的维系需要公众的默许，如果这一许可被撤回，那么地方法官除了避风头，几乎什么也做不了。在这样的情形之下，通过谣言、误传和误解来传播的新闻，就是一种毒药。它的毒性只因无处不在的烈酒而加剧。

歌唱新闻

市场是早期现代信息网络必不可少的节点。它在乡村生活的中心地位可以通过它在民间故事中的重要性来判断：乡下人去市场卖他们的货物，但也会被等在那儿的狡猾无赖给骗了。市场也是新闻世界最边缘的人物 —— 流动小贩 —— 的活动舞台。[10] 在一些欧洲文化中，这些人被称为"新闻歌手"，因为他们会逐字地唱出他们的货品。他们的歌通常是由时事改编成的民谣。

这是早期现代新闻世界的一部分，在今天已没有与之明确对应的东西了。然而，在 16 世纪的欧洲，歌唱在向大部分不识字的公众传播新闻事件的过程中扮演了重要的角色。新闻歌手——有时是盲人，经常身边带着孩子——会唱出他们的货品，然后再提供印刷的版本出售。在西班牙，民谣创作者有时会将作品教给一群盲人小贩，然后派他们上路。这些小贩把他们的货品放在一个用绳子串起来的木架上，就像晾衣绳一样，因此，这些出版物有时被称为"绳子文学"。[11] 从书商们的存货清单所列的数以千计的条目来看，大报民谣很显然印刷数量巨大，民谣小册子也很受欢迎。1683 年塞缪尔·佩皮斯从丹吉尔到西班牙访问时买了一整捆。[12] 不过，极有可能是因为宗教裁判所密切关注着印刷业，西班牙的民谣歌手通常会回避当时更为危险的新闻话题。[13]

在欧洲其他地区，情况并非如此，话题性是一个主要的卖点。尽管这些小贩属于欧洲最边缘的群体，并可能受到当地政府的残酷对待，但这种生意是有利可图的。1566 年，一个低地国家的旅行小

6.1　一张早期的歌曲大报。请注意，虽然这首歌的文字印刷得很清晰，但没有乐谱。它于 1512 年出版，讲述了法国早些时候在多勒的一场胜利。（大英博物馆委托人，伦敦）

贩在荷兰上艾瑟尔省用一台印刷机复印了一千份歌单，上面有三首流行政治歌曲。他为整批货付了一荷兰盾。即使以当时流通的面值最小的硬币的价格卖掉它们，他的收益还是很可观的。[14] 歌单生意也受到了更为知名的行业成员的欢迎，例如牛津的书商约翰·多恩：1520 年，他交易了四十次，卖出了二百多份大报民谣。一张大报他收取半便士，但购买六张以上的顾客可享有折扣。[15] 在意大利，演出歌曲的印刷版本往往是简短的小册子，而不是大报；小贩们会分批从印刷商那儿拿货，等现金进来后再拿更多货。[16] 最成功的公共歌手远远超越了这些低下的起步阶段。弗利的著名盲人歌手克里斯

第六章　集市与酒馆

141

托福罗·斯坎内洛拥有自己的房子，还可以投资二百斯库多银币让他的儿子接受商业职业培训。另一位著名的多才多艺的民谣歌手伊波利托·费拉雷塞，凭借发表自己的创作，得以奠定其作为表演者的名声。[17]

尤其是在意大利，街头歌手深深扎根于城市社群的文化之中。13 世纪，各城市便已雇用歌手在公共仪式上表演。这种来自官方的鼓励为 16 世纪日益公开的政治保留节目铺平了道路。随着 1494 年后法国入侵意大利，意大利的政治危机引发了大量以歌曲为形式的评论。1509 年，威尼斯的危机到达顶峰，一位当地的编年史家抱怨说，在整个意大利，反威尼斯的诗歌在广场上被传唱、复述和售卖，"都是江湖骗子的作品，他们以此为生计"。[18] 其中的一些是由教皇尤利乌斯二世蓄意谋划的，他是威尼斯的死敌，是一位在政治宣传中发挥积极作用的政治家。很多这样的歌曲都很便宜："这样你就能买了，它只要花你三便士"，就像一首歌颂威尼斯的反对者的歌曲中唱到的。事实上，有些文本是免费分发的，就像 1510 年教皇使节正式进入博洛尼亚时，那些从窗子向外倾泻而下以及在广场上分发的宣传性诗歌。[19]

这些歌显然不仅是为了娱乐，也是为了告知。1512 年，一位匿名作家在一首有关拉文纳之战的诗中告诉他的读者，他创作这部作品主要"不是为了让你们从中取乐，而是为了让你们从这一事件中获得些许启示"。在这场充斥着快速行军和混乱联盟的冲突中，事态发展得很快，歌手们须做出回应。1509 年 12 月 22 日，费拉雷西与威尼斯之间发生海战，一首为庆祝这次战役而创作的歌曲在 1510 年1 月 8 日出版。一位歌手在 1509 年发表了一首关于阿尼亚德洛之战的歌曲，声称自己是在两天之内创作出来并交给出版社的。[20] 之后，在法国有一首庆祝胡格诺派 1562 年在里昂胜利的歌，在胜利的同一天便在大街上传唱。[21]

歌唱也是当时的节日文化的一个重要部分。在这些政治歌曲中，最受欢迎的是那些捕捉到了公众庆祝气氛的歌曲，通常都是填上新词的熟悉曲调（这些乐曲被称为换词歌）。但唱歌也提供了一种处理坏消息的方式。当地出版商基本上不愿出版一篇报道惨败的文章来挑战当局的耐心：这样的负面新闻通常是通过口头来传播的。另一方面，悲痛欲绝的挽歌可以捕捉当下的情绪，而不会招致报复。但即使在这里，也需要小心。威尼斯参议院当然知道在危机时刻政治歌曲的自由流通所潜藏的危险。1509 年，他们采取干预，禁止销售一首批评神圣罗马帝国皇帝马克西米利安一世的歌曲，后者曾是威尼斯的敌人，但现在成了盟友（可能是小贩没有跟进事情的转变）。然而，参议院继续鼓励出售反对费拉雷西的歌曲。

这个狂热的时期似乎是意大利政治歌曲的全盛时期。在这个时候，街头歌唱真的是处在传播的第一线。[22] 在本世纪中，随着时间推移，意大利街头歌手们似乎已经退到了更加安全的话题领域。他们会庆祝一项不受欢迎的税收的取消，或者报道一座倒塌的桥梁。这在一定程度上可能是自我审查，但也反映了一种更加敌对的政治氛围。在 16 世纪下半叶，意大利的各政府进行了干预，以为广场带来秩序。对公共空间的监管在一定程度上是由反宗教改革引起的——它反对任何玷污公共宗教尊严的行为（而许多歌曲几乎都毫不掩饰对宗教歌曲的讽刺）。但新的限制也可以被视为一种试图划清大众政治界线的联合举措，尤其当这些限制与对讽刺诗作者的残酷攻击以及围绕手抄新闻信札的监管并进时。[23] 然而，至少就街头歌手而言，这种监管的努力似乎基本失败了。作为一个边缘的社会群体，习惯了四处漂泊的新闻歌手们所遭受的损失，远不及老牌印刷商和新闻机构的所有者。1585 年当托马索·加尔佐尼出版关于他的同行的百科全书时，这位街头歌手地位显赫。他们非但没有被敌对的监管所禁绝，反而"像野草一样疯长，在每座城市、每片土地、每一个广场，除了江湖骗子便是街头歌手"。[24]

德意志也有活跃的音乐传统,可以应用于服务大众政治。马丁·路德是一位充满激情的音乐家和圣歌作曲家:他的一些作品仍是主要的保留曲目。因为这些曲调很快就会被人熟悉,它们显然很适合在更明显的政治语境中被重复使用(后来法国的加尔文主义者会以完全相同的方式使用《诗篇》的曲调)。[25] 德意志政治歌曲的高潮紧随着新教在施马尔卡尔登战争(1546—1547)的失利到来。获胜的查理五世试图通过《奥格斯堡临时协议》,恢复部分传统天主教的惯例与信仰。尽管一些新教城市和包括菲利普·梅兰希通在内的神学家勉强接受了这一协议,但大多的德意志路德教会都坚定不移。路德教会以自由城市马格德堡为引领,在四年的英勇抵抗中,在小册子和歌曲的风暴中发泄他们的痛苦。[26] 对印刷品和手抄资料的不懈搜集,已然揭示了关于《临时协议》的歌曲数量惊人。[27] 大部分的作曲者都受过教育,因此至少一开始,这并非街头音乐。但显然它已经变成了街头音乐。对此不满的马格德堡天主教编年史学家回忆道:

> 《临时协议》受到了耻辱和轻蔑的对待。人们在游戏的棋盘上玩"暂停"(Interim),咒骂它,还这样唱:笃信上帝并且不赞成《临时协议》的人是有福的,因为在它的背后有一个傻瓜。[28]

路德用一首巧妙的讽刺歌曲《哎!愤怒的海因茨》攻击了态度坚决的不伦瑞克天主教教徒海因里希。它配的是《哦!可怜的犹大》的曲调。这样不仅拥有一个熟悉的曲调,还因为标题的共鸣,增加了一层侮辱的意味。[29]

面对疲惫和军事上的僵局,查理五世被迫妥协,而德意志路德宗的自由得以恢复。向查理投降的马格德堡随即以非常慷慨的条件

6.2　诗中反击。抨击《奥格斯堡临时协定》的众多音乐作品之一。（大英博物馆委托人，伦敦）

与萨克森的莫里斯结盟。但莫里斯的宽容有一处例外：他要求将公使伊拉斯谟·阿尔贝驱逐出这座城市。阿尔贝对已出版的抗争文学的贡献，几乎完全由赞美诗和讽刺歌曲组成，它们显然切中了要害。莫里斯坚称，因为阿尔贝粗俗地攻击了他，"在公共场所和私人作品中，用韵诗和画作，他必须被清除掉。即使一个农民也不能轻易承受这样的攻击"。[30]

有了成功地利用歌曲的力量的经验，信奉路德宗的国家更加下定决心，要确保这种方法不被用来攻击自己。一些城市采取行动控制或者禁止集市歌手和巷子歌手[1]（他们因为在集市或小巷里歌唱而得名）。早在 1522 年，奥格斯堡就要求其印刷商们宣誓，不会印刷任何不光彩的书籍、歌曲或韵诗。当这座城市终于在 1534 年施行

---

[1]　原文为德语"Marktsänger"和"Gassensänger"。

改革时，新的律令详细规定：不仅印刷冒犯性的书籍、歌曲和韵诗，而且书写、销售、购买、吟唱、宣读或张贴，或以任何方式让它们见光，都是违法的。[31]

在德意志，对舆论的控制必然与西欧的中央集权国家有很大不同。大多数德意志城镇都大体建立了书籍和小册子的出版前审查程序。但这在实际执行中非常耗时：被指定的审查员，通常都是市政官员而不是神职人员，还要忙碌于其他事务。无论如何，大部分流通的印刷材料都不会在当地的管辖范围内印刷。所以大多数的德意志政府基本上依靠自我规制，在得知一个极其恶劣或者有政治危险的公开言论时，则会实施严厉的惩罚以儆效尤。

如果我们考察一个特别重要的管辖区——伟大的帝国城市奥格斯堡——的舆论管理，就会惊讶地看到，这些干预更多的是由煽动性歌唱而非出版物引发的。1553 年，一位书商去一家酒馆散播一首嘲讽查理五世在"梅斯之围"中所受屈辱的歌曲时遇到了麻烦。如果该书商是想检验歌曲印成小册子的潜力，那么这个策略就严重地事与愿违，因为大多数酒客都太震惊，以至于不想与其扯上任何联系；将这首歌复印的进一步尝试导致他遭到逮捕和审讯。[32] 在这里，市议会可以依靠当地民众的支持来执行关于得体的合理标准。

在 16 世纪的最后几年，由于路德教会对天主教的复兴越来越警觉，这种社会共识逐渐出现裂隙。1584 年在新格列高利历法实施后的争议中，奥格斯堡颇受欢迎的路德宗牧师被驱逐，导致一系列批评市议会和支持流亡神职人员的歌曲的流传。[33] 有些被印刷出来，但其他的都是通过手抄本或者口头的方式广为流传。这都发生在经济上艰难的时期，不满的纺织工人们开始大量卷入骚乱之中。亚伯拉罕·舍德林交代他曾写过《当上帝不站在奥格斯堡一边》，这是一首以路德宗赞美诗《若不是主帮助我们》（引自《诗篇》第一百二十四首）为蓝本改编的政治歌曲。因为舍德林已经自首，所以他受到了宽大处理。约纳斯·洛施就没这么幸运了，在两次延长了的刑讯后，他才交代自己如何改编了一首印刷的原曲，然后沿街唱。这些审讯（仍被保存在奥格斯堡的市档案馆）揭示出了一个歌唱和廉价印刷品的纷繁世界。[34] 洛施在转向政治之前是通过在婚礼上唱歌赚外快的；印刷商汉斯·舒尔特斯卖了一千五百份流亡牧师格奥尔格·米勒的画像；两名身处骚动中的妇女靠着卖这些副本赚钱。政治异议同活跃的歌唱和酒馆流传（pub-going）文化的交叉是一个潜在的火药桶，受到奥格斯堡当局的严加取缔。

　　新近复苏的修会嘉布遣会和耶稣会，尤其成为路德教会成员怒火的目标。1600 年左右《一首关于嘉布遣会修士的新歌》在奥格斯堡流传，声称嘉布遣会修士把获得的施舍都用来与妓女勾搭了。它配的是路德宗圣歌《主，让我们坚守你的道》的曲调，相当不雅。[35] 第二年，雅各布·赫施因为唱了诋毁耶稣会的歌而被起诉。在此之前发生过一起邻里纠纷，一个信奉天主教的男孩挥拳打了一个信奉路德宗的女孩，由于后者唱的一首歌里把地狱描绘成充满了神父。

　　市议会通过多种方法来克制这种社群间的怒火，但徒劳无功。在三十年战争之前的困难时期，这些具有争议性的创作极有可能摧毁早已羸弱不堪的公共安宁。1618 年，在战斗前夕，市议会勒令官员根除在市内流通的新闻纸和歌曲。这一决定似乎是由发现并没收了带插图的新闻民谣《从波希米亚发回的关于围攻、夺取和征服天主教城市皮尔森的真实新闻报道》而促成的。[36] 这无论如何都不是客观的报道。根据这首歌所言，波希米亚的反叛完全是出于耶稣会这一"毒蛇之卵"在教皇的怂恿下的谋划。在双重认信的奥格斯堡，这远远超出了新闻报道所能容忍的尺度。但是尽管保持警惕，市议会还是发觉，几乎不可能控制口耳相传的内容。出版物会提供确凿的证据，让他们直接找到承担责任的印刷商。但煽动性的歌唱在风中消失了。对于一个害怕的、愤怒的和越来越被疏隔的宗教少数派来说，歌声确实是一种强有力的武器。

16 世纪下半叶也是英国街头民谣的第一个伟大时代。[37] 据估计，截至 1600 年有超过四百万张印刷的歌曲大报处于流通之中。这是一个巨大的参与性的歌曲文化的有形遗产，尽管大报的印刷意味着那些受过教育的人的兴趣，但它们的吸引力并不限于可以阅读的人。1595 年，牧师尼古拉斯·鲍恩德注意到，人们"虽然自己不认字，家里头也没人能认字，房子里还是会准备很多民谣，这样他们可以有机会学习它们"。[38] 不识字不意味着无法记住曲调和新的歌词。牧师们恼火地提到自己的教众在记忆民谣时的快速，与之形成对比的是他们在记住圣经知识时的无能。根据鲍恩德的说法，在每个市场或展会都可以看到一两个人"在歌唱或售卖民谣"。[39]

这些民谣涉及的范围很广。素来勤奋的塞缪尔·佩皮斯根据他独出心裁但非常合乎逻辑的分类框架来组织他非常可观的收藏品。"国家和时代"（即政治和时事）约占百分之十，比"爱情–欢愉"甚至"爱情–悲伤"要少得多。然而，这可能是因为，政治歌曲更有可能只是通过口耳相传。有时我们可以看到，对流行歌曲的尖锐改编出现在诽谤案中。同欢快的幽默故事和虔心祈祷的民谣相比，政治讽刺作品的印刷要难得多。政治民谣只有在政治控制非常放松的时候才会大量印刷。1590 年代，法国的皮埃尔·莱斯图瓦勒听到了许多在巴黎流传的政治歌曲，并凭借记忆把它们抄写下来。[40] 但它们后来都没有以印刷品的形式留存下来。彼时的法国政治正处于暴风雨中。首都作为天主教联盟的堡垒，因亨利三世的背叛而愤慨不已，他杀害了他们的英雄吉斯公爵。而当这位国王在 1589 年被暗杀时，巴黎又对胡格诺派继任者的前景感到憎恶。这个城市的印刷商们爆发了一次讽刺散文的风潮；有趣的是，即使是在可以安全地印刷反对派的小册子的时候，尖酸粗恶的韵文依然主要是通过口头传播。莱斯图瓦勒——其同情者都是私下的保王派——保持了低调。

在这样的情况下，加入一个复制并通过手抄的方式来传播保王派小册子的圈子需要非常大的勇气。

民谣歌手在 16 世纪的传播网络中是一股强大的力量。伟大的佩皮斯收藏的一部分来自另一位早期的狂热分子约翰·塞尔登，而且佩皮斯在第一卷中转录了塞尔登关于民谣（他将其视为"诽谤"）重要性的评述："虽然有些轻微的诽谤，但你可以从中看到风向。更加可靠的东西并没有像民谣和诽谤那样，表现出这个时代的情形。"[41]

民谣是信息文化的一个强有力的部分，它为许多处于可敬的手艺社会边缘的人创造了不错的生活。但不是每个人都能成为一个好的民谣歌手。你需要强壮的体魄，一副让自己在人群中被听到的好嗓子，还要有一定的魅力。精力旺盛的牧师理查德·科比特发现一个旅行小贩正努力在阿宾登的市场上制造影响力，便伸出援手，取得了很好的效果："作为一个英俊的男人，并且拥有一把难得饱满的声音，他立刻就变得非常卖座，拥有了很多听众。"[42] 倘若没有这种意想不到的神职人员的支持，这位怯生生的民谣卖家能否在这个行业中坚持这么久，是值得怀疑的。最后我们应该再提一个叫托马斯·斯皮克内尔的人，他"曾是一个装订师的学徒，后来成了一个流浪小贩，之后是民谣歌手和卖家，现在是莫尔登的一名牧师和啤酒馆的老板"。[43] 斯皮克内尔完成了 16 世纪传播媒介的大满贯，从书籍贸易到唱歌，到教堂和啤酒馆：我们现在也会去的地方。

关于大领主的赤裸言论

酒馆是早期现代社会中一个普遍存在的部分。据估计，仅在英格兰就有两万家，差不多每二十个成年男性就有一家。[44] 欧洲大陆应该也不会少到哪里去。酒馆以赤裸裸的竞争关系与教堂共存，同为早期现代社会典型的聚集处。这是一个非常不稳定的分享新闻的环境。

像其他社会机构一样，旅馆和酒馆的范围很广泛，既有财力和基础雄厚的大企业，也有由村屋昏暗的前厅改成的下等酒馆。作为这个光谱的顶端，旅馆在国际交通网中占据着重要地位。在 14 世纪，旅馆老板除了要提供食宿外，还在为国际商人群体提供银行服务方面发挥了重要作用。许多短期信贷经纪人将自己打造成旅馆老板，而许多旅馆老板也兼做经纪人。[45] 在外省的城镇中，最大的旅

6.3　一位德意志小贩在宣传他的货品。注意手中那份得到明显展示的《新报道》。（普林斯顿大学图书馆，福尔克·达尔藏品，普林斯顿）

馆，特别是那些集市广场周边的旅馆，经常为商人开展业务提供场所。有些旅馆成了特定商品的半固定交易地点。[46]

横贯大陆的道路网的发展，为精明的企业家提供了更多的机会。中世纪引导长途旅行者的路线，会标志出主要居住地之间的路边旅馆。在 16 世纪，这些旅馆中有许多都成了驿站，负责为信使们提供住宿和替换的马。在许多地方，邮政局长是其所在镇上最大的旅馆老板。

这些高级旅馆的老板，由于经常和富有的旅客有交易来往，将保持消息灵通当作他们的本分，就像大多数旅馆老板一样。再洗礼派的安布罗修斯·施蒂特尔梅尔在巡视时，总是造访小酒馆去看看当地的牧师布道是否与《福音书》一致。[47]对于计划下一段旅程的旅行者或想了解当地情况的人来说，旅馆老板是寻求建议的天然人选。朝圣者的手册推荐了特定的旅馆和主人，比如日内瓦的"德意志主人"彼得·冯·弗里贝格，他愿意"在任何事情上帮助您"。像这样的生意非常有利可图。朝圣者汉斯·范哈尔德海姆决定在伯尔尼寻找一位著名的圣人，直接就去找贝尔旅馆的老板。老板很乐意告诉他怎样才能获得这位隐居智者的接见，还为他提供马匹："阁下不必步行，我会借给您一匹灰色的种马。在我的马厩有三匹，您喜欢哪匹就选哪匹。"[48]

这些人都是行业中的贵族：他们以了解情况为己任，而且有很多机会这样做。在没有合适的建筑物的地方，旅馆可以作为临时法庭，甚至可以作为正式欢迎来访贵宾的场所。但 16 世纪酒馆的一般情况并非如此。那里都是喧嚣之处，充满噪音：吵闹、难闻的气味，经常发生暴力。人们来这里是为了释放压力，和朋友们一起庆祝，忘却艰难谋生中的烦心事。

这些不起眼的地方也是重要的交流中心。顾客们会讨论当天的话题，传一些闲话，在一起唱歌。陌生人会被期待加入谈话：独坐的旅行者往往会成为被怀疑的对象，而且许多地方的法规要求旅馆老板上报投宿的陌生人的姓名。即便是昏暗破败的乡村小酒馆，也能给旅行中的演奏者和音乐家提供即兴表演的机会。

朋友们在酒精的刺激下与陌生人见面的场景可能会非常混乱：脏话和侮辱会带来打架斗殴。在一项对欧洲不同地区进行的大范围的调查显示，世俗和教会法庭处理的投诉中，约有三分之一直接与酒馆有关。[49] 但酒馆也是进行严肃的政治讨论以及唱圣歌和赞美诗的地方。在宗教改革早期，新教团体会在一些集会较为安全的酒馆布道。[50] 在没有书店的城镇，旅馆就成了新教小册子的分发点。在1524年至1525年的德意志农民战争期间，酒馆在运动的传播中发挥了尤其重要的作用，使得起义的消息迅速传遍帝国。[51]

德意志农民战争不仅仅是农村的反叛，这项社会福音运动也与城市贫民的愿望明显相关。[52] 随着反叛消息的传播，市政当局特别担心自己治下的居民可能会加入其中。一个有据可考的案例来自德意志城镇讷德林根为了设法找出叛乱支持者进行的调查。由于地处农民骚动最为激烈的区域，讷德林根位于风暴眼上，而且在1525年的一次集会上，群情激愤的市民们要曾求该镇宣布支持反叛。农民的支持者没有占据大多数，但该镇仍处于高度戒备的状态，并在5月8日逮捕了一名演唱煽动性歌曲的守夜人汉斯·特鲁默。这首歌是当地一位名叫康茨·阿纳汉斯的织工创作的，自4月事件以来，似乎一直在镇上流传。它无疑极具煽动性：

> 一只秃鹫高飞
>
> 在黑森林附近的赫高上空
>
> 唤起一众子嗣后代
>
> 到处都是农民
>
> 他们变得叛逆

在德意志民族

建立一个自己的组织

也许他们会成功。[53]

此外还有九个小节。对特鲁默及其同伙的审讯使市议会得以详细地重构这首歌逐步广为人知的过程。这首歌是在巴尔塔扎·芬德经营的旅馆里唱的，他是四月动乱的领导者之一。市议会成员安东·弗纳听说后，就请阿纳汉斯到他家唱这首歌。后来这首歌在另一家旅馆里被唱起。到了 5 月份，就已经变得耳熟能详，连喝醉了的汉斯·特鲁默也能记住歌词。值得注意的是，此时的讷德林根还没有印刷媒体。康茨·阿纳汉斯的战斗号令只能通过口头来传播。

　　市议会采取了严厉的措施。涉案人员受到刑讯。旅馆老板芬德被处决。若非如此严重的后果，我们也就无从掌握法庭对新闻如何传播，以及一场潜在的叛乱如何被煽动起来的重构。在更常规的情况下，当被要求指名道姓时，大多数卷入集体暴乱的人都很难记住细节。著名的早期现代记忆，作为信息文化的基石，被笨嘴拙舌和语无伦次所取代。这是一个非常明智的防御策略。早期现代的司法系统在很大程度上依赖招供来定罪，因此可以理解，在可能被判处死刑的情况下，那些接受审讯的人不愿自证其罪。面对这种自抑式的健忘，很少有地方法官能够在证据相互矛盾或不足的情况下完全坚持己见。在这一点上，司法机关根本无法胜任这项任务。捍卫信仰纯洁的西班牙宗教裁判所是个罕见的例外。在宗教裁判所不懈的调查中，许多因愤怒或酗酒说过的话最终都被悔过了。[54]

　　德意志农民战争是一个特别紧张的时期，当时的宗教改革和德意志社会进入了未知的水域。但作为人们最经常聚集，以享受从正常的社会约束中解脱出来的地方，酒馆很明显给潜在的颠覆性对话提供了机会。"你想听有关大领主、王侯和有权势者的露骨言论吗？

那就去一家酒馆吧。"这是 1610 年一位对酒馆文化持批评态度的人的无奈结论。[55] 随着时间的流逝，旅馆老板更加系统地开发其场所作为交通枢纽的潜力，在墙上张贴印刷的大报，并在 17 世纪提供报纸。在一些德意志的管辖区内，法律要求旅馆展示当地法令的印刷副本。[56] 在许多 17 世纪的绘画作品中，旅馆被描绘成一个集体阅读的场所，乡野村夫们张着嘴围在能识字的邻居身边，听他仔细地读新闻。这种对乡下人的表现相当陈腐，意在让那些有教养的布尔乔亚获得嘲弄的乐趣。但它们肯定是有一些道理的。

在酒馆里发生的大部分谈话已消失在历史长河中。但有足够的证据表明 16 世纪的政府非常清楚地认识到了这种谈话有煽动和激起狂热的危险。托马斯·克伦威尔在英格兰宗教改革最为紧张的几年里，对政治信息采取了非常谨慎的措施，也为我们提供了许多口头言论极具煽动性的例子。在 1530 年代的恶劣氛围中，许多公民不仅乐于想象安妮·博林的失势，还乐于想象亨利八世的死亡。一连串的虚假报道致使亨利政府采取坚决行动，禁止任何煽动性的预言。很明显，这些充满恶意的故事中，至少有一些是刻意散布的，通常是反对国王政策的当地社会领导人所为。1537 年 12 月来自东赖丁马斯顿的堂区居民到约克指控他们的牧师代理约翰·多布森在村子里散布这种预言，并"在教堂门廊和酒馆里"反复传播。[57] 但是，政府要想让自己的信息被人理解并非易事。在困难时期，人们会更加倾向于对新颁布的法律进行令人恐慌和具煽动性的解读。刘易斯·赫伯特从伦敦回威尔士家中的半路上，在阿宾登"羔羊的标记"停留。面对不可避免的问题"伦敦有什么新闻？"，刘易斯分享了一些耸人听闻的事情。"在伦敦齐普赛街的十字路口，有人喊，"他对他的听众说，"不应该要不合法的把戏，天使金币的面值应为八先令，格罗特银币应为五便士"（天使金币的面值原为六先令八便士，格罗特银币为四便士）。[58] 再没有什么比关于货币操纵的捕风捉影的说法更能扰乱听众心智的了。

难怪在这种情况下，英国政府要一再采取行动阻止谣言和虚假报道的传播，尽管这些行动基本上都没有成功。亨利的叛逆罪立法规定，任何可能导致王权颠覆的行动、写作或说话都是犯罪。1532年法案的范围逐渐由 1534 年、1552 年、1554 年、1571 年和 1585年的立法扩展，也就是说，在每一任都铎君主的治下，不论其宗教信仰为何，定罪范围都有扩展。在中世纪遗留下来的法律中，发表被认为具有煽动性的言论已经是一种犯罪，而这也被都铎王朝时期的新立法强化。[59] 统治者们安慰自己这些措施是必要的，因为人民容易轻信和被误导，这是他们的天性。正如 1565 年伊丽莎白女王在写给什鲁斯伯里伯爵的一封信中所说的，"粗野之人多么容易被这些东西所骗，且乐意散播煽动性的谣言，从而引发麻烦和波动"。[60] 在很多方面，这样的说法是不公平的。就把握事情的要领而言，普通人往往是相当精明的法官。历史学家现在普遍接受，蔑视安妮·博林而坚决支持阿拉贡的凯瑟琳的权利的共同呼声，比政治国家中那些坚持国王宗教动机的纯粹性的人，更好地理解了英国教会的革命事业。而且人民有着充分的机会了解情况。每个人都同意，如果说英国人有一个特征，那就是对新闻的热爱。意大利观察家兼语言教师约翰·弗洛里奥指出，询问新闻总是"英国人的第一个问题"。[61]为了帮助到国外去的旅行者，语言入门读物的编辑们开始在想象的对话中加入如何询问新闻的说明。所以克劳德·霍利班德在《法语利特尔顿》中说："有什么新闻吗？这座城市一切如何？"以及一些安抚性的回答："当然我什么都不知道。一切都好。有钱的人多快活。"这段对话被称为"在旅馆"，而且在反面也给出了这些对话的法文翻译。[62]

来自布道坛

并不是每个人都乐于看到这种对新闻的热情。牧师乔治·威德利就远没有这么宽宏大量。他对其堂区居民的刻薄看法是"如果让他们就宗教提出问题，他们会变得缄默如鱼"。但对于新闻就并非如此了："他们搬弄着流言新闻，喜欢让他们的闲谈传遍世界，还干涉别人的事情。"[63] 在布道的牧师中，这种挫败是普遍存在的；但它不应掩盖这样一个事实——布道坛本身就是新闻的重要渠道。一个星期有一天，牧师拥有这个公共平台，有机会把街头的嘈杂撇到一边，赋予日常事件以某种意义。

16 世纪，特别是在信奉新教的北欧，布道成为每周常规活动的重要组成部分。这是一个新的发展：对于中世纪的基督教来说，布道已然成为公共节日文化的一部分，但只是偶尔才举行。[64] 在这种情况下，布道通常是由到访者来完成，比如一个旅行中的托钵修士。最好的传道士都是戏剧——尤其是悬念剧——的大师。他们要到附近来的消息会热切地传遍集市。他们的到来不容错过，因为最著名的传道士在旅途中会获得相当多的追随者，他们跟着他从一个地方到另一个地方。为了防止布道变成一场有失体统的混乱，高级神职人员会提前协商好他们的到访。"赎罪券运动"的大师雷蒙德·佩罗迪就是这样，他的亮相就是精心策划的，会先刮起一阵印刷小册子的旋风。[65] 因此，在这个层面上，一场布道就总是新闻，而且多半是在镇上最重要的公共场所进行。为了纪念这一传统，欧洲许多教堂的墙壁外部嵌有石制讲坛，正是为了方便这样的户外布道。

新教改革的伟大成就是让布道成了礼拜仪式的必要组成部分。[66] 这就把布道带到了室内；它还把布道的职责转交给了一般的神职人员，而不是一小部分的布道专家。这样有利有弊。对堂区居民来说，每周的礼拜活动变得更具参与性和可理解性。他们现在唱歌、背诵祷文、聆听，而不再仅仅是用拉丁语主持的弥撒的旁观者了。他们变成了更加见多识广，但要求也更高的听众。牧师不仅被要求吟诵祈祷书和做弥撒，还被期待能够阐释上帝的话语。

在宗教改革的最初几年，布道本身就是一件大事。许多教徒第一次隐约感觉到他们的宗教习惯即将发生改变，是在他们的牧师——衣着通常比平时更为肃穆——登上讲坛宣誓他对"纯正福音"的忠诚时。这些转变的事件对路德运动的生存至关重要。在德意志，没有一个大城市能在没有当地重要牧师支持的情况下坚持宗教改革，他们有时会领导当地的福音运动，公然反抗仍然不情不愿的地方执政官。随着宗教改革的深入，牧师们基本上成了国家的代理人，他们的布道坛也成了官方政策的宣传渠道。作为领薪的官员，他们被期待能够支持权威努力进行促成良序、宣扬服从、谴责罪恶。因此，宗教和政治变得不可分割地交织在一起。

新教运动的主要人物都是能鼓舞人心的、坚持不懈的传道者。马丁·路德将其作为维滕贝格大学教授的职责，与其担任维滕贝格（唯一的）教区教会牧师的职位结合起来。在与教皇闹翻之前，他作为传道士的才能已被打磨多年。在他漫长的生涯中，他布道了六千多次。[67]日内瓦的改革家约翰·加尔文每周布道三次：理性的、辩论的、恪守《圣经》的布道，毫不留情地谴责罪恶。他对布道艺术的精通是如此声名远播，以至于旅行者们特意在日内瓦停下来听他布道。[68]追随者们决意不能让任何东西遗失，他们付钱请人把每一篇布道抄录下来，以传给后代。加尔文不同意——他明确区分了他的学术演讲和这些即兴表演——但我们可以听到大师真实的声音，而不需要印刷品的中介，主要得归功于这些抄录。加尔文没有宽待他的听众。他常常会从《圣经》的话语转向对当下的不满：那些不愿放弃流行的宗教习惯的人，那些在生意的交易中要诈的人。[69]会众常常感到自己受到了伤害和嘲弄；当他们不得不忍受那些喜欢听加尔文夹枪带棒的人的奚落时，一种怨恨之情就加剧了。有几次这都导致了教堂门外扭打成一片，地方法官不得不前去解决，让礼拜活动不体面地结束。[70]

这是原始的政治，而教会并不排斥出于纯粹的政治目的而使用布道的手段。1546 年，新教改革之父、天主教臭名昭著的叛教者马丁·路德奄奄一息。对于天主教徒来说，这是一个被热切期待的真理时刻：魔鬼会来认领他吗？因此，对宗教改革而言，路德的安详死去是至关重要的。他的主要助手们围在床边目睹他的离世，当他安然无恙地离开，他们在广为流传的布道中宣扬他死亡方式的庄严。[71]

随着新教运动的深入，数千名传道牧师分担了宗教教导的重担。这是一项沉重的责任，许多人都未能履行。面对一个迟钝或不称职的传教士，宗教狂信者们会去其他教堂聆听更有造诣的牧师布道。那些剩留下来的人有时很难保持清醒。传道者们经常声称他们的会众不敬地走神，但情况并非总是如此。在一次布道中，英国牧师尼古拉斯·戴以一种惊人的轻率对 1627 年英国远征拉罗谢尔进行谴责，结果被三名会众告发，其中一人对他的布道做了详细的记录。[72]

被指控的牧师把自己的草率圆了过去，但这一事件生动地显示了布道坛在塑造和扰乱当地舆论方面具备的影响力。这部分是因为当地牧师比出版的新闻媒体更有可能偏离到国内政治的微妙领域。在这一点上，用出版的布道来理解口头布道是没什么帮助的，因为它们往往被剥除其所涉及的可能有争议的时事话题，而只剩下其神学要点。[73] 这会掩盖它们作为一种时事辩论模式的力量。但国家当局并没有被蒙蔽。他们不仅密切监听他们说了什么，还特意赞助出版那些在当前的问题上宣传官方路线的布道。至于英格兰，在伦敦城的宫廷和保罗十字教堂布道都是诠释官方政策的场合，也是那些年轻的、踌躇满志的人成名的机会。[74] 事实上，一些严肃的布道者并不赞成在保罗十字教堂布道，理由是那些参加布道会的人被吸引到这里，更多是期望听到新闻和新奇的事物，而不是出于庄重的神学意图。[75] 由著名牧师进行政治布道是政策的重要组成部分。在意大利，弗朗切斯科·维斯多米尼进行了两次广为人知的布道，一次是为了庆祝 1555 年玛丽·都铎统治下英格兰与罗马的和解，另一次则是反思了 1558 年玛丽·都铎去世后令人警醒的后果。[76]

　　这些例子有助于将布道置于本章所讨论的口头媒介的范围内。与集市上的传言和酒馆里的交谈不同，布道不太可能成为新闻的主要渠道。坐在教堂长凳上的那些人，很少能在聆听布道时得到对事件的最初暗示。布道在形塑阐释方面能发挥关键作用。在一个好消息和坏消息都要在神学框架内解释的时代，这一作用更为强大。牧师们可以帮助他们的堂区居民理解政府和宗教实践的变化，宣告战争与和平、天灾与人祸。布道可以帮助规制一个易被谣言和恶意消息扰乱的社会。布道作为治疗不安灵魂的解药是更有效的，因为布道与其他主要的口头新闻传播形式有几个共同的关键特征。就像它试图规范的混乱的集市流言一样，有效的布道既能诉诸人的思维，也能诉诸人的情感。最优秀的布道人不仅学识渊博，而且全情投入。布道在礼拜仪式中的首要地位，也体现了对这一点的承认，即学习是一个公共过程 —— 不是由酒精助长的谣言，而是由当地社群中一位见多识广、受人尊敬的领袖来引导。正是出于这些原因，许多布道的拥护者们都主张私人阅读《圣经》无法替代聆听布道，这是对路德最初坚决强调的"唯有《圣经》"一次有意思的转变。[77] 情况似乎也正如此 —— 这也是我们之后会在报纸市场上看到的 —— 人们并不一定需要去理解他们听（对于报纸则是读）到的一切，才能欣赏其价值。[78] 那些坐着听完了数小时深奥、啰嗦，而且无疑常常没什么内容的布道的人，似乎仍然很珍视这段经历。这至少表明，教会非常重视他们灵魂的救赎。

　　通过将布道纳入每周的例行仪式，新教创造了一个强大的新传播机制，但也为异议创造了一个潜在的新的集中点。这就是为什么新的宗教制度会如此关注对神职人员的管理，以及为什么神职人员要集体行使这一权力。结果是出现了得到了广泛认可的利益趋同。国家要求神职人员服从并支持政府政策。作为回报，国家支持神职人员去创造一个虔诚的民族，维系一个井然有序的安息日的努力。因此，当牧师们在星期天用灵粮款待他们的会众时，许多欧洲城市会派官员负责巡逻街道，以确保商店或酒馆不营业，不去教堂的人也不允许参加体育活动或其他不被允许的娱乐活动。[79] 牧师们在星期天将垄断公共交流。但他们非常清楚这只是对嘈杂的短暂缓解，到了工作周，流言、唱歌和日常交流的世俗网络将再次占据主导地位。他们知道，这是自己无力控制的。

第七章　胜利与灾难

　　1571 年 10 月 19 日，一艘船小心翼翼地驶入威尼斯港。这年秋天的早些时候，一支基督教联合舰队向东航行并与奥斯曼帝国的战舰对峙，但此后便毫无音信。现在，那些看到安杰洛·加布里埃莱号的人一开始都惊呆了。船上的人都穿着土耳其式服装，这正是威尼斯人最为担心的情况。直到他们意识到这些衣服是从战败的土耳其舰队那里缴获的，威尼斯人才松了一口气。这艘船的船长随后上岸证实了这个振奋人心的消息：基督教舰队大获全胜。当钟声响起，人们穿梭在街道中高喊着："胜利了，胜利了！"船员们在胜利的欢呼中被陪送到圣马可大教堂接受致谢。[1]

　　基督教的欧洲听到了勒班陀之战的第一手消息。这是一次武力上的非凡壮举，即使大陆因为相互竞争的信仰而陷入了严重分裂，这场胜利也受到了普遍的欢呼。战役的消息迅速传遍了整个欧洲：庆祝持久而由衷。

　　勒班陀之战是接下来引起全欧洲关注的几个重大新闻事件中的第一个。自印刷术问世以来，建设中的错综复杂的传播网络已经达到了其成熟的第一阶段：关于勒班陀之战，无论是其新闻在欧洲大陆传播的速度，还是媒体反应的娴熟，都令人印象深刻。在这个动荡不安的时代，同样的说法也适用于另外两个重大时刻。勒班陀的胜利几乎得到了普遍的喝彩，圣巴托罗缪之夜大屠杀的新闻却重新点燃了欧洲分裂的认信冲突所带来的苦难。这些根本的宗教和政治冲突，在长达十多年的时间里都维持着紧张，直到 1588 年因西班牙无敌舰队的战败而告终。就新闻而言，这是三个完全不同的事件。在基督教势力和其宿敌奥斯曼帝国之间漫长而焦灼的战争中，勒班陀之战提供了难得的乐观时刻。这是众人翘首以盼的新闻。相比之下，圣巴托罗缪之夜大屠杀就有如晴天霹雳，颠覆并且割裂了欧洲人的信念。这一充满宗教苦难与仇恨的新时代的高潮体现在西班牙无敌舰队上，它在海上沉闷而缓慢的燃烧，对新闻报道而言尤其具有刺激性。

所有这些事件都极大地引发了欧洲的日益焦虑和民族分裂，展示了随着遥远事件的后果成为现实和当前紧迫的问题，各种新闻渠道在多大程度上融合和交织在一起。那些讲述新闻的人折射出了听众们的强烈情感：他们需要被告知、慰藉，他们希望消除疑虑，他们渴求热烈的庆祝。这是一个新世界，不断拓宽的视野让人感受到更多迫在眉睫的危险。

勒班陀

勒班陀之战是自 1453 年君士坦丁堡陷落以来就一直存在而无望解决的文化冲突的后果。通过摧毁拜占庭，奥斯曼帝国宣布其已成了地中海东部的主导力量。由于土耳其人现在控制着进入黎凡特香料市场的通道，每一任苏丹都成了贸易事务上无法逃避的合作伙伴，他们对威尼斯在地中海和爱琴海的势力构成了强有力的挑战。与此同时，土耳其军队逐渐穿过巴尔干半岛拜占庭帝国的残余领土，推进到了奥地利哈布斯堡的边境。印刷术来得太迟，未能记载君士坦丁堡的陷落，但土耳其人推进的每个后续阶段，均以一波新闻小册子的出现为标志：1470 年内格罗蓬特的陷落，恰逢罗马和威尼斯印刷术的开始；1480 年围攻罗得岛；1526 年莫哈奇令人震惊的、灾难性的逆转，匈牙利贵族的破坏导致这个古老的基督教王国部分被占领，并将土耳其的力量送入了欧洲的中心。所有这些事件都在欧洲西部引发了关注。[2] 随着匈牙利的年轻国王路易死于莫哈奇，王国的残余落入哈布斯堡之手，这一结果被视为让欧洲获得了防御保障而受到欢迎。建立共同战线的尝试很好地激励了新的十字军东征。这些事件也被新闻媒体广泛报道。

我们已经有机会认识到，克里斯托弗·哥伦布那封宣布他的新大陆发现的信是一个非常有效的、早熟的新闻管理作品。[3] 在接下来

7.1　一张印有易卜拉欣帕夏肖像的大报。对土耳其帝国的着迷是 16 世纪新闻文化的一个持久的特点。（大英博物馆委托人，伦敦）

的一个世纪里，欧洲的阅读公众将会理解探索和征服新大陆的重要性。因此，值得重申的是，对当时的人们而言——而与我们现有的历史感知格外不同——对美洲兴趣的增长，总是被对土耳其征服的持续反复的恐惧所阻碍。[4]

　　这种恐惧一直持续着。1529 年维也纳被围、1535 年突尼斯沦陷、1541 年阿尔及尔和 1560 年杰尔巴岛的灾难，都是重大的新闻事件。1565 年马耳他之围，翻开了新的篇章。面对圣约翰骑士团的英勇抵抗，苏丹军队最终被迫撤退。欧洲的新闻社群除了可以通过瞬间涌现的大量庆祝小册子，还可以通过马耳他防御工事的详细地图来了解这些事件，在围攻阶段它们都是逐步更新的。[5] 马耳他的解围被证明只是暂时的缓解。五年后的 1570 年，塞浦路斯遭到土耳其优势兵力攻击，尽管英勇抵抗，威尼斯驻军最终还是被击溃了。这场灾难被广泛归因于基督教势力未能发起有效的救援。勒班陀战役反映了一种最终抛开自私的分歧，为共同的事业而奋斗的决心。1571 年 9 月 16 日，由西班牙、威尼斯和教皇赞助的基督教舰队向

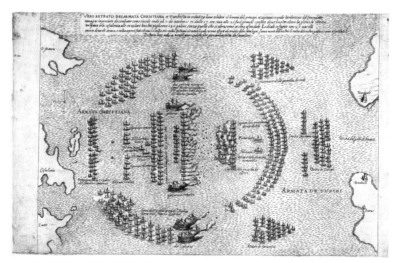

7.2　意大利雕刻画：在勒班陀的敌方舰队。（大英博物馆委托人，伦敦）

东航行，于 10 月 7 日在勒班陀湾发现土耳其舰队。战斗打响。尽管双方实力相当（基督教的二百零八艘战船对土耳其的二百三十艘），但神圣联盟的胜利是压倒性的。

安杰洛·加布里埃莱号抵达威尼斯，引发了数周的狂欢庆祝。教堂的钟声响起，烟花燃放了三天。在圣马可大教堂，西班牙大使在总督和参议院到场的情况下举行了弥撒，随后由总督本人带领，抬着教堂最珍贵的十字架游行。在这些正式的感恩活动之后，德意志商人带领社群中的不同人举办了自己的活动。这反过来必然又带来更多的宴会、游行和焰火。

在这期间，胜利的消息由信使和新闻作者送到欧洲各国首都。新闻在 10 月 25 日传到了里昂，五天后传到布鲁塞尔。10 月 31 日，一名来自威尼斯的信使将这一消息带到了马德里。威尼斯大使急忙在礼拜堂找到了腓力二世，在说明事由后立刻受到接见。"国王接到这个消息后非常高兴，"大使满意地汇报道，"他立即下令唱赞美颂。"[6]那天大部分的时间，国王都让大使陪在他身边，并坚持让大使陪他参加庄严的感恩游行。到 11 月 22 日，由舰队指挥官唐·约翰派出的官方信使才抵达，风头早已被抢走。然而国王依然非常急切地询问他。这个新闻能让腓力在多大程度上克服对会面的讨厌（他更喜欢书面交流），他在释负后的愉快就有多么强烈。[7]

在最后的焰火燃放之前，印刷物中已经开始出现庆祝基督教的胜利的内容。在威尼斯，第一批小册子描述了庆祝活动的情况，买主应该是那些目睹或参与这些活动的人，为了留作纪念。[8]随后，这样的报道开始转向重构英勇的胜利故事。这些简短的小册子中，有许多与手抄新闻信札一起被发到国外：大约五十个威尼斯版本以这种方式进入"富格尔档案"。[9]一些新闻印刷品采用了手抄新闻信札的标题，但并非所有印刷品都采取同样客观的风格。《给塞利姆苏丹的新闻信札，关于他的舰队的溃败和死去的船长》并非新闻信札的复制品，而是对土耳其必胖信念的嘲讽。[10]

这样的新闻叙事随后受到第三波出版物的增援，它们以韵文形式庆祝基督教胜利。这场胜利激发了意大利文坛惊人的创作能量，至少有三十位叫得上名字的作家创作了歌谣或诗歌。[11] 几乎所有这些作品都是以简短、便宜的小册子出版：对作者和出版商来说，这是一个赚钱的好机会。

新闻信札在国际新闻界引起了强烈的反响。在巴黎，10 月 19 日，也就是胜利消息传来的那一天，让·达利耶出版了一份在威尼斯写

7.3　一份报道了勒班陀战役的德意志新闻大报。明显借鉴了意大利模式，但这有助于更具戏剧性的诠释。（中央图书馆，苏黎世）

成的新闻信札，以及一封来自查理九世的信，信中命令巴黎主教组织一次正式的感恩。有关这场战争的进一步报道由其他四家巴黎的和里昂、鲁昂的印刷商出版。[12] 第一批英文小册子就是译自这些巴黎出版物。[13] 德语的新闻小册子则在奥格斯堡、维也纳和至少其他五个城市出版。[14] 一位有首创精神的奥格斯堡印刷商还在描述这些事件的大报上，附上一幅木刻版画（显然是根据意大利文原版）来呈现战争的场面。[15] 德意志印刷商也出版了他们的庆祝歌曲，为了与意大利人的相媲美。庆祝活动是诚挚而盛大的。在这一刻，几乎没有人停下来思考这种对西班牙军事力量的非凡证明会带来何种后果。这是一个罕见的新闻事件，它在转瞬间创造了一个超越所有党派利益考量的共享欢庆的共同体。在随后的艰难岁月里，这种情况再不会发生。

大屠杀

勒班陀的胜利代表着欧洲分裂的基督教世界罕见的团结时刻。一年后，这种情感的脆弱性在一个事件中袒露无遗，这个事件如此骇人听闻，让欧洲新教徒的心灵在两个世纪的时间里备受煎熬。它始于一场旨在调和法国长期不和的宗教派别的联姻，却以一场有超过五千人遇害的杀戮狂欢而告终，断送了任何宗教和解的前景。

1572 年 8 月 22 日，法国胡格诺派领袖、海军上将加斯帕尔·德科利尼在巴黎骑马时被一名隐藏的枪手开枪打伤。年轻的国王查理九世私下与科利尼走得很近，他立即派警卫和自己的私人医生去照看伤员。很明显，科利尼会活下来，但当新教贵族为了他们名义上的领主纳瓦拉的亨利的婚礼涌入这座城市并愤怒地呼吁要进行报复时，气氛变得令人毛骨悚然。在枢密院的一次讨论激烈的深夜会议上，国王被说服了，只有先发制人才能阻止新教徒的叛乱。8 月

24 日清晨，天主教的拥护者吉斯公爵被派去杀掉受伤的科利尼。接下来发生的事情在一定程度上是意外。当这位海军上将的遗体经过街道时，天主教贵族、城市民兵和巴黎民众开始准备清算。首先是贵族出身的胡格诺派领袖，然后是其他著名的加尔文主义者，最后是教区中的普通男女被追捕和杀害。屠杀的消息引发了在法国其他城市的效仿——里昂、鲁昂、奥尔良和布尔日。那些没有死的人或者宣布放弃信仰，或者逃走了。法国北部的胡格诺派运动实际上被摧毁了。[16]

　　1572 年 8 月 24 日的圣巴托罗缪节对新教徒而言将永远是耻辱的一天。事实上，他们通过精心策划的纪念活动确保了将这个人类的惨剧置于一个关于背信弃义和欺骗的故事的核心。[17] 大屠杀的新闻迅速传遍欧洲。在信奉新教的国家，人们对这场灾难感到难以置信，接着是极度的愤怒和厌恶。8 月 29 日星期五，从萨伏依来的行脚商将巴黎大屠杀的消息带到了法国加尔文主义的发源地日内瓦。接下来的周日，泰奥多尔·贝扎和他的同事在布道中宣布了这条悲伤的新闻。贝扎是加尔文在日内瓦的继任者，直到这时他还处于震惊之中。在 9 月 1 日一封写给苏黎世的地位对等者海因里希·布林格的简信中，他用启示录式的口吻表达了自己的看法。在法国，有三十万信仰同一宗教的人身处迫在眉睫的危险之中，就像那些托庇于日内瓦的人：他提醒他的朋友，这可能是他最后一次能够写信了。"因为已经再明显不过，这些屠杀是一场普遍阴谋的展开。刺客想要来杀我，我恐怕凶多吉少。"[18] 这些夸张的文字来自震惊与绝望。人们担心法国的攻击预示着一场解决新教的普遍阴谋，而且这种担忧很快在欧洲信奉新教的区域蔓延开来。9 月 4 日，日内瓦市议会以令人钦佩的速度与瑞士盟友分享了这个消息，并以更加激动的语气写信给改革宗在德意志的重要支持者巴拉丁伯爵：

> 整个法国沐浴在无辜人民的鲜血之中，尸横遍野。空气
> 中充斥着贵族、平民、妇女和儿童的哭吟，他们被数百人无
> 情地屠杀。[19]

此时，难民潮开始涌入日内瓦。到 9 月 4 日为止，贝扎已经拼合出一篇关于科利尼之死的相当准确的叙述。[20] 但是，尽管有目击者的报道，谣言还是继续流传着。来自里昂的难民称，城里有三千名新教徒被杀害。人们普遍认为纳瓦拉的亨利和年轻的孔戴亲王已经被处死，但实际上为了他们的安全，他们已被偷偷地带走。贝扎向他的通信者说，一支法国舰队已经聚集在波尔多，准备征服英格兰；一个星期后，他听说，与此同时法国正密谋暗杀伊丽莎白女王。只要有之前被认为已经失踪的朋友抵达日内瓦，恐怖的故事就会发酵。法国法学家和政治思想家弗朗索瓦·奥特芒从布尔日逃了出来，徒步到日内瓦。第二天，他说他认为"在法国，在八到十天之内有五万人被屠杀了"。[21] 在这个时候，饱受创伤的难民不断增加的绝望感似乎已经压倒了通常很达观的日内瓦牧师。只有照顾新来者的生理需求这一迫切要求，才能帮助贝扎摆脱渴望死亡和殉道的麻木。

在被巴黎事件吓坏的目击者中，有英国大使弗朗西斯·沃尔辛厄姆，伊丽莎白女王后来的首席秘书以及实际上的情报负责人。虽然英国官邸离暴力中心有一段距离，但沃尔辛厄姆很快就意识到有什么正在发生：他先是听到了枪声，然后看到一群惊恐的难民来大使馆寻求庇护。[22] 沃尔辛厄姆知道死者中有几个英国人，直到 8 月 26 日他才敢冒险出去，并在第二天派了一个信使回英国。他认为最好不要把自己的想法写在纸上，而是让信使做口头汇报。事实上，当这位骑手穿越英吉利海峡时，返回的商人和第一批难民带去的大屠杀新闻在伦敦已经众人皆知。对法国王室的谴责迅速而广泛，尽管就在不久前，法国王室作为对抗西班牙的盟友受到欢迎。法国大

使费奈隆被迫报告：

> 关于巴黎事件的混乱谣言从 8 月 27 日开始流行，不可
> 思议地搅乱了英国人的心，使得他们迄今拥有的对法国的好
> 感迅速转变成极端的愤怒和极大的仇视。即使事情已经解释
> 清楚，他们也不再温和，认为是教皇和西班牙国王在法国煽
> 风点火，三者对英国有一种邪恶的企图。[23]

直到 9 月 8 日，大使才有机会在与伊丽莎白女王的冷淡会面中阐述法国政府的观点，随后又与持怀疑态度的枢密院进行了会谈。至此英国人的观点仍不可动摇。"大使在与我们的会谈中，"威廉·塞西尔写道，"试图说服我们，说国王是为了自身的安全才被迫执行处决的，你可以想象要想说服我们反抗自己的直觉是多么困难。"[24] 枢密院受到强大的压力，要求在第一时间以可用的手段进行反击。在伦敦主教向塞西尔提出的建议中，有一条是"立即砍掉苏格兰女王的头"。苏格兰女王玛丽在几年前就被囚禁起来，是天主教不满情绪的天然焦点。更冷静的忠告占据了上风。当人们普遍认为西班牙帮助了策划大屠杀时，切断与法国的一切联系并无益处。只有当新教徒得知大屠杀的消息在西班牙和罗马引发的欢欣时，这种怀疑才变得更加强烈。

　　第一则消息在 9 月 2 日抵达罗马，由一名特别信使从里昂带来。信使带来的两封信都是里昂的秘书长写的：一封写给当地的一位法国联络人，另一封写给教皇。收到消息的法国外交界要员，立即陪同洛林红衣主教，与教皇格列高利分享了这一消息的荣耀。"什么是殿下最渴望的消息？"据说洛林红衣主教曾问过教皇。教皇回答说"提升天主教信仰，消灭胡格诺派"。这为洛林红衣主教得意扬扬的高潮提供了铺垫："我们现在要告诉您的正是这个消息，为了上帝的荣耀

和神圣教会的威严。"[25]

这时法国大使建议教皇格列高利不要过早泄露给公众，与他们同乐。他宁愿等到 9 月 5 日的官方确认，即法国国王和驻巴黎的罗马教廷大使安东尼奥·玛丽亚·萨尔维亚蒂派特别信使送来的信件。教廷大使的信使带来了一份写于 8 月 27 日的详细急件，附带了大屠杀当天最早的一份匆匆写下的报道的副本。这第一封信的原件已经托付给了法国国王的信使，因此在副本到来的几个小时后就到了。其他由国王特使所带来的急件，使我们能够重建官方对大屠杀的解释的迅速变化。8 月 24 日，查理九世的第一封急件将这场大屠杀描述为科利尼和吉斯之间夙仇的后果。然后到 8 月 26 日，国王决定承担全部的责任：大屠杀现被视为在新教即将发动攻击之前先发制人的法外处决。对教皇格列高利来说，原因或动机此时并非紧要的问题。教廷大使的报道被高声宣读给聚集在一起的红衣主教们，格列高利下令举行一场庄严的赞美颂感恩仪式进行庆祝。

从这时起，关于法国大屠杀的消息就通过各种渠道如潮水般涌向罗马。罗马教廷驻威尼斯、维也纳、马德里、都灵和佛罗伦萨的大使们，也像巴黎的萨尔维亚蒂一样寄来信件。大多数人提供了对大屠杀引发的政治后果的重要观察；驻佛罗伦萨的教廷大使还提供了一份对经过这个重要的信息十字路口的新闻信札和其他报道的摘要。此外，从 8 月 24 日起，教皇官员还能接触到从巴黎和里昂发出的一系列商业新闻信札。它们既显示了杀戮的真实程度，也报道了法国各界对杀戮原因的猜测。9 月 8 日的里昂新闻信札提到，首都死亡人数五千，奥尔良一千二百，里昂五百。其他报道大多数将巴黎的受难者人数估为二千左右。[26] 应当指出的是，商业新闻信札中普遍的估计数字比新教城市中甚嚣尘上的谣言更接近事实。

到 9 月 6 日，第一个确切的消息才到达马德里。国王腓力那时正住在圣赫罗尼莫修道院，他叫秘书给他翻译了一篇关于处置胡格诺派教显贵的法语报道。此后不久，西班牙驻巴黎大使的信就来了，还有一封美第奇的凯瑟琳写于 8 月 25 日的私人信件。对腓力来说，这实在是天主所赐的厚礼。法国介入支持尼德兰叛乱的紧迫威胁一下子消失了。9 月 7 日，他召见法国大使圣古阿尔来见证他的喜悦。在大使随后对接见的报告中，腓力"笑了起来，露出极其高兴和满足的神色。他说他必须承认他拥有佛兰德低地国家要归功于国王陛下"。腓力在给自己驻巴黎的大使的回信中也流露出类似的心情。"我已拥有此生中一个最为快意的时刻，如果你继续写信告诉我法国的其他地方正在发生的事，我将还会有另一个。如果照今天这样发展下去，整个事情将成定局。"[27] 即使是平日内敛的阿尔瓦公爵，在从尼德兰写来的信中，也染上了这种情绪：

> 巴黎和法国发生的事情是精彩绝伦的，并且真实地表明天主乐于改变和重新安排各种事情，以他知道的有利于保守真正的教会、提升他的圣工和荣耀的方式。此外，在目前的情况下，对于我们国王的事务而言，这些事发生的时间点再好不过，为此我们怎么感恩天主的仁慈都不为过。[28]

值得注意的是，马德里和罗马的天主教徒的反应，几乎都完全集中在对胡格诺派领导人的斩首上，而对随后的屠杀规模漠然于心。天主教方面唯一的例外是马克西米利安皇帝，他生活在帝国的新教徒中间，面对着一块更加易碎的政治画布。德意志的路德教会成员和同属新教的加尔文教徒一样恐惧，马克西米利安不得不极力否认他有份参与广为谣传的国际天主教阴谋。[29] 天主教徒关注的是政治方面，而新教徒对随后的暴力规模感到恐惧，这种脱节对于随后的事件叙述起了关键的形塑作用。历史学家已花了大量时间去重构导致大屠杀的一连串事件，值得注意的是，同时代的人几乎一致认为，

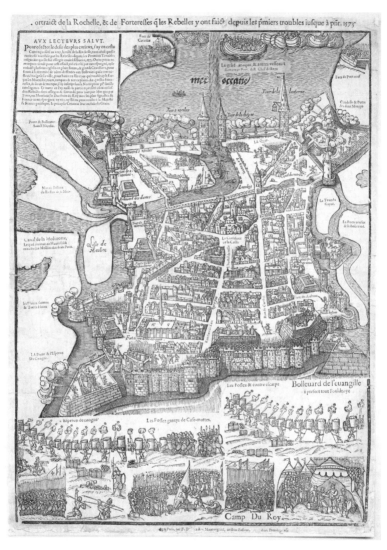

7.4　圣巴托罗缪的军事后果。一份巴黎大报上的视图：在王家军队包围下的新教要塞拉罗谢尔的防御
工事。（大英博物馆委托人，伦敦）

对胡格诺派贵族的消灭是蓄意的政治行为。西班牙大使确信，打击胡格诺派领导人的责任在查理国王和美第奇的凯瑟琳，罗马教廷大使也以同样的措辞报道。来自巴黎和里昂的商业新闻信札一致确认了国王的责任。查理发表的王室公告似乎解决了这个问题，在公告中他解释道，是即将发生叛逆的证据促使他不得不采取行动。[30]

情况本来会是如此，如果没有那种广泛的怀疑，即夏季的事件是一场酝酿已久的阴谋的结果，科利尼和胡格诺派贵族过于轻信才被诱到巴黎聚集。8 月 27 日的巴黎新闻信札称，国王在同王太后商议后，且受吉斯公爵的煽动，早在九个月前就做出了消灭胡格诺派教徒的决定。[31]洛林红衣主教火上浇油，他在罗马谈到了有一个鲜为人知的新教阴谋，暗示法国宫廷早已制定计划来消除威胁。预谋的主题在教皇信使卡米洛·卡皮卢皮的一部作品中得到了最好的表达，他写了一封名义上是给他的兄弟的信，阐明了一项可追溯到 1570 年消灭胡格诺派的计划。这封信以小册子的形式出版，标题引人注目："查理九世对付胡格诺派之计"，信中引用了几份文件，声称已表明，凯瑟琳和国王向包括威尼斯大使在内的关键人物，透露了他们的准备工作。尽管卡皮卢皮像所有讨论大屠杀的天主教评论家一样，对这位法国国王称赞有加，他的小册子对加尔文主义者来说却是宣传上的意外收获，他们迅速安排将其译成法语在日内瓦再版。[32]

这是法国新教徒的印刷机印出的一系列小册子中的一本，这些小册子强烈谴责法国宫廷的阴谋诡计、对尊敬的科利尼的虐待以及各种背信弃义。随着法国军队集合，试图以武力来完成大屠杀所开启的行动，新一代的著作公开呼吁反抗，阐明了一种契约君主制的新构想，在这一制度下，受到虐待的公民的权利可能最终导致暴君倒台。[33]但没有什么比事件本身更有说服力。到这时为止，最有影响力的作品都是对事件的简单叙述：轻信的、高贵的科利尼在床上

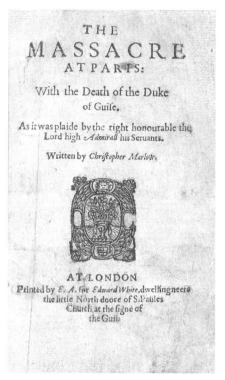

7.5　耻辱日。二十年后，克里斯托弗·马洛成功将这次大屠杀搬上伦敦的舞台，当时法国事务出现了一次新危机，因此时机很有利。（福尔杰莎士比亚图书馆，华盛顿）

迎接杀害他的凶手，还有许许多多的男人、女人和孩子，带着勇气和信念面对死亡。[34] 对腓力二世来说，这是一桩本质上是政治事件所造成的无关紧要的附带损害。而在新教的意识中，这些普通的受害者是故事的核心。而且这个故事让信奉新教的欧洲人相信，现在天主教徒和新教徒之间的鸿沟是不可逾越的。

宏伟计划

随着 1588 年腓力二世发动的无敌舰队之战，欧洲的宗教冲突达到高潮。为入侵英格兰而派出的舰队旨在解决一系列相互关联的复杂问题。二十年后,尼德兰的叛乱仍未解决。事实上,自 1585 年以来,英国军队的干预放缓了西班牙前进的步伐,似乎要让其陷入代价惨重的军事僵局。腓力二世最终相信,只有将英格兰从这场冲突中剔除出去,荷兰叛军才能受到惩罚。1580 年,与葡萄牙王室的合并让腓力获得了其珍贵的远洋舰队,使海上入侵成为可能;腓力与法国天主教联盟的结盟,则抵消了法国国王可能采取的任何敌对行为。现在所需要的只是一场顺风,让西班牙舰队快速通过英吉利海峡,与佛兰德的帕尔马公爵军队成功会师,以及英国天主教的造反,这一点腓力此前已得到狂热的流亡者和他自己的伦敦代理人的许诺。

这样规模的冒险计划是无法保密的。英国人至少从 1586 年开始就知道了腓力的准备工作,事实上,他们在 1587 年 4 月曾成功地突袭加的斯港进行破坏,迫使他将战役推迟一年。但一旦无敌舰队起航,欧洲就进入了焦虑的等待期。当舰队向北行进时,整个欧洲大陆的信息中心都经历了类似于新闻封锁时期才会遇到的情况:过往船只和返航海员收集到的片段,往往被证实是极其不准确的。甚至从西班牙小型舰队在英吉利海峡被发现的那一刻起,胜负也要过几个星期才能决定。因此,与勒班陀遥远的胜利在喜庆中的宣布,或者圣巴托罗缪的晴天霹雳颇为不同,无敌舰队之战是一个滚动着的新闻事件,占据了一个焦虑不安的夏天的大部分时间。确切的消息几乎没有,其留下的真空被谣言、不确定的报道和猜测填充。

5 月底离开里斯本的无敌舰队很快便遭遇了恶劣天气,被迫在西班牙北部的拉科鲁尼亚港躲避,到 7 月 21 日才再次出发。针对英国人的决定性行动定于 8 月 7 日和 8 日这两天。为了能够完好无损地穿越英吉利海峡,海军上将梅迪纳·西多尼亚将舰队停在加来,等待与帕尔马的军队会师。这时英国舰队采取行动,派出纵火船,迫使西班牙的船只散落四处。在强风的推动下,无敌舰队向北驶去,距离预定的入侵地点越来越远。到 8 月底，已无望再回来。这支曾经引以为傲的舰队的残部则在脱离队伍后绕过爱尔兰，返回西班牙。[35]

对于那些远离战争中心的人来说，这是个漫长的夏天。再没有哪里比罗马更焦急地在等待着消息。教皇西克斯图斯五世一直致力于促成西班牙的胜利，并承诺一旦西班牙军队登陆英国领土，就给腓力捐赠一百万达克特金币。这对新闻工作者来说是一个困难时期。很明显，罗马热切地渴望听到好消息。这座城市的西班牙代理急不可耐地要宣布胜利，好让教皇发放其承诺的捐款。西班牙邮政局长安东尼奥·德塔西斯大力宣传每一个正面的传言。8 月 13 日的新闻信札称，塔西斯压了重注，说他将在 8 月 20 日之前得到好消息，当时有大量蓄意动摇市场的谣言。商人网络所收集的信息片段也可能具有误导性。早在 7 月，阿戈斯蒂诺·皮内利就在罗马展出了发自里昂的信件，称天主教军队已抵达苏格兰并将在那里登陆。8 月，更多英国战败的消息传来，帕尔马公爵不得不传话说安特卫普没有收到这样的报道。[36]

罗马的商业新闻信札在无敌舰队之战中表现出色。它们报道过西班牙获胜的传言，但也指出这些未经证实的报道还需进一步的核实。7 月 16 日，皮内利的银行家们从法国得到消息说西班牙获胜了，但新闻信札指出，"因为人们如此渴望相信胜利，所以有必要等待确认"。7 月 26 日的新闻信札又报道了来自科隆的喜讯，但同样，其他信使都未得到消息。8 月 22 日，萨伏依公爵的一名特别信使带着英国战败的消息抵达罗马，"但在得到其他信使的证实之前，这一消息将始终存疑"。[37]

罗马新闻信札公然的怀疑及其专业精神，并没有阻止西班牙胜利的消息在天主教欧洲受到广泛庆祝。对此，西班牙驻巴黎大使贝尔纳迪诺·德门多萨需负大部分责任，他收到并且散发了一系列具有高度误导性的报道。[38] 7 月底，怀特岛战役的消息传到巴黎：据说有十五艘英国船只被击沉。门多萨把这个消息直接传到马德里，并安排在巴黎发布西班牙胜利的报道。[39] 英国大使爱德华·斯塔福德爵士对此予以反驳，他按照时间顺序罗列了一直到 8 月 8 日决定性交战的战役进程。这份大事年表也用法语出版，但巴黎没有一个有声望的印刷商愿意署名。[40] 门多萨对此不以为意。"这儿的英国大使印发了一些异想天开的消息，说英国已经取得了胜利，"他对国王腓力说，"但人们不会允许其出售的，因为他们说这全是谎话。"[41] 相反，门多萨选择与腓力分享一条更乐观的报道，称梅迪纳·西多尼亚打败并俘虏了弗朗西斯·德雷克爵士。门多萨的第一篇报道在 8 月 18 日到达马德里。当第二篇报道在 8 月 26 日抵达时，腓力准备宣布胜利。他一反常态地在一张印刷的大报上宣布了这一消息。一位当地的英国代理人报告说，这一消息受到了公众的极大欢迎。

其他地方也是同样的情况。8 月 17 日，威尼斯元老院投票决定对国王腓力的伟大胜利表示祝贺。8 月 20 日，西班牙大使在布拉格下令举行一次赞美颂感恩仪式以示庆祝。但就在那时，一篇报道带来了矛盾的消息。在罗马，则只能由新闻信札来戳破一厢情愿的泡沫，随着西班牙战败的真实程度浮出水面，即使最乐观的人也认为无力回天。

主角的情况呢？在尼德兰的战争过了三年之后，英格兰国库已严重耗尽，便倾尽全力押注在海军的胜利上。从各郡征募的兵力被集结起来进行训练，但鲜有人用过真枪实弹。尽管英国政府现在终于估计出了腓力宏伟计划的关键支点，但仍不知道无敌舰队与尼德兰帕尔马军队的会师地点，即敌军主力登陆的确切地点。伊丽莎白认为他们会从埃塞克斯开始进攻，或者沿着泰晤士河航行而上：她指示各郡军队在布伦特伍德集合。尽管所有花在沃尔辛厄姆情报部门的钱占了王室年收入的 5% 左右，但仍未能确定入侵的目标是肯特。[42]

　　当然，这是一次险胜。在帕尔马的部队可以上船之前，英国海军就把无敌舰队赶出了加来，这是腓力计划中最薄弱的一点。当伊丽莎白顺流而下对集结在埃塞克斯的蒂尔伯里（如果在那里入侵，他们将会阵脚大乱）的军队发表演讲，西班牙的无敌舰队已经经过福斯湾，朝英国进发。伊丽莎白可能拥有"一个英国男人的心"，但幸运的是，那些听过蒂尔伯里演说的人的军事能力未受到检验。

　　在西班牙，灾难的全貌逐渐才变得清晰起来。为了让马德里方面有心理准备，帕尔马发了一份急件，于 8 月 31 日抵达，承认与无敌舰队的会师没有发生。四天后，一名信使从法国带来舰队向北溃退的消息。不出所料，国王的核心圈子不愿把这个消息告诉腓力。这个任务落在了马特奥·巴斯克斯身上，但即便是他也更倾向于以书面的形式交流。他向腓力呈送了一封隐晦又相当不得体的信，把这个消息包裹在跟法国路易九世的令人费解的比较中，后者是一个贤君，却带领他的军队走向灾难。[43] 对西班牙王室来说，秋天的那几个月非常严酷，因为舰队的残部衣衫褴褛地回来了，而船被证实丢失了。这次远征消耗掉了西班牙一万五千人和大约一千万达克特金币。最重要的是，腓力失掉了作为世界上最令人惧怕的军事力量的无敌统帅的名声。舆论的基础已转变，腓力二世精心设计的宏伟计划迅速瓦解。法国国王亨利三世现在鼓起勇气向天主教联盟迫害他的人发起攻击，采取孤注一掷的行动来恢复自己的权威。吉斯公爵和他的兄弟红衣主教被召到布洛瓦皇宫，在那儿被国王的侍卫处死。[44] 两位大人物被暗杀的消息震动并进而激怒了天主教舆论。在法国，天主教联盟奋起反抗。在外国首都，各国政府不得不开始评估法国的命运，连同它的已被围攻的国王及其坚忍的新教继承人——纳瓦拉的亨利的命运。

　　这是一个甚至可与无敌舰队的战败相匹敌的新闻事件。吉斯公爵于 1588 年 12 月 23 日被暗杀。消息于 1589 年 1 月 4 日在罗马为人所知。[45] 下面的这篇新闻信札描述了这条消息是如何被收到的，反映出人们普遍认识到，在布洛瓦发生了一些对欧洲来说意义重大的事情：

> 1月7日。周三晚上10点，一名从布洛瓦来的信使抵达茹瓦约斯红衣主教那里，一小时后，萨伏依公爵派来的信使到达了他的大使那里，之后第三名信使在接近午夜时分从托斯卡纳大公那里接到一份法国来的署名为 H. 鲁切拉伊的急件。最后在周四，第四名信使从最具基督教精神的国王那儿到达法国大使那里。所有人都得到了同样的消息：吉斯公爵死了。[46]

愤怒的教皇这时将亨利三世逐出教会，后者除了与纳瓦拉合作，力图恢复他即将土崩瓦解的权威以外别无选择。8月2日，亨利自己也被暗杀了。这一消息在8月16日传到罗马，并在8月23日的新闻信札中得到报道。亨利的死对许多罗马银行家来说是一场灾难，因为他们把钱借给了法国国王。他们尝试对这些报道表示怀疑。因此，乌尔比诺公爵的特使按照他的习惯，向西班牙大使寻求佐证。大使亲笔对公爵8月30日新闻信札的副本做了详细的注解：

> 正如人们所言，法国国王已经死了。今天来了两个信使，一个由里昂的邦维西所派，带来了8月20日的信；另一个来自南锡，带来了两封信，南锡的信日期是8月17日，巴黎的信是8月8日。可以十分肯定。[47]

在吉斯公爵被暗杀后，天主教联盟立即占领了巴黎和里昂这两个从北欧到罗马途中的主要新闻枢纽。纳瓦拉对此的回应是派他自己的使者前往罗马，为减缓对他宣布的永久绝罚而申辩。[48] 到 1589 年年中的几个月，罗马几乎每天都收到由双方的特别信使送来的消息。在这样高度紧张的时期，政治家们都非常清楚新闻可能被操纵或歪曲。新闻信札反映了对客户的这种审慎态度。重大新闻需要证实，正如在其报道方式中经常强调的：

> 1590 年 9 月 22 日。我们从威尼斯、都灵、里昂、奥格斯堡、因斯布鲁克和其他地方获悉，8 月 27 日在帕尔马和纳瓦拉之间发生了一场战斗，据称有一万五千人被杀。教皇从他在威尼斯的教廷大使那里得到了同样的报道，而西班牙大使也收到了 8 月 28 日从帕尔马的营地发来的信。[49]

胜利者可以享受战利品。西班牙无敌舰队的战败让英国、尼德兰和德意志有机会掀起一股撰写小册子来庆祝的热潮。[50] 而被征服者在沉默中舔舐伤口。意大利的印刷机在勒班陀之后忙得不可开交，现在却几乎毫无动静。法国大部分时间都在忙于自己的事务，尽管巴黎的新闻界曾一度振奋地报道了西班牙舰队在漫长而曲折的返航途中，在奥克尼群岛取得的胜利。[51] 这似乎又是一厢情愿，虽然类似的报道早已在安特卫普流传。[52]

这个夏天发生的事件使英国深受震动。传道者散布令人毛骨悚然的谣言，说西班牙人计划杀死所有七岁到七十岁的男性，这可能激起绝境中的反抗，也可能导致士气完全崩溃。对忏悔的呼吁和对神佑的祈求，也带来了让人们注意到军事准备不牢靠的风险。当无敌舰队未受重大损失便到达与帕尔马的会合地点时，一些人开始批评海军上将在指挥舰队时明显缺乏勇气。但当胜利的规模变得众人皆知，一切就都被原谅了。许多有抱负的作家见证了伊丽莎白在蒂尔伯里的演讲，渴望将女王的演讲永远留在人们的记忆中。两位机敏而有进取心的企业家回到伦敦第二天就注册了庆祝演讲的歌谣。这些蒂尔伯里民谣属于大量涌现的廉价印刷品的一部分，它们让伦敦经常处于半失业状态的印刷商在举国欢庆的气氛中赚上了一笔。[53]詹姆斯·阿斯克的《伊丽莎白的凯旋》是一部更具野心的文学作品，他一度因为"民谣的普通性"而对自己作品被印刷出来感到绝望。现在危险已经过去，是时候嘲讽近来的恐惧了。据报道，有人在被俘的西班牙船上发现了大量的鞭子和脚镣，显然是要用来奴役和折

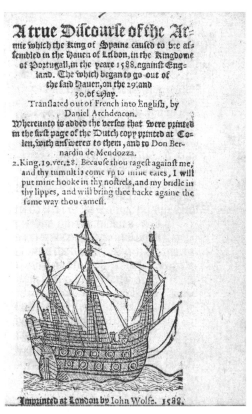

7.6　西班牙舰队的威力。在西班牙战败之后，这种细数船只和武器的做法是对英国海军英勇的颂扬。（福尔杰莎士比亚图书馆，华盛顿）

磨这个被征服的民族。一首民谣对此予以了愉快的讽刺，它配有鞭子的木刻插图。[54]

政府赞助的宣传品中最为微妙的一种是英文版本的西班牙小册子，其中列出了无敌舰队的船只、军需和人员。[55] 原版是舰队在里斯本出发时印刷的，夏天又由门多萨用法语再版。[56] 现在，英格兰把"不可战胜的"却被英格兰水手和上帝意志击败的无敌舰队的战斗阵列扔回到西班牙的脸上。总而言之，我们在这些年的英文小册子作品中可以发现一种新的信心、机智和辩论天赋，可以《西班牙的一派谎言》为代表。这是一份印刷精妙的作品，用笨重的哥特体来呈现西班牙在夏天的宣称，用明快的罗马体来呈现正确的说法。[57] 它似乎在说，未来现在是我们的，因此，假新闻要受到嘲笑。英国的印刷商们正朝着此前一直无法达到的成熟的新闻市场迈出重要的一步，而在接下来的十年，大陆战争的新闻将充斥伦敦。

蜘蛛的网

这三个例子的共同点是均有西班牙腓力二世的参与。他组织并资助的远征以勒班陀的胜利而告终。他被普遍怀疑是 1572 年大屠杀的幕后黑手，尤其在（但不仅限于）信奉新教的欧洲人中间。1588 年的无敌舰队之战本可能成为他的宏图伟业的顶点，这样他就可以帮助天主教拯救欧洲，可以将其敌人英格兰、法国和低地国家击溃。但 1588 年的失败粉碎了这些希望，并使欧洲陷入残酷的十年消耗战。

腓力统治着权力鼎盛时期的西班牙。它是欧洲的超级军事力量，可以依靠秘鲁总督辖区似乎取之不尽的波托西银矿（现属玻利维亚）来供养军队。从 1580 年起，腓力还掌握了葡萄牙的资源，特别是其远洋舰队。这也难怪西班牙的计划和野心一直受到国际外交和欧洲新闻市场的关注。然而，腓力本人始终相当神秘。1559 年从尼德兰回到西班牙后，他再也没有离开过伊比利亚半岛。在他统治的最后几十年里，他都是在新建的埃斯科里亚尔修道院度过，刻意远离西班牙的主要城镇。他试图在这里操纵一项持续的且有着空前雄心的外交政策。

通过腓力的视角审视这一时期发生的事件，我们可以对 16 世纪欧洲新闻网络的有效性进行总结。尽管西班牙拥有强大的军事力量，但在腓力的统治时期，它仍与前两个世纪一样，离欧洲的主要道路有些远。中世纪商人的通信大多集中在地中海港口（尤其是巴塞罗那），而不是卡斯蒂利亚内陆。同里斯本一样，塞维利亚力量的崛起也是以大西洋为取向，而非欧洲的主要贸易路线。当腓力决定把马德里作为他的主要运营基地时，这就需要对邮政基础设施进行重大调整。1560 年，他在马德里和布鲁塞尔之间建立了一条新的"常规"邮政线路，路过布尔戈斯、莱斯佩龙，经普瓦捷、奥尔良和巴黎穿越法国。当国王每年沿着逐渐固定下来的路线迁居时，中央政府仍留在马德里。文件由信使每天送到埃斯科里亚尔修道院或其他地方。常规邮政的设立使邮件数量大大增加，成本相应减少；但这也意味着大量例行的外交通信，是通过非安全路线到达马德里的。这一点，加上邮政通信通常会有的风险，促使西班牙外交官们采取谨慎的做法，即重要的公文寄副本。1592 年 8 月 15 日，国王驻萨伏依大使写信告诉他：

> 在本月的第二天，我从巴塞罗那的一艘护卫舰（其拥有者名叫贝尔纳迪诺·莫雷尔）上向陛下发送了一封信，其中包括 7 月 8 日、10 日、17 日和 21 日的公文副本，鉴于这么好的天气，我相信如果没有船拦截的话，它们应当已经送达。[58]

当然这也就意味着马德里经常收到同一公文的若干份副本。

在腓力通过国外代理人所维系的庞大的官方通信中，与马德里的直接联系只是其中的一部分。1580 年传达给新任驻巴黎大使的指令，要求他另外与米兰和佛兰德的行政长官、那不勒斯总督，以及驻罗马、威尼斯和德意志的大使保持通信。与一些最遥远的前哨基地保持通信尤其具有挑战性。布拉格宫廷的信件可能需要长达五个月才能送到西班牙，有时一些信件还会丢失。[59] 即使像那不勒斯和伊比利亚半岛之间的海上航线这样的主干线，也只在一年中的部分时间内运行：11 月 15 日到 3 月 15 日，受冬季地中海多风暴的恶劣气候条件的限制，船队会停航。这时邮政就不得不走陆路，绕道热那亚和巴塞罗那。

对腓力来说，与他的大使、代理人和盟友网络保持有效的联系既复杂又昂贵，即便在最佳时期。但这些时期远非正常，尤其因为他自己的政策所激发的持续不断的战争。邮政网络的质量在 16 世纪下半叶明显恶化。[60] 延误成倍增加，邮政的安全也经常被危及。最紧急的是法国战争造成的邮政中断。巴塞罗那和意大利之间的主干道途经法国南部到里昂。到 1562 年，这条线路上的两个至关重要的中转站——蒙彼利埃和尼姆都在胡格诺派手中，信使在送信途中经常被搜身或遭抢劫。在通往布鲁塞尔的北部路线上，普瓦捷附近树木繁茂的地区因抢劫频发而臭名远扬。1568 年，一名西班牙王室信使在遭到伏击后遇害，试图取回外交邮袋的努力也以失败告终。人们很快就认识到法国的过境路线实在太危险了。但要避开法国，只能要么绕道，沿皇家驿道穿越帝国，要么乘船穿越英吉利海峡，不过在这里，西班牙船只面临着越来越多来自在英国港口或者拉罗谢尔以外活动的加尔文派私掠船的威胁。

在布鲁塞尔，帕尔马公爵与腓力二世的战时沟通遇到了特殊问题。1590 年有一次，他发了一份公文的五份副本，以确保其送达。

必须承认，有时这些物流的困难也可以被加以利用。1585 年 12 月，帕尔马被要求准备入侵英格兰，而他一直等到 1586 年的 4 月才做出回复。然后他选择了尽可能长的路线，即通过卢森堡和意大利来送他的报告，结果报告在 7 月 20 日才到达马德里。如帕尔马清楚地意识到的，这使得战役在那年变得不可能，而他得以让自己的军队保持完整，以备在另一个战斗季节与荷兰开战。[61] 邮政的变化无常也使威尼斯驻马德里大使在无敌舰队之战那年免于陷入尴尬。正如我们看到的，8 月 17 日，威尼斯元老院投票决定对腓力的伟大胜利表示祝贺。令人高兴的是，指令在 10 月 2 日才到达马德里，而这时，这场灾难的规模已逐渐明朗。大使觉得最好忽略那份公文。

腓力构建的信息网从表面看令人印象深刻。但在实践中，它在运作中的物流困难意味着通信的规模越大，效率就越低：腓力被淹没在旧新闻之中。他的做事方式使这些困难雪上加霜。腓力形成了一种与一般的君主大相径庭的执政风格。他尽量避免开会。文件拿给他之后，他会私下里思考它们。这是有一定道理的：有那么多人需要这位国王的耳朵，这其中还包括了庞大的常驻外交使团，即便是定期会见大使，也非常耗时间。[62] 有些人会适应国王的偏好。法国大使富尔凯沃奉命去面见国王，但他没有去，而是发去一封信。"我知道，如果我与他信函往来的话，他会更高兴"，他向查理九世解释道，因为"当他住在乡下的房子时，他更喜欢大使们通过书信而不是当面与他打交道"。[63] 其他人，包括四个月一直无法获得接见的罗马教廷大使，就不够聪明。

无法掩盖的是，这完全背离了宫廷生活的常规传统，腓力的许多臣民对此表示反对。"上帝派陛下和其他所有的国王来到世上，不是让他们藏起来读书和写作的。"国王的施赈官以惊人的坦率勇气这样写道，他接着谴责"陛下处理事务的方式，即总是坐在文件边，以便有更好的理由逃避人民"。[64]

　　腓力并非隐士。他懂得向人民展现自己有多么重要，而在这样的场合，人群也给予了热情的回应。他似乎只是觉得政府事务可以通过阅读来最有效地推进。理论上，他的父亲查理五世已经建立了一个高效的系统，对大量涌入档案处的文件进行分类和排序。委员会被任命处理每个省的事务，并分别处理战争、财政和林业等事务。但腓力仍坚持所有的决定都要自己做。他很少参加委员会的会议，也不愿意参与顾问之间的讨论。政府不鼓励高级官员在任职期间返回西班牙汇报工作。因此，腓力选择放弃与知情专家和顾问进行详谈的重要机会。他还完全终止了让可靠的信使送口头指示的惯例：所有指示都落到纸面上。

　　委员会制度未能成功限制涌到国王办公桌上的文件数量。腓力会阅读一切来到他面前的东西，甚至是个人绕过委员会给他寄来的文件：无敌舰队远征的最初计划就是来自这样一个非官方来源（审判官兼业余军事家贝尔纳迪诺·德埃斯卡兰特）。腓力一般每月会收到一千份请愿书。有些时候，他甚至要签四百封信，所有这些他都读过，他还经常把信寄回去修改。

　　正如一位对此惊奇不已的英国观察家所说的，四十年来，腓力一直试图用他的笔和钱包来统治世界。但在 16 世纪欧洲的传播环境中，这样的体系可行吗？即使那不勒斯总督寄来的紧急函件在到达当天即能得到腓力的回复，如果系统运行良好，往返加起来仍需六周。与帝国在美洲和亚洲的边远领土的交流，则需要更长时间。腓力在做决定上所花的时间使这些困难更加复杂。官员们抱怨他们总是在等待国王的命令，如同置身于灵薄狱。"如果我们不得不等待死亡将至，"他们打趣道，"我们希望这一消息来自西班牙，因为那样的话，它永远也到不了。"[65] 有时拖延本身就是政策，比如腓力试图延缓对尼德兰不断加剧的危机做出回应，直到他解决了地中海的紧急冲突——土耳其对马耳他的进攻。但是，由于未能向他在尼德兰的总督、帕尔马公爵夫人玛格丽特吐露秘密，腓力引发了一场新的灾难。对收到回应感到无望的玛格丽特被迫采取主动，宣布暂时停止宗教迫害。当国王的指示最终到达，要求继续迫害时，对之前让步的否定导致了更大愤怒的爆发。[66] 玛格丽特受到羞辱，名誉扫地，她的权威从本质上遭到了摧毁。

腓力企图从他在西班牙的办公桌上解决北欧复杂的政治问题，当这样的努力破灭时，他的体制的局限性就完全暴露出来。与尼德兰帕尔马公爵三年不间断的通信，也未能制定出一个可以成功入侵英格兰的计划。在此期间，腓力经常改变主意，他有数次倾向于从低地国家直接进攻，并在怀特岛或爱尔兰登陆。1588 年 8 月，这位官僚国王还在试图指导战争的进程（事实上战争已经结束），坚持要一丝不苟地遵循他的指令。他最后的行动是起草命令，让梅迪纳·西多尼亚登陆苏格兰并与当地天主教徒结盟。但此时已是 9 月中旬，无敌舰队的残余力量正靠近西班牙海岸。这只是一个被打败的、精疲力竭的男人的幻想罢了。

第二部分
信使神的飞升

第八章　邮政崛起

通常认为，在1800年之前的三个世纪里，通信基础设施并没有出现根本性的变化，当然也没有什么可以称得上是技术革命。在这段时期，水手面对并克服了海上航行的挑战，这绝非易事，靠的是对船舶、船帆和导航仪器的逐步改造。陆路运输方面没有取得与之相当的里程碑式进步。欧洲的道路仍然充满艰难险阻：有证据表明，中世纪盛期以来欧洲的道路状况反而恶化了。旅行者仍然依赖马、马车和拖运业来运输人员和货物。水路运输以欧洲水道为中心，一如既往地依赖风、潮汐以及桨手的艰苦工作。

不过，如果说欧洲的大部分通信基础设施依然如故，17世纪初却见证了一个具有决定意义的变化，就算称不上是革命，也肯定是一个新的开端。它之所以被大多数历史学家忽视，是因为这个变化是组织上的，而非技术上的。它不像火药或印刷术的引入，更需要的是在现有体制中应用官僚智慧。然而它的影响，同许多被我们贴上"革命"标签的发展一样引人注目。

这里所说的变化就是国际邮政服务的全面转型。进入17世纪后的几十年里，邮递通信变得更快、更便宜、更频繁。由邮政连接的地区网络变得更加密集和复杂。对于新闻的供应来说，这是一个至关重要的转变。它使频繁、快速和可靠地传播新闻成为可能，为下一个关键的媒介创新的出现提供了必要条件，这一创新便是报纸的发明。

第一份报纸于1605年在斯特拉斯堡推出。[1]这是一个文具商的发明，在此之前，他已有自己的定期手抄新闻信札。这一按周印刷的期刊的出现，只不过代表着现有商业过程的机械化：一张张印刷着相同新闻的纸，给予约翰·卡罗卢斯以最小的额外成本来扩大客户基础的机会。这是一个低风险的试验，而且看起来取得了成功。不久约翰·卡罗卢斯的《关于所有要人和难忘历史的报告》在其他德意志城镇和低地国家被模仿。

然而，这家报纸并没有受到普遍的欢迎。意大利作为最密集的商业手抄新闻信札网络的中心，对印刷新闻纸并无好感。新闻的世界分被分割为两部分，一部分是很快充斥着每周出版的印刷新闻纸的北方，另一部分是对印刷新闻毫无兴趣的南方。欧洲新闻网络的中心向北移动：之后几个世纪的大部分创新将出现在欧洲北部。

这一媒介转型的直接原因是17世纪初的邮政服务重组。不过其发展过程并非一帆风顺：在先前的几百年里，许多既得利益者或多或少地与服务于新闻供应的特设系统存在着密切关系。因此，需要极大的决心以及一些无情，才能推动必要的变革，将各个系统整合成一个整体。这一伟大的成就属于帝国的邮政局长塔克西斯家族，他们在意大利和西班牙被称为塔西斯，这时他们承担这些职责已有一百多年了。他们的成就是欧洲文明中极少得到颂扬的伟大成就之一。

信使神标志旁边

17世纪建立的新邮政网络的基本架构，来源于一百多年前马克西米利安皇帝创立的帝国邮政。这一系统原本是为了将其在尼德兰和奥地利的领土连接起来，后来又扩张到广大的新领土，包括查理五世继承而来的。在他的统治下，帝国邮政进入了第一个黄金时代。定期、可靠、畅通的服务被提供给那些付得起邮费的客户，这一体系最终成为外交和商业交流的支柱。对于奥格斯堡的富格尔家族而言，通过谈判获得使用邮政系统——这个通道之后将延伸到各种付费客户那里——的特权，是一次重大胜利；细心培养的与帝国邮差之间的联系是这个家族的欧洲贸易网络的基石。帝国系统的顺利运行与哈布斯堡王朝外的两个国家——法国和英国——停滞的邮政发展形成鲜明对比。[2]

尽管马克西米利安在 1490 年的创举指明了道路，但欧洲邮政网络早期发展的两个重要阶段是 1505 年和 1516 年与塔克西斯家族签订的协议。[3]这些协议在三个关键的方面确立了未来帝国网络的结构：它们将在规定的时间内投递确立为不可更改的合同义务；它们将邮政网络延伸到意大利和西班牙；它们确定了塔克西斯家族在整个邮政系统的核心位置。1505 年的条约规定为塔克西斯家族支付固定年薪。1516 年与后来的皇帝查理五世签订的条约保证他们将享有对驿道所有邮政交易的垄断。有了这一点，加上为私人客户送信的权利，塔克西斯家族的财富开始不断累积。

这也给了塔克西斯家族为进一步改进系统而投资的信心。驿站之间的距离稳步缩短，从最初的三十八公里缩短到 1505 年的三十公里。在 16 世纪下半叶，间隔又进一步缩短到二十二公里。[4]1516年的条约确立了一条从安特卫普经因斯布鲁克到罗马和那不勒斯的新路线，将这两个大的欧洲贸易中心（和新闻市场）与帝国邮政连接起来。按照协议的设想，新路线将使得从安特卫普发出的邮件在二百二十二小时，也即十天半内送达罗马。这是一个非凡的雄心，然而所有幸存的信件签条表明，这一时间表得到了遵守。

维护这样一个系统需要复杂且昂贵的基础设施，以及对日常管理的不懈关注。这是塔克西斯家族的巨大成就。这个家族培养了非常多有天赋的管理者。他们精力充沛，身体强健而且长寿（在 16 世纪尤其如此），连续几代都是这样。到 16 世纪的第三个十年，在因斯布鲁克、奥格斯堡、布鲁塞尔和西班牙都有塔克西斯家族成员担任邮政局长。查理五世的许多旅程，包括前往突尼斯，都有雷蒙·德塔克西斯陪伴。这个家族的另一支则持续为罗马的教皇邮政提供邮政局长。[5]在确保了皇室的信任后，塔克西斯家族能够进一步引入重要的结构性变化，即在特伦托和博洛尼亚之间建立一条安全路线，弥合意大利邮政网络中一个很不光彩的缺口，并让维也纳和罗马之间的运送时间显著减少。邮政局长们开始投资建设专门用途的驿站，而不是像以前那样简单地利用那些随处可见的旅馆。在 1530 年代，塔克西斯家族引入了"常规"邮政。这条主要线路并非应帝国行政机构之需，或者在积累了足够数量的信件之后才派件，而是提供固定服务，信件在每周的某一天发出。这对商业和新闻来说都是一个关键的发展，它确立了邮政周的工作节奏，这种服务的印记留在了每周手抄新闻服务和后来的每周印刷报纸上。事实上，如果没有每周固定的邮政服务许诺，16 世纪的新闻作者就不可能为其客户提供服务。在佛兰德—德意志路线上引入的"常规"原则很快扩展到意大利，1541 年在罗马和威尼斯之间推出了同样的常规邮政。[6]

查理五世统治期间，帝国邮政的扩张为欧洲邮政网络的发展提供了种种可能性。信使们身穿制服，手持顶部饰有飞翔的信使神的权杖，并由驿号宣告他们的到来，这种场景愈发常见。对于商人们来说，邮件到达的那一天成了工作周的中心。人们会在驿栈聚集，"在信使神标志旁边"，等待信使的到来。此外，塔克西斯家族也开始宣传，在指定的路线长度内运送信件或包裹的收费标准是固定的。和今天一样，邮资取决于信件的大小和重量。鉴于这时的业务量，这些费率变得越来越可以承受。[7]

虽然这些发展令人印象深刻，但塔克西斯家族的邮政服务仍然不能为欧洲提供一个全面运作和一体化的邮政网络。在法国，15 世纪由路易十一设计的具有野心的邮政体系基本上已经衰落。巴黎和布洛瓦的邮政服务由帝国线路上的信使提供，里昂是西班牙和德意志之间的主要邮政枢纽；但法国王家邮政体系的制约因素，导致王国的许多地区无法得到服务。

在弗朗索瓦二世短暂的统治时期（1559—1560），法国王家邮政的改革开始了。[8] 此时正值法国宗教战争爆发前夕，党派斗争非常激烈，国内政治形势紧张。新法令提出设立几条从巴黎辐射到王国边境的邮政路线，其中两条重要的横向路线是从里昂到马赛和从布洛瓦到南特。从巴黎到波尔多再到西班牙边境的主干道有五十三个驿站。法令规定了包括十二名船夫津贴在内的付款项目，这说明即使在这时，即使是主要路线，也并非都有桥梁联结，做到连续不断。

8.1　德意志早期报纸中出现的邮差形象。（普林斯顿大学图书馆，福尔克·达尔藏品，普林斯顿）

重组后的法国邮政体系在实践过程中是否奏效也值得怀疑。几年后，由于胡格诺派叛乱的爆发，法国陷入混乱。战斗断断续续地进行了四十年，使得本就臭名昭著的法国道路系统变得更加危险。

和法国一样，英国在紧急时期最强烈地感受到了对改善邮政服务的需求。[9]当亨利八世横渡英吉利海峡开始他在法国的第一次战役时（1513），他的邮政负责人布赖恩·图克爵士和十四个信使陪伴着他。不过同以前一样，在16世纪，分发邮件的主要责任落在了地方代理人身上，大多数是国王的郡长。而维持分程传递的成本则由邮路沿线的城镇负担。可以将图克指示的模糊性同欧洲大陆更具雄心的帝国邮政系统进行有趣的对比，在1533年一封给托马斯·克伦威尔的信中，他这样写道：

> 国王的意愿是，这些驿站要妥善安排，且设在所有最方便的地方，并命令所有地方的所有城镇做好准备，随时都能提供马匹，以防半途耽误或浪费时间，违者以终身监禁论处。[10]

英国市政当局无疑耐心地承担了这些责任，但邮政系统的效能实际上已经转包给了许多能力不一的附属机构。尽管如此，英国王室还是以这种方式开展业务。一份保存在南安普顿档案馆的1500年的指示，命令市政当局"去检查一下让马上到来的信使封装寄送给泽西岛和根西岛［海峡群岛，靠近法国海岸线］的信件"。[11]国王还大量利用了由伦敦金融城维系的驿站。

那些坐落在通往北方的道路上的城镇负担尤为沉重。在真正的危机时期，它们需要做出特别努力。在1536年的北方起义中，亨廷登、斯坦福德和林肯的市长被要求任命一个"能干且善于骑马的人"日夜寄送国王和枢密院的信件。但在常规时期，市政当局发现难以承受这笔费用。枢密院试图将驿马的费率维持在象征性的一英里一便士的行为招致了很大怨言，但现有资源根本无法维持更实质性的系统。1568 年，伊丽莎白女王下令，将任何不准备砍掉一半工资的当地邮政局长免职。英国也曾试图采用欧洲大陆的一些做法，例如在信件上标记其发送时间和抵达中途各个驿站的时间，以及其他催促人加速的劝告，不过只取得了断断续续的成功。1548 年，易怒的沃顿勋爵抱怨道，尽管包裹上写着"为了生命，为了生命"的紧急字样，信件还是花了九天才到达加来。用绞刑架作为加急标志反而起到了反作用，北方守备部队的司库显然误解了这个标志的含义，并愤愤不平地写了一封抗议信。[12]

都铎王室认识到，必须永久性地保留通往多佛海峡和苏格兰的主干道。在有军事需要的时期，邮政中转站被设在霍利黑德或米尔福德港（即通向爱尔兰）或挨着普利茅斯，以将英吉利海峡的潜在危险置于控制之下。在其他时期，官方邮件的分派就和中世纪王室信使发布令状一样，都是交给郡长，由后者负责在当地分发。

与帝国不同的是，法国和英国的邮政系统为国王保有，仅用于官方事务。这意味着潜在的私人或商业客户必须自己想办法。到这时为止最发达和最有效的私人邮政系统是由伦敦的外国商人社群建立的"商业异乡人"（Merchant Strangers）。它将英国首都与帝国邮政网络连接在一起，还有一条经鲁昂和巴黎穿过法国的第二路线。它还从伦敦把信件送到英国的港口：到英国西南部的普利茅斯和埃克塞特，到东英吉利的诺里奇、科尔切斯特和哈里奇。

伊丽莎白统治时期，意大利的科尔西尼家族在伦敦建立了一个基地，实现了与其沿海城镇代理人和国外通讯员的相当稳定的联系。[13]这些商人邮政的运输量使运费保持在较低的水平，而英国的"商业冒险家"（Merchant Adventurers）也可以依靠伦敦和海外主要市场之间持续的船只往来。而对于没有加入这两个协会的普通公民来说，要想保持联系，则要困难、昂贵得多。

这些并行系统所暗示的官方野心的失败，其原因在于作为整体的邮政网络的贫瘠。被剥夺了私人邮政这一有利可图的额外业务，英国皇家邮政的邮政局长们缺乏动力去改善系统。因此，在16世纪的大部分时间里，法国和英国基本上外在于欧洲邮政网络。结果是，为这些地方提供新闻总是需要付出更多努力，并且要使用商人邮政。在这方面，位于巴黎和德意志贸易地区之间、具有战略地位的商业大都市里昂，发挥了至关重要的作用。安特卫普和伦敦之间的密集贸易有助于加速海峡两岸的通信。但即使这样，那些渴望新闻的人却感到更加困难，因为英国王室在16世纪的最后几十年对外国商人邮政施加了更严格的控制。

帝国体系的其他主要缺陷在于，它几乎没有为德意志城市提供什么。不过必须说，这在一定程度上是它们自己选择的。这些帝国城市为确立其独立的管辖权曾进行过艰苦的斗争，极其不愿在它们的城墙内承认一项哈布斯堡王朝的制度。[14]它们也都拒绝在夜间开城门，而帝国邮政需要昼夜不停地运转。另一个并非不重要的问题是，在宗教改革时期，大多数帝国城市都信奉新教，而帝国邮政是一个天主教机构，塔克西斯家族的邮政局长们也毫不动摇地效忠于天主教。因此，哈布斯堡邮政网络中唯一的帝国城市就是奥格斯堡。施派尔虽然处于路线的战略联结点，却拒绝邮局入驻。就连1549年奥格斯堡气派的新邮局也被建在城外。除了奥格斯堡，德意志的邮政站必定被安置在较小的定居点，比如莱茵豪森，这个横渡莱茵河的关键地点离施派尔只有几英里。

德意志城市的商人社群是这种意识形态纯洁性的主要受害者。奥格斯堡的富格尔家族和韦泽尔家族能够充分地利用这个邮政系统，并从中获益，事实上，在这些年里发展至最高水平的富格尔家族的代理系统，如果没有获得帝国邮政的使用权，几乎是无法想象的。[15]

除了大量通过邮政寄出的信件外，富格尔家族的账目上还记录了送给塔克西斯家族的邮政局长们的丰厚礼物，这证明了两方的友好关系。[16] 在其他德意志城市，商人们被迫把他们的邮件送到最近的帝国驿站。以法兰克福为例，最近的帝国驿站在一百二十公里外的莱茵豪森。这对于德意志城市和欧洲国际商业体系来说都是重大妨碍。它甚至开始扭曲德意志的政治生活。施派尔和奥格斯堡之所以越来越多地被选为帝国议会的会议地点，便是因为它们靠近主要的邮路。

危　机

　　1889 年，在清理法兰克福的一栋行政大楼时，工人们有了一个惊人发现：在一个不起眼的麻布袋里藏有总计二百七十二封写于三百年前的 1585 年的信件。这最后被证明是帝国邮政机构寄来的两个或两个以上邮袋的残迹。在莱茵豪森北部的某处，邮件被截走。最具政治敏感性的信件被销毁，剩下的有关日常商业和家庭事务的邮件则被丢弃。它们被卷成一捆，存放在某个办公室的角落里，在之后的三百年间幸存下来，成为 16 世纪晚期危机与活力并存的邮政系统的无声见证。[17]

　　这些幸存下来的信件，如今是法兰克福电信博物馆的珍藏，它们提供了一幅生动的快照，让人们了解到帝国信使第一次开始沿着横跨大陆的公路移动之后几近一百年的欧洲新闻网络。这些被丢弃的邮件将意大利二十个城市的商人和其他通信者与他们在科隆、列日以及低地国家许多地方（信使们显然已经在北方旅行）的朋友和商业伙伴连接在一起。绝大多数幸存下来的信件都是意大利商人写给他们在北欧（主要是安特卫普和科隆）的商业伙伴的。特别引人注目的是收件人中意大利名字的数量：横贯大陆的贸易在很大程度上依然依赖于意大利商人与在北欧定居（通常是长期定居）的家族成员之间的联系。即便安特卫普已经处于帕尔马公爵的军队包围之下，在发往那里的信件中，有相当一部分是写给朋友的。另外一组信件是写给围攻安特卫普的士兵的。

信件包含的交易细节涉及种类繁多的商品，这既证明了国际贸易的持续活力，也证明了帝国邮政在其中所起的重要作用。[18] 可惜的是，这些信从未被送达。它们成为席卷德意志的政治动荡的牺牲品，具体地说是 1583 年至 1588 年间爆发的战争，当时科隆大主教试图让他的领地改宗新教。这并非孤例：在 1555 年查理五世退位之前，帝国邮政系统的运行效率还非常之高，到 16 世纪下半叶便遇到了严重困难，这可部分视为这些动荡时期不可避免的后果。尼德兰起义引发的旷日持久的军事和政治冲突严重破坏了欧洲北部的邮政系统。

低地国家在 1566 年、1568 年、1572 至 1574 年和 1579 至 1585 年战火纷飞。驱逐荷兰新教少数的尝试也刺激了商人和工匠社群的广泛移民，导致一种新型邮政服务的诞生：由流亡者自己经营的秘密信使服务，为了与留下来的家庭成员保持联系。不同寻常的是，我们对这一新教地下组织的运作非常了解，这要归功于一次截获：被发现的信件藏在一个蔬菜篮子的底部夹层中，它们本会在村子里被收集，然后运往英国。[19] 如果这次书信未能送达，那么其他时候显然成功了：书信中提到了定期的通信，而且它们透着一种日常的从容感，尽管许多信表达了对与被迫到国外生活的丈夫和父亲分离的失落。[20]

这种服务可以相当高效地在短短几天内将信件送达目的地。连接安特卫普、英格兰和德意志北部港口的密集的商业交通为此提供了完美的掩护。莱茵河下游的陆路联系更成问题，因为它们需要穿过经常被作战的军队破坏的土地：这些联系当然是帝国邮政的命脉。1576 年，哗变的西班牙军队洗劫安特卫普，对这个北方贸易中心——到这时已是欧洲商业网络的一个关键节点——也是一个沉重的打击。前面提到的科隆大主教辖区的战争，是在北方邮政网络关键节点上发生的另一场极具破坏性的冲突。

法国宗教战争也对帝国邮政系统产生了重大影响，特别是对那些将意大利和德意志南部同伊比利亚半岛连接起来的路线。我们已经看到，这一道路系统在法国南部的脆弱性，是如何严重妨碍了腓力二世同罗马和维也纳的交流。[21] 富格尔家族也经常因为与西班牙的通信困难而沮丧。1587 年 4 月 26 日，富格尔家族在葡萄牙的代理人报告说，从里斯本出发的常规邮寄在波尔多附近遇伏，信件被抢走。[22] 在接下来的十年里，富格尔家族沮丧地意识到他们所有的西班牙信件在法国都会被例行打开。最终，他们觉得别无选择，只好指示代理人把所有通信经由海路送到热那亚，甚至从北方绕行，经由佛兰德。

塔克西斯家族在这些年也遇到了一些困难。西班牙和奥地利对哈布斯堡王朝遗产的分割，连累到他们作为帝国邮政局长的既有合同，并导致了法律和管辖权问题。当时的帝国邮政是由尼德兰财政部付酬，由西班牙的补助金做保。当腓力二世继承尼德兰时，这项服务实际上成为西班牙的。这足以使德意志的邮政局长们感到惊慌，因为许多被任命掌管本地邮局的人都是新教徒。1566 年，塔克西斯家族中的两名成员，邮政总长莱昂哈德同奥格斯堡与莱茵豪森的邮政局长塞拉芬，为了解决关于荷兰—德意志道路费用分配的争端而互打官司。[23] 当西班牙财政部的钱用完了的时候，邮政局长的薪水越来越依赖于西班牙的补助金。西班牙破产意味着薪酬被拖欠。此时，系统开始崩溃。1568 年，红衣主教格兰维尔已经在抱怨停工和重大延误。十年后，再也无法坚持的德意志邮政局长们于 1579 年举行了罢工。

对德意志信奉路德宗的人来说，这一时期帝国邮政服务的缺失是一个机会。主要的王侯们建立了自己的分程传递。1563 年，黑森的菲利普和萨克森的奥古斯特联合赞助了一项信使服务，为的是与尼德兰地区的重要盟友奥兰治的威廉保持联系。[24] 之后，符腾堡和勃兰登堡—普鲁士将被纳入该网络，不过它本质上仍然是德意志新教宫廷的私人通信系统，不向公众开放。

对于帝国城市来说，发展邮政事业的动机更多来源于商业而非政治。一段时间以来，赋予官方政府邮件特权的单一干线网不能很好地满足它们的需要。1571 年，纽伦堡商人请求取道法兰克福和科隆，与安特卫普建立直接联系。次年，法兰克福建立了自己的到达莱比锡的每周邮政服务。这些常规信使[1] 是 15 世纪城市信使的后代。不同之处在于，这一体系将像帝国邮政一样，向所有人开放，并遵循一份公布的固定时间表。

1570 年代见证了一个密集的城市信使服务网络的建立，遍及德意志。[25] 德意志北部城市汉堡此前由于距离主要的邮路较远，处于明显的不利地位。[26] 从 1570 年开始，这个城市建立了自己的邮政网络，每周一次向阿姆斯特丹、莱比锡、不来梅、埃姆登、科隆和但泽邮递。由于许多城市（包括汉堡）都有大量流亡的荷兰商人，尼德兰新教徒在路线选择上的影响是显而易见的。即便在享有特权的奥格斯堡，商人们也看出了风向。1577 年，他们建立了取道科隆到安特卫普的独立商业邮政。[27]

奥格斯堡邮政局长塞拉芬·冯·塔克西斯对这一变节感到愤怒是可以理解的，但面对一片混乱的帝国邮递，他也无能为力。同年为避免被荷兰叛军囚禁，邮政总长莱昂哈德被迫逃离布鲁塞尔。这种情况不能持续下去，在 16 世纪的最后二十年里，皇帝出面干涉。

---

[1] 原文为德语 "Ordinari-Boten"。

重　生

邮递改革成了皇帝鲁道夫二世没有完成的"十字军东征"。他于1576年接替父亲马克西米利安二世成为哈布斯堡王朝的统治者。晚年的鲁道夫成了一个悲剧式人物，带着不断扩充的奇珍异藏自我放逐到他在布拉格的城堡。但即便鲁道夫也能看出，帝国土地上酝酿的宗教危机需要哈布斯堡帝国政策进行更加紧密的协调。结果便是1597年的一项改革帝国邮递的里程碑式敕令。[28] 它宣布了西班牙和帝国系统的统一，并同时宣布对未经授权的竞争严加管控。如果这

8.2　从巴黎到安特卫普的邮政服务，每月往返五次。这是一条至关重要的横向路线，连接了两个主要的新闻枢纽，并通过它们连接了低地国家和法国外省。安特卫普博物馆（普朗坦－莫雷图斯博物馆，安特卫普）

项敕令针对的是城市信使服务，它注定会是一纸空文，因为帝国邮路并没有为德意志主要城市提供服务。1598 年，帝国邮政迈出重要一步，在法兰克福建立了一个帝国邮局和一条连接德意志主要商业市场与现有邮政网络的支线。之后，一条全新的邮路取道科隆直接连接法兰克福和尼德兰。经过漫长的谈判，科隆和布拉格之间建立了经由法兰克福和纽伦堡、连接东西部的新邮政服务。最后，科隆和汉堡之间、法兰克福和莱比锡之间的直达服务将北部和东部的主要城市纳入了这一系统。[29]

以上种种的实现必然伴随着一定的冲突。在投资建立了自己的信使服务后，德意志城市对禁令并没有掉以轻心。一名城市信使在法兰克福和科隆之间的路上被捕，导致了对皇帝的集体抗议。[30] 但帝国邮政有一个关键的优势：那些新的帝国路线是以一系列的分程传递作为主线。相比之下，城市信使服务并没有居间的驿站可供换马，信使要骑完全程。在直接竞争中，帝国邮政通常可以在一半的时间里完成长途邮递。德意志市政委员会认识到帝国体系的好处，独立的德意志信使服务逐渐衰落。

到 1620 年，作为这些发展的结果，德意志帝国拥有了无论效率还是复杂性都无与伦比的邮政系统。布鲁塞尔和维也纳之间的单一干线已被一个错综复杂的服务网络取代，该网络以德意志新邮政之都法兰克福为中心。再加上同一时期英法两国系统的革新，重新焕发活力的帝国邮政使得一个通信史上的新时代成为可能。

新的帝国邮政网络的完成，正逢德意志自 1555 年以来享有的长期和平即将结束之际。1618 年，在新的法兰克福—莱比锡路线宣布两年后，"布拉格抛窗事件"[1] 开启了一系列悲剧事件，导致德意志

---

[1]　将人或物抛出窗外是中古末期波希米亚民众表达愤怒的方法之一。抛窗事件发生过两次，第一次在 1419 年，引发胡斯战争，1618 年的这次则成为三十年战争的肇因。

成为国际政治的新战场。随着外国军队和雇佣军在欧洲大陆上纵横交错，三十年战争给德意志大部分地区带来了死亡和破坏。这场冲突对德意志经济造成了严重损害，并永远终结了德意志在欧洲图书贸易中的霸主地位。但是，一个反常的结果是这场战争为一个有效的国际邮政网络的发展提供了新动力。如此多的外国势力卷入德意志冲突，意味着欧洲各国首都都需要迅速、可靠的信息。一些国家采取了措施来改善自己的内部通信，并将这些系统与中欧邮政网络连接起来。在法国，王室邮政的垄断地位得到了加强，到1622年，驿站网络已扩展到南部城市波尔多和图卢兹，以及靠近东部潜在战场的第戎。同年，拉莫拉尔·冯·塔克西斯在安特卫普和伦敦之间建立了信使服务。十年后，布鲁塞尔邮政局长与英国邮政大臣签署了一项条约。[31]

丹麦和瑞典对德意志的兴趣也促进了信息网络的改善。[32] 1624年，丹麦的克里斯蒂安四世以哥本哈根为基地建立了自己的邮政系统，并在汉堡设立了分局。四年后，瑞典人用他们自己在汉堡和赫尔辛基之间建立的联系扩大了这个网络。1630年瑞典入侵德意志，导致一个以法兰克福为中心的替代邮政网络的建立，其中有九条路线和一百二十二个驿站。[33] 1634年瑞典人在讷德林根战败后，这个网络很快就土崩瓦解，但与此同时，有一个更为持久且重大的发展，即一条从巴黎经斯特拉斯堡到维也纳的直达路线的建立，它最终取代了借道布鲁塞尔的漫长绕行路线，后者限制法国进入国际邮递。

随着这一发展，欧洲邮政网络基本完成。铁路和便士邮政到来之前的唯一的进步创新是马车服务取代了驿骑。[34] 邮政马车增加了可运送邮件的数量，为旅行者创造了利用邮政服务的可能性。在16世纪，商人和送信人必须以驿骑的速度骑行投递。这是一项昂贵的服务，只有擅长骑马的人才会考虑。邮政马车则是另一回事，17世纪中期开始，当马车开始出现在德意志的短路上时，更多的旅行者

8.3　邮政垄断的利润。四幅版画的一部分是为了纪念帝国邮政大臣，图恩伯爵和塔克西斯家族，拜访尼德兰邮政局长。随行人员的数量令人印象深刻。（大英博物馆委托人，伦敦）

群体可以利用这个机会舒适地旅行。旅行者不再需要提供自己的马车、确保马匹健壮并且检查车夫是否配备旅途中必要的修理工具：这些都将得到处理。固定的时刻表则意味着旅行者在规划旅行时对抵达时间可以有合理的把握。额外的运力对分送诸如报纸之类的体量大的邮件而言特别重要。在出现后的几十年里，邮件马车开始承担及时分发印刷新闻的重任。

我们在这一章中所看到的发展代表着欧洲通信的显著进步。在此前的几个世纪里，旅行的费用只有缓慢的递增，同时，那些有足够资金建立自己的通信网络的人之间的通信量在增加。最好的新闻只提供给那些能够为私人、官方或商业网络进行必要的重大投资的人。16 世纪印刷术的出现让读者群体发生了巨大的转变，印刷新闻也出现了独特的创新，尽管这些新闻大多并不新，或者确切地说，时间不详。这一切都发生在 17 世纪初的二十年间。最终，欧洲所有主要的商业中心连接成一个密集的公共邮政网络。现在，新闻可以通过可靠的渠道传播，以适度的成本，而且更有规律。因此，商业新闻的下一个重大发展应该发生在德意志和北欧的商业中心，这并不令人感到意外。这一与邮政的扩展密切相关的发展，就是报纸的诞生。

第九章　第一份报纸

　　1605 年，一位名叫约翰·卡罗卢斯的年轻书商来到斯特拉斯堡市议会，提出了一个不同寻常的要求。除了售书，卡罗卢斯最近还开展了一项有利可图的副业，那就是制作每周手抄新闻信札。到这时为止，正如我们已经看到的，手抄新闻信札已经成为面向欧洲精英们的信息市场的基石。手抄新闻信札的制作早期从罗马和威尼斯开始，现在已遍布德意志，并且从奥格斯堡和纽伦堡传播到低地国家的布鲁塞尔和安特卫普。斯特拉斯堡紧靠为莱茵豪森的帝国邮政服务的莱茵河渡口，在这里进行这样的商业冒险再合适不过。卡罗卢斯确信自己能从帝国邮政局长那里以及持续的商业交通往来中得到源源不断的新闻。而在一个像斯特拉斯堡这样繁忙的城市，他不会缺少顾客。

　　显然，卡罗卢斯的事业欣荣，到 1605 年，他购买了一家印刷厂，计划通过生产手抄新闻信札的印刷版，将现有的业务机械化，让经营进一步多样化。像一百五十年前谷登堡发明印刷术一样，这是对现有的技术生产能力无法满足日益增长的需求的一种合乎逻辑的回应。但投资成本，尤其是购买印刷机，已经耗尽了卡罗卢斯的财富，所以他向市议会求助。卡罗卢斯告诉议会，他已经出版了十二期的印刷新闻信札。但他显然很担心，如果这一计划被证明是成功的，其他人会试图效仿他，从而消除他的利润。因此，他要求议会授予他一项特权——垄断印刷新闻信札的售卖。[1]这情有可原，任何认为自己开拓了一种新的工业或制造业方法的企业家，都会寻求保护，以免无执照经营者抄袭他的创新，而这样的特权在图书世界很常见。[2] 卡罗卢斯有充分的理由相信斯特拉斯堡市议会的议员们会给予支持，因为这些议员构成了他的客户群的很大一部分。

这一事件具有重大的后果，但卡罗卢斯的意图朴素到令人惊讶。他只是想找到一种方法来简化目前需要手抄越来越多的副本的过程，从而加快生产速度。最后呈现的东西并没有本质上的不同，仍然是他的手抄新闻服务中那些常见的缺乏细节的新闻。但从这一朴素的、试探性的处理中，出现了一种新的通信方式，它将在适当的时候改变欧洲新闻市场：卡罗卢斯发明了报纸。

北方的崛起

如果卡罗卢斯在 1605 年就已开始出版他的报纸——斯特拉斯堡《叙述》，那么不幸的是早期发行的版本都已经丢失：现存最早的《叙述》来自 1609 年。[3] 因此，过去许多关于这份报纸的历史将从这一稍后的时间开始。直到相当晚近的时候，人们才意识到在斯特拉斯堡档案馆中发现的卡罗卢斯向市议会请愿的全部意义。[4] 最初四年发行的报纸已经消失这件事一点也不奇怪。因为很难找到连续刊出的早期报纸，很多都只是从几份零散的副本中才得以知道，有时一份报纸的存在只能靠一期报纸来证明。[5]

不过我们可以相当确定的是，卡罗卢斯确实是在 1605 年开始生产报纸。他向议会提交的请愿书中提到了已经发行的十二份报纸。从 1609 年留存下来的最早的报纸中，我们可以看到他仍然坚定地秉持他所声称的意图，即新闻印刷品将只是手抄报纸的机械化版本。单独的一期报纸没有标题：标题只在提供给订阅者的印刷标题页中给出，以便他们可以将这一年发行的报纸装订在一起。相反，就像新闻信札一样，新闻在第一页的顶部开始出现。卡罗卢斯出版的报纸在各个方面都保留着人们所熟悉的新闻信札的模式，即一系列根据新闻的来源地和发送日期进行整理的新闻报道："12月27日，来自罗马"；"12月31日和1月2日，来自维也纳"；"1月2日，来自威尼斯"。这一顺序反映了从这些不同的驿站发出的邮件到达斯特拉斯堡的顺序。这些新闻几乎都是枯燥无味的政治、军事和外交报道，而正是同样的内容主导着新闻信札。

就此而言，斯特拉斯堡《叙述》为所有最早的德意志报纸奠定了基调。与手抄新闻信札的模式密切相关的是，这份新闻纸没有采纳任何使新闻小册子吸引潜在购买者的特征。没有大字标题，也没有插图。极少的阐述或解释，新闻小册子特有的热情宣传或辩论也无从可见，事实上，几乎没有任何编辑评论。这份报纸也没有采用任何能帮助小册子读者阅读文本的排版方式。没有旁注，对易读性的唯一让步是偶尔在报道之间换行。虽然新闻纸的印量很快就变得很可观，每周几百份并不罕见，但它们没有考虑到新读者不像已然阅读过手抄新闻信札的朝臣和官员——这只是个小圈子——那样精通国际政治事务。[6] 如果读者不知道最近到达拉文纳的红衣主教蓬蒂尼是谁（或者连拉文纳在哪儿都不知道），新闻信札也不会对此进行解释。

尽管如此，这一新门类被证明格外受欢迎。1609年，第二份德意志周报沃尔芬比特尔的《新闻信札》加入了斯特拉斯堡《叙述》的行列。它引入了一个值得注意的创新，即标题页，上面刻有精致的木刻版画：长着翅膀的信使神在上空翱翔，新闻运送者在地上忙碌。这让沃尔芬比特尔的这份报纸在外观上更像新闻小册子，但也极大地减少了新闻的空间。由于标题页背面也将是空白的，八页的小册子只剩下六页的新闻文本。对于沃尔芬比特尔的报纸而言，这点可能并非紧要，因为它的出版必定得到了著名新闻发烧友沃尔芬比特尔—不伦瑞克公爵的资助。但这种创新不适合纯粹的商业冒险,斯特拉斯堡模式得到了绝大多数的效仿,即在标题下紧接正文的开头。它们都保留了德意志新闻小册子和手抄新闻信札的那种熟悉的四开本形式。

这种新的新闻出版物在德意志土地上迅速传播开来。1610 年,一份新的周报在巴塞尔创办,不久之后法兰克福、柏林和汉堡也出现了类似的报纸。1618 年爆发的三十年战争刺激了一波新的周报出现。在 1630 年瑞典入侵之后,又有十种新的周报出版。接下来的十年里,为了回应对公共事务日益高涨的兴趣,一些老牌报纸开始每周出版一份以上。一般来说,它们会出版两到三期,不过 1650 年莱比锡的《新到新闻》每个工作日都刊登一期。同一时期,印刷业务也迅速增加。1620 年,《法兰克福汇报》每期发行四百五十份。汉堡的《每周新闻》可能多达一千五百份。这只是个例,平均印刷量可能在三百五十到四百之间。[7]总之,依据文献记录,17 世纪末德意志出版的报纸大约有二百种,约有七万期留存下来。考虑到那些已经丢失的,其真实总量约七千万份。德意志有读写能力的人口中的很大一部分想必可以迅速地接触到这一新读物,尤其如果我们考虑到这二百种报纸分布在大约八十个不同的出版地点。在这个新市场的发展过程中,最重要的两步是在法兰克福和汉堡这两个北部主要商业中心创办的报纸。《法兰克福邮报》兴办于 1615 年,是帝国邮政局长约翰·冯·登·比尔格登的手笔。[8]冯·登·比尔格登负责将帝国邮政网络扩展到德意志北部和东部,特别是建立法兰克福和汉堡之间的重要干线。报纸在很大程度上是这次活动的副产品。遗憾的是,冯·登·比尔格登并没有把他在邮路工作中表现出的规划天才和对细节的关注用到出版上,他的报纸和其他早期报纸一样因袭陈规、毫无特色。然而,他所起的报纸名字第一次让人们注意到邮政和新闻之间存在密切联系。这份报纸在近三十个图书馆和档案馆都有存留，可以证明它在当时的成功和广泛分布。[9]

汉堡的情况则大不相同。这个位于德意志北部的商业大城市远离沿着从意大利到低地国家的帝国邮政路线运行的主要新闻干线。它必须依赖自己从中世纪开始建立，到 16 世纪已经形成一个常规网络的信使服务，该网络将汉萨同盟的港口与波罗的海各国、低地国家和英格兰的贸易伙伴连接起来。汉堡第一份报纸的创始人约翰·迈尔主要从事长途货运。利用从这门生意中发展出的联系，迈尔创建了一项手抄新闻服务。就像斯特拉斯堡的卡罗卢斯一样，他的《每周新闻》是对现有业务进行机械化的尝试。然而作为一个重要的贸

9.1 一份早期的《法兰克福邮报》。该报纸对北欧，特别是低地国家的新闻进行了很好的报道。（普林斯顿大学图书馆，福尔克·达尔藏品，普林斯顿）

易和新闻区域性中心，汉堡的增长潜力要大得多，而迈尔的冒险也非常成功。他的盈利很快就在汉堡的出版界引起争议。1630 年，一个由书商和图书装订商组成的商团对迈尔直接向他的顾客出售报纸的权利提出质疑。在双方提交了意见后，市议会裁定迈尔可以在一周的前三天零售报纸，此后，当地书商以每份九芬尼的批发价购买，一次一百份。[10]

汉堡很快确立了其作为整个德意志北部新闻供应者的地位。其他地区的报纸实质上是对汉堡提供的新闻文本的再版，这一事实在罗斯托克第一份报纸相当令人困惑的名字《新汉堡每周新闻》中得到了证明。[11]汉堡也是德意志第一个因报纸出版的潜在利润导致报纸之间展开激烈竞争的城市。1630 年，迈尔不只面临当地书商的抱怨，还面临帝国邮政局长汉斯·雅各布·克莱因豪斯潜在的严峻挑战。此时正值帝国在三十年战争中取得的军事胜利的顶峰，在创立自己的报纸《邮报》时，克莱因豪斯似乎下定决心要把迈尔赶出业界。[12]争端一直持续到 1634 年迈尔去世，其报纸被他那强势的遗孀伊尔萨贝继承。她维持生计的决心得到了市法官们的同情。1637 年，议会促成了一项解决方案。邮政局长克莱因豪斯坚称汉堡存在新闻垄断的说法遭到驳斥，但他得到了《邮报》这个名字的独家使用权。尽管如此，伊尔萨比没有就此甘休。在这个时代，经营者频繁地更新他们的报纸名称（这对新闻学者来说非常不方便）。如果改为每周出版两次，他们通常会给周中版一个单独的名字。[13]伊尔萨比·迈尔开始暗地跟随邮政局长不断变化的报纸名，以模糊两者之间的区别。当邮政局长把他的报纸重新命名为"特权真实邮报"时，伊尔萨比的报纸则成了"真实报"。

这种商业上的伎俩至少反映了这样一种认知：报纸是能挣钱的。随着德意志在 17 世纪的很长时期内成为欧洲政治的支点，感到自己需要跟得上新闻的人的圈层变得越来越广。事件的紧迫性在德意志分散的和不同的阅读社区中造就了大量唾手可得的财富。创办新的报纸，重复沿着邮路送来的新闻，比引进其他地区出版的报纸要容易得多。但弹性市场和轻松获利也增强了这种报纸的保守性。17世纪后期的德意志报纸在内容和设计上与早期的差别不大。设计和编排的最重要的创新，将要在欧洲的其他地方才能看到。

新闻出版物的爆炸式增长对欧洲新闻市场的发展具有重要意义。这标志着欧洲新闻世界向北欧转移。到这时为止，新闻交换一直被地中海和低地国家之间的联系主导，沿着帝国邮路的干线进行。但德意志最重要的报纸生产中心远离了旧的帝国邮政路线：奥格斯堡这个帝国邮政网络在德意志的轴心，轻蔑地拒绝了报纸革命。欧洲的其他地方也是如此，正是北方的力量热情地拥抱了这项新发明。欧洲的信息交换重心发生了决定性的转移。

暂停印刷

1618年，首份在德意志以外出版的报纸出现在阿姆斯特丹。在这里，这个产业也将迅猛发展。[14] 在这一时期，新独立的荷兰联省正快速向欧洲强权的行列迈进，阿姆斯特丹将成为这个新经济体的动力核心。这座城市现在继承了安特卫普和布鲁塞尔在上个世纪享有的经济和政治霸权（这两个城市仍在哈布斯堡统治下）。在二十年内，阿姆斯特丹也确立了其作为西欧新闻市场中心的明显优势。

荷兰的第一份报纸相对来说并不起眼：一张只有一面印刷的大报，新闻分两栏。尽管扬·范希尔滕的《来自意大利、德意志等地的新闻》上涵盖的新闻十分常见，但从设计上来说，它明显地偏离了德意志小册子的形式。就像德意志的蓝本那样，每一系列报道的开头都会标示发信地点和日期："来自威尼斯，6月1日"；"来自布拉格，同月2日"；"来自科隆，同月11日"。这期报纸以从海牙采集的新闻摘要（日期为 6 月 13 日）为结尾，大概是第二天出版的。[15]

范希尔滕的构想被证明极具影响力：两栏的大报成为荷兰共和国早期报纸约定俗成的形式。1620 年，新闻量的逐渐增加迫使范希尔滕把版面延伸到报纸的背面，不过一般来说，这就已经足够了。到这时他已面临竞争。在活跃而管制疏松的荷兰联省出版界，不存在垄断的问题。到 1619 年，布勒尔·扬茨已创办了他的《各方消息》。扬茨是一位经验丰富的印刷工，曾涉猎当时的历史，也有很好的人脉，在他幸存下来的最早一期报纸中，他强调自己是"奥兰治亲王"的"信使"。十年来，范希尔滕和扬茨共同分享明显是有利可图的市场。到 1632 年，范希尔滕发现有必要同时使用两台印刷机工作，以使印刷量加倍。这样他就可以印出更多的副本，而不必延长一天的印刷时间，进而可能错过最新的新闻。[16]

迟到的新闻对出版商来说是一个长期存在的问题。不管多早唤醒工人，总归要好几个小时才能印出几百份，每份先印一面后，得把新闻纸晾干，才能印背面。随着印刷量的增加，问题只会加重。所以，当新闻来得很晚的时候，范希尔滕会暂停印刷，重新安排文本，删除次要的部分。如果新的报道需要更多的空间，他要么做进一步的小调整，要么将新的文本设置为更小的字型。[17] 这就是"最新消息"[1] 这一工作原理的由来。

凭借极其高效的运河船网络，完全可能从阿姆斯特丹将新闻纸分送到整个荷兰省。但联省的其他印刷商也想在市场上分一杯羹。1623 年，代尔夫特推出了一份报纸。但是，真实情况有所不同。如果将 1623 年 5 月 10 日出版的这份代尔夫特周报与布勒尔·扬茨两

---

[1]　原文"stop press"，字面意思为暂停印刷。

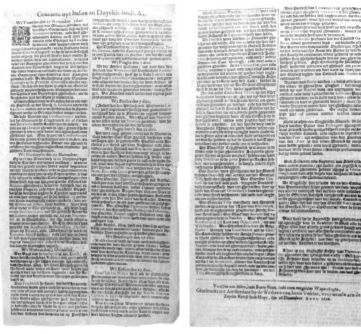

9.2　尼德兰的第一份报纸。与德意志的蓝本不同，阿姆斯特丹的两名新闻工作者都采用了大报格式。
（普林斯顿大学图书馆，福尔克·达尔藏品，普林斯顿）

天前的报纸进行比较，可以发现其中九成的报道都照搬自阿姆斯特丹的报纸。[18] 阿姆斯特丹之外第一个真正独立的新闻事业是在靠近德意志边境的阿纳姆建立的。在这里，当地印刷商创办了一份新的报纸，并受到市议会的鼓励，后者决定取消之前订阅的科隆手抄新闻服务，转而每年支付扬·扬森二十荷兰盾去印刷一份报纸。这是十分慷慨的举动。扬森接受了挑战，他的报纸是尼德兰第一份印有顺序编号的报纸。

在阿姆斯特丹，新闻的风行没有减弱的迹象。到 1640 年代，这个城市容纳了不下九种相互竞争的报纸：一个新闻迷每周四天都可以找到新的新闻。[19] 这样的竞争鼓励了一定程度的创新。荷兰报纸最先刊登广告。阿姆斯特丹的报纸有一个专供本地的新闻版块，放在广告之前，是最后一部分实质性报道。里面所包含的并不是真正意义上的国内新闻，而是来自法国、英国以及 1621 年与西班牙重新爆发的冲突前线的新闻。它们以一种冷静得出奇的语气转达，丝毫没有当时小册子作品流行的政治辩论的迹象。这种不愿卷入国内政治的态度是早期报纸十分典型的特征。地方事务只涉及市政当局插入的广告和公告，包括对归还赃物的酬谢承诺，对通缉犯的描述。在这里，报纸第一次真正地本地化。[20]

虽然阿姆斯特丹的报纸为容纳更为广泛的材料做出了尝试，但更多的空间通常还是用于报道战争事务、条约和外交策略。[21] 材料的安排遵循传统顺序，意大利的新闻先于帝国和其他地方的新闻。在这方面，荷兰的报纸跟随其德意志蓝本，贴近手抄新闻信札的模板。至于那种为新闻出版的未来提供了另一种更为诱人的前景的真正创新，我们需要拜访尼德兰南部一位鲜为人知的人物——亚伯拉罕·费尔赫芬。

通俗小报的价值观

在投身时事新闻市场之前，费尔赫芬在安特卫普出版界的边缘地带勉强维持生计。[22] 当普兰廷商行占据星期五市场（Vrijdagmarkt）一栋宏伟的建筑时，费尔赫芬还在伦巴登维斯特的一家商店里出售他那些简朴的小商品、小册子、年历和祷告卡。伦巴登维斯特是城里典当商和其他小商贩居住的地方。在三十年战争的初期，他发现人们对时事具有浓厚兴趣，于是制作了一个新的连载专题来宣传德意志和其他的国际事件，这使他进入安特卫普新闻业务的第一阵营。

费尔赫芬可以说是生在这个行业，他的父亲是一名刻版工，曾在普兰廷工坊工作过三年，在版画出售之前为其着色。在经历了漫长的学徒生涯之后，1605 年作为一名独立工匠，费尔赫芬迎来了第一次事业上的重大突破，当时他在市场上出售了一幅关于埃克伦战役的插图印刷品，这场战役是南尼德兰军队反抗荷兰侵略的一次决定性胜利。[23] 这时的费尔赫芬似乎主要靠做零工为生。这种状态一直持续到 1617 年，在那一年，我们看见费尔赫芬开始了某种更具系统性和雄心的工作，他出版了一系列结合了主题新闻摘要和基本插图的小册子。

到这时，费尔赫芬已经形成了自己的理念，这将使他在安特卫普新闻市场中占据主导地位。他把自己既有的刻版专业知识结合到新闻小册子的出版活动当中。为了不让自己的事业被竞争者或效仿者破坏，就像斯特拉斯堡的卡罗卢斯一样，费尔赫芬请求当局给予他特权（或者垄断权）。1620 年 1 月 28 日，当局同意了他的请求，费尔赫芬将拥有在安特卫普出版新闻书的独家权利，或者就像特许状所表达的，"与皇帝陛下在德意志、波希米亚和帝国其他省相关的所有胜利、围攻、俘获和筑防"。[24]

这句话简洁地概括了费尔赫芬的使命。他的《新闻报》有意背离阿姆斯特丹和德意志报纸中立的基调，其本质上是当地哈布斯堡政权的宣传工具。费尔赫芬每周给他的读者提供多达三本八页的小册子，其报道对帝国的胜利坚信不已，对新教的受辱幸灾乐祸。这些不是德意志读者期望看到的东西，他们想看到的是每周订阅的严肃的杂文。费尔赫芬的小册子经常像旧的小册子一样，整期只包含一篇长篇报道。

费尔赫芬只花很少时间就可以做出一件令他完全满意的产品。在最初的几年里，我们可以看到他尝试用最奏效的方法来吸引和留住顾客。在获得特权的 1620 年，费尔赫芬发行了一百一十六期新闻小册子，我们得假定这一年标志着他订阅服务的开始。但直到 1621 年，他才决定为小册子编上序号，并将序号加在标题页的顶部。到这时，费尔赫芬已确立了他的新闻连载的独有特征。首先，与荷兰和德意志的报纸相比，费尔赫芬报纸的风格要丰富得多。和其他报纸一样，《新闻报》有时会把版面让给各种琐细的杂录。其他时候，则完全被单篇新闻报道或几首歌颂帝国胜利的歌曲所占据。由于一周出版三次，费尔赫芬有相当的自由来让他的订阅者既获得消息，又得到娱乐，但在一周之内，他们得到的新闻可能并不比阿姆斯特丹报纸的订阅者得到的少。由于留出空间给标题页，并经常在封底重复他的特权，费尔赫芬大大地限制了实际新闻所占有的空间：在任何一期中，整篇文章最多不超过一千二百个单词。它短小、活泼、易消化。

费尔赫芬在报纸上最独特的创新是给标题页加上插图。1620 年 12 月 16 日发行的报纸标题——不可避免地聚焦三十年战争——为"来自维也纳和布拉格的新闻，及我方阵亡数量"。插图上有解释性标题："战斗打响的星形要塞"。副标题把天主教胜利的信息传达得透彻明白："腓特烈五世被赶走了"。[25]

但如果没有开头的描述性标题、副标题和风格轻松的木刻版画表明这是连载的一部分，人们可能以为它是五十年前在安特卫普出版的新闻小册子。标题故事一般是读者最感兴趣的，但并不一定是第一篇文章，也不一定占据最大的篇幅。1621 年第一百一十二期的标题关注的是最近被杀的帝国将军比夸的葬礼，[26] 但读者们会发现这只是第七页的一个小报道。这一期报纸以一份来自罗马的报道为开头，接着是早些时候来自维也纳的一份报道，接着是韦瑟尔、科隆和克利夫斯的，之后才到维也纳关于比夸的报道。木刻插图也不是特别清晰地指向最重要的内容。上面只是一个普通的棱堡，而不是比夸的肖像（尽管费尔赫芬有很多这样的肖像，且多次使用）。

费尔赫芬一边经营一边学习，保持着忙碌的工作状态。幸运的是，由于他的报纸是一项官方风险投资，费尔赫芬可以依赖大量的帮助。著名的天主教辩护者理查德·弗斯特根经常为他写作。领导安特卫普天主教的神职人员也对他的事业表示支持。[27]每期报纸都得到当地审查机构的出版许可。十年来，费尔赫芬一直坚持不懈地进行他的出版计划。1621年的《新闻报》有一百九十二期，1622年有一百八十二期。1623年到1627年间，这个数字只有一次低于一百四十。这些总数还没有考虑费尔赫芬经常需要再版某几期报纸：仔细检查每一期会发现微小的差异，这表明印刷机经常需要额外印出更多的副本来满足需求。[28]

　　帝国的事业兴旺之时，费尔赫芬的事业也跟着蒸蒸日上。然而在1629年，他中止了小册子新闻系列的发行，几个月后，开始出版一份更传统的周报。促成这种变化的原因尚不确定。需求下降也许是一个原因，因为战争的局势开始不利于天主教势力，而安特卫普当局变得易怒。当年2月，布拉班特议会命令费尔赫芬停止"每日"

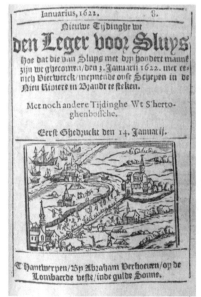

9.3　费尔赫芬的《新闻报》。他的连载新闻小册子如此受欢迎，以至于经常被迫重新单独印刷某一期。（普朗坦－莫雷图斯博物馆，安特卫普）

出版"各种公报或新闻报道，它们大多是不正确的，而且事先没有适当的检查"。鉴于费尔赫芬对天主教和帝国事业近乎盲目的忠诚，这一指控可谓既不公平又不准确。[29]

也许费尔赫芬也被自己无休止的出版计划搞得筋疲力尽了。大多数早期现代的连载刊物都是依靠一个有超凡魅力的声音来获得成功的，这不是一个长久之计，费尔赫芬能持续十年已经超过了他的大多数同行。可以肯定的是，《新闻报》已初显疲态。费尔赫芬为早期报纸准备的木刻版画已经多次重复使用。费尔赫芬的钱也快用完了。1623 年，他曾写信给安特卫普市议会，提醒他们已经严重拖欠了二十四份报纸的大宗订单货款，要求议会支付一百四十五荷兰盾来清偿债务，但最终只收到五十荷兰盾。事实上，费尔赫芬从来都不是一个优秀的业务经理。虽然 1625 年从父母那里继承了财产，但同年他的妻子病倒了，且久病不愈，直到 1632 年去世，她的痼疾进一步耗尽了他的财产。

1629 年，费尔赫芬宣布结束《新闻报》。大约一个月后，他推出了每周发行一次的新闻小册子《每周新闻》。这是一个被吓倒或者被击败的男人的反应。不同于《新闻报》的创新、多样性和活力，这只不过是对德意志和荷兰报纸的苍白模仿，一张纸对折一次，做成四页，上面都是一系列严肃的新闻报道。但如果费尔赫芬认为这种回归常态的做法会拯救他的运气，那他就大错特错了。《每周新闻》持续了不到两年，它的后继者——两页纸的《动向》也仅仅持续了两年。1634 年，费尔赫芬把他的生意和报纸卖给了他的第二个儿子伊萨克。他的晚景很凄凉：被迫住在租来的房子里，靠在儿子的作坊里做日工糊口。

费尔赫芬所设想的将报纸的商业模式与新闻小册子的风格结合起来的连载出版物，是新闻报道过渡时代到这时为止最有趣的实验。但它并未被广泛模仿。要到两个世纪后，费尔赫芬这种混杂着新闻、

评论和明确党派偏见的小册子才会实现向报纸的飞跃。事实证明，
他的小报价值观超前于他所处的时代。

装订新闻

到 16 世纪的最后几十年，英国读者已对新闻产生了浓厚的兴趣。
随着英国在无敌舰队战役后更深地卷入大陆战争，伦敦的印刷商发
现了一个翻译法国和荷兰战事报道的现成市场。[30] 在新世纪的头几
年，政策制定者和贵族客户也可以利用第一批常规手抄新闻服务，
它们由伦敦的新闻工作者将来自大陆的材料编辑而成。[31] 公众对时
事日益增长的兴趣，并未得到新入主英格兰的詹姆斯一世的任何热
情支持。尤其是在他统治时期的后半段，英国外交政策显得异常艰难。
聚集在德意志的风暴激发了公众对新教事业的广泛热情。这位谨慎
的国王不愿被迫采取军事行动，因此不希望看到公众热情被不断印
刷出来的局势报道所点燃。1620 年的一份公告尖锐地警告不要"对
国家事务发表过度放肆的言论"。向来温驯听话的伦敦印刷商随即大
幅减少了有关大陆事务的新闻小册子的制作。

因此，第一本英文连载新闻出版物出版于阿姆斯特丹而不是伦
敦并不令人惊奇。1620 年 12 月，富有冒险精神的彼得·范登基尔
出版了《意大利、德意志等地动向》。这是对荷兰版的直译，以同样
的单页形式发行。[32] 对于范登基尔来说，在一年的大部分时间里都
保持发行，便已经足够成功。成功带来了模仿：到 1621 年，好几份
这种单页的"动向"在市场上流通。最成功的一份，尽管被谨慎地
归为阿姆斯特丹的布勒尔·扬茨公司，但实际上可能是在伦敦印刷的，
而从 1621 年 9 月起，伦敦出版商纳撒尼尔·巴特公开宣传他对这份
实际上是延续了范登基尔的连载出版物的责任。[33] 其他几家伦敦的
印刷商也带着没有编号的小册子新闻书重新进入市场。[34]

英国当局没有容忍不受监管的自由竞争，而是诉诸了其更加偏爱的控制手段：建立垄断。垄断权被授予巴特和尼古拉斯·伯恩，他们被允许每周出版一本新闻书，前提是须事先经过检查。出版商将不被允许发表任何国内新闻或对于英国事务的评论。官方意欲的新闻是对大陆报纸报道的枯燥的、完全忠实于原文的翻译。

虽然为了消灭竞争而接受了这些条件，但巴特和伯恩很快展示了其敏锐的商业精神。巴特是一个印刷新闻的老手，新闻小册子是他从父亲那里继承下来的印刷店的重要业务，其中很多是关于轰动国内的谋杀故事的。很快，巴特和伯恩把他们的新闻书从阿姆斯特丹的单页印刷转变为熟悉的小册子形式。[35] 英国的编辑们没有效仿德意志报纸的做法，即新闻紧跟在标题页的标题之后，而是选择模仿费尔赫芬的安特卫普风格（或他们自己的早期新闻小册子），在标题页下写满对内容的描述。[36] 由于没有机会用富有表现力的木刻版画装饰他们的小册子（木刻版画在伦敦不易获得），巴特和伯恩让标题页的印刷内容散落在整个页面。这会对标准的标题产生影响，只有提供日期和编号才能提醒读者这些是连载的一部分。

巴特和伯恩也不准备盲目地照搬大陆新闻书的内容。1622 年左右，他们雇用了托马斯·盖恩斯福德上尉当编辑。盖恩斯福德是典型的英国冒险家，为债务所迫去服兵役，在欧洲大陆广泛旅行，最后一段时期是为拿骚的莫里斯效劳。和纳撒尼尔·巴特一样，他是新教事业的热情拥护者。回到英国后，盖恩斯福德开始了他那不太可能有希望的文学生涯，专攻通俗历史作品。巴特是其中至少一本的出版商，他显然认为盖恩斯福德是能为欧洲大陆新闻书中毫无生气的报道增添情趣和趣味的人。[37] 在这一点上，盖恩斯福德取得了巨大的成功。他将部队调动和外交策略的报道结合在一起，形成连贯的叙述。有时，盖恩斯福德会直接向"文雅的读者"发言，向其保证报告的真实性，辩称自己未受一丝偏袒的污染。不过，流言蜚语必定还是刺痛了盖恩斯福德，因为他的辩护最终变得激昂：

> 文雅的读者们，为什么什么都无法让你们满意呢？如
> 果我们提供平直的东西，你们会抱怨没劲。如果我们加一
> 些［修饰］，你们就会好奇地去研究其条理和连贯性，并且
> 会说句子用得不妥。[38]

盖恩斯福德也不能无中生有地捏造新闻。读者不应贪婪，"期待每天
都有打仗或占领城镇的新闻；但是当这些事情发生时，你们应该
知道"。[39]

巴特和伯恩所面临的一个问题，并没有影响到大陆的新闻工作
者：英吉利海峡。如果风向不利，或者海面被雾笼罩，新闻报道就
无法送达，英国的新闻书也就没有东西可报道。因此，英国的新闻
书不遵循大陆同行每周发行一期的习惯：伦敦的报纸没有固定的出
版日。即便如此，报纸似乎已经在伦敦广为阅读，并由伦敦常规的
运送服务分发到全国。绅士阶层的读者们会把"动向"附在与朋友
的通信中。[40]甚至连手抄新闻服务的供应商也建议他们有钱的订阅
客户阅读印刷新闻。约翰·波里在给约翰·斯丘达莫尔的信中相当
傲慢地写道："我之所以让阁下阅读所有的'动向'，首先是因为，
高士如果不知俗人所知道的事情，是可耻的。"[41]有意思的是，波里
并没有把这种新的印刷媒介视为对他的高级定制服务的任何威胁。
就像在欧洲大陆上一样，两者可以共存。

托马斯·盖恩斯福德于1624年去世，他的地位无法被取代。没
有他，新闻书难以维持其吸引力。印刷厂采用了《不列颠信使报》
这个名字，并给他们的新闻书起了一个最常见的标题《每周新闻续
编》。但到这时为止，以新教徒为主的听众听到的一直是坏消息，这

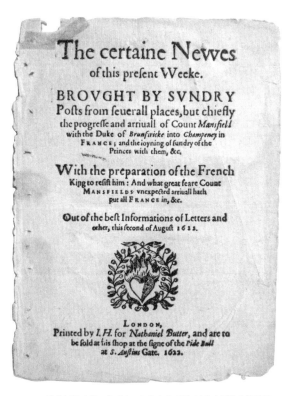

9.4　巴特的新闻连载。直到这一年的晚些时候，巴特才开始为其编号。
（普林斯顿大学图书馆，福尔克·达尔藏品，普林斯顿）

会损害到销量。1625 年，巴特在本·琼森[1] 的作品《主要新闻》中
的出现令人难忘，这部精彩的剧作讽刺了对时事的狂热。琼森的作
品一针见血，但在时间上不太走运。不仅对新闻的狂热此时已经衰
退，而且几年后，英国早期报纸历史上最引人注目的一段故事发生了：
报纸行当被集中起来，作为白金汉公爵攻击拉罗谢尔的宣传工具。

---

[1]　本·琼森（约 1572—1637），英格兰文艺复兴剧作家、诗人和演员。他的作品以讽刺剧见长。

英雄与恶人

1627 年，白金汉公爵的公众声誉急剧下降。此前，他因阻止了年轻的查理王子与西班牙公主的婚姻而受到欢迎，但到 1625 年查理成为国王时候，白金汉成了所有不满的替罪羊。随着与西班牙的战争走向灾难，议会对他的影响力提出了正式的控诉。宠儿一下子变成了全国的笑柄。一群小提琴手在全国巡回演奏，为公爵唱着充满讽刺意味的赞歌，称赞他的成就："让我们唱出对这位高贵公爵的所有赞美，为他的人生和接下来的时日祈祷。"听众们随后加入了反驳的行列："完全相反，哦完全相反。" [42]

白金汉选择了果断行动：难以置信的是，当局对战败于西班牙的反应是同时与欧洲另一个大国法国爆发冲突。一支远征军将被派出以协助拉罗谢尔的法国新教少数派，由白金汉亲自领导。

白金汉并非将军，但他对公共关系的看法相当成熟。几年前，手抄新闻服务的提供者托马斯·洛克和约翰·波里曾建议政府创办自己的报纸，以利用人们对新闻的嗜好。他们的请愿书列出了三个潜在的好处，这是一份具有洞察力和先见之明的文件。他们认为：在危机时期，报纸可以帮助塑造和引导舆论；在平常时期，报纸可以传播官方观点；第三，报纸可以鼓舞士气，训练人们养成顺从的习惯。这份文件相当直接地陈明了一份受到控制的报刊的好处。 [43]

由于政府对结果并不确定，这份请愿书在当时被忽视，巴特和伯恩得到了特权。而现在，白金汉决心做得更好。当舰队驶向拉罗谢尔时，他可以完全控制前线的报道。他的快件被送回伦敦，交到一个合作书商手中。这本新期刊的第一期将公爵塑造成一个英雄的形象，显然引起了公众的共鸣。第二期也在计划中，但枢密院必须首先处理巴特和伯恩。这被证明很容易，新闻书的印刷者曾逃避文本审查，这就为把巴特送入监狱提供了正当理由。他很快就被释放了，但也被相应地警告。此后，《每周新闻续编》中关于拉罗谢尔的报道局限于简洁的概述。这为白金汉的喉舌托马斯·沃克利扫清了障碍。

这场战争宣传没有得到多少关注，虽然理应获得更多。[44] 远征队的进展在从 8 月到 11 月的连续几期刊物上都有跟踪记载。在白金汉果断而又富于骑士精神的领导下，英国先前未经训练的军队取得了迅速的进步，这很难不给热心读者留下印象。伤亡人数很少，而那些被当地葡萄酒诱惑而成为牺牲品的人肯定会得到专业的医疗照顾。就像亨利五世在阿夫勒尔，白金汉在拉罗谢尔无处不在。在登陆那天，"将军三点钟起床做准备"。一天艰苦的战斗之后，"他每晚都会去看望我方伤员"。[45] 甚至白金汉在国内的众多批评者也开始改变对他的看法。

在短期内，这些精心准备的新闻报道成功得不能更成功。但它们终将无法掩盖军事灾难，这一灾难发生在筑堡设防的雷岛，那里是攻打拉罗谢尔的关键所在。法国人的城堡未能被攻破。因为战略的拙劣，参与最后进攻的部队有一半被切断并被无情屠杀。当这些衣衫褴褛的幸存者跌跌撞撞回到英格兰，震惊的枢密院对伤亡进行了新闻封锁。但是，那些没有回来的人的数量道出了实情。白金汉公爵利用媒体如此出色地提高了对胜利的期望，以至于意外失败对他的名声的影响是灾难性的。一年后，那些被他带向灾难的人中会有一个把他刺杀掉。

英国报纸那曲折的早期历史迎来了最后一幕。在沃克利的报纸倒闭后，巴特和伯恩恢复了他们的垄断地位。新闻书一时兴盛起来。瑞典对三十年战争的干预重燃了新教徒的希望，在这个最动荡的时代收到的报道的真实性受到了更严格的审查。许多还记得雷岛惨败的人，可能曾与克里斯托弗·福斯特牧师一起祈祷：

> 用真理的精神去激励新闻制作者们，使人知道何时赞美
> 你的荣耀，何时向你祈祷。因为我们经常为瑞典国王的胜利
> 而赞美你的圣名，之后又听说没有这样的事。我们也经常向
> 你祈祷，希望你能把国王从困境中解救出来，而后同样听说
> 这不存在。[46]

一时间，来自德意志的消息给新教徒的心带来了希望，事实上
还不是一点点，考虑到之前查理一世带给人们的相当不同的情绪。
1632年，由于受到来自西班牙大使的投诉，政府命令巴特和伯恩停
止出版。巴特，一个十足的新闻工作者，仍然在市场上出售当代历
史作品，对新教事业进行几乎毫不掩饰的赞美。[47]伯恩则更为明智
地转入其他的商业冒险中。1638年禁令放宽后，复兴的新闻很快就
被专注于国内政治的新闻书取代。伯恩这位商人适时地当选为书籍
出版业公会（Stationers' Company）的主持人，并取得了成功。而
巴特这位受挫的新闻工作者则在贫穷中死去。

两位马基雅维利式的政治家

二十年来，英格兰对报纸的早期历史做出了醒目的、潜藏着创
新的贡献。在内战前的几年里，英语作品复兴了，一个连载出版物
的密集网络从伦敦延伸到低地国家和整个德语地区，包括但泽、布
拉格和维也纳。在欧洲其他地方，连载出版物没有获得同样的成功。
早期报纸是一个有地理限制的现象。西班牙是连载新闻出版物市场
的后起之秀，三大印刷市场中的另外两个——法国和意大利——也
是如此。就意大利而言，这一点更为引人注目，因为自中世纪以来，
这个半岛一直是欧洲新闻网络的支点。在法国，对新闻市场的压制
是由这个时代最有权势的政治家红衣主教黎塞留做出的一种有意识

的国家行为。

黎塞留没有理由喜欢报刊。他的职业生涯不太光彩，是通过精心发展王室恩宠而稳步高升的。黎塞留开始其政治学徒期时，路易十三还未成年，他的母后和接连几位宠臣进行着残酷的夺权斗争。宫斗的内情通过大量的小册子流传到大街上，在 1614 年法国召开三级会议（法国大革命之前的最后一次国民会议）和 1617 年可恨的宠臣孔奇尼被杀之间的那几年达到高峰。这些年里有一千多本政治小册子出版，其中许多大胆地蔑视那些在宫廷争夺至高权利的人。[48] 这种激情的释放对于一个在内战边缘摇摇欲坠的国家而言是非常可怕的，此前的 16 世纪这个国家就饱受内战的创伤。黎塞留当权的头几年主要需要面对的是最后一次胡格诺派大叛乱，这场叛乱最终随着新教徒的拉罗谢尔要塞被降服而得到解决（白金汉的干预被证明是无效的）。

黎塞留是对个报刊很敏感的人。在早期的职业生涯中，他一直关注着伴随法国三级会议而来的政治活动。他确保拉罗谢尔的胜利作为一个标志，出现在一大堆赞美天主教胜利的小册子中。[49] 因此，当 1631 年第一份周报出现时，黎塞留很快就看到了把它们纳入自己的轨道所具有的好处。严格地说，它们并不是最早以法语出版的每周新闻纸。就像在英国的情况，阿姆斯特丹的新闻工作者也曾尝试过出版荷兰《新闻》的法译版，但只持续了几期。[50] 直到其失败的十年后，另一份法语报纸才会产生，这次是在巴黎。《各地普通新闻》由三位经验丰富的巴黎书商创办，他们明智地雇用了一个名叫路易斯·爱泼斯坦的德意志人来打理。[51] 它显然找到了现成的受众，而这反过来又鼓励了竞争。1631 年 5 月 30 日，第一期巴黎《公报》出版，其创始人泰奥夫拉斯特·勒诺多虽然并非印刷界人士，但在巴黎非常有名。

勒诺多不是一个典型的新闻工作者。[52] 1586 年，他出生于一个新教家庭，是蒙彼利埃一家非常有名的医学院的明星学生，二十岁便获得了博士学位。1611年，他回到家乡卢丹，被介绍给当地主教阿尔芒·德黎塞留。勒诺多立刻被吸引到黎塞留的圈子里。1612年，他被任命为御医，跟随黎塞留来到巴黎，改奉天主教，并被任命管理和改革首都的济贫工作。勒诺多虽然在巴黎知识界人脉广泛，但几乎毫无做印刷商的经验。当他用一份每周出版的新闻纸来试手，引发《普通新闻》出版商愤怒的抗议时，黎塞留看到了把这份新生报纸置于自己控制之下的机会。1631年11月11日，国王颁布敕令，确认勒诺多有在王国内印刷、销售和分发报纸的独家权。[53]

勒诺多迅速采取行动，充分利用自己的优势。埃普斯廷被劝诱离开原来的雇主为他工作。勒诺多甚至剽窃他们的标题，出版了自己的《普通新闻》，作为对每周一次的《公报》的补充。他的竞争对手并未束手就缚。他们向国王抗议，说勒诺多的《公报》不过是翻译从外国报纸上收集到的新闻。《公报》确实在业务上缺乏冒险精神，但这一点正是黎塞留想要的。1633年和1635年，勒诺多的独家特权得到确认，违反规定将受到更严厉的惩罚。那三个联营的巴黎书商不得不让步。

《公报》每周六面世。使用三台印刷机，勒诺多可以在一天内印制一千二百份。这绝非易事，因为加上《普通新闻》，《公报》达到了十二页多，每页四开。虽然国外新闻仍然占主导，勒诺多的报纸也开始越来越详细报道国王在巴黎、凡尔赛和圣日耳曼的活动。正是在这里，《公报》极为偏离欧洲标准，因为与外国新闻的枯燥细节相比，来自宫廷的消息采用了一种膜拜奉承的语气。勒诺多丝毫不吝惜对国王的赞美：法国是有福的，它的统治者拥有罕见的文雅、才华、勇气和人性。当然，这个美德目录也包括艺术天赋：他在表演芭蕾舞时"带着的喜悦与陛下从事的所有活动密不可分"。[54]

事实是，路易十三从来就不是强健之人，他的健康状况在1642

9.5 巴黎《公报》。尽管勒诺多此前缺乏行业经验,但他给这项事业带来了鉴别力和设计感。《普通新闻》专门报道帝国新闻。(普林斯顿大学图书馆,福尔克·达尔藏品,普林斯顿)

年持续恶化,这在宫廷中众所周知,《公报》却并未提及。这种过分的敬重当然也延伸到黎塞留,勒诺多对他表现出了无限的忠诚。1634 年,为了处理国王兄弟的婚姻难题,黎塞留出现在巴黎的高等法院,勒诺多在现场记录了他的说服能力:

> 无与伦比的口才和对材料的熟稔,使得大人毫不费力便演讲了近一个小时。在此期间,全体与会者表现出了从未见过的专注,他们的目光紧盯着他,他们的耳朵聆听着每个词,他们的身体仿佛僵住了一样,这些都是明白无疑的迹象:正如他们一致的掌声没有任何奉承之嫌疑,他们的出神入迷使得他能赢到全体听众的心。[55]

除了这些对权力的奉承,坚信已取得红衣主教信任的勒诺多还在《公报》中为来自国外的各种报道腾出了位置。1635 年后，来自德意志的快件占据的版面越来越大，其读者也得以充分了解英国君主制不断扩大的危机。它与稳定的法国王室形成的对比没有被直接言明，但却富有启发性。

在这样一个动荡的时代，渴望获得见识的人远不止巴黎的大都市精英。《公报》很快就在外省市场上遭到盗版：1631 年在鲁昂，1633 年在普罗旺斯地区的艾克斯。勒诺多没有进行昂贵的诉讼，也没有从巴黎向外省市场供货，而是找到了一个新的解决方案：他将《公报》的文本授权给有执照的外省印刷商。[56] 在支付费用后，他们可以印制自己的版本。因此，在鲁昂、里昂和波尔多出现了《公报》的地方版本。从这些地方，副本可以到达王国的每一个角落。例如，格勒诺布尔的一名书商的账簿记录了他为迪耶、瓦朗斯、加普、尼姆和贝桑松的客户运送的副本。就这样，宫廷的声音传遍了全国。

这既精明又有利可图。通过这一制度，勒诺多确保了在远离巴黎严密监督的法国南部，没有一家印刷商愿意拿自己的报纸冒险。因此，一个拥有近两千万居民、三十多个印刷中心的王国，只存在一种周报。这种情况将持续到投石党在世纪中叶发动大叛乱，暂时中止王室的权力，并引发新的公众辩论风暴。

从本质上说，投石党运动是两个群体发出的痛苦尖叫，也即贵族和巴黎法律界，他们憎恨自己在路易十四的未成年时期被排除在权力之外。他们将不满集中在一位大臣身上，这个顺利地继承了黎塞留衣钵的人就是红衣主教马扎然。反对他的运动在很大程度上是通过印刷大量小册子进行的。在三年的冲突中，多达五千本小册子在流通，其中仅在 1649 年就有三千本。[57] 不必奇怪其中有一本以讽刺的口吻感谢马扎然为印刷商做了这么多工作："您的生活对作家来说是一个取之不尽的主题，对印刷商来说是一个孜孜不倦的主题……全巴黎有一半人不是在印刷，就是在销售这些书，而另一半人把他们写出来。"[58] 这些小册子包罗万象：机智、雄辩、激情，甚至胡吹乱侃。[59] 小册子一向是重大新闻事件的安全阀，然而，即使是在这一危机时刻，印刷商们还是采用了这种形式，并仍喜欢以定期出版物的新名称来命名它们。因此，这一时期出现了一系列的小册子，有各式《信使》和《期刊》、奇怪的《信使报》，甚至有一份乐观地取名为《无私公报》。[60] 和所有其他刊物一样，其对马扎然及其所有工作也严加谴责：

> 亚里士多德告诉我们，有些好人是天生的，有些是教导的结果，有些则源于习惯。红衣主教马扎然证明他是第四种，因为他只能通过奇迹才能成为好人。[61]

在这场小册子的狂潮中，有人试图创办一份真正的连载刊物来取代

9.6　《法国人信使》。在勒诺多从巴黎流亡期间曾短暂繁荣。（普林斯顿大学图书馆，福尔克·达尔藏品，普林斯顿）

暂停出版的《公报》。勒诺多无疑是被迫跟随国王去了圣日耳曼，这给一些有进取精神的巴黎印刷商留下了填补市场空白的机会。结果是《法国人信使》的诞生，它在 1649 年出版了十二期，还有过几次再版。[62] 人们一度认为它的创办人是勒诺多的两个儿子，他们被留在巴黎继续经营他的事业。这似乎不太可能，即使是在靠不住的新闻出版界，一个从王室恩庇中自由获益的人，不太可能同时为国王和他的对手服务。[63] 一旦巴黎重新回到王室控制之下，勒诺多就开始打压新的对手。这场角斗在一本名为《新闻商业的重建，或被〈公报〉打压的〈信使〉》的辛辣风格的小册子中得到呼应。[64] 在巴黎新闻业并非人人都满意；但勒诺多保留了国王的信任，这是决定性的。《公报》以其原有的垄断地位重新出现，记录了路易十四统治时期法国军队在国外取得的胜利。[65]

垄断的逻辑似乎也吸引了另一个强大的头脑——威尼斯的保罗·萨尔皮。早在 17 世纪早期，萨尔皮就确立了其天才作家的名声，特别是在 1606 年至 1607 年的禁令争议中，他以城市捍卫者的姿态，反对红衣主教贝拉尔米内。[66] 十年后，萨尔皮对这些事件进行了反思，意识到欧洲其他地区印刷新闻的市场正在不断增长。他起初认为威尼斯应迎难而上，让有见识的公众了解自己的情况。他认为最好的策略是每个人对事件形成自己的叙事，这样能够将错误或无益的信息排挤出去。但这带来了一种危险，即掌握在臣民手上的信息可能导致他们在政治事务上形成自己的观点。当臣民在政治上变得有见识，

> 他会逐渐开始评判君主的行动。他变得如此习惯于这种交流，以至于认为这是他应得的，而当不允许时，就会产生误解，或者感到被侮辱并产生仇恨。[67]

总之，最好避免出现这种情况。萨尔皮不情愿地得出的结论是："每个人都承认，统治臣民的正确方式是让其对公共事务保持无知和恭敬。"[68]

萨尔皮非常坦率，但他在这里表达的似乎是意大利大城市的主流观点。欧洲两大新闻出版中心罗马和威尼斯都没有出版报纸。连载出版物的试验最早是在小得多的地方进行的，而且开始得非常晚。1640 年代，热那亚、那不勒斯、博洛尼亚和佛罗伦萨才出现报纸。就像在德意志的情况，它们的创办人通常是手抄新闻服务的运营者，也有生产新闻小册子的印刷商。不过似乎没有人取得过大的成功。早期的意大利报纸在排印上缺乏早期意大利印刷业让我们联想到的那种大胆和清晰。博洛尼亚的第一份报纸仅仅是在一张折叠的廉价纸张上提供了一份内容难辨的新闻摘要。到 1689 年，曼图阿的报纸每期才印刷二百份，即使如此，"还有一些留下来，不是用于出售，而是免费送给大法官、部长和其他人"。[69]

为什么意大利人没有更热情地拥抱报纸？部分答案在于现有新闻媒体的持续成功。半岛上的危机，比如禁令争议和那不勒斯叛乱，可能会引发一场风暴：意大利的印刷商肯定会对重大事件做出反应。但就政治生活日常和宫廷的阴谋而言，手抄新闻信札能保有订阅者的忠诚。在罗马和威尼斯这种以八卦和私人情报为生的社区，秘密的新闻服务仍然是绝对必要的。手抄新闻信札具有公共印刷品所缺失的微妙和灵活。在整个 17 世纪，意大利的新闻信札作者保留了常规的手抄新闻服务和为特别顾客提供的"秘密"新闻纸之间的区别。这些人在对知名公众人物发表评论时会无视他们的名声，而印刷商如果像他们这样坦率无情，必定会锒铛入狱，甚至更糟。此外，对于受过教育的、有才华和野心的年轻人而言，罗马和威尼斯如同磁铁一样。这就产生了大量廉价的抄写劳动力，使得新闻作者能够建立规模可观的工作坊。如果这些作者消息灵通，秘密新闻服务的利润会比印刷报纸的高出很多倍。[70]

　　这些扣人心弦的报道的琐碎轻薄偶尔也为人诟病。帕多瓦一个心存嫉妒的小册子作者写道："你们这些追求愚蠢故事的人，渴望听到谣言和报道，赶快跑去看看公报，看看这消息是好的、妙的，还是糟糕的。"[71] 但是，不管挑剔者如何抗议，八卦仍然是意大利政治的命脉，而不适合印刷的新闻是最宝贵的。那时，就像现在一样，那些身处其中的人会以极其严肃的态度对待这些权力转移的微小线索。谁得宠，谁失势，谁在冷落谁。红衣主教离开罗马到矿泉胜地疗养，真的是因为健康不佳，还是用来掩饰自己耻辱的借口？在马基雅维利的祖国，政治生活就是这样。或许，对于那些关心的人来说，它掩盖了一个令人不快的事实：真正的权力已经转移到了欧洲其他地方。

　　第一个报纸时代是一个影响深远但受限的试验期。这项新发明在欧洲大陆较小的范围内蓬勃发展，但即使在这里，对远方事件的枯燥而又例行公事的报道很少让现代读者血液加速。我们可以看到已经有人对连载出版物的设计和实际问题的不同解决方案产生了兴趣，但除了这一点，创建常规印刷新闻服务的最初尝试又取得了哪些成果？在检视那些简短的、经常是相当脏乱的留存下来的发行物时，我们很容易过于轻慢。当时的人肯定非常重视它们。我们不应该小看那些仔细研读报纸，试图理解远方正在发生的变化莫测的事件的英国乡绅、阿姆斯特丹或德累斯顿的市民。毫无疑问，熟读周报需要经常求助地图册，后者日益成为一个收藏丰富的藏书室内必不可少的装饰品。要想确定关于战役及军事调动的简短报告所带来的消息是好是坏甚或非常有趣，绝对不是一件容易的事。但如果说有很多新闻难于消化的话，17 世纪的报纸无疑通过将新闻置于更多人的手中，实现了政治意识的双重扩张：它们增加了有政治意识的人的数量，且扩大了他们的世界观。报纸也开始让读者建立阅读新闻的习惯。重大事件的发生仍然会引出铺天盖地的小册子，上面满是受雇的辩护之词，但在更平静的时期，读者们开始重视那随着报纸而来的稳定的信息杂录。对 17 世纪的许多人来说，每周两便士的价格是一种负担得起的消费习惯。在未来的岁月里，新闻将越来越成为一种"瘾"。

第十章　战争与叛乱

　　1618 年，维持了中欧七十多年和平的休战状态濒临崩溃。天主教激进主义的复兴使新教徒担心 1555 年《奥格斯堡和约》所保证的自由将无法长久。马蒂亚斯皇帝将由他特别好战的远亲斐迪南继任，这一前景在哈布斯堡的土地上激起了焦虑，尤其是在新教徒长期占据多数的波希米亚。危机在 1618 年 5 月 23 日的布拉格达到顶点，当时来自捷克领地的新教代表与忠诚的帝国摄政者发生冲突。在愤怒的交锋之后，两位帝国高官被推搡到一扇高窗边，被扔出了城堡。他们不幸的秘书尾随其后。

　　神奇的是，三人从六十英尺高的地方坠落后幸存了下来。他们掉在一堆废弃物上，基本没受伤，能蹒跚离开。对波希米亚的新教徒来说，这意外的结局是不祥的预兆。而对于皇帝的支持者来说，三位被抛出窗外的官员的幸存提供了一个宣传上的妙计。他们逃跑的消息迅速在欧洲传播开来，虽然可能并非所有人都相信旁观者声称的看到圣母玛利亚插手为他们的下跌提供缓冲。[1] 受害者自己所感激不尽的则是那个犹如神助的粪堆。

　　布拉格抛窗事件将开启一场长达三十年的战争，几乎将所有欧洲强权卷入其中。战争对德意志造成了巨大的破坏，并导致欧洲权力结构永久转变。这同时也是第一次在新的新闻媒介注视下发生的欧洲冲突。三十年战争爆发时，连接欧洲北部与帝国邮政系统的新路线的引入以及第一批报纸的创办才没过几年。这是对新的通信网络有多大能力为焦虑和受苦的欧洲人民提供新闻和分析的重大考验。发展当然不仅限于德意志。到新教和天主教势力最终坐上谈判桌时，法国的投石党运动和英国的内战这些新冲突，也在考验新媒体培养反对派和引领舆论的能力。这是一个新闻媒体寻求更广泛的公众，而更广泛的公众也在渴望新闻的时代。由此而来的影响将是深远和持久的。

来自布拉格

1618 年之后，欧洲都城那些翘首等待新闻以了解德意志发生的事件的人，将有很多机会称赞约翰·冯·登·比尔格登的工作，他是新建立的法兰克福邮局的帝国邮政局长。冯·登·比尔格登曾亲自骑行到布拉格以巡视驿站的选址，这些驿站将帝国首都和德意志邮政网络连接起来，进而通过法兰克福，将欧洲其他地区与波希米亚的动乱连接起来。[2] 布拉格抛窗事件后，波希米亚起义走上了不归路。他们拒绝效忠哈布斯堡，并选举信奉新教的普法尔茨选侯腓特烈代替已故的马蒂亚斯（1619 年 8 月）成为波希米亚国王，使得问题只能通过军事冲突解决。这些不寻常的事件照例催生出许多支持或反对的小册子。鉴于帝国现在前途未卜，许多小册子对这场宪法危机反应非常严肃且慎重。[3] 战争也是对新出现的周报的第一次考验。1605 年以来，这种印刷新闻纸已经在至少六个城镇推出，而在斗争的最初几年里，这一数字将翻一番。

在最早关于布拉格抛窗事件的报道中，有一篇发表在《法兰克福邮报》上。该报援引 5 月 29 日（事件发生六天后）一封从布拉格发来的快信，准确报道了三名受害者都幸存下来的这一事实，但搞错了他们的名字。[4] 这份报纸的下一期没有留存下来，所以我们无法判断它是否发表了更正声明。不过，虽然细节上存在错误，但报告的冷静语气非常独特。通讯员像是为外交官和官员们写作一样。对于这些报道可能通过报纸传播到更广泛的公众这一事实，他们没有做出任何让步，他们并未感到有责任去解释，去勾勒背景或介绍其中提到的人物。我们在16世纪的小册子文学中看到的对时事进行通俗活泼报道的新闻本能在这里完全缺失。

这些年的德意志报纸也刊登了来自冲突双方的报道，几乎没有区别对待或者偏向读者可能拥护的那一边。在冲突越来越激烈和血腥的大环境中，这样一种超党派的精神难以持续。因此1620年，当汉堡、法兰克福或柏林的读者读到来自布拉格和维也纳的报道时，前者会提到"我们的腓特烈国王"或"敌人"，而后者在相同的问题上会采用忠诚于帝国的视角。[5]随着1622年和1623年维也纳和苏黎世的"忏悔者大本营"（confessional citadels）推出报纸，一个更加明显分化的市场出现了。第一代德意志报纸都是在德意志北部和中部的城市创办的。受益于新邮政路线的高效，这些城市的新闻企业家可以从所有欧洲政治的主站那里获得全面的报道。相比之下，维也纳第一份报纸的创始人马蒂亚斯·福尔米卡在新教地区没有通讯员：他无法在哈布斯堡首都出版他们所渴望的关于篡夺波希米亚王位的报道。[6]苏黎世的报纸也逐渐发展成为新教这一边的喉舌。但它无法掩盖正在上演的灾难的规模。对其他主要新教力量的支持感到失望的新波希米亚国王腓特烈，很快被一支天主教军队废黜，而其莱茵兰领地被另一支军队荡平。

面对肆虐的天主教势力，德意志其他地方的出版物也开始更加谨慎地选择措辞。需要说明的是，这并非受它们当地的统治者逼迫的结果。1628年，柏林市议会审查了当地报纸的印刷商，原因是维也纳对其报道的性质提出了一些抱怨。印刷商抗议说，他只是将接收到的报道如其原样出版而一字未改。这个对一般做法的声明被认为是合理的，当局没有采取进一步行动。[7]

对于最早的印刷新闻纸来说，仅仅是跟进近些年来发生的非常事件就已经挑战十足，即使是来自战争前线的最具戏剧性的新闻，也很少脱离既有的格式，也就是将从主要新闻中心获取的连续报道排成密密麻麻的四或八页。当天主教军队通过废黜腓特烈，将他之前的选侯头衔授予巴伐利亚的马克西米利安，来巩固他们在战场上的胜利，就连小册子文学都在设法予以充分的回应。当《奥格斯堡

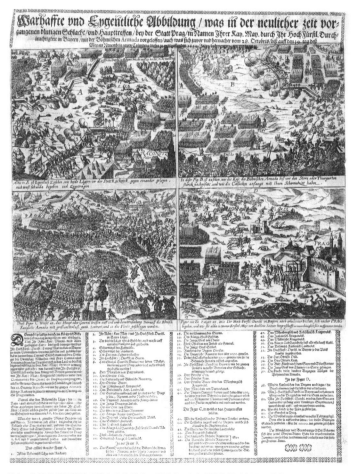

10.1　连续的插图描绘了发生在波希米亚的战争。（大英博物馆委托人，伦敦）

信纲》所保证的自由遭到侵蚀时，对于其在宪法上的影响有很多担忧的声音，然而也无法阻止皇帝充分利用其优势。要想真正了解这些年来的激情和认信狂热，我们需要转向另一种新闻媒介：插图大报行业的复苏。[8]

讽刺"冬王"

16 世纪的大报倾向于避开政治题材，更主要的是用来散布耸人听闻的新闻：可怕的犯罪、流产、神奇的异象等。[9]唯一的例外是在宗教改革冲突中，它们扮演了论战工具的角色。这也就意味着，16 世纪参与论战的大报主要是新教媒体。[10]木刻版画的主要生产中心是福音运动产生早期影响的城市，如纽伦堡和奥格斯堡。马丁·路德的追随者立即利用这些艺术家的技艺来支持新运动，竭力嘲弄教皇。就在三十年战争爆发之前，宗教改革的第一个百年纪念激起了新的一波路德和其他改革之父的圣像的涌现。[11]

而到了 17 世纪早期，在德意志重大政治事件的刺激下，大报将充分展示其作为政治宣传工具的潜力。这是插图大报的黄金时代：出版商越来越多地使用能呈现更清晰细节的铜版画，取代了 16 世纪的木刻版画。[12]在该世纪末，由于市场变得不景气，越来越多有教养的客户放弃大报，木刻版画将会回归。但在三十年战争期间，政治大报却在同样有教养的城市客户中找到了热切的读者，正是这些人推动了报纸的发展。

在波希米亚发生冲突的最初几年里，新教城市的印刷商们通过取笑和讽刺刚刚被驱逐出波希米亚地区的耶稣会士来取悦读者。[13]因为天主教领袖再次表现出的好战状态，耶稣会受到新教一方的广泛指责，在整个战争中一直是新教反感的对象。木刻艺术家也创作了一则简洁的寓言：新的新教英雄腓特烈照顾和治疗一头波希米亚狮子，它在清除哈布斯堡的灌木丛以开拓出自己的道路时受了伤。这是对圣哲罗姆和狮子的著名寓言的一个相当迷人的再想象，在这里以能引发共鸣的连环画的形式呈现。[14]

随着 1620 年 11 月 8 日新教一方在白山战役中战败，所有这一切以最具戏剧性的方式改变了。新教军队的这一耻辱，发生在现在被蔑称为"冬天国王"的腓特烈可耻地从波希米亚逃跑之后，代表了命运的彻底逆转，而天主教的作者们很快就将这一信息传达到国内。对天主教英雄们的庆祝伴随着对新教领袖的肆意嘲笑。一幅尤其受欢迎的漫画描绘了一个邮差骑马穿越欧洲寻找失踪的"冬王"；这幅木刻版画一如既往地伴随着嘲弄的诗句，将邮差的巡游放在粗糙的蛇梯棋盘上。[15] 波希米亚雄狮的主题现在被颠倒过来：它在袭击帝国雄鹰时被巴伐利亚熊咬伤，指涉的是拥护天主教的巴伐利亚的马克西米利安的领导角色。[16] 这是一幅真正的漫画，几乎不需要附带诗句来表明其观点：的确，许多版本根本没有文字。在另一幅讨喜的漫画中，当斯皮诺拉的侯爵按部就班地减少腓特烈之前的普法尔茨领地上的莱茵兰要塞时，新教领袖们只是呆钝地围坐在桌旁。[17]

像许多漫画一样，这幅漫画对政治现实的表现并未偏心。由于担心自己势单力薄，并被认信和王朝的对立所分裂，面对天主教不可阻挡的推进，新教的王侯们几乎毫无抵抗。他们自己的报刊除了对流通中无用印刷品的数量发表一些尖酸刻薄的评论外，几乎没有提供什么能振奋人心的内容。[18] 1621 年，纽伦堡市剥夺了此前受到青睐的雕刻师彼得·伊塞尔贝格的公民权，因其不明智地在这座新教堡垒发表了一篇反对"冬王"的论战性大报，但这种报复行为对阻止潮流几乎毫无帮助。[19] 最早的一系列针对新闻作者的讽刺文也把矛头对准信使，指控其用虚假的报道来满足轻信的、渴望新闻的公众。无论是对还是错，有关新教事业的新闻都是负面的。十年的军事灾难到 1631 年抵达了顶点，这一年帝国将军蒂利伯爵的军队对马格德堡发动猛攻并屠城。这个标志性的新教堡垒（一个世纪前反抗皇帝的中心地带）的百分之八十五的人在洗劫以及随后的火灾中丧生。

马格德堡发生的恐怖甚至震撼了报道风格一贯冷静的每周新闻纸。[20] 对认信持不同立场的报纸采取了截然相反的观点。慕尼黑的《信使报》对天主教的胜利予以虔诚的庆祝。根据他们的报道（消息来源很可能是蒂利），灾难性的大火是由保卫该城的瑞典军队点燃的，他们不想让蒂利的军队获得战利品。[21] 在新教徒的那一边，什切青《帝国报》用一则高度修辞化的报道描画了洗劫中的种种惨状：

> 高温让居民们都失去了勇气，街上充满可怕到难以形容的尖叫和哀嚎。为了不让孩子落入敌人手中，母亲们把他们扔进火里，然后扑向火堆。[22]

其他令人心碎的个人悲剧在一连串的出版物中被讲述和重述，必须说，它们大部分是在新教城市出版的。天主教的报道相对克制，平民伤亡的规模似乎削弱了任何必胜主义。也许幸运的是，这样的灾难也被证明超出了木刻艺术家的能力。对这座城市的毁灭多是以常规的地形学上的战场来表现。只有几张漫画相当忸怩而很不充分地指涉了蒂利粗暴地向一个（全身穿好衣服的）马德格堡少女的求爱。[23] 再一次，只能留待小册子文学来讲述可怕的故事，阐明"恰当的道德"：对许多新教徒来说，这不仅是一个关于天主教暴行的故事，更是一个警告——只有忏悔和服从上帝的意志才能消除其愤怒。[24]

北方雄狮

到 1630 年，德意志的新教事业陷入绝境，转运的前景似乎极其渺茫。因此，当瑞典国王古斯塔夫斯·阿道弗斯愿意出面成为新的捍卫者时，惶惑的德意志王侯们最初退缩了。很难责怪他们：1625 年，路德宗君主、丹麦的克里斯蒂安四世的干预以彻底失败收场，天主教军队占领了他的大部分土地，并有可能让阿尔布雷希特·瓦伦斯坦成为哈布斯堡在德意志北部一个新卫星国的统治者。所以 1630 年 7 月当古斯塔夫斯·阿道弗斯来到佩内明德，即便他有意选在《奥格斯堡信纲》·百周年纪念日，从而让自己的到来具有象征意义，他也无法说服德意志王侯们再次冒险与哈布斯堡武力相抗衡。[25] 萨克森选侯约翰·乔治作为德意志路德宗的关键领袖，尤为保守。直到蒂利在摧毁马格德堡后转而入侵萨克森，他才被迫接受与瑞典联盟。结果，瑞典人在布赖滕费尔德获得压倒性胜利（1631 年 9 月 17 日）。几个月之内，瑞典军队占领了德意志的大部分地区。

瑞典的军事胜利对德意志新闻界产生了变革性的影响。布赖滕费尔德战役是整个冲突中新教第一次在战场上取得的重大胜利，狂喜的新教一方涌现大量庆祝的文学作品自然在预料之中。描绘这场战役的木刻版画也出版了很多，而最受欢迎的那幅讽刺地提到了传言中约翰·乔治对蒂利要求在入侵前获得萨克森土地进入权的回答："我觉察到萨克森这道甜品在保留这么久之后，终于被摆上了桌子。不过像往常一样，它会同坚果和各种装饰品混合在一起，所以注意您的牙齿。"一连串的讽刺漫画描绘了膨胀的蒂利在消化德意志甜品时明显的不适。[26] 有些漫画用两幅木刻版画讽刺了天主教在布赖滕费尔德战役前的信心："第一幅，一名信使带来了天主教胜利的消息；第二幅，同一名信使带着伤一瘸一拐地回来，揭示了真实的战况。"[27]

瑞典的胜利之具有变革性，也是在这个意义上来说的，即通过

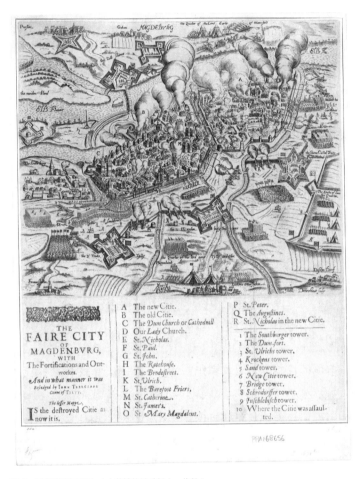

10.2 马格德堡的悲剧。（大英博物馆委托人，伦敦）

控制德意志大部分土地，瑞典人也就控制了新闻网络。图恩和塔克
西斯家族的帝国邮政服务现在完全被破坏。布鲁塞尔和维也纳之间
的主要路线只能靠南边一条长长的绕行路来维持，以避开被敌人控
制的领土。古斯塔夫斯·阿道弗斯通过在法兰克福建立自己的邮政
服务填补了这个空白，并聘请前法兰克福邮政局长约翰·冯·登·比
尔格登来经营，后者是 1620 年代后期日益紧张的认信争论的牺牲

品。1628 年，冯·登·比尔格登被以站不住脚的理由解雇，说他的周报充斥着不利于帝国事业的虚假报道。[28] 他的职业生涯一败涂地，没有理由不与古斯塔夫斯共进退。几个月之内，这位杰出的人物就修复了通往汉堡和莱比锡的邮政线路，并开通了两条新的线路。其中一条取道安全的新教城市苏黎世通向威尼斯，另一条取道梅茨前往巴黎，以保持古斯塔夫斯与他那狡猾而又神经质的盟友红衣主教黎塞留的联系。[29]

这一由瑞典来主导德意志事务的时期是短暂的。1632 年春，古斯塔夫斯重新开始了其显然是不可阻挡的征服，深入巴伐利亚并占领了慕尼黑。新教盟友们被许多热情洋溢的漫画所鼓舞，它们刻画了一只凶猛的狮子在追逐一只如今已经有所收敛的巴伐利亚熊。[30] 一幅广受欢迎的木刻版画展示了古斯塔夫斯被瑞典人征服的城市的地形图包围：因为必须经常更新，这幅画再版了许多次。[31] 另一幅受欢迎的漫画则要下流些，它表现的是一位臃肿的天主教教士被迫将沦陷的城市吐回到新教手中。[32] 1632 年是德意志政治大报产量的绝对高点。有记录的共有三百五十份，其中许多留有大量副本。对于一种瞬息即逝的材料来说，这很不寻常，可以肯定地说，它们是在第一次出版时被精心收藏起来的。[33]

古斯塔夫斯和他的新教盟友之间不断升级的紧张关系，没有在新教的大报中表达出来，后者继续在嘲笑倒霉的蒂利。但是到 1632 年 11 月，当两军在吕岑会战中再次交锋，瑞典为胜利付出了高昂代价：北方雄狮古斯塔夫斯·阿道弗斯受了致命伤。报纸上的最初报道反映了这次血腥但非决定性的战斗的复杂性。即使在得知结果后，新教报纸也极不情愿承认它们的捍卫者失败了。混乱的战况被一份西里西亚的报纸所记录，它在八页纸上刊登了三篇关于这场战斗的报道，按照它们到达的顺序排列。第一篇非常确认古斯塔夫斯死了；第二篇对此表示怀疑；第三篇印在最后一页上，认为古斯塔

10.3 冯·登·比尔格登为瑞典人服务。除了新的邮政路线，他还恢复了他的报纸。注意这里对来自瑞典总部的新闻的突出。（普林斯顿大学图书馆，福尔克·达尔藏品，普林斯顿）

夫斯还活着，并将继续打击瓦伦斯坦残余的军队。[34] 就像一部超现实主义电影以相反的方式展开叙事，这些报道囊括了依然伴随着当时新闻采集，尤其是从战区采集新闻的困难。

古斯塔夫斯·阿道弗斯之死并没有让瑞典人停止卷入战争。瑞典军队的管理权移交给了阿克塞尔·奥克森谢尔纳，他是为瑞典军队胜利提供后勤保障的行政天才，成功地使军心恢复镇定。但此时瑞典的政策越来越强调王朝和战略的优先性，而不是激起对古斯塔夫斯的崇拜的弥赛亚使命。即使在 1634 年诺曼底惨败后，瑞典人仍然顽强地战斗，以在德意志北部保有领土，支撑其称霸波罗的海的抱负。1630 年到 1632 年间冲突所特有的目标的清晰性现在消失了。1634 年，新闻出版物毫无惋惜地记录下了对瓦伦斯坦的暗杀，这个越来越不可控的自由代理人被他的前帝国主人下令处死。1635 年，法国对西班牙宣战，这场冲突的主体将是一场保护莱茵兰安全的战役。天主教内斗，渐渐地，新教也内斗：在维特施托克战役（1636 年 10 月 4 日）中，瑞典用一场大胜阻止了其影响力的下降，被他们打败的对手包括路德宗萨克森的军队。

饱受摧残的公众渴望和平，这丝毫不足为奇。遭到践踏的德意志领土陷入了长期的经济衰退。印刷业和新闻网络都受到了经济崩溃的严重影响。政治大报的产量迅速下降，但仍足以记录德意志各邦国是如何逐渐脱离其领土上的战争的。1635 年，信奉路德宗的邦国与皇帝讲和。在 1643 年，外国势力被说服加入他们的谈判，以结束战争并解决悬而未决的领土纷争。

缔造和平的进程极其缓慢。新教徒和天主教徒没办法坐在一起，所以天主教徒在明斯特会谈，而新教徒在奥斯纳布吕克。第一年的大部分时间都耗在了优先权和程序问题上，一幅漫画很好地讽刺了这个令人发狂的前奏：一群全权公使成了舞者，为了赢得更好的位置使出各种花招。[35] 为了方便与其他缺席的负责人进行协商，向他们咨询意见，若干新的邮政网建立起来。瑞典在讷德林根战败后，帝国邮政重新恢复，在明斯特和林茨、明斯特和布鲁塞尔之间建立了直达线路。这是莱昂哈德·冯·塔克西斯遗孀、可敬的亚历山德里娜·德赖伊的功劳。1628 年，在丈夫意外死亡后，她接过帝国邮政的管理。[36] 她掌管家族事业长达十八年，负责恢复家庭财富，以确保塔克西斯家族继续拥有邮政特权，直到 19 世纪被德意志帝国邮政（Reichspost）取代。出席谈判的其他几方，包括荷兰联省和勃兰登堡在内，也建立了直达奥斯纳布吕克的信使服务。在取得长足的进展之后，和约终于在 1648 年达成。

　　《威斯特伐利亚和约》结束了这场长达三十年、具有无穷破坏性的冲突。乱军一次次入侵，给德意志造成了巨大伤亡。一些地区失去了一半以上的人口，需要几代的时间才能恢复。因此称赞德意志新闻媒体在这些年所表现出的非凡创造力似乎很奇怪。17世纪的德意志并没有诞生出丢勒或克拉纳赫那样的画家，但其出版企业家如同施魔法一般，从磨难中召唤出一种全新的新闻媒介——政治大报。

　　不过，这些插图印刷物所讲述的只是很局部的故事。与对蒂利的咒骂相比，瓦伦斯坦几乎完全被忽视。而古斯塔夫斯·阿道弗斯的胜利被成百上千的印刷物庆祝，凭政治大报来判断的话，1625年的丹麦入侵几乎从未发生，1635年之后法国的干预在很大程度上也是如此。

　　如何解释这些差异？原因必定在于大报在新闻文化中扮演的特殊角色。它们并不像同时代小册子那样会警告潜在的或当前所面临的危险。小册子的作者在腓特烈接受波希米亚王冠时便表达了他们的愤怒；漫画家要等到他不光彩地被击败时才加入这场斗争。同样，蒂利只有在他威风扫地的时候才成为嘲笑的对象，而不是在他的军队高奏凯歌的时候。古斯塔夫斯只有在赢得第一次胜利后，才得到齐声赞扬。漫画家似乎是通过在危险过后与读者分享解脱的时刻而让自己生意兴隆的。17世纪的讽刺作家大体上是事后诸葛：他们把赞扬或非难限制在已发生和已知的事情上。

　　就此而言，政治大报在心理情结上对新闻媒体做出了贡献：永远不要站在批评的前线，要在安全的距离外欢呼。小册子作者常常冒着风险去支持一项事业，政治大报却最喜欢打击已被大事件摧毁的政治人物，从大报的受欢迎程度来看，这似乎也符合读者的喜好。

大坝崩塌

如果政治的第一法则是你应该比你的敌人幸运，那么再也没有比最初反对英国斯图亚特国王的那一小部分人，更能证明这一点了。作为伊丽莎白女王死后继承问题最不坏的解决方案，苏格兰的詹姆斯六世被勉强接受，而他的儿子查理几乎天生缺乏政治技巧。从为自己寻找一个天主教妻子，到对英国议会和国教传统的攻击，查理一世的政策似乎意在让好斗但大体上顺从的人联合起来反抗他。一个对公共关系的看法局限于委托凡·戴克为他画一幅新画像的人，自然会完全忽略新的新闻媒体的重要性。一开始，他确认了生产报纸的权利是一种垄断权利，然后他完全禁止其存在，到 1638 年又一度恢复报纸的生产，为了使其成为对抗反对派的支柱。[37] 由于国王还全力维护伦敦书籍出版业公会的特权，反对地方的无执照经营者，这也确保了反叛的首都只能在印刷文字几乎被垄断的环境下发动战争。

在英国，内战标志着印刷业时代被推迟很久之后的到来。在 16 世纪的大部分时间里，这个市场规模都很小，只能维持一个适度的、相当保守的出版范围，尤其是当英语读者继续从欧洲进口拉丁文的学术书籍时。英国印刷商做的是本国语交易，大部分工作依赖于王权，这个行业几乎局限于伦敦。尽管伦敦人同欧洲其他地区的人一样对新闻充满渴求，但大多数新闻最初都是译自法语或荷兰语的小册子。1620 年代，伦敦加入了欧洲每周新闻纸的潮流，手抄新闻服务在这里立足。但直到 1640 年代，英国报刊才开始盛行。

如果巴特和伯恩认为在 1638 年恢复他们对新闻的垄断同时也能恢复他们的财富，他们可能要失望了。此时的形势已变。他们所提供的关于大陆战争的报道不再能满足公众的期望，读者们有更迫切的国内担忧。将英国国教强加给不情愿的苏格兰人的尝试引发了第一次武装对抗，进一步将查理国王与一个困惑和焦虑的政治民族隔绝开来。1640 年，所有人的目光都集中在威斯敏斯特，国王不愿召回议会引起国民的不满。宪法辩论的紧迫性催生了一种新型的连载出版物，这种出版物的名称相当误导人，叫"日报"。它们每周都会对议会的活动进行总结，并记录每天的事务。这些日报在 1640 年一直以手稿形式流传，只是在 1641 年 11 月，才第一次以印刷的系列新闻信札的形式出版。[38] 它们立即引起了阅读公众的共鸣，到 1642 年年底，已经有超过二十种独立的出版物以"日报"或其变体为标题。[39] 最成功、最持久的数塞缪尔·佩克的《关于议会通过法案的完备日报》，佩克是一名经验丰富的手抄新闻纸的编辑，是转向国内新闻的先驱。

连载新闻的恢复意义重大，但并不是这场正在上演的政治闹剧的主要成因。日报直到 1641 年年底才出现，而这一年，国王和议会之间的冲突超出了和平解决的范围。如同在更早的冲突中，小册子再次推动了政治辩论。在内战爆发前的那些决定性的年份，出版物也随之涌现。1639 年到 1641 年间，印刷机的印刷量增长了近四倍，1642 年达到顶峰，近四千部作品出版。[40] 这种增长主要应归因于政治小册子。我们可以通过一系列小册子来跟踪 1641 年危机中发生的戏剧性事件：对斯特拉福德伯爵的审判，对大主教劳德的攻击，对天主教阴谋的恐惧。[41] 爱尔兰的叛乱激起了大量重磅出版物的出现，其中一些用插图生动地描述了新教移居者遭受的折磨。[42] 小册子文学中狂热和谩骂的腔调达到新的顶点，至少对英国来说是这样。与对斯特拉福德和劳德的无情仇恨，对堕入地狱的斯特拉福德的幸灾乐祸的描述相配的是，在捍卫真正宗教的呼声中，好战的语气越来越强烈。尽管直到 1642 年军队在埃奇山集结时，战争才不可避免地爆发，但在前一年愤怒的、复仇心切的、恶毒的宗派小册子中，人们曾多次热切地期待流血事件的发生。

与小册子文学的基调相反，日报似乎显得相当沉着和谨慎。然而，它们代表了欧洲新闻世界的一场无声的革命。[43] 因为这是第一次有定期的系列出版物主要致力于报道国内事件。在确保控制了英国唯一重要的印刷中心后，议会开始有意识地去争取政治民族的好感。议员们吸收了保罗·萨尔皮的观点，即知情的臣民会"逐渐开始评判君主的行为"，却从中得出相反的结论：这是可取的。在未来的岁月里，议会将有意识且有效地利用其对伦敦新闻界的支配，确保议会法令和公告在其军事控制下的王国所有地区都为人所知。[44]

对于保王派来说，这一挑战与军事冲突一样令人气馁。1642 年1 月，查理一世在逃离叛逆的首都后终于意识到，如果他要挑战这种印刷机被压倒性的敌意利用的状况，就必须采取更积极的公众参与政策。在忠于国王的城市里建立一家属于自己的报刊可以多少恢复一点平衡，这也就导致了 1643 年明确致力于保王派事业的新闻周报《宫廷信使报》的成立。

这也是报纸历史上的一个重要时刻：鼓吹式新闻（advocacy journalism）的开端。[45] 到这时为止，周报界一直在努力证明它与冲突的关系。尽管 1642 年大量新的出版物出现，但大多数都在年底前停止出版。这是这个时期的固定模式。1641 年至 1655 年间，有三百多家表面上的连载出版物，但绝大多数（百分之八十四）只出版了一期或几期。[46] 这就说明，与我们对这一创造力的大爆发的想象相反，这种环境并不是报纸出版的最佳条件。报纸需要稳定：要建立自己的订阅者名单，最好避免冒犯当局，否则可能会给当局关停报刊的借口。但在这动荡的几十年里，时代的脾气从未稳定过。连载新闻很容易成为惩罚的目标，其出售者的地址会显著地排印出来。而另一方面，小册子可以匿名出版，数量也还在增加。

《宫廷信使报》则非常不同。[47] 它对重大事件进行连续评论，抛弃了新闻报道特有的简短，偏爱对国王的敌人进行嘲讽和刺激的长篇文章。它们许多都取材于其他的新闻书。至于事件报道的真实性，该报通常无法确保。保王派在马斯顿荒原的惨败，为议会最终的军事胜利铺平了道路，而这个来自约克的"大新闻"在 1644 年 7 月 6 日《宫廷信使报》首次报道时被描述为一次胜利。它称自己得到了"确定情报，叛军已被彻底击溃"。接下来的一周，尽管粗暴地指责议员们故意隐瞒了真实的报道，它被迫屈辱地收回了言论。[48]

不过在另一层面上，《宫廷信使报》非常成功。它无疑对鼓舞国王的支持者、激怒他的敌人起了很大作用。当五百份《宫廷信使报》被议会军队截获时，这几乎是作为一场军事胜利来报道的。1643 年夏天，议会成立了自己的鼓吹性定期出版物——《不列颠信使报》，明显是为了对抗《宫廷信使报》的影响力。[49]这份刊物同样具有重要地位，它推动了 17 世纪最引人注目的新闻事业之一。

马查蒙特·尼德汉姆是一位有天赋的作家。[50]他将激昂的鼓吹、辛辣的机智和晓畅的文学风格结合在一起，正好适合这一动乱的时代。他与《宫廷信使报》的几次交锋都给对方以沉重打击。作为一个天生的冒险家，尼德汉姆总是直言不讳，在这样一个非常时期，他偶尔也会越过底线。1645 年，国王在内斯比战败后，他伪造了一份诙谐的"通缉令"，其中粗鲁地提到查理一世的口吃。[51]议会采取行动，将本该发现这一点的印刷商和审查员都送进了监狱，对尼德汉姆则从轻发落，只是训斥了一顿，这等于明白地承认了尼德汉姆对议会事业的重要性。经历这场风波，《不列颠信使报》很快就恢复了业务，只错过了一期。

这一事件也许使尼德汉姆对自己的重要性有了更高的认识，因为第二年他又陷入了麻烦，这次是因为一篇把查理描述成一个暴君的社论。他进了监狱，但仅仅是象征性地监禁两个星期，并没有达到预期的效果。厌倦了老雇主的尼德汉姆现在不是向议会，而是向国王忏罪。难以置信的是，查理一世雇用他为保王派刊物写作。在

10.4 《宫廷信使报》的传讯。这幅画中，议会的愿望实现，将约翰·伯肯黑德爵士戴颈手枷示众，显示了国王的宣传工具在相当程度上击中了要害。（大英博物馆委托人，伦敦）

著名的《实用信使报》中，这位多才多艺的记者现在谴责议会和它的苏格兰盟友密谋反对君主制，并严厉斥责那些人正在趋近叛乱的骇人结论：审判和处决国王。[52]

　　1649 年 1 月，国王查理一世被处决，这震惊了欧洲新闻界。德意志、荷兰和法国的阅读公众对英格兰的新公民主人们能把他们的争论带向这样一个结果感到着迷。欧洲大陆的读者渴望得到关于

10.5　在《实用信使报》中，尼德汉姆为国王服务。（福尔杰莎士比亚图书馆，华盛顿）

此事的详情和解释。[53] 许多国家印刷和重印了关于处决的小册子和所有插图。[54] 在英国本土，情况则大不相同。这个世纪最不寻常的新闻事件并没有掀起很大波澜。这部分是因为英国古老自由的捍卫者们确定事情该当如此。2月，因前一年的普莱德清洗（Pride's Purge）而沦为残缺议会的下议院，愤怒地回应了那些将他们早前的长老会盟友与处决划清关系的小册子。他们颁布了一项关于加强印刷管理的法令，对那些"擅自制造、书写、印刷、出版、销售或流通，或导致制造、印刷或流通任何丑化或诽谤性的书籍、小册子、文件或图片"的人处以严厉的经济惩罚。这样的规定并不新鲜：1642 年、1643 年和 1647 年，英国议会都曾通过审查法令。[55] 此次最引人注目的是对控制视觉图像的新强调，毫无疑问这是因为意识到了被斩首的国王的图像将带来的无比震撼。议会无法控制《国王圣像：身处孤独和痛苦中的陛下圣像》的超高人气。[56] 据称，《国王圣像》是国王对自 1640 年以来所发生的事件的自述，其间穿插着他的祈祷和冥想。该书在出版业引起轰动，仅第一年就出现了三十五个英文版本和二十五个欧洲大陆版本。虽然太迟了，但保王派最终还是发现了成功宣传的秘密。

议会当局至少成功地追踪到了尼德汉姆，他于 1649 年 6 月被关押进了新门监狱。尽管生活不适，但这为尼德汉姆进行深刻反思提供了机会。1650 年，他再次出现在公众的视野中，宣布改信共和主义。[57] 议会的愿望显然已经达成。5 月，他们决定每年给他一百英镑的薪水，作为他未来从事新闻事业的报酬。受此鼓舞，尼德汉姆提交了关于一本新的新闻书《政治信使报》的计划书。他先前社论中那种轻率、讽刺的语气将被歌颂共和国美德的严肃文章所取代。尼德汉姆与共和国情报局局长约翰·瑟洛密切合作，后者收到的邮件为外国新闻提供了一个极好的来源。这一点在英格兰与荷兰共和国开战时（1652—1654）变得更加重要，这些事件的报道比克伦威尔最终愤怒解散残缺议会（1653 年 4 月）的报道要全面得多。1655 年，克伦威尔政权关停了所有的伦敦报纸，除了由尼德汉姆管理的《政治信使报》和周中的《公共情报员》。[58] 凭借对销售和广告收入的有效垄断，尼德汉姆成功跻身富人的行列。

尼德汉姆频繁的立场转换和无耻的忠诚交易受到了历史学家的诟病。不过，那些预见了印刷品泛滥的同时代人都认识到，这是一个奇怪的时代。这是英国新闻业转型的重要时刻。连载刊物、小册子和官方出版物，雇用专业写手和政见相同的印刷工人，对新闻的操纵、压制和修饰，对异议的审查、控制和处罚，所有这一切都反映了一种认识，即必须哄骗和说服异常活跃的公众。但是没有人认为这种情况会无限期地持续下去。所有参与其中的人都认识到，这种与公众的接触是一种紧急情况，不是一件值得庆祝的事，人们应该为此感到惋惜。

克伦威尔对反对派声音的强硬压制可能显得很虚伪，肯定会遭到保王派和幻想破灭的前盟友的公开谴责。但大多数人会不情愿地承认，其实他们也会通过平息内战引起的不和谐音来庆祝胜利。当然，复辟的君主也有同样的想法。1660 年，王国从共和主义中解放出来，随后迅速镇压了新闻界。从 1658 年克伦威尔去世到查理二世回归，这混乱的一年多时间见证了论战性文学的稳步复兴，这一次，君主制的支持者更加占据上风。一个奄奄一息、疲惫不堪的政体几乎没有支持者。曾迫害过斯特拉福德和劳德的无情媒体现在找到了可以朝其发泄恶意的新恶魔，并为自己的罪行赎罪。这些新的替罪羊就是弑君者，他们签署了现在被奉为圣君的死刑令：1660 年秋，那些未被新国王仁慈赦免的人被处以可怕的死刑，并受到了紧追不舍的大众印刷品的嘲弄。公众对新闻的渴望找到了一个出口，但还缺少了一丝人性关怀。

乌烟瘴气

荷兰共和国是 17 世纪的奇迹。即使它的许多敌人也对此感到惊讶，一个在 16 世纪的独立斗争中几乎被摧毁的小省份，居然会变成欧洲最繁荣的国家，而这一切还是在没有国王统治的情况下实现的。[59] 这场始于 1566 年的叛乱直到 1648 年才正式结束，当时西班牙的腓力终于承认其帝国北部已经无法挽回。到这时，尽管战争几乎没有停过，这个年轻的共和国已建设成了欧洲最发达的经济体。

它是欧洲大陆主要的国际贸易中心，拥有最成熟的股市、银行和保险市场。它是欧洲领先的造船中心。必然，它也是一个主要的新闻中心。

新共和国急切地抓住了定期出版物的机遇。到 1640 年代，阿姆斯特丹一周有四天分别发行十份周报。[60] 这个年轻的共和国也非常关注其邻国的事务。英国国王和议会之间的纠纷在荷兰受到密切关注，许多共和党和保王派的辩论以荷兰语译本的形式提供给新读者。[61] 就像大部分经济活动一样，印刷业的发展依赖于投资资本的易得性和管制的超常难度：在一个城市被禁止的出版物通常可以在荷兰的另一个城镇被公之于众。

所有这些狂热的经济活动都是有代价的。由于过剩资本寻求出口，经济容易出现过度波动。最著名的例子是 1632 年的郁金香热，这是报纸时代的第一次重大经济危机。[62] 对待商业竞争对手的无情态度从这一事件以及对外贸易中显露出来，这与公众生活的虔诚基调格格不入。在市场需要保护的地方，宗教团结起不到什么作用。荷兰人是出了名的野蛮殖民者，也是反复无常的盟友。1672 年，他们的报应来了。这个聪明、富裕、无情和伪善的年轻国家突然发现自己盟友尽失。

这场席卷荷兰共和国的危机迅速展开。1672 年 3 月，路易十四缔结军事同盟，将荷兰围困至孤立无援的境地。当英国海军袭击归来的黎凡特舰队时，荷兰同英国建立友谊的残存希望破灭了。4 月，法国和英国对荷宣战。尽管 6 月 7 日在萨福克海岸的索尔湾，荷兰对英国人取得了一场孤注一掷但非决定性的胜利，但实力不足的荷兰地面部队很快被欧洲最专业的军队——路易十四的军团俘获。不久，近陆的省份落入法国人的手中，乌得勒支不战而降。这个国家的存亡再次受到怀疑。

荷兰军队的溃败和法国军队的推进激起了民愤的浪潮。7 月，荷兰共和派摄政者分裂成失败主义派和继续战斗派，并最终屈服于民众的压力，任命奥兰治的威廉为荷兰总督。名誉扫地的共和政权的敌人现在开始采取报复行动。大议长扬·德维特在 6 月 21 日的持刀袭击中受伤后于 8 月 4 日辞职。三周后，他和他的兄弟科内利斯在海牙遭到袭击，被毒打、刺伤和枪杀。然后，他们的尸体被拖到公共绞刑台遭肢解。

在荷兰从未有过类似的事件。公开对共和国两位重要公民处以私刑，不仅是对其政权，还是对这个繁荣的资产阶级社会所特有的文明价值观的强烈否定。这出戏剧的关键时刻可能很快就会在罗梅因·德霍赫的一系列戏剧性的版画中重现，富有同理心的他见证了兄弟俩的惨烈结局。[63] 这些可怕的事件及其后果也刺激了小册子文学的涌现。关于这部分印刷史的最新学术研究列举了一千六百零五本小册子，其中九百九十六本是原作，六百零九本是再版。[64] 它们大部分都集中在 1672 年 4 月到 8 月这一时间极短的剧烈活动期。这场运动吸引了众多作家，出版业也广泛参与了进来。仅在阿姆斯特丹就有八十六家不同的印刷厂参与。这并不是一场由敌对的奥兰治派和摄政派形塑的运动。相反，我们看到的是一个受过良好教育、政治活跃的公民群体，在荷兰共和国本已松懈的审查制度失常的情况下，对不寻常事件的反应。

这是一场在街头和印刷物上一争高下的政治危机：但相关的印刷媒体是政治小册子，而不是报纸。这其中有几个原因，且和上面提到的一样，这个案例研究就早期报纸对公共事务的真正影响做出了清醒的判断。首先，报纸在问世五十年后，仍然没有适应国内新闻的生产。部分原因是扎根于手抄新闻的传统的重压，但情况并非总是如此：1640 年代在英格兰重新出现的新闻纸在内战和过渡期的政治辩论中显得嘈杂而偏颇。报纸在欧洲大陆内政辩论中扮演如此保守的角色，其真正原因在很大程度上是结构性的。固定的形式使之几乎不能灵活地对重大事件做出充分的反应。而来自国外的系列报道千篇一律，几乎没有评论的余地。出于多种原因，这既适合生产商，也适合监管当局。外国新闻提供了足够多的副本来满足客户并填满版面。这样做也将风险降到最低。报纸的出版商自然倾向于谨慎和保守主义风格，一方面因为当权者是他们最好的客户，另一方面任何过分大胆的评论都可能会招致报复。连载刊物的出版商总要为下一期着想。考虑到客户群的性质，他可以肯定发表在刊物上的文章必定会被仔细阅读。一旦"出言不逊"冒犯了别人，他将成为众矢之的。唯一安全的策略是保持严格的政治中立立场。这样一来，当风暴减弱时，新闻工作者希望自己仍能机械凑成每周文摘，而不用担心遭到报复。

由于以上所有原因，一名小册子作者可能比一位报纸经营者更有冒险精神。小册子作者可以冒险，可以诙谐、有攻击性和直言不讳，还可以利用公众情绪来牟利。即使情况有变——假设他误读了当时的政治符号，或者大胆地逆势而上——小册子作者仍然可以更换话题。再者，许多政治小册子都是匿名出版的，而通常在出版商的店铺售卖的报纸，必须在出版时附上一个地址，这样潜在的购买者才能找到它，订阅者才能知道把钱寄去哪里。

到 17 世纪中叶，报纸已在对不同读者群进行政治教育上发挥了重要作用。但它们总是可能被真正不寻常的事件所淹没，比如 1672 年发生在荷兰共和国的事件。每周固定的出版时间表不一定能跟上那些瞬息万变的事件，想要激发公众的热忱也需要长篇大论的宣传，而这种宣传不易在受限的订阅新闻纸内展开。同样，每周的新闻纸在投石党运动中也几乎没有起到什么作用，巨大的起义和政治抗议浪潮席卷了黎塞留建立的新闻体制，短期内还影响了他的报纸工具——《公报》。在尼德兰投石党运动期间，也是由小册子，如臭名昭著的《马扎然》担负着阐明抗议意识形态的主要任务。[65] 只有在英国，内战才为连载报刊在政治上发挥更为积极的作用指明了道路。正是在这里，在接下来的半个世纪，报纸朝着政治舞台的中心迈出了最大的一步。

第十一章 咖啡杯里的风暴

　　回到丹尼尔·笛福，我们在很多页前简短地提到过他的《评论》。在多次失败的冒险和几回公开受辱（包括破产和一次枷刑）后，笛福迎来了决定他成败的关键时刻。他为任何愿意付钱的人写作。在1688 年詹姆斯二世被废黜和争夺汉诺威继承权之间的狂热期里，有很多人愿意这样做。1707 年，他在苏格兰待了整整一年，试图说服苏格兰人，废除他们的议会有益无害。[1] 新闻和宣传的界限正不可避免地变得模糊不清。

　　这个动荡的时代在 20 世纪下半叶引起了德国著名社会学家尤尔根·哈贝马斯的兴趣。[2] 哈贝马斯凝视着笛福的伦敦，尤其是这个城市里的咖啡馆。咖啡最近才传入欧洲，而它在英国最受欢迎，喝咖啡在那里成了风潮。不出几年，城市中就出现了几十家咖啡馆，在那里可以看到极其富有的人们在一起交谈、闲聊并交换新闻。[3] 通过观察这些热闹的、令人愉悦的商业和通信场所，哈贝马斯发现了一种新型的公众参与，他将其描述为公共领域：一个能言善辩的、有立场、有参与政治辩论的自由和闲暇的政治阶层。正如我们所见，笛福也有同样的想法。对他来说，这是政治舆论诞生的关键时刻。

　　从更长远的角度来看，主张一种全新形式的参与式政治似乎不太可信。在咖啡问世之前的几个世纪里，已有大量证据表明人们渴望新闻，并希望出现一个富有活力的市场来解渴。当然，笛福也在表演推销员的老把戏——为新顾客的菜肴调味。但即使撇开这些不说，哈贝马斯的见解是否有可能正确？ 17世纪末的咖啡文化是否孕育了某种堪称新闻史巨变的、真正的新事物？

生在阳光下

在这一点上值得记住的是，尽管伦敦是一个日渐繁荣的大都市，但它在欧洲的新闻网络中仍是某种边缘角色。我们需要弄清楚，设想中英格兰新的新闻环境是否也能在其他地方找到。例如，欧洲幅员最广、军事力量最强的国家法国是怎样的呢？ 相反，在这里我们观察到一个极度受控和消极的新闻界的持续存在。17世纪中叶的大叛乱——投石党运动，只是短暂地驱逐了由黎塞留和马扎然精心建构的新闻机构。反叛者们未能达到共识，他们的诉求也被证明过于模糊和混乱。王权艰难地逐步重建，1652年，马扎然回归，并于此时代表志向远大的青年路易十四施行统治。

11.1 一间咖啡馆。（大英博物馆委托人，伦敦）

"太阳王"路易十四的统治时期并不是一个报纸发展的好时代。秩序的重建需要恢复勒诺多的垄断地位，《公报》顺势重新出版。[4]随着年轻的国王长大成人，王国将逐渐被训练去接受一种新的王室自我形象。

1654年，十五岁的路易在兰斯举行了庄严的加冕礼，这标志着他正式成年。七年后，马扎然去世时，路易明确表示他将在没有宰相的情况下统治国家。在围绕路易国王构建的君主制崇拜中，国王的权力和威严是通过系统地开发多种文化资源来宣示的。[5]马扎然的得力助手尼古拉·富凯调集了一群才华横溢的艺术家、作家和剧作家来为国王服务。法语和拉丁语的散文和诗歌被用以歌颂路易，剧院庆祝一位新的亚历山大大帝的诞生，布道鼓励人们将他与法国君主制下的贤君圣路易相提并论。先是枫丹白露，然后是他的新凡尔赛宫，路易生活在一个日益华丽和精心设计的仪式中心，其中，觐见国王是特权排行中的最高等级。

在当时和之后塑造了"太阳王"形象的凡尔赛文化令同时代人着迷。但只有很少一部分人会去宫廷觐见国王、观看他的画像或欣赏宫廷诗人的谄媚和戏剧表演。虽然将国王的肖像带到地方——尽管巴黎拥有至高无上的文化优势，但百分之九十五的人仍居住在地方——是一项更为困难的任务，而王室对此也只是偶有过问。

在国王刚成年的那几年，路易的军队所向披靡，胜利便成了举国欢庆的契机。王室官员被动员发起盛大的庆典、宴会和公共活动，与首都发生的事件相呼应。但胜利并不总有，当路易的大臣们下令在法国所有主要城市的公共广场上树一尊巨大的国王骑马雕像时，成功带来的第一波热情已经消退。对于把新王权在宏伟建筑上的威严带到王国最远端的尝试，人们褒贬不一。一些不太领情的地区成功地将对忠顺的高调声明和巧妙的拖延结合在一起，将树雕像这件事推迟了许多年。[6]

波尔多、图卢兹和里昂等城市本身就是复杂的社区。想让它们充分参与到对国王的崇拜中，只能通过印刷媒介来实现。在路易统治的后半段，人们有意识地做出努力，将越来越多的法国省会城市纳入国家新闻的范畴。勒诺多在黎塞留的指导下建立的系统得到了极大的扩展，该系统将重印再版《公报》的特许权出售给了本地的生产商。除了在里昂、鲁昂、波尔多和图尔发行了当地版本之外，1683 年至 1699 年间，还有十六个城市也出版了《公报》。1701 年至 1714 年的西班牙王位继承战争使得超过十二个城市加入了这个新闻网络。[7]无论如何，一份巴黎版的《公报》副本将通过邮路送到当地持证营业的书商手中，出版日期取决于邮政的效率。因此，每周六在巴黎发行的《公报》可能于周日出现在盆地的部分地区，但波尔多、里昂和拉罗谢尔只能等到下周四。[8]

这个非凡的系统在欧洲是独一无二的。在其他任何一个国家，都没有一份在多达三十个不同的地方出版和翻印的官方报纸能保持垄断地位。在此期间，《公报》一直是官方政策的忠实代言人。勒诺多家族的继承人们（其特权一直延续到 18 世纪）不打算拿他们宝贵的特许经销权冒险得罪当局。因此，外国新闻继续占据着《公报》专栏的大部分版面，它们干巴巴的、陈述事实的语气仅在赞美国王及其活动时才有所不同。在马扎然去世后的敏感岁月里，《公报》煞费苦心地号召人们关注国王在履行职责时的勤勉。甚至路易打猎都被描述为在无休止的劳碌生活中应得的一次休息："国王陛下总是以一种非凡的勤奋展现出他对国事的关心。"当路易率军出征时，《公报》对他的赞美达到了新的高潮。1672 年，《公报》就法荷战役欢欣鼓舞地回应道："看，胜利和荣耀是如何喜悦地把它们的王冠戴在我们宽宏大量的国王头上的。"[9]除了侍女，随路易一起出征的还有艺术家和作家，这些人能以不同的方式恰到好处地评价他的伟大功绩。剧作家让·拉辛是路易的王室史官，同时也是一名战地通讯员，在 1687 年那慕尔的围攻中发回报道。1673 年，马斯特里赫特被法军围困，从《公报》的摘录中我们可以判断出这些报道的基调：

> 继续追随世界上最伟大的君主的脚步！看看他下达命令时的智慧以及前往必要之地时的活力，看看他日夜工作的焕发精神以及面对危险时的坚毅灵魂。和陛下一起进入战壕，跟随他进行最英勇的战斗，面对他的无畏，最自信的人都会颤抖。

让编辑们引以为傲的是，这种逼真的描述甚至会让他们一些想象力更丰富的读者感到焦虑，就好像他们正与国王在战场上一样。他们将得到安慰："不要担心，你将免于危险，比以前更加安全。除了本篇关于这场著名围攻的连续报道之外，你将不会在其他地方看到所有这些令人永远敬仰的对象。"[10]

《公报》是一项引人注目的创举，但它在塑造法国舆论方面的成功可能相当有限。会读到这些文章的人只是相对少数。印量一如既往地令人难以捉摸，但人们认为 1670 年的四个地方版本每周总共只有两千五百份。到 1700 年，为更小范围服务的二十二个版本共出版了大约七千册。考虑到发行量更大的巴黎版，这意味着 1670 年每周的发行总量约为四千份，后来约为九千份。这是唯一一份为大约两千万的庞大人口提供服务的报纸。[11] 与英格兰、荷兰和德意志更为多样化的新闻市场的对比很有启发意义。

路易统治的后期，当战争的浪潮无情地朝着不利于国王的方向发展时，《公报》作为王室政策积极的代言人受到了考验。在西班牙王位继承战争中，从布伦海姆（1704）到马尔普拉凯（1709），一系列残酷的失败粉碎了这支欧洲最专业的军队的光环。不过，这些内容在《公报》上几乎没有出现。此时，法国官僚机构的各个部门都在小心翼翼地监督这份报纸。1708 年，编辑们因为过于详细地描述加勒比海地区的战役而受到指责。在战争时期，他们被直截了当地告知："公众知道这么多是不好的。"[12] 但是公众的兴趣和焦虑不能被沉默所平息。无处不在的手抄新闻信札不可避免地填补了这一空白：随着《公报》变得更加谨慎，这些手抄新闻信札成为军事和外交新闻唯一且最重要的来源。[13] 这些新闻信札靠王室邮政员提供可靠情报，并在咖啡馆里流通，几乎是无法控制的。政府的愤怒体现在 1705 年颁布的一项法令，它禁止撰写和分发此类新闻信札，往后数年每年都会更新。这一迹象无疑表明，该禁令尽管由"国王明令"下达，但并没有起到任何作用。[14] 1706 年，几名新闻作者遭到逮捕和审讯，这使巴黎邮局的职员成了人们关注的焦点，其中有三十人被拘留。他们的证词显示，新闻作者在巴黎和里昂邮局之间建立了一套完善的信息交流系统，其客户甚至还包括这个国家中最有权势的一些人。

王室对新闻的垄断也受到了在国外出版的法语报纸的挑战。出现这个问题完全是政府自作自受。除了维护《公报》的垄断地位之外，王室官员在授予图书出版的许可时，也一直支持巴黎的主要出版社。这对已在鲁昂和里昂站稳跟脚的地方出版业来说是一次灾难性的打击，它们因此急剧萎缩。[15] 结果，这些重要城市的出版商和书商不可避免地遭到疏远。再无可失的鲁昂成为了无礼诽谤的生产中心，声名狼藉。与此同时，里昂成为外国"公报"[1] 的主要发行中心。

最著名的外国报纸是始于 1677 年的《莱顿公报》。[16] 它是路易十四统治期间在荷兰莱顿、阿姆斯特丹和海牙出版的十多家法语报纸之一。在 18 世纪，这份来自莱顿的报纸成为欧洲的记录报，供整

---

[1]　这一时期出版物较为混乱，许多假冒的公报出现。

个欧洲大陆的政治家们阅读。[17] 但在其最早期的版本中，它的办报目的更具党派性，即为法语读者带来关于路易形象的另一种观点：一个渴求权力的暴君，只有当欧洲诸国都拜倒在他的脚下时，他才会满足。这个 1672 年荷兰军队惨败的地方，现在通过印刷宣传品和外交在欧洲联盟的建立中发挥了关键作用，该联盟旨在遏制并最终羞辱法国国王。

　　法国的大臣们尽其所能扭转局势。但是，不会有人没注意到，让国王下令举行赞美颂感恩仪式的往往只是一些小冲突的胜利，而那些被悄无声息地忽略的失败完全是灾难性的。路易的敌人嗅出了血腥味。1709 年，当西班牙王位继承战争的和平谈判开始时（巴黎《公报》对此不予理睬），联军只有在路易加入他们的武装行动，把他的孙子腓力从西班牙王位上赶下来的前提下，才会结束敌对状态。路易被迫在王朝荣誉和他那支离破碎的国家的和平之间做出选择。在这一绝望时刻，国王的大臣们不情愿地承认，针对来自国外的持续攻击需要一个解决办法。当法国军队掌握战况时，法国外交部长西蒙·阿尔诺·德蓬波纳可以对那些将法国在海外的敌人煽动起来的百万份内容尖锐的小册子不屑一顾。[18] 现在轮到著名的让－巴蒂斯特·科尔贝的侄子托尔西来解答了。托尔西初试牛刀，在巴黎秘密出版一系列小册子，合集书名为《瑞士人致法国人的书信》。据称，这些文章出自一个积极参与政治但立场中立的瑞士人之手，但实际上是托尔西的委托人让·德拉沙佩勒的作品。他们的目的是通过警告德国邦国将自己置于哈布斯堡王朝保护之下的危险，从而挑拨联军内部的关系。

　　《瑞士人致法国人的书信》取得了相当大的文学成就，但到了1709 年，甚至托尔西也被迫承认，它们的续篇如今起不到任何作用。正如他在意大利向一位通讯员承认的那样，"我非常希望能用一些好消息来安抚［你的痛苦］，但不幸的是，我们的敌人传播的信息大部分都是真的"。[19] 现在，法国国王面临着一项艰巨的任务，即解释为什么和平的希望（许多人肯定已经从引进的荷兰报纸上得知）会破灭：战争必须继续下去，以挽救国王的荣誉，并履行他对西班牙的腓力的义务。在这绝望的时刻，路易在一封表面上写给各省省长的通函中直接对他的人民讲话。这篇坦率感人的发言以多种版本印刷，获得了巨大的发行量。这标志着国王的宣传重心发生了翻天覆地的变化。正如路易统治后期一个有天赋的小册子作家若阿基姆·勒格朗对托尔西说的：

> 国王的行动总是伴随着正义和理性，这是不够的。他们的臣民也必须相信这一点，尤其是在战争进行的时候，尽管战争是正当的和必要的，但之后几乎总会带来许多痛苦。[20]

国王的演说帮助法兰西民族团结起来，最后奋力一搏。无疑，法国恢复士气让联军大吃一惊，他们意识到自己的手段有些过火了。英国初露战斗决心减弱的迹象，在勒格朗的大力支持下，托尔西展开了新一轮的宣传攻势。最终，对战争的结束起到最具决定性作用的，很可能是西班牙的腓力对哈布斯堡挑战者的胜利，但这些间谍的行动并不是在真空中进行的。1713 年，大量小册子奠定了在乌得勒支签署的和平条约的基础，这些小册子大部分是由交战各方精心策划的，但并非完全在他们的掌控之下。

复　辟

在 1660 年王朝复辟后的英国，路易十四有一个狂热的、当时仍不为人知的崇拜者：国王查理二世。共和国的严酷和虚伪不得民心，查理巧妙地利用了民众的这种情绪，展现出迎合当时气氛的魅力和公开的乐观主义。然而，在查理迷人的形象之下，隐藏着多年来在国外的困苦和屈辱留下的深深的创伤。即使他在某种程度上战胜了复仇的本能，他也仍然渴望统治和胜利，以抵御由他的回归引起的人们相矛盾的期望。为此，他需要一个顺从的媒体。这为君主和出版界之间的一场引人注目的冲突开辟了道路：前者狡猾且固执，后者期待回到克伦威尔严苛的个人统治之前，能活跃交换意见的时期。[21]

从共和国继承下来的报纸很快就被交到了可靠的人手中。马查蒙特·尼德汉姆由于与克伦威尔关系太过密切，没什么获得进一步工作机会的希望，于是经过深思熟虑后前往荷兰。而从教师转为记者的亨利·马迪曼依附于王政复辟的缔造者乔治·蒙克将军，成功和其赞助人一起改变了效忠对象。他的《议会情报员》将继续办下去，不过他巧妙地将其重新命名为《王国情报员》。[22] 不过，开端虽好，但查理对报刊的真实看法没过多久就显露出来了。1662 年 6 月，议会通过了《授权法案》，要求所有印刷书籍都必须事先获得许可。这些规章的维护由罗杰·莱斯特兰奇爵士负责，他获得了新闻检查官的新职位。[23]

莱斯特兰奇是个相当不寻常的新闻工作者，他认为在一个秩序井然的世界里根本不应该存在报纸。他在 1663 年被授予新闻出版垄断权时尖锐地表达了这种毫不妥协的观点。重新发行的《情报员》第一期刊登了他的新闻哲学，陈述如下：

> 假设新闻界秩序井然，人民头脑清醒，那么就是否应存在新闻的这个问题，我不会支持公共报刊，因为我认为公众将过于了解上级的行动和决策，变得过分务实和挑剔，这带给他们的不仅是一种渴望，更是一种干涉政府的似是而非的权利和许可。

不过，现在是非常时期。如果一份报纸的存在是必要的，那么至少可以好好利用它，因为此时，没有什么"比将公众从以前所犯的错误中解救出来，更能体现陛下的服务和公众的利益"。[24]

马迪曼最初被带薪聘用以协助制作这份新报纸，但为莱斯特兰奇工作很难称得上愉快。马迪曼将越来越多的精力转而投入到制作作为机密服务提供给受青睐的客户和政府官员的手抄新闻信札上。为此，他被委派到内阁大臣办公室，在那里，他的工作受到野心勃勃的年轻副大臣约瑟夫·威廉森的热切关注。威廉森发现，利用流入大臣办公室的官方公文，他有机会将自己置于新闻运作的核心位置。但首先，他必须将罗杰·莱斯特兰奇排除在外。1665 年，机会来了，瘟疫迫使王室在威廉森和马迪曼的陪同下逃往牛津的避难所。被困伦敦，又失去了专业助理，罗杰·莱斯特兰奇作为新闻工作者的无能暴露无遗。威廉森轻易地说服了他的上级通过补偿丰厚的退休金剥夺莱斯特兰奇的出版职责。他的新闻出版物将停刊，取而代之的是一份官方报纸《牛津公报》，也即后来的《伦敦公报》。[25]

接下来的十四年里，《伦敦公报》是英国唯一出版的报纸。威廉森的理念借鉴了几个当时和历史模型：尼德汉姆在克伦威尔统治下对新闻的垄断就是其中之一，而巴黎的《公报》显然是其名字的来源。但与这两者不同的是，《伦敦公报》并没有以小册子的形式出版。相反，它恢复了早期荷兰报纸的大报风格。从第一期开始，《伦敦公报》便以单页形式出版，正反面印刷，正文分为两栏。巴黎的报纸被私人垄断，《伦敦公报》则在内阁大臣办公室内进行编辑，其内容挑选自收到的新闻信札和外国报纸。实际的编辑工作由公务员来完成，他们通常是级别较低的大臣幕僚。与此同时，威廉森和马迪曼则致力于他们真正追求的东西——机密手抄新闻。[26]

因此，《伦敦公报》是一份很奇特的报纸。它的发行量迅速扩大，每周发行两期（售价一便士），被渴求新闻的伦敦居民抢购一空。原

11.2 《伦敦公报》。(普林斯顿大学图书馆,福尔克·达尔藏品,普林斯顿)

则上,它的消息应是及时且权威的。其编辑们身处一个巨大的信息网络的中心,他们的办公室定期收到来自海外代理(包括在许多战略港口定居的领事)和英国各地通讯员的新闻报道。但是国内新闻很少上报。这是威廉森和马迪曼有意而为之的策略。在某种程度上,他们和罗杰·莱斯特兰奇有同样的偏见,即公众不应该了解公共时事。新政权的最初举措之一就是颁布法令,禁止公布下议院的投票结果。这是对英国新闻自由的支持者和批评者的试金石,也因此成为公众舆论态度的可靠晴雨表。因此，《伦敦公报》大部分刊登外国新闻，这延续了巴黎《公报》以及早期报纸的传统。国内新闻被留存在机密新闻信札中，在经过谨慎划分的公职官员圈子中传阅：郡长、邮政局长和枢密院成员。作为对免费副本的回报，邮政局长和海关官员需要定期撰写他们自己的新闻。[27] 其他收信人则支付订阅费，承担印刷室的费用。

官方的手抄新闻信札也被发送给国外的高级新闻工作者，以回

11.3 《哈勒姆周二真理新闻报》。正如这一期所揭示的，它的读者将非常了解英国内政。（普林斯顿大学图书馆，福尔克·达尔藏品，普林斯顿）

报他们的新闻服务。这些外国出版物把新闻信札中的英文新闻作为报纸的内容基础，结果相当奇怪，相比于《伦敦公报》的英国订阅者，《哈勒姆周二真理新闻报》之类的荷兰报纸的读者可以读到更多的英国国内新闻。

《伦敦公报》以这种方式为读者提供了关于时事的非常片面的视角，主要局限于外国新闻。但是其信息来源却很可靠：根据他们交换协议的一部分，文本从大陆新闻工作者提供的一系列大陆报纸和手抄新闻书中摘录而来。因此，《伦敦公报》是可靠的，如政府希望的那样信息丰富。但除了官方公文、再版公告或宫廷通告外，它几乎不会提及当时动荡的政治。

咖　啡

公众对复辟的热情以惊人的速度转变为不满。很快，英格兰又先后两次与荷兰交战。发生在 1665 年到 1667 年间的第二次英荷战争以英国屈辱的惨败告终。而 1672 年到 1674 年间的第三次战争引起了公众对查理二世与路易十四结盟对抗一个新教国家的普遍不安。公众的焦虑越来越集中在国王的弟弟约克公爵詹姆斯身上。1673 年，他对《宣誓法案》闪烁其辞，态度强硬，这证实了这个政治国家长期以来的怀疑：王位继承人是天主教徒。1678 年，埃德蒙·贝里·戈弗雷爵士被谋杀，政治危机迫在眉睫。戈弗雷爵士是议会中坚定的新教捍卫者，这似乎为教皇密谋暗杀查理并让詹姆斯顶替他的惊人指控提供了一些可信度。[28] 戈弗雷谋杀案使泰特斯·奥茨成了一个广受欢迎的英雄，后者是最初捏造这一阴谋的机会主义骗子。议会现提出一项正式法案，将詹姆斯排除在继承名单之外。查理不予许可，先宣布休会，然后彻底解散了议会。

这次危机的一个意外受害者是《授权法案》，这个本应更新的法

11.4 天主教阴谋。埃德蒙·贝里·戈弗雷爵士谋杀案的场景。（福尔杰莎士比亚图书馆，华盛顿）

案现在却失效了。《伦敦公报》垄断地位的瓦解导致了一系列新出版物的出现，其中许多都公开敌视王室，并支持排斥詹姆斯。意识到在这种情况下议会不可能批准恢复授权，国王通过法院反击，并获得判决："国王陛下可以依法禁止印刷和出版任何未经国王陛下授权的、明显带有破坏和平及引起王国骚乱倾向的新闻书和小册子。"[29]一份大意如此的公告暂缓了局势，但是到了 1681 年，当排斥法案危机在议会达到高潮时，伦敦的新闻工作者们不再因为害怕受到报复而放弃出版。1681 年和 1682 年，伦敦涌现了一批新报纸，其中大部分是昙花一现。直到 1682 年夏天，当国王终于成功重掌控制权，反对派的报纸才被查禁。1685 年，詹姆斯二世继位，《授权法案》得以恢复，《伦敦公报》也重获专属特权。

事实证明，排斥法案危机对英国报纸来说是一个虚假的黎明。在《授权法案》还有效力、《伦敦公报》仍占据垄断地位时，公众对天主教阴谋的激愤实际上已达到了顶峰。而《伦敦公报》还是无动于衷地以外国新闻报道为主，这无疑没有回应公众的关切。然而，一些事情显然在酝酿之中。这股真正的公众焦虑浪潮与政治国家的兴起相结合，形成了一个有组织的政治派别，决心通过议会行动来反对国王的意志。在这些年里，我们可以发现辉格党和托利党的源头——一些团体通过光荣革命和汉诺威王朝入继的戏剧性事件，成了有组织的政党？那么这场辩论是如何进行的呢？

尤尔根·哈贝马斯不是第一个指向伦敦咖啡馆的人。虽然伦敦的第一家咖啡馆在 1652 年才开业，但到了 1670 年，它们已经成为成熟的机构，每个咖啡馆都有其特色和特定的客户群。[30]商人们来这里喝咖啡、交谈和获取最新资讯。经营者谨慎地确保他们向顾客提供的是最新的报纸——当然是《伦敦公报》，偶尔也有时事小册子和商业手抄新闻信札。除了自己的官方新闻报道，亨利·马迪曼还推出了一项利润丰厚的商业服务，但并不是只有他在这样做。1670年代，反对派作家，尤其是臭名昭著的辉格党新闻工作者贾尔斯·汉考克，建立了自己的客户网络。手抄新闻信札成功地填补了人们因《伦敦公报》的紧缩政策而无法满足的对新闻的需求，其余的则由小册子、谣言和私人信件来完成。

1670 年代，随着反对的声音开始出现，查理二世的大臣们都非常清楚咖啡馆在信息传播中所扮演的角色。在第三次英荷战争中，与法国联盟一事遭到公开谴责。国王的弟弟詹姆斯娶了一位信奉天主教的妻子，当她前来英国时，咖啡馆里谣言四起。约瑟夫·威廉森有些恼怒地说："每个车夫和搬运工现在都是政治家，的确，咖啡屋没有别的用处。"他略带怀旧地补充说："当我们只喝雪利酒、红葡萄酒、英国啤酒或者麦芽酒时，情况可不是这样的。这些未醉的俱乐部只会制造具有诽谤性的和吹毛求疵的言论，人们无不如此。"[31]

国王关注咖啡馆已经有一段时间了。1675 年出现了一本极具争议性的小册子，指控重新引入天主教的阴谋，因此人们争相在伦敦的咖啡馆里寻找这个新闻的副本。12 月，枢密院终于屈服于国王的要求，将这些咖啡馆全部关闭。此事立即引起了强烈抗议，人们持续的游说首先拖延了这项工作的执行，之后使王室勉强接受了有执照的咖啡馆可以继续营业，但要保证今后行为良好。[32] 这些保证不可能兑现。随着危机的展开，不同的咖啡馆开始被称为辉格党或保王派的"意见场"。

伦敦引入了一种便士邮政服务，进一步改善了信息的流通，这比罗兰·希尔[1]设计的更为著名的国家机构早了几个世纪。[33] 创办伦敦邮政是海关官员威廉·多克拉的创意。虽然国家邮政在共和国时期有所改善，但人们大多认为，这个不断扩张的大都市并没有得到应有的服务。人们普遍（且正确地）推测，英国皇家邮政更多是收入和情报的来源，而非商业服务（信件通常在投递前被打开）。[34] 多克拉现在提议建立一个接收站网络，每小时从那里收集一次邮件。寄往邮局的信件被直接送到邮局，而那些写有伦敦地址的信件则被

---

[1] 罗兰·希尔爵士（1795—1879），英国人，发明了世界上第一枚邮票（黑便士），被誉为"邮票之父"。

转送到五个分拣站，以便立即投递。这套系统非常成功，并得到了伦敦辉格党的公开支持，他们赞赏这种绕过邮政局职员检查的服务。出于同样的原因，这项服务引起了王室的不满，排斥法案危机刚过，约克公爵詹姆斯就出面强行终止了多克拉的服务。然而，精明的约克公爵詹姆斯认识到了这一商业需求，所以仅仅四天后，他就宣布开启一个新的伦敦地区邮政，这实际上复制了多克拉的创意。

最后，查理二世也明智地意识到，对信息的压制并不能解决政治冲突：王室将不得不为自己辩护。罗杰·莱斯特兰奇爵士被召回，并被允许按其意愿行事。他负责两份非常成功的连载出版物，它们并不是真正意义上的报纸，而是以对话形式呈现的观点文。第一份《赫拉克利特的微笑》在第一期就以莱斯特兰奇一贯迷人的敏锐宣布了它的目的：

> 避免错误和假新闻，向您提供有关事态的真实情况，提升您的理解力，使之高于那些自认为比枢密院或法律圣贤更聪明的咖啡馆政治家的水准。[35]

两个月后，另一份《观察者问答》面世，莱斯特兰奇将其一直办到了1687年3月。这份刊物敢于直言，且意外地妙趣横生。在连续发行的九百三十一期中，莱斯特兰奇对辉格党及其所作所为做了大量抨击。莱斯特兰奇与公众舆论打交道的原则发生了彻底转变，或者用他简洁的话说："是报刊让人发疯了，报刊必须把他们纠正过来。"[36] 虽然不是真正的报纸，但《观察者问答》在布局上模仿了《伦敦公报》：一张对开的半页纸，分两栏双面印刷。和《伦敦公报》一样，每份一便士。

保王派的成功反击表明，尽管在迅速成熟的信息市场中有各种声音，小册子仍在公共事务的讨论中发挥着主导作用。在1679年到

1681 年间，流通的小册子的数量达到了惊人的水平：根据现存的印数估计，这三年内的印刷量可能有五百万到一千万册。[37] 虽然也有内容充实的作品，但小册子作者现在已经抓住了"少即是多"的要领，正如一位同时代人所说，"对于最强的政体，一次两张（即八页）按理已经足够，而对于弱一点的政体，只用一张"。[38] 许多这些小册子仅售一便士，与《伦敦公报》同价。尤其在伦敦，大部分人都能阅读，即使现在是一个报业受到严格控制的时代，广大民众也可以参与公共辩论。

放纵的自由

1688 年的革命和报纸关系不大。11 月 5 日，奥兰治亲王的荷兰舰队在德文郡登陆，此后的几周内，关于它的信息很少。11 月 8 日，《伦敦公报》刊登了关于亲王登陆的简短报道，但随着国王詹姆斯的权威逐渐衰弱，几乎没有进一步的评论。12 月，大坝决堤了：随着对起诉的恐惧逐渐消退，伦敦的一些出版商开始冒险。毕竟，正如新的《伦敦新闻》不无道理指出的：

> 据观察，最近这里的新闻发布之后，人们的好奇心越强烈，情绪就越得不到满足。因此，连国王陛下和奥兰治亲王殿下在哪里做什么这种程度的温和提问，恐怕都很难得到解答，除非等到这消息写入外国新闻信札输出和输入之后。[39]

在威廉抵达伦敦并于《伦敦公报》欣然发表他的审慎宣言——禁止"日常印刷和分发虚假的、具有诽谤性和煽动性的书籍、报纸和小册子，包括关于过去无根据的和错误的叙述"——后，这些机会主义者的冒险没过多久就都失败了。事实上，《授权法案》一直保留到 1695 年，但那时人们才意识到，《伦敦公报》的垄断已经走到了尽头。随着现有政权的巩固，该法案被允许终止，其他报纸可以一试身手。

《授权法案》的最终废除开启了英国报业史上一个非凡的时代。1695 年出现了许多新的报纸，其中三份被证明是经久不衰的，它们分别是《邮童报》《特快邮报》和《邮差报》。所有这些标题中都用了"邮政"（post）一词，这反映了一种不只是为伦敦读者服务的愿望。伦敦的报纸将会越来越频繁地通过邮政马车和邮递员被分发给首都以外的读者。1696 年，第一份晚报，伊卡博德·道克斯的《新闻信报》问世。1702 年，伦敦有了第一份日报《每日新闻》。但事实证明，这在很大程度上是一个例外。通常情况下，《特快邮报》和其他刊物每周发行三次（《伦敦公报》也在 1709 年从每周发行两次改为每周发行三次）。《每日新闻》于 1735 年停刊，日报的真正时代还未到来。

然而，报业的发展确实令人震惊。到 1704 年，伦敦有九份报纸，每周发行四万四千份。1709 年，至少有十八种定期出版物每周出版或更频繁：一周共发行五十五期。据估计，到 1712 年，每周共发行七万份报纸，此时全国总人口约为六百万。[40] 从这个角度看，九千份巴黎《公报》完全不足以服务法国两千万人口，二者形成了鲜明的对比。

这个时代还见证了伦敦以外地区的第一批报纸的创办。[41] 1700 年到 1702 年间，埃克塞特、诺里奇和布里斯托尔分别创办了自己的报纸。不过，想要确定确切的创刊日比较困难，因为这三份报纸的第一期都没能留存下来——最早的出版日期必须从较晚的副本算起，并假定每周定期出版。值得注意的是，所有这些地区都位于主干道上，距离伦敦相当远。出版商必须保证有足够的忠实读者来维持他们的经营，而伦敦仍然是占据其报纸版面绝大部分的新闻的来源。下一波创报风潮出现在伍斯特、斯坦福德、纽卡斯尔、诺丁汉和利物浦，这些地方的情况也是如此。它们的许多新闻都是直接从伦敦报纸上抄来的。其他内容由订阅的新闻信札或伦敦的通讯员提供。因此，伦敦报纸所特有的外国新闻占主导的情况在很大程度上得到了复制，尽管逐渐被本地读者所感兴趣的其他事件改善。其中一些是当地读者提供的，他们在通信中对这些报纸的质量和其中出现的错误进行了连续评论。如果这一切都没有成功，编辑则转向文学领域。《格洛斯特报》的编辑乐观地说："我们希望，在目前新闻稀缺的情况下，我们的读者能接受以下这些诗歌。"[42] 有时承认失败是必要的，正如《不列颠观察员或德比邮差报》其中一期说到的：

> 当我们的邮路不通，人们在家里如同一潭死水，当许多人性情恶劣，不结婚、不死亡，也不生孩子时，我们就在寻找一种叫"智慧"的稀缺商品。众所周知，如今，智慧和情报一样，在任何时候（尤其是在德比）都很难得到。[43]

尽管偶尔会有这样的小问题，但地方刊物在 18 世纪一跃而起，大受欢迎。在六十个不同的城镇中，大概有一百五十份刊物，虽然不是所有的都成功了，但有些还是持续了很多年。这种长寿现象同样是伦敦报业的一大特色。在 17 世纪中期的第一次连载热潮中，大部分报纸发行了几期之后就失败了，而 18 世纪初期的报纸复兴扭转了这种两极分化的局面：一些报纸在短暂的繁荣后消亡，但许多报纸经久不衰，使它们的出版商过上了好日子。

从许多方面来讲，这都是扩张报纸市场的有利时机。英国正处于经济的持续繁荣期。日益繁荣意味着更多的家庭有消费报纸等奢侈品的可支配收入。安妮女王统治时期的长期大陆战争引起了广大民众的兴趣，并带来了一系列可供报道的军事胜利。1704 年，马尔博罗公爵从布伦海姆战场发回的新闻被全文刊登在《每日新闻》上，

《特快邮报》又接着愉快地翻译了一篇巴黎《公报》的报道，这在某种程度上似乎暗示法国人已经取得了胜利。为了打消读者的怀疑，这份报道还附上两封被截获的法国军官的信，其中坦白了真实的战况。[44]

这些例子表明，18世纪早期的报纸仍然以外国新闻为主导。伦敦报纸上登载的国内故事往往反映了一种对地方社会居高临下的态度，内容包括犯罪、极端天气以及世故的伦敦人如今持怀疑态度的天象。[45]这些报纸继续回避发表公开的社论。这一点其仿效了《每日新闻》。在《每日新闻》第一版中，编辑断言，他不会发表任何自己的评论或猜想，"假定别人有足够的理智，能够自己思考"。[46]

对内政问题的处理仍然十分谨慎。随着持续的西班牙王位继承战争和愈演愈烈的政治斗争（安妮女王去世后，王位继承竞争迫在眉睫），小册子和新的小册子系列——如笛福的《评论》——再次承担了政治辩论的重任。这一时期的主要政治著作销量惊人：笛福的讽刺诗《纯正出身的英格兰人》八万册，理查德·斯梯尔的《危机》四万册，而亨利·萨谢弗雷尔臭名昭著的布道《假弟兄的危险》多达十万册。[47]像笛福的《新评论》这样的观点文明显与众不同，整本小册子只有一篇文章，这有助于使报纸免受更恶毒的批评，尽管它们与报纸一样以连载出版物的形式出版。

长期的大陆战争无疑有利于报纸的流通，但战争的最后几年见证了一场新的危机。因为意识到和平会有争议，且反对派政客可能会制造麻烦，当局开始封锁媒体的言论。不过这次选择的工具不是一部新的《授权法案》，而是税收，即1712年的《印花税法案》。其规定报纸只能用伦敦税仓提供的加盖印花的纸出版，每张纸的费用为半便士。行业观察者担心报纸会全面崩溃，尤其是在伦敦以外的地方，那里的编辑们面临着额外的物流负担，他们必须去伦敦购买印刷用的盖印纸。尽管部分报纸倒闭了，但大多数都存活了下来，这说明市场的成熟度很高。有些人巧妙地改变了报纸的形状以尽量减少他们的税负（法案没有规定纸张的大小，也没有预料到会出现一份由一张半的纸制成的报纸）。[48] 另一些报纸则干脆将税负转移给消费的顾客。新一代的大臣们不会试图压制媒体，而是采取更务实的对策并购买报纸。这样一来，在一个顺从的编辑的领导下，它们就可以成为当局的喉舌。报纸脱离了对外国新闻枯燥而可靠的复述，不再为笛福、斯威夫特和莱斯特兰奇所开创的鼓吹式新闻提供喘息的机会。在沃波尔时代，这两者将得到融合。

第三部分
启蒙运动？

第十二章　寻求真相

　　1561 年 6 月 4 日，英格兰最大的教堂——圣保罗大教堂的尖塔被闪电击中。塔尖随即起火，并倒在了教堂的顶上，二者都无法挽救。这样一个发生在大都市中心的灾难性事件甚至促使相对保守的英国印刷业采取行动。由于许多书商的摊位都在圣保罗大教堂的院子里，他们很可能是这场灾难惊恐的目击者之一。几天之内，一本关于气象的小册子报道开始在街上流通，其中描述了伦敦市民在市长的带领下拯救教堂的壮举："超过五百人在辛苦运水和装水，大量不同身份的市民像工人一样努力劳作。"[1] 不过，即使有这些出身高贵的助手们的参与，圣保罗大教堂也没能被挽救过来，付之一炬。焦虑的伦敦人很快给出了解释："有人认为原因是水管工的疏忽，另一些人则怀疑是火药或野火的使用不当导致了这场火灾。还有人怀疑是魔术师和巫师搞的鬼。"《真实报道》给出了更冷静的答案："看来，（灾害发生的）真正原因是上帝默许的那场暴风雨。"[2]

　　对这场事件的最终定性意义重大，因为我们的祖先会从生活中所有不确定事件中寻找神明意志的征象。这同样适用于我们认定的自然现象（雷电、洪水或地震）和人为灾害（火灾、战争或犯罪）。人们虔诚地感谢上帝的保佑，同时也因上帝不悦的征象而颤抖。这场新教复辟不久后发生在新的伊丽莎白一世教会中心的灾难自然收到了相互矛盾的解释。就一位天主教作家来说，这道闪电显然是上帝对于"废除弥撒"感到愤怒的信号。这是一个无法回避的指控，一位新任命的主教很快就被要求出面反驳。皮尔金顿主教同意此次破坏是上帝的一个有力信号，但其意在敦促上帝的子民悔改并尽快改革："他劝告教徒们把这当作一次对所有人的警告……之后如果不修正各阶层的生活，更大的灾难会接踵而至。"[3]

所有基督教社会，无论是新教还是天主教，都有一个信仰基础——恶有恶报，无论是自己还是他人犯下的恶行。律法被严格执行，严罚被广泛认可。但只有上帝才能看穿人心。在律法不起作用的地方，早期现代的人乐于看到上帝之手的干预，以确保那些作恶多端之人被绳之以法。圣保罗大教堂的尖塔被闪电击中时，约翰·福克斯正致力于出版他那本关于英国新教殉道者生活的宏大编年史。尽管这些关于殉道者的故事已经足够引人注目，福克斯仍然为降临在抨击或责难这些殉道者的人头上的许多不幸遭遇留出了记录空间。这是一种很受欢迎的故事类型，和抛弃真正信仰的人遭受报应的题材一样。16世纪最受欢迎的小册子之一就讲述了来自意大利的弗朗切斯科·斯皮耶拉的故事，他最初信奉福音派，后来又转而信奉天主教，最后心碎而亡。这个道德故事被翻译成多种语言并广为流传，一个世纪后仍在发行。[4] 17世纪的伦敦清教徒尼赫迈亚·沃林顿是这个故事的追随者之一，他从自己的熟人圈和阅读的新闻书中收集了一系列"上帝的显著审判"的故事，那些违背上帝律法的人都付出了代价。[5]

来自天堂的火焰击中了最伟大的上帝住所，这件事显然意味深长。新闻读者们不仅想知道发生了什么，还想知道这预示着什么。新闻界以这样的方式将过去、现在和未来统一起来，而事实存在多个层次。

对镜观看，模糊不清

16和17世纪的新闻界充满了各种先兆。彗星、天象、自然奇观和自然灾害，所有这些都被视为重大事件的先兆。在新闻工作者报道奇闻异事时，占星家们也在仔细观察天空以寻求意义。彗星划过尤其不祥，因为人们普遍认为它预示着某个伟大统治者的死亡。当然，欧洲的君主们对此保持着密切而紧张的关注。从某种程度上来说，这对欧洲大陆那些最著名的宇宙学家来说是一个好消息，因为统治者想留他们在身边以便获得关于天象的第一手诠释。圆滑地履行这一职责使一些杰出的学者，如第谷·布拉赫和彼得·阿皮安，获得了王室对其科学工作的宝贵支持。

　　另一些没那么聪明的人也能够从中获利。米歇尔·德诺查丹玛斯那精明而含糊其辞的预言为他谋得了一份在美第奇的凯瑟琳身边当预言家的美差，并使他成为欧洲作品发行量最大的作家之一。[6] 预言的精妙之处在于它同时预示未来又完全模棱两可，这使得诺查丹玛斯从古至今都拥有一大批追随者，但在他自己的时代，这些预言确实击中了要害。1560 年，他预言了不幸、灾难和不祥，特别针对神职人员，这在英格兰产生了剧烈影响。部分人对占星家所说的世界末日将在伊丽莎白就任教会最高长官二十天后到来一事深信不疑。奇异的预感深入到伊丽莎白一世统治集团的核心。当马修·帕克警告威廉·塞西尔说他不想做坎特伯雷大主教时，他被迫向其保证这与预言无关："我希望您不要认为是米歇尔·诺查丹玛斯的预言支配了我。"[7] 枢密院对此非常警惕，试图完全压制占星家的预言。1562年，二十名独立书商因出售诺查丹玛斯的一部作品而被罚款。然而，他的作品只是历法和年鉴这个巨大市场中最引人注目的一面，后者将节日和集市清单与天文图表及对未来事件的一些预言结合在了一起。[8] 18 世纪，对这些作品的摘录仍被用作报纸补白。

　　天象在新闻市场中占有重要一席。新闻小册子广泛报道了彗星和天体不寻常的"连珠现象"，但图文并茂的大报最能充分地表达这类事件的戏剧性。德意志诗人塞巴斯蒂安·布兰特为此提供了方向，他在 1492 年对昂西塞姆陨石进行了戏剧性（且高度政治化）的赞颂，16 世纪后期，随着新闻容量的扩大，此类大报新闻变得极为流行。[9]1577 年的彗星至少被四份不同的大报所记录，其他大报则绘制了流星出现、正午时分天黑、日月同辉或幻日的场景。[10] 其中一些观察结果可能要归功于对可识别的自然现象的天真想象，如 1580 年和 1590 年对北极光的描述。[11] 但是，我们又该如何理解那些频繁目击动物、骑兵或巨大的怪物在天空中疾驰的报道呢？在这些天上的奇观中，武装士兵经常被报道，有时甚至是整个军队。战争期间这样的记录变得非常频繁一点也不奇怪，在德意志，查理五世与施马尔卡尔登同盟之间的冲突以及科隆战争期间（1583—1588）就是如此。[12] 但这种现象并不局限于 16 世纪。1628 年，当丹麦王国的大部分地区刚刚被瓦伦斯坦的帝国军队占领，森讷堡的居民都因"天空中出现的两支强大的军队"而惊讶。这场战斗持续了几个小时，据称数百人目睹了这场战斗。令他们感到安慰的是，北方军队取得了胜利，他们认为这预示着自己将最终摆脱占领军的控制。[13] 将近二十年后，一位信奉新教的木料旋工尼赫迈亚·沃林顿记录了一件非常相似的事情，据"赫尔认证的可靠人士"报道："'可以明显看到'空中出现了两支步兵部队，'他们猛烈地互相攻击'。"[14] 这确实是一个充满奇闻异事的时代。

观察与想象力的有力结合同样可以在人们对——用当时无情的术语来说——"畸形婴儿"的诞生所表现出的惊人兴趣中观察到。[15] 那个时代的人对连体婴儿十分着迷，他们的图像经常被以极高的解剖学精度绘制。现代人不大会相信那些同样一本正经地记录了一个女人生下一只猫的报道。但 16 世纪的当权者却以极其严肃的态度对待这些报道，尤其因为它们被认为预示着糟糕和不祥的后果。连马丁·路德这样的权威也通过所谓的"僧侣胎牛"获得了巨大的成功，这个秃顶的半兽被其视为天主教神职人员腐败的寓言。[16]

　　连体婴儿的出生被普遍视为对其父母罪过的审判。正如1565年的一张大报所主张的："这些孩子那畸形和不自然的外形不仅仅是让我们凝视和惊叹的"，他们的出生"对我们这些每天都在犯罪的人来说是一种教训和教导……我们并不比这些生下畸形孩子的父母好，反而邪恶数倍"。[17] 1569年，英国枢密院接到汇报说有个女人生了一只猫，他们随即命令其成员亨廷顿伯爵调查此事。亨廷顿很快就给大主教格林德尔递交了一份所谓的母亲的详细审讯记录，并附上了这只猫的画像。[18] 审查了证据后，格林德尔断定这是一场骗局，不过从未证实这场骗局出现的原因。显然，人们并不认为这一定是异想天开，高级官员花了相当长的时间来弄清真相。

　　这是16世纪和17世纪的新闻世界的一部分，对于我们而言相当陌生。我们很难相信女人生下了动物或萨塞克斯居民被龙吓坏了；然而，直到18世纪，这些报道还出现在小册子和报纸上。[19] 突如其来的灾害和苦难引发了一种奇特的反思：在这个时代，所有的新闻都披着道德的外衣。那些不幸的受害者，尤其是集体不幸，总是被要求从自己身上寻找原因。

　　在这一时期，人们仍然坚信灾难的发生代表了上帝的旨意。我们可以在新教关于马格德堡大屠杀的报道中看到这一点，报道既强调了恐怖，也强调了上帝的子民需要怀抱着谦卑的心归向他。[20] 几个世纪以来反复出现的可怕瘟疫同样呼吁对生命进行纠正。不管对穷人还是富人来说，瘟疫都是一种无药可治的痛苦。1665年伦敦瘟疫爆发时期的小册子显示出一种和一个世纪前一样明显的令人震惊的无力感。在荷兰语中，"瘟疫"意为上帝的恩赐，超越医学的理解范围。[21]

　　当1666年伦敦被一场毁灭性的大火吞噬时，瘟疫开始消退。在这种情况下，对上帝那令人恐惧的公正的重新思考与更现实的分析结合在一起：关于天主教徒故意纵火的谣言迅速传播开来。[22] 这种

12.1　1577 年的彗星。这是一个人们经常表现且热衷于解释的主题。（中央图书馆，苏黎世）

重点的转变当然受到新闻报道水平提高的影响，标志着一种更加理性地报道自然和人为灾害的趋势。这种转变与自然科学中的实证观察的不断传播相一致。学者们受到鼓舞，并互相鼓励去收集和解释那些实证证据，而不再那么尊重那些"继承下来的学问"。随着科学的进步，上帝的领地开始逐渐收缩。23 在新闻报道领域，重心的转变必定有更阴暗的一面。因为当新闻工作者逐渐放弃对自我修正的虔诚呼吁，他们便把注意力集中在解释因果关系的新方法上：如果他们不能责备自己，那么该受到责备的一定在别处。贪婪的新闻媒体支持并鼓励人们寻找替罪羊，强化政治辩论中的对抗性基调。至少在这一方面，新闻报道明显变得更加现代化。

巴特的新闻 [1]

　　应该给予新闻报道多大程度的信任的问题自然与新闻本身一样古老。中世纪社会的统治者们基于此进行所有计算，权衡其掌握的有限和不完整的信息来源的价值。不过至少在更早的几代人那里，这些问题就已经得到了相对明确的界定：一个信使有多少可信度？他是否为利益相关者？谣言占多大比重？在新闻接受者证实其所得消息之前，有必要再三考虑信使的信用，他可能是一个值得信赖的下属，一个消息灵通的信源，曾提供过有价值的信息，或者是一个保证交易公正的正直的通讯员。新闻以信任和荣誉为基础，而信任和荣誉在原则上支撑着具有一定社会地位的人之间的所有关系。24

　　商业新闻市场的诞生严重破坏了这种相对亲密的新闻交流圈。新闻市场的传播超出了那些因职业所需而要获取信息的人，将新的、更天真和缺乏经验的消费者也囊括进来。小册子出版和第一代报纸的增多与一系列复杂的国际冲突同时发生，这些冲突产生了大批分散的读者，他们渴望得到最新的情报。不可避免的是，这种对新闻的新渴望和满足渴望的商业压力导致了许多无法被证实的报道，甚

---

[1]　原文为"News well buttered"，含有"奉承的新闻"之义。

至一些彻头彻尾的虚构事件的出现。1624年,年轻的剧作家詹姆斯·雪利尖锐地讽刺了那些从未上过战场的人编造战争故事的交易:"他们一个小时就可以给你写一场在欧洲任何地方爆发的战斗,而事实上从未离开酒馆一步。"[25]雪利暗示道,只要能赚钱,报纸就会刊登这些东西。

他的评价并不完全公平。雪利的观察是在三十年战争最激烈的时候做出的,这是一个对新闻报道来说关键却又困难的时代。欧洲各地的人们都迫切需要最新的情报。但是,正如我们所见,战争造成的破坏严重损坏了信息流通渠道。不同派别的期望和恐惧使信息更加扭曲。英国内战期间出现的新一代连载刊物在国内报道方面也面临着类似的问题,正如1644年英国《王国每周情报员》的编辑威廉·科林斯不耐烦地承认的那样:"假装掌握了真理的人从未比这个时代多,真正获得了真理的人也从未比这个时代少。"[26]

正如以上的例子所表明的那样,新闻工作者非常清楚他们在寻获真实报道时所面临的困难。托马斯·盖恩斯福德就是其中一位,他在自己的专栏敦促读者要更加耐心:如果没有新闻,则不能出版。新闻工作者不希望被强迫发布那些被证明为虚假的信息,这主要是因为他们的生计依赖于可靠的声誉。1631年,布赖滕费尔德战役之后,威廉·瓦茨报道了天主教将军蒂利的死讯,他完全慌了阵脚,即使出现了与之相反的报道,也仍然坚持这一说法。不过,我们能感受到他的推理确实反映出他在平衡矛盾信息方面所做的谨慎尝试。只是他在这条新闻上猜错了:

> 中立的读者们,我们(在上一期通报的正面)向你们承诺了蒂利阁下的死亡或监禁,现在我们履行了:尽管安特卫普流传的最新消息与之完全相反,但你们可以权衡两者,在此基础上相信。我们只向所有的反驳者提出一个问题,请告

12.2 不平静的天空。巴特让两个部队在天空中作战，云朵中滴下了"血雨"。这的确是一幅奇异的景象。（福尔杰莎士比亚图书馆，华盛顿）

诉我们蒂利和他募集的强大军队的所在之处，如此我们就都愿意信奉天主教了。[27]

事实上，很少有新闻工作者会担未经证实的谣言的风险（而且没有证据表明瓦茨兑现了他成为天主教徒的承诺）。总的来说，17 世纪的报纸更注重谨慎行事而非冒险。许多新闻工作者在外国新闻尚未

得到证实时会煞费苦心地指出来。盖恩斯福德的审慎准则可以代表
许多人:"我宁愿在没有十足把握的情况下把真实消息仅仅写作传闻,
也不愿把过后被证明为假的消息写作真的。"²⁸

这种专业精神很少受到那些批评新闻工作者的人的称赞。必须
说,对报纸的批评大多来自于现有的新闻交流圈的特权成员,比如
詹姆斯·雪利,以及手抄新闻服务的经营者,强调自身新闻来源的
优势有助于为他们带来更多的经济利益。对报纸及其读者的嘲笑也
反映了社会对这些新兴消费者的蔑视。这一点在伦敦的剧场舞台上
体现得最为明显,剧作家们经常把报纸当作笑柄。由于其名字不可
避免地带有双关的特征,不幸的纳撒尼尔·巴特所受到的嘲笑最多。[1]
在《一盘棋》中,托马斯·米德尔顿充分利用了巴特,大概是因为他
知道对于他的观众来说,巴特代表着新闻的公共形象。亚伯拉罕·霍
兰用一组令人难忘的对句总结了对新闻工作者的更全面的抨击:

> 每周都能够看到黄油(巴特)
> 被涂在每间邮局和教堂的门上! ²⁹

对新闻工作者的嘲讽主要来自本·琼森,他是第一个使报纸媒体成
为其戏剧《主要新闻》的主题的人。他抨击的目标既有新闻工作者
又有轻信新闻的消费者,就如同琼森所想象的那个乡下女人,她闯
入新闻办公室,想要得到"任何,哪怕是只有少许价值的新闻"。³⁰
琼森暗示说,这样的傻瓜很容易被操纵。他的批评很可能是大错特
错的。虽然从原则上讲,对于很多收入非常有限的人来说,单期的
新闻连载刊物是完全负担得起的,但这些人并不是新闻连载刊物的

---

[1] "巴特"与"黄油"为同一个词(Butter)。

典型消费者。新闻工作者将他们的产品瞄准了订阅市场，而订阅新闻服务的用户可能是更富有（每月一先令是一笔不小的支出）、更老练的读者——这样的读者才能理解当时报纸那种晦涩的、断断续续的报道风格。

我们还应该记住，这些对报纸持怀疑态度的评论者们通常另有目的，伦敦剧作家也不例外。报纸在某种程度上威胁到了剧院在当时新闻评论中所扮演的角色。本·琼森是老牌媒体的代表，享有特权人士获得信息和私下八卦的机会。他已经熟练掌握了剧院对当代新闻事件的调侃，以满足见多识广的客户。他也不赞同报纸的社论路线：他不支持干预三十年战争的政策。他对报纸的政治角色感到不满，因为其通过提高人们对于国外新教徒困境的认识，给不情愿干预的国王施加了压力。

因此，琼森和许多老牌媒体的代表一样，永远不太可能给报纸一个公正的申诉机会。即便如此，他的批评确实反映出当时对连载形式本身的一种更广泛的不满，这种不满事出有因。[31] 在此之前，小册子一直是新闻传播的标准印刷形式。尽管新闻小册子和连载刊物有许多相似点（连载刊物在形式上是以小册子为蓝本的），但它们与潜在读者的关系却完全不同。非连载的小册子是一种非常有优势的信息传播渠道。因为它们只在有重大事件需要被宣传的时候才会出现，所以不必处理那些不确定或未解决的问题：它们是在事件发生后出版的。总的来说，小册子有更多的版面（平均文字量是早期报纸的四倍）去报道单一的问题，而不像报纸那样是狂乱的大杂烩。因为非连载小册子是一次性出版物，所以它们不会假定读者具有先备知识，而是花时间来解释事件的背景和后果。小册子中记载的新闻事件往往可以使读者保留一段时间的兴趣。很多小册子在事件发生很久之后才会出版或重印。它们不需要匆忙生产，而是预留了进行思考和判断的时间。

连载的新闻刊物总是更加忙乱。它们所描述的都是那些仍在发展、尚未被全部了解的事件。它们被迫报道了很多在当时看来是不详预兆的信息，而这些信息在现在看来完全是微不足道的。新闻工作者的主要编辑任务是从一大堆信息中挑选出要刊印的新闻线索，但他们并不特别具有做出这样的判断的资格。这通常只是忙碌的印刷厂内众多任务中的其中一个。一期刊物刚发行，新闻通讯员们就开始为下一期收集稿件。连载刊物几乎没有留下多少思考和解释的空间，即使报纸所采用的风格（继承自手抄新闻信札）允许这样做，它也并未实现。

新闻小册子可以采用一种非常不同的方法。大多数小册子只会在围攻或战役结束时才会出版，那时战争的结果已见分晓（这是周刊所不具有的奢侈条件）。在一本小册子中，可以通过对事实进行梳理，使之朝着这一已知的结果发展。对于那些想要理解乱世的人来说，这似乎是一种更符合逻辑的新闻报道形式。小册子也为博学而优美的写作、承诺式和宣传式的文章提供了更多的机会。

因此，除了职业竞争之外，很多人视报纸为一种时尚和新闻出版的倒退，是有充分理由的。但当本·琼森把矛头对准那些天真的读者时，他不需要担心，因为这些人几乎不是目标受众：这些新兴消费者更有可能购买一本可以就某一主题给予他们完整认识的小册子。阅读单独一期的报纸总像走进一个里面谈话进行到一半的房间，很难接过话头，报纸那简洁的事实性风格也没有多大帮助。这并不是人们想要的阅读或收集信息的方式：大多数报纸刊物都被安全地交到了那些会定期关注新闻事件的更老练的读者手中。

舆论的祸害

不断兴起的批评浪潮反映了这样一个事实，即到 17 世纪晚期，连载媒体已成为新闻商业中不可避免的固有特征。北欧的一些地区对报纸的兴趣最为浓厚，而到了本世纪末，意大利的城市也出现了像样的分散各地的报纸，这种新闻形式甚至开始在西班牙站稳脚跟。德意志拥有众多独立的司法管辖区，实现了迄今为止最广泛的新闻覆盖，也是在这里，报纸批评者的声音受到了关注。在 17 世纪的第三季度，许多作家表达了他们对连载刊物泛滥的不安，以及报纸若落入坏人之手对社会产生的危害。1676 年，法院官员亚哈随鲁·弗里奇出版了一本关于报纸的使用和滥用情况的简要小册子。[32] 弗里奇是王权的坚定支持者，他坚决认为，报纸的流通应该仅限于那些对掌握消息有职业需要的公众人物（即新闻信札的传统读者）。弗里奇用拉丁文出版了他的小册子，这一事实表明这些职业人士正是他的目标读者。

几年后，路德宗牧师、多产作家约翰·路德维希·哈特曼采纳了弗里奇提出的这一主题。哈特曼在布道时总结出一条妙语，谴责跳舞、赌博、酗酒和懒惰的罪行。在 1679 年的一次犀利的布道中，他又将阅读报纸列入罪行之一。[33] 哈特曼愿意承认商人需要阅读报纸，但除此之外，应禁止公众阅读。弗里奇和哈特曼为一场辩论定下了基调，这场辩论的重点是确定哪些社会群体可以被放心地提供政治新闻。丹尼尔·哈特奈克是一位老练的、想象力丰富的出版商，他也试图区分有用的阅读和纯粹的好奇心。哈特奈克同意，在正常情况下，阅读报纸的行为应该仅限于那些见多识广的人，他们可以运用适当的批判性判断。只有在战争时期，才应让所有人看报纸。[34]

这种社会排他性的观念是一个警告：不要高估第一代报纸的影响力。将这些特权扩展至"未经训练"的头脑能带来多少好处，那些有可靠新闻来源的权贵们对此深表怀疑。直到 17 世纪末，一位名叫卡斯帕·施蒂勒的德意志作家加入了这场争论，明确声明支持阅读报纸。他的《报纸的乐趣和效用》是对新闻追踪权的有力认可：

12.3 《受舆论控制和支配的世界》。舆论被描绘成一个头戴巴别塔的蒙眼女人。这棵树的果实则是小册子。（大英博物馆委托人，伦敦）

> 存活于世，我们必须了解当下的世界；如果我们想要得到智慧，亚历山大、凯撒或穆罕默德提供不了帮助。任何寻求这种智慧并希望参与社会的人都必须追踪这些报纸：必须阅读和理解它们。[35]

施蒂勒不能容忍限制公众阅读新闻的行为。他相信所有人都有学习的天性，而这种天性也延伸到了最新时事上。施蒂勒列举了从报纸阅读中获益的群体，直接回应了对新闻界的批评。老师和教授们需要关注新闻以跟上时代的步伐；神职人员可以将报纸中的材料纳入他们的布道中（并从中发现上帝干预人类事务的例子）；商人和流动工人将了解欧洲险路的状况；乡村贵族读报以打发无聊，而他们的妻子也应该读报：与其把时间浪费在闲谈上，不如做好讨论严肃话题的准备。那些反对报纸上充斥着不良内容的人应该记住，《圣经》中也"充满了谋杀、通奸、盗窃等多种罪的例子"。[36]

施蒂勒的抨击很及时，因为在18世纪初，新闻阅读的优点还远未得到普遍承认。相反，参与式政治的强化带来了许多新的焦虑，它们对连载刊物的价值及其价值观提出了质疑。报纸的批评者主要集中在三个主要问题上，他们认为这些问题损害了媒体对公共辩论的贡献。他们抱怨信息过载：新闻太多了，而且很多都是相互矛盾的。他们担心客观性报道的旧传统正受到舆论的污染。他们相信这是因为政治家们试图为了自己的目的而操纵新闻，这一观点并非无中生有。所有这些因素都有可能歪曲或掩盖事实真相，让读者感到困惑并被欺骗。

人们抱怨理智正被印刷品的洪流所淹没，这种抱怨在当时并不是什么新鲜事。16世纪头几十年，伴随着宗教改革的小册子如潮水般涌来，同时代人对欧洲事务的一连串危机所引发的"小册子战争"感到震惊和不安。但如果将同样的批评放到18世纪初的报纸上，则显得过于偏颇。在欧洲的大部分地区，一家报纸在当地仍然享有垄断地位。只有在伦敦和一些德意志城市（特别是汉堡），才会有更多定期连载的刊物参与直接竞争。在这里，竞争可能会带来破坏性的后果。[37] 各家报纸都热切地指出竞争对手的错误。它们似乎并没有意识到，对竞争对手的攻击损害了整个行业的可信度。丹尼尔·笛福有夸张和偏袒的嫌疑，他曾攻击其大多数竞争对手的诚信或廉正，包括《每日新闻》《英国邮报》《伦敦公报》《邮童报》和《邮差报》。[38]《闲谈者》不时对报界的矛盾和夸张加以嘲讽，并以高傲的浮夸口吻总结道："这个岛上的报纸对于英格兰的那些傻瓜来说，就像骑士文学对于西班牙一样有害。"[39]

这种同行间的竞争部分是市场拥挤的结果。伦敦各家报纸在很大程度上依赖同样的信息源，大部分稿件都由外国新闻组成。寻找一个新颖的角度自然为一些巧妙的修饰提供了机会。这不可避免地给读者带来了一些困惑，尤其是当他们在不同的地方阅读同一篇报道时。正如约瑟夫·艾迪生以其特有的优雅文风在他的《旁观者》中所表达的那样：

> 它们都从国外得到同样的报道，而且常常是同样的表达。但是它们的烹饪方法是如此不同，以至于没有一个关注公众利益的公民，能够在逐一阅读之前心平气和地离开咖啡屋。[40]

艾迪生谴责了新闻许可的危险性。但是，由于人们担心新闻被蓄意纳入党派议程，这种修饰新闻的商业压力变得更加大。人们对舆论的祸害的担忧远远超出了对拥挤的伦敦市场的担忧。

在此，重要的是记住报纸根植于手抄新闻信札这一历史根源：手抄新闻信札是一种对未经加工的事实几乎过分重视的新闻报道形式。那些订阅新闻信札及其后续印刷品的人重视把新闻与新闻小册子那种更具论证性、分析性和坦率的论战式风格完全分离。在18世纪早期，人们对连载新闻出版物可能被这种平行的新闻报道污染的担心普遍存在且持续增长。英国内战时期的出版物（实际上是系列辩论）是一个极端的例子。但即便是德意志报纸也不能完全不在意战争时期当地读者的党派忠诚。在18世纪初的几十年里，英国报纸公开互相指责对方的党派忠诚问题和报纸中所出现的错误。即便如此，报纸大体上还是不愿露骨地引导读者的观点。德意志报纸的第

12.4　对《伦敦公报》的攻击。作者可能没有想到，对英国报纸的这种攻击并没有提高整个新闻界的可信度。（普林斯顿大学图书馆，福尔克·达尔藏品，普林斯顿）

一篇头条（或称补论）于 1687 年在汉堡发表，不过事实证明这是一种反常现象：它是鼓励相互竞争的连载刊物进行探索以赢得读者青睐的市场上的一种产品。[41] 更典型的例子是编辑在 1702 年第一期《每日新闻》中向读者发表的一份崇高的宣言：

> 他会引用外国报纸的出处，公众可以看到得到政府许可的新闻来自哪个国家，这样便可以更好地判断叙述的可信度和公正性。他不会发表任何评论或猜测，而只会讲述事实；他假设其他人有足够的理智去进行反思。[42]

这固然很好，但读者怎么能确证呢？即使报纸的经营者坚持这一有价值的目标，读者又怎么能保证这些报纸不会被有自己意图的政客收买呢？

权力的重压

从印刷业出现的第一天起，欧洲统治者就认识到对这一新兴行业进行监管的必要性。宗教改革所带来的宗教冲突使得人们对印刷文字的力量变得更加敏感，但地方法官也希望控制所有似乎会对其特权产生影响的有关公共政策的辩论。这种监管系统在 16 世纪发展得非常迅速。新教和天主教政权都实行审查制度，尽管各有侧重。在天主教国家，效仿罗马的做法，发布一份全面的关于禁书及其作者的清单或"索引"成了一种常态。在新教管辖区，比较常见的做法是要求当地所有文本在交付印刷之前都要经过审查。

正是第二个系统为新闻出版物的监管提供了模板。虽然这一管理方式可以在书籍和小册子的生产中得到妥善应用，但是却远不适合监管连载出版物。那些被任命负责对文本进行出版前审查的工作人员一般都很忙碌。出版商抱怨说，即使是内容相对没有争议的书，也要面临长时间的延迟和高昂的费用。当涉及到必须在一周的某一天印刷的新闻连载时，任何延迟都是不合情理的。出版前的审查制度在实践中很少发挥作用。

因此，一般来说，大多数办报的地方都依赖于第三种监管方式：在报纸出版后，对任何当局认为出版了具有冒犯性的内容的人进行惩罚。这些干预措施由于不常执行而更为有效。报纸出版商明白，他们所出版的每一期报纸都可能将自己的生计置于危险之中。印刷商可能会冒险出版一本放肆的小册子，特别是如果可以在匿名的掩护下发出的话，但是报纸出版商却无法这样做。他们的地址必须标注在每期的显著位置，这样订阅者才能知道向哪里汇款，偶然来访的顾客也才可以找到他们的店铺。

所以各家报纸都非常小心地避免冒犯当局。通常情况下，自我审查比任何监管体系都有效得多。在一家报纸垄断了当地市场的情况下，顺从当局的压力尤为强烈。这一原则适用于欧洲发行报纸的大部分地区。在法国，《公报》一直是王权的坚定支持者，但这只是普遍现象中最为极端的例子。在意大利，米兰和皮埃蒙特的报纸经营者很乐意在政府印刷厂办报，政府还为皮埃蒙特的出版商提供了养老金。[43] 即使是在以"宽容之港"著称的荷兰共和国，世纪中叶的强烈不和谐音也在 1690 年被悄然压制了。现在每个城市都有一份报纸享有利润丰厚的垄断地位。

人们普遍认为，报纸会避免对政治敏感问题发表评论。这解释了人们对国内政治新闻出版的长期偏见。但有时政治压力也会越界，而对外国新闻的报道为符合地方权力的政策重点必须有所倾斜。即使是最热心地坚持扩大报纸读者群的卡斯帕·施蒂勒也认为，报纸不应该发表任何可能会损害统治者声誉的内容。"出版商必须记住自己是谁，身处何处，他们的主人是谁。"[44] 如果当局要求，报纸应乐意配合传播那些他们知道是虚假的信息。难怪施蒂勒敦促读者保持一种敏锐的批判意识，密切关注一篇报道的来源，并明确它是来自新教还是天主教地区。

没有人比新闻工作者自己更了解一个被削弱的、受污染的信息源将带来的困难。报纸编辑们反复强调这一主题，承诺他们只提供最佳的公正的新闻。泰奥夫拉斯特·勒诺多在巴黎《公报》上说："有一件事我不会屈服于任何人，那就是对真理的探寻。"1688年《伦敦新闻》承诺要"以不偏不倚的历史学家的正直态度，公正地对待各方，如实反映事情的真实情况"。[45]

伦敦是这个时代最具争议性的媒体所在地，没有哪个地方比伦敦更为坚持不懈地重复这些真理，也没有哪个地方比伦敦更顽强地挑战这些真理。但是，人们希望一个监管不那么严格的市场能够促进民间话语框架内的真相叙事，这种希望落空了，就像一个世纪后革命中的法国所发生的那样。[46]伦敦的报纸可能已经摆脱了垄断市场对单一报纸的沉重压迫，但它们也没有摆脱政治压力。相反，英国政治家们很快意识到，要想证明自己的观点，他们需要一些顺从的报纸。报纸很快就分化为辉格党或托利党两派，这一时期主要的作家为党派利益写作以获得养老金。1726年，托利党博林布罗克勋爵创办了《匠人》，明确表示要动员政治舆论反对沃波尔政府。罗伯特·沃波尔的回应也相当明智，他召集了自己的媒体。在他担任首相的最后十年里，他控制了五家报纸，总共为顺从于他的新闻工作者支付了五万英镑，这是一笔相当可观的数目。[47]

新闻自由的代价是什么？对不加粉饰的真相的执着追求有何价值呢？当报纸走过了它的第一个世纪时，连载刊物呈现出一个尴尬的悖论。报纸的读者群和政治影响力越大，就越不受信任。这个问题艰难而复杂，一直延续到了启蒙运动时期。

第十三章　期刊的时代

关于真相的辩论意味着新闻报道的权威出现了危机。随着一种更具对抗性的政治文化的发展，新闻报道似乎在某些方面已经倒退。对事实的探寻被笼罩在舆论的迷雾中，还被伴随着政治派系而出现的滥用和操纵所掩盖。政治污染了新闻。当然，这是一个永远无法真正解决的问题。使新闻印刷物成为劝服的媒介的需求，将不断挑战读者的批判能力，直至现代。但是向前发展的初步迹象出现在18世纪，当时出现了一种新的定期出版形式，它与嘈杂的、不间断的报纸媒体截然不同。这将是期刊的时代。

18世纪见证了期刊媒体的惊人崛起。随着时间的推移，报纸将只占这一市场的一小部分。相反，新世纪出现了大量其他的出版物，以连载的形式提供给定期订阅的读者，这些出版物包括每周或每月发行一次的文学、文化、科学和学术期刊等。这些新的期刊媒体被证明极受欢迎。这是一个日益繁荣并且读写能力不断提高的时代。伴随着专业精英群体的扩大，对科学和专业知识的信心也在增长，新的期刊能够借机招揽这些专业人群成为作者和订阅者。相比于报纸，这些出版物将利用权威的传统基础、专业作家和论述式分析。这一时期也出现了拥有较多可支配收入的资产阶级。[1]这些日益活跃的消费社会的新成员有更多的钱用于高雅的娱乐活动：文学、音乐和戏剧。但在谨慎地初次踏入社交圈时，他们也乐于接受指导：那些追求高雅的新人乐于接受品味和时尚方面的帮助。

出版商们也非常欢迎期刊市场的发展。避免对当代事件进行直接评论的做法最大程度地降低了冒犯当局的风险，尽管支持这一政策的期刊比严格遵守它的要多得多。他们当然将上流社会和大人物的时髦行为视作一个令人着迷的话题。流行事物成为了期刊的业务，而那些社会精英以及他们的事业通常是最时髦的。

期刊崛起的重要性不仅体现在它是一种社会现象，还在于它对新闻市场的影响。期刊文章篇幅越来越长，语气越来越个人化，这鼓励了一种目前为止新闻报道所回避的新闻传统的发展。事实上，新闻业中许多被我们视作固有的批判性特征和文体特征最早出现在18世纪的这些期刊上。它们向公众提供了迄今为止他们在报纸上错过的内容，包括对战争和宫廷招待会的有价值的回顾。期刊提供了评论、感受和判断，但与咄咄逼人的政治评论文章相比，语气要轻松得多。它们直接对读者讲话，并花时间来解释和展开论证。它们既有趣又轻松。最重要的是，它们为读者提供了一种全新的东西，这些读者之前从未体验过任何类似于18世纪《旁观者》那样的休闲汇编读物：人们每周都会在客厅讨论它，其中既有熟悉的人物又有新时尚。这是一种诱人且令人陶醉的混合物。

启蒙的工具

1665年，在管制森严的法国市场上出现了一本与受尊敬的《公报》并驾齐驱的全新期刊——《学者杂志》。这是欧洲图书行业的一项重大创新：一份主要致力于艺术和科学发现的期刊，并为法律客户附上了一些关于民事和教会法庭的判决通知。它计划每周出版一次，理由是如果每月或每年出版一次，这些新奇的事物就会失去光泽。但是，它年内发行的每一期刊物的页码都是连续的，这表明它们将会在年底合订在一起。这份刊物还提供了完整的学术资料：表格、

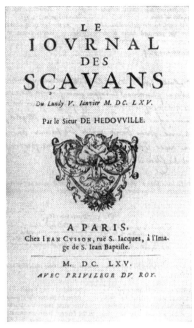

LE
IOVRNAL
DES
SCAVANS

Du Lundy V. Ianvier M. DC. LXV.

Par le Sieur DE HEDOVVILLE.

A PARIS,
Chez IEAN CVSSON, ruë S. Iacques, à l'Image de S. Iean Baptiste.

M. DC. LXV.
AVEC PRIVILEGE DV ROY.

13.1 《学者杂志》。(维基共享)

注释、索引和所有的参考文献。像《公报》一样,这将是一家享有特权的企业,在这部分市场享有受保护的垄断地位,有望带来丰厚的利润。对于法国的知识界来说,《学者杂志》既是灵感来源,也是必不可少的支柱,还是让他们能够及时了解大量文献的方法,他们不能指望独自查询这些文献。

《学者杂志》提供了一份具有巨大影响力的新的学术期刊的原型。[2]它最直接地影响到了英吉利海峡对岸的伦敦。在几个月之内,这里就创立了一家类似的期刊《哲学汇刊》。正如它的名字所暗示的那样,这一份更严肃、更具有科学性。它的编辑们与最近成立的皇家学会关系密切,该学会的成员为这份期刊提供了很大一部分文章。[3]但这份期刊并不正式隶属于皇家学会,这导致了一些困难,当时学会总部分别位于伦敦和牛津的两家分支机构发生了争执,它们用《哲学汇刊》的内容来攻击对方的学术资质。就像《学者杂志》是以法语出版的,《哲学汇刊》上的文章则以英语出版。这绝不是理所当然的事。因为当时人们认为受过教育的人更倾向于使用拉丁文,拉丁文仍是国际科学话语体系所使用的语言。事实上,学者们很快就抱怨说,放弃拉丁语使他们的生活变得更加困难,因为他们现在必须掌握多种语言。但《哲学汇刊》的第一任编辑亨利·奥尔登堡坚持认为应该这么做:"因为它们是为了帮助那些被稀奇古怪的事件吸引,却可能不懂拉丁文的英国人。"[4] 在这里,学会正在发表一项对欧洲文化的未来具有重要意义的声明。它提出本国语言是一种博学的语言,尽管这违背了欧洲文化、文学和以良好教育为代表的社会等级的所有既定传统。在摆脱人文主义传统的长期阴影的过程中,这是具有象征意义的重要一步。

尽管如此,《哲学汇刊》还是比《学者杂志》更具精英主义色彩。三百份印刷副本对研究者来说绰绰有余,而学会也没有试图将其影响范围扩大到专家圈之外。然而,这两个期刊都自觉成了国际学术与探索共同体的一部分:一个在皮埃尔·培尔创立的经久不衰的评论期刊《文人共和国新闻》(1684—1718)中被颂扬的文学界。《哲学汇刊》第一期收录了一篇来自法国的文章和一篇来自意大利的文章,往后数期则频繁刊载了从《学者杂志》里翻译过来的文章。

科学期刊从广泛的学术关注中获益,将知识组织成大型百科全书式出版物,其中许多内容是分期连载的。如今对期刊的构想与此大致相同,它被当作一种可供存档和检索的参考工具。18 世纪的读者越来越倾向于以这种方式看待他们的报纸。[5] 一份期刊或报纸将会有双重价值:既是一份时事信息印刷品,又是知识积累的档案馆。它是一个知识库,科学在其中发挥着越来越重要的作用。

《哲学汇刊》和《学者杂志》为日益扩大的严肃专业期刊的市场铺平了道路,这些期刊最终将涵盖广泛的主题。这将是 18 世纪图书市场中最活跃、利润最丰厚的领域之一。这一点在法国尤其重要，因为在法国，《公报》的垄断地位被严格贯彻，新闻和时事出版物市场被严重限制。[6] 截止到 17 世纪末，大约有两百种期刊在法国出版。1700 年到 1789 年法国大革命爆发期间，这个数字超过了八百。这是专业期刊的时代：其中最重要的期刊包括权威的《经济学刊》（1751—1772）《物理观察》（1752—1823）和《医学杂志》（1754—1793）。世纪中叶创办的那些期刊特别成功，正如这些长寿企业见证的：在 1750 年至 1759 年间创办的一百一十五种期刊中，有六十三种持续了一年，二十一种持续了十年甚至更久。其他期刊服务于医学、农业、商业、音乐和艺术等领域的兴趣团体。

严肃学术报刊的发展，为报纸开创的期刊类媒体增加了深度和分量。连载模式被证明是一种分散百科全书式出版物的风险、改善现金流和允许市场决定版次尺寸的高效机制。和传统出版的书籍不同，出版商不需要面对未售出书籍积压仓库的问题。这些新的期刊还在基于实证数据的认真调查的基础上，逐步拓展了多种领域的专业研究市场。这不可避免地影响到了对时事的报道，鼓励人们转向分析，并对那些无法解释的故事和奇迹抱持越来越怀疑的态度。正是在这一时期，我们目睹了关于奇异或超自然事件的报道的减少，特别是在大都市的媒体（除非这些报道能够被用来揭示乡下人的轻信）。[7]

科学市场也被证明是相当广阔的。1691 年，伦敦一位经验丰富的书商和出版商约翰·邓顿开始负责这个动荡时代最具创新性的连载出版物之一便是例证。《雅典信使报》是一本专门为读者解答各种问题的期刊，内容涉及科学、宗教、礼仪、爱情和历史等各个领域。[8] 读者们通过便士邮政将他们的问题寄到斯托克斯集市中史密斯先生的咖啡馆，它与邓顿的商店相邻。这些问题都得到了"雅典协会"（Athenian Society）的回答，这个协会实际上由邓顿和他的两个姻兄弟组成。来信者的身份从不公开，因此他们提问时不用担心暴露自己的无知。事实证明这是一个成功的模式。价格一便士的《雅典信使报》每周售卖两次，邓顿和他的"雅典同胞们"很快就被问题淹没了。编辑不得不敬告读者，他们不会重复回答同样的问题，这当然迫使发烧友收集其过刊，以获得刊物所提供的全部信息。

《雅典信使报》向英国公众展示了科学是他们的最大兴趣之一，这可能会让他们大吃一惊。[9]广义上的科学问题占据了其中两成。这与《哲学汇刊》中的科学非常不同，也与新闻书以及其中关于"畸形婴儿"的诞生的内容相去甚远。读者们想知道他们在日常生活中观察到的简单实际的事物和现象的答案。为什么温泉浴场里的水比泉水或河水都要热；风的力量从何而来，其变化的原因是什么；被扑灭的火去向何处。[10]诸如此类的一切问题。

邓顿于1697年停办《雅典信使报》。随着1695年《授权法案》失效，政治新闻的恢复扩大了可买到的连载出版物的范围，他的期刊销量也在下降。但邓顿可能觉得这次冒险已经走到了尽头。当一份期刊完全依靠一个人的个性和魅力时，每周或双周出版所带来的压力也是无情的，也许邓顿和他的读者都准备好继续前进了。尽管如此，《雅典信使报》还是对期刊类型的发展做出了关键性的贡献。除了与读者互动对话的创新形式，邓顿还和他回答问题的智者团队大赚了一笔。通过创建这个读者们都能享有代理会员资格的俱乐部，邓顿产生了一种幻想，这种想法在读者和未来连载刊物的作者中引起了持久的共鸣。[11]他邀请读者支付会员费，加入一个由博学且聪慧的同好们组成的群体，读者可能会被拉入一个常规的关系网中，而这个关系网成了他们的一个虚拟社区，或家庭圈子的替代品。这对往往与家庭断了联系、对新关系和新体验保持开放的新城市居民具有特别的吸引力。在这里，邓顿播下了一颗种子，它将在英语文学最具创造性的一个阶段发芽。

《旁观者》

1672 年，又一份"信使报"出现在法国，这份期刊经过多年的发展，已经远远超过了崇高的《学者杂志》。这就是《文雅信使》，正如名字所暗示的那样，它考虑的是一群完全不同的读者。《文雅信使》生动地汇集了时事文化和文学新闻。宫廷的小道传闻被与各种各样的诗篇、音乐、文学评论、讣告、婚姻和出生公告混杂在一起。它的第一任编辑让·多诺·德维泽可以被视作这本上流社会期刊的创始人。[12]

《文雅信使》走的是某种高雅路线。维泽是个严肃的人，也是莫里哀喜剧的评论家。在法国，《文雅信使》也不例外地受到王室垄断的保护，而维泽则享有一笔可观的王室津贴。所以《文雅信使》自然对宫廷保持着友好的态度。其版面上频频出现的奉承路易十四和赞美他征服事迹的文章，很难与《公报》中类似的溢美之词区分开来。《文雅信使》永远不会成为讽刺时政的工具。它真正的影响在于向人们展示了一种新的期刊类型，即以社交和礼仪为主题的期刊。这是18 世纪报刊的标志性创造。

英国报刊过了一段时间才对《文雅信使》的成功有所反应。各种评论文章来来去去。它们当中有些格调过高，比如皮埃尔·安托万·莫特的月刊《绅士杂志》，由于不频发，所以它无法追上时代的狂热情绪。但是，《绅士杂志》以其丰富的新闻、文化和娱乐杂烩，为一种出版形式指明了方向，它为文雅之士打开了一扇了解当代事务的新窗口。如果能与智趣和讽刺相结合，它将会成为全城热话。1709 年，理查德·斯梯尔创办了《闲谈者》杂志，这是一本每周发行三次的汇编刊物，印在单张对开半页纸的两面。[13] 在创办《闲谈者》之前，斯梯尔已经是一个经验丰富的新闻工作者了。自 1707 年起，

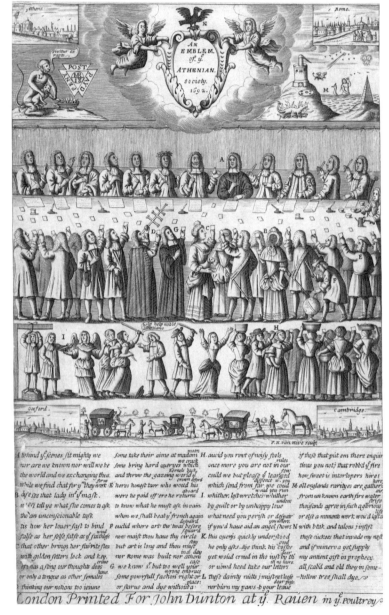

13.2　雅典协会。邓顿的智囊团事实上由他和他的两个姻兄弟组成。（大英博物馆委托人，伦敦）

他一直担任《公报》的编辑，虽然报酬丰厚，但对他来说十分无聊。[14]对比《公报》冷静沉闷的语气，《闲谈者》是诙谐和个人化的。按照斯梯尔的设想，这份刊物将提供来自国内外的新闻、新书和戏剧评论、八卦和时事评论。它还包括原创小说和诗歌（对于面临固定的截止日期的出版物来说，它们总是可靠的补白）。

《闲谈者》花了一段时间才站稳脚跟。几个月之内，它放弃了新闻报道，因为这与其余内容的诙谐口吻不太相符，而且无论如何，《闲谈者》都有可能成为报纸固定读者的额外消费品。这种侧重点的改变也反映了约瑟夫·艾迪生的影响，他在《闲谈者》推出后不久就与斯梯尔成为合作伙伴。在艾迪生的影响下，《闲谈者》不再是一份汇编刊物，而更像一份随笔刊物，每一期都提供了对某一主题的延伸思考。《闲谈者》还大力发展广告业务，并为它腾出大量空间：每期多达十四或十八条广告，每月则达到一百五十条。这些广告推销假发、轮椅、鸟笼、彩票、化妆品和药品。除了为刊物带来宝贵的收入，这些广告也反映了伦敦社会品味的不断变化。读者可以通过这些杂志了解正确的举止和讨价还价的技巧。[15]

1711年，在创办仅仅两年和二百七十一期后，艾迪生和斯梯尔停办《闲谈者》。它将以书籍的形式，以收藏版继续存在。两个月后，他们推出了《旁观者》。[16]事实证明，这才是他们真正的杰作。广告称其为"疏离观察者的冷静思考"，但《旁观者》从不如此，而对伦敦生活的特点和缺点保持着一种讽刺的、时而刻薄的、总是敏锐的观察。这一事业的发展纯粹由写作才华推动。艾迪生和斯梯尔表面上避开了新闻报道，但这种区别更多是修辞上的而非实际的。《闲谈者》收录了关于彩票和决斗的文章，《旁观者》则关注英格兰银行、信贷的社会地位和金钱的道德价值。一篇关于决斗的文章旨在探讨一个社会问题，还是书写一部风尚喜剧？对斯梯尔来说，很难回答。但是，所谓的政治禁令至少给予了作者对咖啡馆文化和新闻狂热进

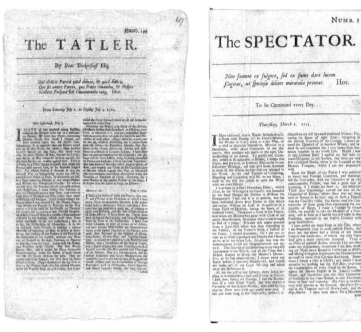

13.3 《闲谈者》和《旁观者》。(福尔杰莎士比亚图书馆，华盛顿)

行无情讽刺的许可——没有比一个缺乏幽默感的暴发户追求新闻更滑稽的事了。就像下面这个家具商那样：

> 我发现他是我们这一地区最大的新闻贩子，天还没亮他就起床读《邮差报》，在他的邻居们起床之前，他还要绕两三圈到镇子的另一头去看是否有从荷兰寄来的邮件。他有一个妻子和好几个孩子，但比起自己的家庭，他更乐于打听波兰的情况。由于缺乏新闻，他显得非常痛苦，并始终厌恶西风［当西风阻止新闻简报从欧洲大陆穿越英吉利海峡时］。这种不知疲倦的生活让他的商店破产。
>
> 我早就把这个人和他的事情抛在脑后了，直到大约三天前，当我在圣詹姆斯公园散步的时候，我听到身后远处有人

在嘟囔着什么：那不是我的老邻居家具商吗？他因为衣衫褴褛而显得赤贫……但是，他说，请真诚地告诉我，你对瑞典国王有什么看法？尽管他的妻子和孩子们都在挨饿，但我发现他目前最关心的是这位伟大的君主。[17]

这篇文章由艾迪生撰写，是对《闲谈者》中的一个虚构角色——艾萨克·比克斯塔夫先生的反思。这种叙述方式给予作者极大的自由。不过，其中表达的并不完全是艾迪生或斯梯尔的观点，对有抱负的商人和愚蠢的纨绔子弟所作的令人不适的、有时相当残酷的讽刺，是由第三方说出来的。《旁观者》可以为品味、戏剧或英格兰银行的改革提出建议，而不必停下来思考这些建议是否有意义。一切都是为了才智和趣味服务的。其语气和笛福《评论》中那充满激情的鼓吹截然不同，但也许同样有效。尽管《旁观者》否认存在严肃的政治意图，但这是一份辉格党的报纸，它深深植根于牵涉该党政治利益的沙龙和咖啡馆。1710 年，乔纳森·斯威夫特被选为《考察报》作者，专门为托利党制衡主要论文期刊中的辉格党主流。[18]

同《闲谈者》一样，斯梯尔和艾迪生仅仅两年之后就关停了《旁观者》。这并不是因为期刊迷失了方向，相反，生产压力变得太大了。许多最成功的时事期刊都是非常短命的，笛福的十年《评论》是一个例外。它们的命运揭示了依赖于单一灵感来源的期刊的弱点。无论作家多么有天赋，带着激情和智慧定期写作各种各样的题材来取悦读者的压力最后都会暴露出来。停刊不是因为它们的读者流失了，而是因为创作者精疲力竭了。

实现长远的经营需要发展一种减少对单一创作者天分依赖的生产模式。在英国，爱德华·凯夫 1731 年创办的《绅士杂志》指明了前进的道路。[19]它保留了内容的多样性，但放弃了随笔期刊高度个性化的特点。它最初是其他时事出版物的摘要，后来逐渐演变成一份独立的期刊，内容原创，雇用专业作家撰写。这是一种集体生产的模式，而报纸媒体还没有准备好效仿。

此时，吸引人们的是《旁观者》。《旁观者》概括了随笔刊物那些吸引人的品质：读者受邀与一位风趣且彬彬有礼的向导和一位世故且有教养的人共同在城市拥挤的街道上散步，并得以踏入最时髦的沙龙和最前沿的文学圈。英国内外出现了许多《旁观者》的模仿者。试图替代因其结业而留下的伦敦新闻界空白的新企业大多都失败了。没有谁能够替代其原创作者，而这些原创作者已经转向其他的文学追求。但在国外，"旁观者"比比皆是。在尼德兰，以《旁观者》为蓝本的出版物帮助复兴了受限制的期刊行业，对此城市地方法官曾规定，城市中只能有一份常规报纸。随笔刊物没有这样的限制，读者通常会选择好几份进行阅读。[20] 在法国，人们可以列举出多达一百种在 1720 年至 1789 年间创办的这样的期刊。[21] 法国读者喜欢它们的文学批评、风趣和关于品味的建议。《旁观者》非常常见，也容易买到，在法国期刊杂志上它们首次与公众进行了直接对话。在受到高度控制和令人肃然起敬的法国出版市场中，它们代表了一直以来新闻业所缺乏的一切。这种影响就像一股电流通过了法国的文学文化和图书业。当然，这种转变也不乏批评者。一些期刊极度轻浮的行为激怒了更高傲的读者，但出版商却毫无悔意。毕竟，正如一位编辑所说：

> 一个人应该只为学者写作，还是为那些想要变得有学问的人写作？在完全的无知和渊博的学识之间存在着某种东西。大众无法进行研究和学习，所以小册子和期刊在我们这个世纪是必要的。[22]

法国最早的《旁观者》总体上保留了谨慎的匿名传统，但也逐渐接受公开更有说服力的作者的身份。在 1720 年至 1739 年间，马里沃、阿尔让斯、普雷沃神父等作家以及德方丹、拉瓦雷纳、拉巴尔·德博马歇等评论家都建立了自己的传播媒介。[23] 其中一些保留了更严肃的基调，但在整个范围内，文化评论占了期刊文学内容的四分之三，特别是在本世纪上半叶更为严格的政治环境下。这是一个有利可图的行业。1730 年后，法国所有主要的出版商都发行了期刊。期刊贸易成了审查员所禁止出版的粗俗小说和"哲学"作品的替代物，因此在国外出版再进口到法国。这种贸易在 18 世纪后期规模巨大。[24] 使巴黎的出版商感到幸运的是，期刊贸易为他们提供了更多的销路，虽然这并没有让他们为伴随着本世纪最后几年的革命事件而来的新闻出版的激增做好准备。

可口的空话[1]

1691 年 5 月 5 日，约翰·邓顿在《雅典信使报》上发表了一篇大胆而引人注目的声明：

> 本周我们收到一位乡下女士非常具有独创性的来信，她想知道她是否能和男性一样提问，对此的回答是肯定的，我们的构想是回答各种各样可能对公众或是特定人群有用的问题，无关性别。[25]

为了让他的观点更有说服力，邓顿在他主笔的声明后列出了十五个关于婚姻的问题。这并不是一个未经考虑的创举。《雅典信使报》已经经营了两个月，邓顿对读者的喜好已经有了了解。这可能是当时

---

[1]　原文为法语"Riens délicieux"。

最引人注目的宣言，即女性在读者群体中是一股受欢迎的贡献力量，邓顿热切地拥抱他作为启蒙者的角色。5 月 22 日的那期杂志完全是由女性所提出的问题组成的，邓顿后来又宣布，每月第一个星期二发行的那期杂志将专门回应女性读者的关切。

虽然法国人是 17 世纪期刊市场上的伟大创新者，但英国出版商对不断扩大的女性读者群体的潜力有更清醒的认识。《闲谈者》和《旁观者》都在积极地吸引女性读者。1709 年，在为《闲谈者》制定议程时，理查德·斯梯尔明确向"有公益精神的"男性以及其他人呼吁："我也决心做一些取悦女性的东西，为了纪念她们，我为这份报纸起了这个名字。"这种拐弯抹角的恭维实为挖苦，暗示女性显得特别容易被这些鸡毛蒜皮的八卦吸引。它定下了一种精心设计的献殷勤和屈尊的基调，这是随笔期刊与女性读者进行许多互动时的特点。[26]在艾迪生的坚持下，《旁观者》紧随其后："这份报纸对女性世界的帮助大于其他所有人。"《旁观者》流派的显著成功很快催生了一些专门针对女性读者的刊物。但事实证明，它们都不太成功。以艾萨克·比克斯塔夫同父异母的妹妹珍妮·迪斯塔夫的形象创办的《女闲谈者》和《低语者》都试图公然利用《旁观者》这个品牌的成功，不过它们都失败了。[27]又过了三十年，才出现了一份具有强有力的且真实的女性声音的期刊：伊丽莎白·海伍德的《女旁观者》。

最早的上流社会期刊与女性读者之间的关系是复杂的。编辑们强调，他们那些关于道德和礼仪的文章非常适合女性，但这些文章又同时带有一种挑逗和居高临下的态度。这些刊物上的文章通常针对一位陷入困境的女性读者，回应其哀怨、悲喜剧般的求助，她们不是被一些令人费解的社交礼仪搞糊涂了，就是陷入了一段不合适的爱恋之中。这些信件中有许多看上去是编辑们自己写的。这些针对来信人陷入的境况的复杂解释，比起那些据称撰写了这些文章的、毫无经验的作家的生活，肯定与当时戏剧作品的情节更相似。这些易被识破的手段让随笔作家们可以两全其美：他们既能挑起读者兴趣，又能用回答占据道德高地。当然，今天的严肃报纸在报道丑闻或名人时仍然广泛使用这种手段。

对女性意识的严苛定义——家庭、举止、社交礼仪和爱情——常常令人恼火。这种成见在 1759 年于法国创办的《妇女杂志》中被巧妙地表达了出来，它向读者提供了可口的空话。但这只是故事的一部分。值得回顾的是，《妇女杂志》很快就超越了一份娱乐报纸，支持启蒙运动的进程，并大力批评享有国家特权的文化机构和行政政策。这种转变背后的驱动力来自三位坚强的女性，她们先后管理了这本杂志，并赋予了它独特的声音。[28]《妇女杂志》在 1769 年和 1776 年两次被恼羞成怒的部长所压制。[29]

《妇女杂志》的变化在期刊发行物之中并不罕见。新企业如雨后春笋般涌现，不过它们往往找不到受众。一份期刊如果没有密切留意读者的关注重点就无法生存。这些期刊部分是由女性创立的，她们既是读者，又是积极投身新闻界的主要人物。事实上从一开始，女性就在印刷业中发挥了积极的作用，几乎可以肯定的是，女性在印刷业比在其他任何手工业中都要更积极。[30] 许多报刊都被委托给了女性，她们对其进行了非常有效的管理，有时而并不总是在她们的丈夫死后。约翰·邓顿对女性读者的敏感度可能与这个事实有关，即他的生意在他妻子掌权时非常红火，但在她死后急剧下滑。莱昂哈德·冯·塔克西斯二世的遗孀亚历山德里娜·德赖伊伯爵夫人在丈夫去世后有效经营了塔克西斯家族邮政网络十八年，并带领公司度过了三十年战争后期明显动荡的几十年。[31] 挑战她权威的人中，有一位汉堡报界的女性经营者伊尔萨比·迈尔。[32] 而在社会光谱的另一端，如果没有"信使女"（Mercury women）这一队伍，伦敦的报业将无法运作，她们将期刊带给读者，并在街上出售。[33]

这一行业也为伊丽莎白·海伍德这样的企业家提供了立足之地，

她是《女旁观者》的作者和经营者。[34] 海伍德作为小说家取得了长久的成功，在转行做舞台剧演员没什么起色后，她创办了这份期刊。她从不装腔作势，在期刊的第一期中就透露，自己"从来都不是美人，也远谈不上年轻"。但当中一系列诙谐的、主题广泛（从饮茶过度到军人可能糟糕的举止）的文章为期刊找到了许多现成的读者。《女旁观者》停刊后被编为文集多次再版，还被翻译成法语和荷兰语。[35] 海伍德甚至有足够的信心来讽刺所谓"女性厌恶政治事务"的断言。当时有一名愤怒的（尽管几乎可以肯定是虚构的）来信者指责在政治方面她做的承诺比她实现的更多，作为回应，海伍德为自己的社论选择辩护道：

> 军队前进——战斗打响——摧毁城镇——横渡河流，诸如此类：我想，把自己或读者的时间花在那些每天刊登在公共报纸上的报道上是非常不合适的。[36]

这就是问题所在，还有其他一些地方对这类事件进行了详尽的讨论，期刊不必重复刊登报纸上免费提供的材料。许多男性读者还发现，当社会报纸提供了另一种消遣方式时，他们对战争和围攻的兴趣大大降低了。但这通常不是一个必须要做的选择。善于表达的女性读者密切关注新闻，即使社会惯例禁止她们在信函中过多提及这一点。[37] 值得注意的是，当多萝西·奥斯本在 1653 年阅读一份新闻出版物时，她只能隐晦地承认这一点："不知怎的这周偶然发现了一本新闻书，因为没有别的事可做，所以我才去读它。"[38] 这句话写在给她的追求者威廉·坦普尔爵士的信中，她可能认为他会觉得一个准新娘对新闻感兴趣是不得体的。已婚女性可以对政治产生浓厚的兴趣，这对她们的家庭影响较小。[39]

极为重要的是，多萝西·奥斯本的信和伊丽莎白·海伍德的《女旁观者》之间的一百年，见证了女性读写能力的巨大飞跃。女性读者的数量增加了三到四倍。这是一个出版商不能忽视的巨大市场。女性作为消费者和审美鉴定者是一股重要的经济力量，因此也是期刊市场的重要推动力。法国的第一份日报《巴黎日报》（1777）便是一份文化清单，提供关于当时戏剧表演和文学随笔的注解。18世纪下半叶，像《女旁观者》这样的随笔期刊逐渐被新一代的月刊所取代。《女士杂志》（1759）和《女士博物馆》（1760）是一种总体趋势的一部分，即从编辑的个人作品转向多人供稿、内容充实的期刊。[40] 这两种期刊都提供了各种各样的教育专题，包括关于地理、历史和通俗科学的文章，穿插着小说和诗歌。女性读者也不能幸免于当代生活的残酷一面。在《女士杂志》前身（于1749年创办的双周刊）中，读者每月都可以看到和臭名昭著的罪犯相关的审判、供认或处决的报道。有时这些罪犯是女性："三个不幸的女人在泰伯恩刑场被处决的故事"；"对玛丽·布兰迪毒杀父亲案的审判"。[41] 上流社会客厅的窗户永远也无法隔绝外面大都市熙熙攘攘的生活。

政治期刊

期刊媒体没有也没法忽视政治。无论是《旁观者》流派随心所欲的犀利讽刺，还是报业某些领域日益大胆的社论，这是一个新闻与评论终于开始实现融合的时代，而这在今天的印刷新闻媒体中被认为是理所当然的。一个重要的催化剂是新一代政治分析期刊的出现。其在欧洲部分地区发挥了特别重要的作用，这些地区的报纸仍然坚持保守的新闻报道理念，这使得它们几乎没有政治评论的空间。低地国家和德意志都是如此，在那里，大多数报纸仍然是当地垄断的供应商，而且极其小心地避免冒犯地方法官。戈特洛布·贝内迪克特·冯·席拉赫的《政治杂志》提供了一条摆脱这种刻意中立的途径，成了本世纪最成功的刊物之一。《政治杂志》创办于 1781 年，是德语世界中读者群最广的期刊，其读者人数超过了德意志城市和诸邦国的微型市场。[42]

到 1780 年代，德意志有一百八十三家报纸。然而，除了如广为流传的汉堡报纸这样的极少数案例外，大多数报纸都只服务于本地客户。它们的形式和优先报道事项与一个世纪前的报纸几乎没有区别。外国新闻占主导地位，剩下的大部分版面则被广告和地方法院通告所占据，相当于从凡尔赛发回的巴黎《公报》报道的极简版，正如冯·席拉赫在《政治杂志》第一期中所说，"宫廷、节日、航行、庆典和宴会上的一切荣誉和恩惠，以及无数的不相干的事、谣言、猜想、矛盾和私人事务"。[43] 冯·席拉赫还认为，报纸本身——它那一连串零碎的报道——给人们的理解造成了障碍。即使是消息最灵通的报纸，因其每周生产的紧急周期也只能提供一部分情况，几乎没有背景，也没有冷静分析的余地。利用《政治杂志》，冯·席拉赫希望能创办一份将小册子传统的分析功能与报纸的当代性相结合的期刊。月刊在出版时应确保事态已经变得更为清晰，并删除出现在报纸上的误导性的、虚假的或无关紧要的报道。

作为启蒙运动真正的继承人，冯·席拉赫坚持一个清晰而理性的计划。每期月刊由三部分组成。第一部分提供了解时下问题所必需的背景资料：官方文件的统计数据和摘录。接下来是冯·席拉赫撰写的总结了欧洲各地事件的分析性文章。最后一部分是《政治杂志》的通讯员们从相同的首都发来的报道，它们被赶在付印前寄达汉堡。

这是一个创新的模式，它拥有现成的公众：其读者群稳步扩大到大约八千订阅者的规模。但《政治杂志》也招致了批评，大多集中在冯·席拉赫自己的编辑风格上。冯·席拉赫从不低估笔下事件的潜在重要性：欧洲力量平衡的每一次变化都预示着革命，他经常看到战争逼近。冯·席拉赫的观点在当时受到强烈支持，但他有时会站在历史错误的一边，比如他强烈反对美国革命和法国革命。早在他对 1782 年法西围攻直布罗陀的报道中，就揭示了他预测失败的不幸才能。订阅者会收到他仔细分析包围力量的文章和对围攻胜利的自信预测，而此时的报纸则带来了大败英国人的捷报。这就是月刊应对瞬息万变的事件时所面临的风险。尽管如此，《政治杂志》仍是一份经过精心构思并且具有开创性的出版物，尤其是在它对德意志新闻的关注程度上。《政治杂志》至少用了一半的篇幅来报道德意志和奥地利的新闻和分析：它彻底背离了一直关注外国新闻报道的报纸传统。在泛德意志政治意识的发展过程中，这一点与《政治杂志》的广泛流通一起发挥了重要作用。

在法国，政治期刊的出版是大革命前政治控制普遍放松的一个特征。其催化剂是一场非常传统的政治危机。1770 年，路易十五因被与高等法院的长期矛盾激怒，解雇了经验丰富的首席部长舒瓦瑟尔，从以司法大臣莫普为首的、由意志坚定的官员组成的三巨头那寻求更果断的领导。三巨头转而又试图通过重组法院系统来取代现任的地方法官，以推翻高等法院的反对。这一公然的挑衅引发了自一个多世纪前的《马扎然》以来最大的一波小册子出版浪潮。[44]双方大量涌现的出版物唤醒了巴黎一向保守的出版界，使他们意识到公众对时事的极大兴趣。在法国，一场重大的政治冲突总会削弱审查制度，受此鼓励，出版商开始以一种近似期刊的形式发行小册子，每一期都连续编号。在最初的危机平息后，这种向连续出版转变的趋势仍在继续，其中最引人注目的是《秘案回忆录》，这是一部三十六卷的八卦和逸事连载刊物。其他著名的刊物还包括《英语观察者》，而最臭名昭著的是西蒙 – 尼古拉 – 亨利·兰盖的《政治年鉴》。

兰盖曾是出版商夏尔 – 约瑟夫·庞库克的雇员，并在新闻界获得了成功。因对启蒙运动者的过分攻击而被解雇后，兰盖撤退到伦敦，并在那里的出版界迅速制造了一场轰动。兰盖的《政治年鉴》在当时所获得的名声源于其良好的写作质量，因为兰盖除了已经是一位著名的杰出律师，还表现为一位鼓吹式新闻的天生拥护者。更值得注意的是，作为一名在国外工作的独立编辑，他成功地在法国印刷和发行了《政治年鉴》。不知怎的，兰盖在祖国的代理人设法把这份期刊的发行量限制在可接受的范围内，但这份刊物的迅速走红带来了新的问题，即未经授权的重印，对此兰盖也无力阻止。兰盖被引诱到巴黎时被囚禁在巴士底狱，这份刊物暂停出版，1783 年恢复连载。兰盖的冒险经历生动地说明了法国政治新闻界一直面临的问题。尽管政治期刊广泛传播，但审查制度从未被正式废弃。这意味着政治期刊永远不可能公开销售或宣传。流通需要通融和私下默许，而这些总是可以被轻易撤销。这就是法国期刊没有像其他国家的同类期刊那样具有规律性和确切的周期的原因之一。然而，它们用热情参与和机智弥补了这一点，使读者着迷——后者渴望在一个态度恭顺、多年受控的新闻界会出现政治辩论。在非官方重印的推动下，兰盖的《政治年鉴》保持着每期多达两万册的国际发行量。尽管兰盖愤怒地谴责了盗版出版商，但据报道，他还是从《政治年鉴》那里赚了一大笔钱，每年高达八万里弗。[45]

豪　门

　　这一活跃的政治新闻市场的全部潜力最终由兰盖的前雇主夏尔－约瑟夫·庞库克来彰显。庞库克是欧洲第一位媒体大亨。[46]他出生在一个书商世家，父亲是里尔的一个地方书商。受启蒙哲学精神教育的他，在接受继承家业的命运之前，曾考虑过做一名学者或军事工程师（他是一位特别有天赋的数学家）。[47]1760 年代初，庞库克与他的两个姐妹合伙，把书店搬到了巴黎。他沉浸在首都的智识文化中，继续写作。他出版的书中有一些是他自己的作品。最重要的是，庞库克非常有交友天赋。他从早期起就与伏尔泰关系密切，后来又与卢梭建立友谊。著名的博物学者乔治－路易·勒克莱尔，也即布丰伯爵，是他的知己兼好友。[48]

在这些圈子里，庞库克萌生了对百科全书运动做出实质性贡献的想法。1769 年，他找到狄德罗，计划出版一本《百科全书》的增刊。起初遭到拒绝，但他坚持不懈，最终获得了必要的许可。十年后，他开始着手创作他的主要作品——《方法论百科全书》，这本书是按主题而非字母顺序排列的。在法国主要思想家的推崇下，庞库克可能会感到满足。但他另有计划。庞库克对市场和人都颇有研究，多年来一直在思考期刊媒体的巨大潜力。1760 年，庞库克通过原始交易买下了巴黎书商米歇尔·朗贝尔的店铺和存货，这也给他带来包括《文学年鉴》和《学者杂志》在内的朗贝尔的印刷合同。《学者杂志》尤其是一家久负盛名的企业，尽管庞库克声称买下它时，它正在亏本经营。[49] 不管盈利与否，这为其不断扩大的期刊投资事业奠定了基础。在适当的时候，庞库克准备在政治出版物上一试身手。渐渐地，他创办了一系列期刊，包括《布鲁塞尔政治杂志》《妇女杂志》《娱乐杂志》《英美事务杂志》和《审判通报》。借《布鲁塞尔政治杂志》和《日内瓦日报》，庞库克认同除官方《公报》外，所有的政治报纸都应该在国外出版这一传统。事实上，尽管这两份期刊有这样的名字，但都是在法国出版的，这一安排得到了政府部门的批准。

关键时刻出现在 1778 年，庞库克买下了《法国信使》的控制权，其前身是《文雅信使》，虽受人尊敬，但境况不佳。《文雅信使》创办于 1672 年，是一份与《公报》拥有同等地位的月刊，但在 18 世纪蓬勃发展的期刊市场中，它未能保持其原有地位。庞库克将其改成了周刊，并在此过程中，将它的发行量从两千提高到了一万五千。这一成功经过了精心的政治准备。通过与 1774 年起担任外交部长的韦尔热纳伯爵建立良好关系，庞库克获得了发表政治新闻的独家特

13.4　夏尔–约瑟夫·庞库克，媒体大亨和启蒙运动者。（维基共享）

权。这位外交部长竟然给了官方《公报》如此致命的一击，这充分
说明了旧政权[1]本质上的轻浮和残暴。现在，其他报纸不得不向庞库
克付费，以获得转载其新闻的特权。在巴黎官员和启蒙运动主要人
物的信任下，庞库克开始飞黄腾达。到1788年，他已经建立起一个
拥有八百名工人和雇员的非凡商业帝国。据说，他的工场和办公室
是巴黎的一道靓丽风景。

　　1789年，庞库克获得了此前被认为是最高的荣誉之一：他成了
《公报》的出版商。但对于法国的时事报道而言，这是一个奇怪的
时期。新闻事件瞬息万变，超出了旧秩序下哲学家们的想象。这些

---

[1]　原文为法语"Ancien Régime"。

事件是对旧政权下陈旧、繁荣的印刷界的能力的破坏试验。像庞库克这样，在政治受到不可思议的限制、知识文化却异常多样化的时代中的佼佼者，将面临一场生存之战。

期刊时代见证了一个深思熟虑、自信满满的行业的出现，它促进了各个学科间的智识交流。对出版商来说，这为新的商业活动提供了一个受欢迎的创新领域。该商业活动介于两个圈子之间，一是固化但时而友好的图书出版界，一是小册子和临时印刷物的动荡世界。即使是对于最成熟、最保守的出版社来说，期刊也是一件在经济上有吸引力的事物。由于订阅系统的存在，期刊提供了定期和可预测的销售活动。对于主要的新企业来说，订阅名单的汇编既可以为其提供有价值的广告，也提供了在付印前试水的途径。文学界内不断扩大的社交圈和通信网络为这些信息提供了一个天然的传播渠道，编辑和出版商都乐于加入这些圈子。即使是编号出版的、发行量巨大的知识类期刊，也能确保不会像在最初几个世纪发行的许多野心过大的学术作品一样，存在未售出部分积压仓库的风险。[50] 对于期刊来说，顾客需要提前付款，且每期自身都算作一个续篇，而书籍则针对独立事件，其成功具有风险且不可预测。因此，期刊成为 18 世纪出版业增长最快的领域并不奇怪。

第十四章 商业世界

1637 年 6 月，汉斯·巴尔的事业陷入困境。巴尔是一个富有的哈勒姆商人，最近他大量投资郁金香贸易。[1]他有一段时间很成功。郁金香球茎的价格一直稳步攀升，最近更是以惊人的速度上涨。但在今年 2 月，市场价格却触底。那些以更高的价格从巴尔那里入手的人没有一个能偿还他们的债款。

必须承认，郁金香交易是一种很不寻常的商品交易形式。这些极为奇异的植物在春天开花，花期通常只有一两个星期。球茎随后被取出、晾干，并在 9 月份重新种植。因此，在一年中交易的大部分时间里，人们都看不到这些货物，也无法将它们实际交付给新主人。对于喜欢冒险的荷兰人来说，这并不是什么大问题，因为他们有长时间远距离航行的经验，已经习惯了管理期货市场，但这对汉斯·巴尔来说却是个坏消息。1637 年 2 月，郁金香的价格达到了令人难以置信的最高点，当时他的郁金香球茎还深埋于地下。此时在 6 月，它们必须在新主人在场的情况下被连根拔起，以防被偷偷地替换为价值较低的品种。由于他的客户不来收货，巴尔可能会赔钱。

郁金香热作为最早的大型金融泡沫之一被载入史册：一场带来了毁灭性破产的过度繁荣。但事实上，关于这一事件，很多被认为是已知的事实都是虚构的。大多数参与贸易的人都是富裕的市民，其损失大都在他们能够承受的范围内。几乎没有破产事件，更广泛的荷兰经济也几乎没有受到影响。郁金香热并没有导致单一的手工业者被快速发财的希望诱惑，在进入市场后陷入赤贫。那些关于贫穷的木匠和织工的夸张故事出自市场崩溃后出现的道德小册子。[2]在球茎价格大幅上涨，并最终达到惊人的涨幅期间，新闻界对此几乎没有什么负面评论。事实上，荷兰各州最关心的是通过对贸易征税而从繁荣中获利。事实上，这段浓墨重彩的历史插曲的不寻常之处在于，它几乎没有引起当时新闻媒体的任何兴趣。一磅球茎可以换一千荷兰盾（相当于一个木匠师傅三年的工资），但人们对此并无不满。也许事态发展得太快了。在五周内，作为最受欢迎的郁金香球茎品种之一，瑞士郁金香的价格从每磅一百二十五荷兰盾涨到了每磅一千五百荷兰盾的高价，仅一个多月就增值了百分之一千二百。[3]

同年，阿姆斯特丹拥有两份正常运作的报纸，但它们都没有重视郁金香价格的飙升。即使在这个成熟的新闻市场，郁金香期货的繁荣也只是一种口耳相传的现象。交易者，也即人们熟知的花商，组成了一个封闭的圈子，他们在互相会面——如私人晚宴上、酒馆里或是种植郁金香的花园里——时达成交易并抬高价格。印刷媒体在郁金香贸易崩溃时才发现郁金香热，并在小册子中写下很多故事，关于贪婪、商人的轻信以及世俗财富的转瞬即逝。那些蒙受损失的商人受到了嘲讽。1637年，受挫的卖家和不服的买家之间的不和开始威胁公共秩序。在一个守矩的商业行为与国家声誉密切相关的国家，这也是不受欢迎的。3月，荷兰的市长们禁止"书商日常出售有关郁金香贸易的小曲和诗歌"。议会派法警去没收这些印刷品。[4]现在是时候掩盖此事，继续前行了。

商业报刊

郁金香热为这一时期的商业心理学提供了有趣的启示，但对于商业报刊的发展却鲜有提示。而当我们回忆起商人在创建国际新闻市场中所扮演的重要角色时，这似乎更加令人惊讶：从中世纪晚期的商业通信，到建立第一批信使服务和创办第一份商业手抄新闻信札。[5]但在新闻成为一种商业产品的那一刻起，它就果断放弃了对商业新闻的报道。新闻信札及其继任者印刷报纸都几乎只提供政治、外交和军事新闻。这对于那些在路上运输货物的商人来说可能非常重要，但这与他们日常关心的商品价格等信息并不相符。商人们还需要密切关注欧洲各国货币之间的汇率。尽管几个世纪以来，汇票在清偿债务和远距离转移资金方面发挥了效用，但货币市场上的交易仍然会使人收获或损失财富。

这些更为平淡的商业关切催生了一种不同的、高度专业化的商业印刷品：关于商品价格和汇率清单的出版物。相比于其他形式的

14.1　对郁金香热的讽刺。花商们在一顶愚人帽内完成了他们的交易，而农民们则运走了那些毫无价值的球茎。（大英博物馆委托人，伦敦）

印刷品，它们是时效性最短的一种，很容易丢失。金融报刊的早期历史只能从印刷品的残剩薄片等支离破碎的证据中重建，这些残片往往藏在成捆的商业信件中。[6]

因此，尽管有证据表明，早在 1540 年代，威尼斯和安特卫普就已经出版了印刷商品价目表，但现存最早的副本是在四十年后。这些印刷价目表采用了最简单的印刷形式：一张长十四厘米、宽四十八厘米的纸，这表明一张大的对开页有两到三个位置来印刷相同的内容，它们随后会被裁切开来。这种形式严格仿照了中世纪欧洲主要交易中心的经纪人和代理人编制的手写价目表。考察这些早期手抄表单，就可以发现其中惊人的一致性。在伦敦和大马士革等广泛分布的城市编制的表单，于迥然不同的日期记录了几乎相同的商品（而且往往顺序相同）。[7]商品用意大利语命名的做法在很大程度上延续到了印刷时代，无论价目表是在威尼斯、法兰克福还是安特卫普发行。[8]阿姆斯特丹是个例外，那里的商品是用荷兰语标示的；汉堡最早的表单也使用荷兰语。到 16 世纪末，所有这些城市都定期发布每周表单。伦敦、但泽和里斯本也紧随其后。在现存的最早样本中，只有表格框是打印出来的，日期和现行价格则靠手工添加。

在阿姆斯特丹，确定价格的工作被委托给了一个由五名经纪人组成的委员会。[9]这些价格数据随后被传送到抄写局，以便添加到预先打印好的表格中。到 17 世纪中叶，阿姆斯特丹已经转为完全印刷的形式，并仍然在官方监督下生产。市长制定的法规还规定了销售条款：订阅者每年需支付四荷兰盾（每本一个半斯托伊弗[1]）。如此一来，那些在阿姆斯特丹进行不定期交易的商人们就可以买到这些表单，每期售价两个斯托伊弗。列出的商品被编入便于查找的条目，

---

[1] 荷兰古钱币单位。

涵盖了各种原材料和制成品，包括香料、食品、一系列服装和纺织品等。当然，那些真正达成协议的人总是希望查看最新的价格，而商品价格可能在一周内产生大幅波动。这表明印刷表单主要是作为一种参考工具，特别针对那些想要收集每周表单并查看价格在较长一段时间内的变动情况的交易者。阿姆斯特丹出版的表单服务于以上需求，并在荷兰和国外广泛流通，这可以从此条规定中看出来：订阅者可以优惠购入两份或两份以上的表单，这大概是为了把副本寄给外地通讯员。

在官方的监督下，货币汇率的表单也以类似的方式每周发行。公布的表格附有一份欧洲城市的表单，旁边可以添上现行汇率。不过威尼斯是一个例外，其货币和汇率都被印在纸上。[10] 其他地方的汇率则由手工添加。与商品价格一样，每个城市都会发布一份官方

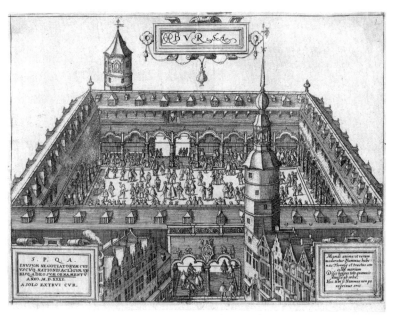

14.2　安特卫普交易所。这样的地方是谣言和虚假信息的温床，也是商业中心。（大英博物馆委托人，伦敦）

表单，这项工作一般委托给一位值得信赖的官员来完成，或者像威尼斯一样委托给一家出版公司。在 17 世纪下半叶，这种官方垄断的原则日益受到压力。在 1670 年和 1683 年，阿姆斯特丹当局不得不两次着手干预，以保护被指定的交易所经纪人的特权不被无执照经营者侵犯。关键的变化似乎是随着第三大主要金融数据——股价的引入而出现的。17 世纪下半叶，曾经数量相当少的股份公司迅速扩张。它们的股票交易促进了专业金融出版物的发展，这些出版物将股票与商品价格、汇率和物流新闻一起列出。在新兴的北方商业中心伦敦，这一发展最为明显。

泡　沫

在关于商业信息的出版物中，英国几乎从一开始就不走寻常路。其独特之处在于，英国商品信息的发布似乎并不是由官方垄断。商人和交易者可以利用各种出版物。1667 年，《伦敦物价报》出版，其前身是最早的伦敦价目表，1680 年和 1694 年，惠斯顿的《每周提示》和普罗克特的《物价报》也分别加入。[11] 几年后，约翰·卡斯坦开始出版他的《交易进程》。伦敦从未有过自己的汇率表单，这为卡斯坦提供了机会。但他通过增加股价表单改进了这一出版形式。卡斯坦属于被路易十四驱逐出法国后定居伦敦的新教胡格诺派群体，是一名活跃的股票经纪人，在这里看到了将股票交易与金融新闻结合起来的机会。1697 年 3 月，他为自己的报纸登了一则广告："约翰·卡斯坦每个邮日在乔纳森咖啡馆发行《交易进程》，提供空白汇票、银行股票、东印度股票和其他物品的价格，一年十先令。"[12]

这则广告刊登在霍顿的一本新颖的金融刊物《畜牧业及贸易改进汇编》上。与价目表不同的是，霍顿的刊物每期都包含一篇关于经济利益或金融权益的文章，随后是一份精选的商品价目表和股票清单。起初，上市的股票数量很大，1694年中期上市的股票多达六十四支。这种情况无法持续下去，公司数量迅速减少，1703年霍顿的报纸停刊。[13]霍顿的汇编还包括船只的进出港细节，在1694年爱德华·劳埃德的《进出英国的多港和外国港口的船只》基础上，贸易信息也有了自己的专业出版物。这本更名为《劳氏日报》的刊物一直延续至今。

然而，这些技术专家的报纸仍然与一般的报刊有很大的区别。尽管1695年《授权法案》失效后，英国的报纸数量迅速增加，但这些报纸对首都经济生活的评论非常有限。1694年，《伦敦公报》跟踪报道了英格兰银行认购的进程，但一旦认购完成，银行事务就很少被提及了。1699年，《邮童报》提到了一个讨论东印度公司和英国公司联盟的会议；但在接下来的几期中，对于这样一个联盟可能产生的影响和结果却没有发表评论。[14]从1697年开始，《邮童报》开始用一段简短的文字介绍主要的股票价格，但商业新闻的出现显然是通过投放付费广告实现的。各家公司都腾出空间为自己的董事会会议做广告。公司的成立，尤其是工程的启动，占据了大量新闻版面。这是一个开发的伟大时代。土地开垦计划、潜水钟专利、新发明和贸易项目等都在力图吸引投资者的资金。在1695年到1699年间，各类彩票计划几乎占据了所有可用的广告空间。[15]"百万冒险""无与伦比的冒险"和"光荣事业"等彩票的大量涌现，标志着新的潜在投资者阶层的出现，他们在市场上缺乏经验，并寻找各种投资机会。这些都有可能引发冲突。

在1688年光荣革命后的二十年里，伦敦经济进入到一段持续增长的时期。更为稳定的政治环境为一定程度上的基本制度创新提供了条件：英格兰银行的建立、国债的巩固和1696年的货币重铸。[16]所有这些引人注目的发展，以及风险投资和新兴公司的异常繁荣，刺激人们持续努力去理解正在发生的变化。这些关于贸易的专题论文大多以传统的小册子形式出现，尽管期刊出版社也在尽其所能地帮助读者了解新的市场。1694 年 6 月至 7 月间，约翰·霍顿在他的《畜牧业改进汇编》中发表了七篇系列文章，试图向订阅者解释新的金融市场。这些文章简要介绍了股份公司的历史，并解释了交易是如何进行的，包括"期权"和"定期交易"等相对复杂的工具。[17] 笛福的《评论》也经常讨论经济问题，而笛福比起大多数人更倾向于思考经济的总体状况。笛福个人当然也在项目开发时碰过壁，在不成功的商业生涯中破产。他从未完全戒除这个嗜好。尽管《评论》涉及政治话题，但他会在终刊词中相当感慨地评论道，"评写贸易才是我真正喜欢做的事"。[18] 语言的选择是重要的，当代小册子论及各类项目工程时的语气是十分怀疑的，这反映了人们对于通过金融交易积累财富存在模糊的道德认知。刊载于《雅典信使报》通信专栏中的问题则集中在彩票业的道德风险上。1694 年，一位来信者提问，当抽签由天意决定时，一个有良心的虔信上帝的人能购买彩票吗？ [19]

　　尽管在经济讨论上着墨不少，在商业报刊上也公布了大量的财务数据，但这些数据是否足够或准确，对于那些进入市场的人来说是否有用，仍然非常值得怀疑，特别是在价格快速波动的时候。伦敦是一个特别不同寻常的金融市场。全国的政治和金融权力在首都集中的程度极其惊人。当然，它也是一个与所有欧洲主要市场保持联系的港口。然而，在这个不断扩张的大都市中，金融交易区却集中在一个非常小的空间里。主要的金融权力中心——皇家交易所、东印度公司和交易巷（1698 年，股票经纪人搬离了这里的交易所）彼此相距仅几百步。在交易时段冒险进入这个剑拔弩张的地方的游客会发现这里充满噪音，那些经验老道之人在这里交换信息，发起交易，所有活动都以让外人完全听不懂的速度和行话进行。笛福写的《论开发》和《股票经纪人恶行的调查》反映了当时普遍存在的怀疑主义，并用他的《评论》极富创造性地谴责了金融市场肆无忌惮的作风。下面这段想象的对话捕捉到了在一个谣言和从众心理可以轻易战胜理性分析的市场中交易的非理性：

> 一个人喊道，有公告吗？没有，但是在交易巷里有人讨论。
>
> 有政府的快信吗？没有，但交易巷里每个人都在讨论此事。
>
> 秘书办公室里有这方面的记录吗？没有，但这都是交易巷里的新闻。
>
> 为什么呢，但它是怎么来的呢？不，没有人知道；但这个话题在交易巷里很火爆。[20]

那些活跃在金融市场的人之所以这样做，是因为他们已经发展出了自己的信息和情报网络。[21] 从谣言、报道和建议的杂音中过滤出那些会影响市场的消息需要经验，尤其是在人们普遍认为一些人会故意传播虚假报道以谋取利益的情况下。那些身处权力和金钱大厦顶端的人也可能对商业敏感信息守口如瓶，东印度公司和英格兰银行的董事们也因此声名狼藉。

结果，当市场剧烈波动，就像臭名昭著的南海泡沫[1]一样，印刷文字并没有提供真正的帮助。每周的价目表更新缓慢，无法跟上市场的行情，而投机和谣言的网络对非金融类报纸的影响也微乎其微。它并没有人们想象的那么重要，因为大多数市民只是被第一次大牛市所震惊的观众。与郁金香热一样，绝大多数交易都发生在特权阶层的封闭圈子里。南海泡沫就是那种最让人开心的事情：一场

---

[1]　南海泡沫是经济学上的专有名词，指的是在英国 1720 年春秋之间，脱离常轨的投资狂潮引发的股价暴涨和暴跌，以及之后的大混乱。

精英们对自己设下的骗局。

笛福的《评论》在南海泡沫之前就已经停刊，但他本来也不太可能公开反对。随着 1720 年金融奇迹的展开，批评的声音更是少之又少。无论从哪一方面来说，南海公司从来都不是一家真正意义上的贸易公司。[22] 与南美洲建立贸易关系，依赖于一个不太可能实现的政治条件，即打开一个封闭的市场，不管怎样，这种前景在 1718 年就消失了。其真正的成功之处在于形成了一股与辉格党主导的东印度公司和英格兰银行相抗衡的力量，通过吸收过剩的流动资产，它很快就筹集到了巨额资金。不考虑交易的情况下，此时董事们对英格兰银行发起了大胆的攻击，提议承担整个国家的债务。经过一段时间的激烈谈判，来自银行的还价失败了，南海公司最终胜出。然而，如此巨大的负债需要大幅增加股本，而股价的上涨也将大大增加偿还公司债务的可能性。通过明智的市场管理，这种目标在一段时间内达成了。1720 年 1 月至 4 月，南海公司的股价从一百三十点涨到了三百点。在接下来的两个月里，该公司股价又上涨了百分之三百。南海公司股票并不是这种疯狂行为的唯一受益者。英格兰银行和东印度公司的股票也大幅上涨，同年截至 8 月，又有一百九十个项目上市，其中多数是股份公司。所有人都在试图赶上那种从无到有创造财富的充满希望的浪潮。

在泡沫最严重的时候，报纸几乎没有提及在金融区中心发生的令人震惊的大事。创办于 1702 年的单页《每日新闻》，是唯一一份能够记录每日股票上涨情况的报纸，它似乎奇迹般地使那些股民富裕了起来。5 月 31 日，南海公司股票从五百九十点涨至六百一十点；6 月 1 日，又从六百一十点涨至七百六十点；6 月 2 日，它触及八百七十点的高峰后回落至七百七十点。6 月 24 日，在前一天南海公司股票交易价格以七百五十点收盘之后，《每日新闻》发表了一份重大而出奇冷静的声明："昨天南海公司股票是一千点。"[23]

在如此特殊的时期，每周或每三周一次邮寄给外地订阅者的新闻纸几乎跟不上形势的变化。那些伦敦地区外的人一般不会订阅《每日新闻》，他们通常与其在伦敦的好友通信来了解事态进展。当夏天南海公司采取措施进一步充实资本时，这些报纸还通告了董事会的会议，并公布了董事会的决定。在议会介入并限制商业项目开发之前的这些令人兴奋的时光里，其他资本需求如瀑布般喷泄。[24] 伦敦的报纸很乐意为这些满怀希望的企业家们的大量广告腾出版面。越来越多的广告是由那些试图套现股票，并将其所得利润投资于房地产或昂贵服饰的人投放的。在这时几乎不存在负面评论。当南海公司的股价先是出现波动随后急剧下跌，人们不可避免地寻找起替罪羊时："一切都在浮动，一切都在下跌，董事们受到诅咒，上层的投机者破产了。"[25]

经济泡沫的社会后果不应被夸大。大多数投资者都很富有，很少有人变得一贫如洗。[26] 南海公司的倒闭对其董事来说是致命的，他们通常以非常优惠的条件向许多议会议员提供股票。面对个人损失，议会议员们表现出一种极其正直且吹毛求疵的姿态。董事们被召集到下议院，并被剥夺了大部分个人财富。在完成了这个"祭祀仪式"之后，对更基础的调查的兴趣就减退了。该项目最可耻的是向有影响力的人提供股票的条款。他们被允许以规定的比率购买期权，无须付款。这是一种无风险的交易：如果股价上涨，他们就拿走利润，如果没有上涨，期权就失效。[27] 南海公司的出纳罗伯特·奈特在著名的绿皮书中记载了这种不合规范的程序，或者说贿赂行为。当奈特逃离这个国家时，这本神秘的书就消失了，但书中有许多令人意想不到的名字，甚至包括国王乔治一世。当奈特在奥属尼德兰被拘留时，政府不得不做出积极的公开努力，确保他回来受审，同时也向哈布斯堡当局提出同样紧急的交涉，以确保这些正式请求被拒绝。令人难以置信的是，这个曲折的过程居然成功了；但更令人惊讶的是，这件事仍然是一个秘密。尽管长期以来一直受到怀疑，但只有在过去二十年间于维也纳帝国档案馆发现的文件才揭露了政府的全部欺诈行为。[28] 那本著名的绿皮书再也没被见到过。

到 1720 年，伦敦已经拥有了一个庞大而充满活力的新闻界：每周至少有二十家相互竞争的报纸售出数千份。很难说新闻已取得成功。也许不应该过于严厉地谴责新闻界未能预见到此次崩盘事件。泡沫只有在破裂时才会被认定为泡沫；在此之前，股价的稳步上升很容易被视为是事物的自然规律。那些过早发现经济下滑而错失良机的人，最终可能成为最大的输家。[29] 踩踏事件爆发时，人群中间可能是最安全的地方。经济泡沫中，媒体也做了它们最擅长的事情，即加入道德义愤的洪流，这是针对那些付出太多、太慷慨的人发起的，这些人不愿接受自己不劳而获的意外之财会和出现一样轻易地消失。1720 年秋，随着股价逐渐被人遗忘，刊登在《每日新闻》上关于马车和高档住宅的广告被最近出版的小册子的通知所取代，后者在试图弄明白这些史无前例的事件。10 月 31 日，《每日新闻》发表了《泡沫之战：从最初突然增长到最后迅速衰落》一文。这篇文章显然很受欢迎，第二版在仅仅一周后就开始发售。[30] 此后，它又再次被制作为专门的小册子，而不是周报或日报，这为分析重大事件提供了自然场所。[31] 嘲笑总是有其宣泄的出口。10 月 22 日的《邮童报》（售价六便士）刊载了一部新写的剧本《破产的股票经纪人——又名法警的工作：前不久在交易巷上演的一出新闹剧》。那些有时间的人至少可以投资一副新的纸牌，"上面有几个'泡泡'，每张牌上都有讽刺的警句"。那些有进取心的厂商显然预料到会有很好的销量，因为登在《邮童报》上的广告列出了一长串可以买到卡牌的地点（售价三先令）。[32]

与此同时，实体经济平稳地适应了南海公司的失败。英格兰银行的首要地位得到恢复；马车厂商和伦敦裁缝度过了一段艰难的时

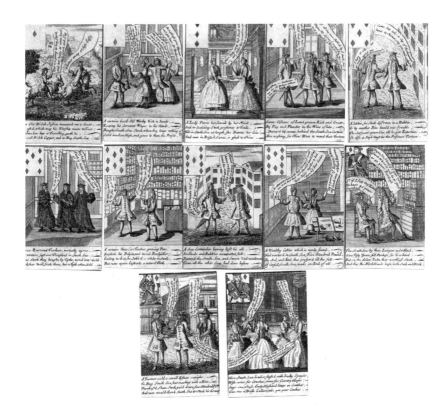

14.3 "泡沫"扑克牌。一个用三先令消除忧虑、忘记损失的机会。(大英博物馆委托人,伦敦)

光;最重要的是,商业继续为新兴资产阶级的稳定致富提供动力。到 1727 年,伦敦几乎与阿姆斯特丹齐名,成为北欧的金融中心,而在上个世纪,当英国一再被海上强国荷兰击败时,这一结果在当时还是无法想象的。[33]

广　告

早期的商业媒体似乎很少为这个时代那些试图利用新的投资机会的人提供建议,更不用说那些想要避开陷阱的不用脑子的有钱人。

商业媒体不生产预言者，也不生产占卜大师。经济新闻从一开始就知道，做事后诸葛亮要容易得多。那些试图展望未来的人也被建议仔细阅读印刷的年历，这些年历对未来一年的预测晦涩而诱人。它们在持续热销的同时，也为缺乏材料的报纸提供了有用的补白。[34]

商业世界对报纸的主要影响不在于提供讨论高层政策或投资战略的材料，而在于通过付费广告辅助商品和服务贸易。到了 18 世纪，广告在期刊新闻市场中已无所不在。它们为这一发展中的市场提供了吸引力，也在支撑新闻产业的经济方面发挥着越来越重要的作用。

广告首次出现在最商业化的社会，即荷兰共和国。阿姆斯特丹的报纸从 1620 年代开始刊登广告。1624 年 8 月 10 日，第一则关于一本即将发行的徽章之书的广告，事实上同时出现在阿姆斯特丹的两份具有竞争性的报纸上。[35] 两份报纸都没有提及这本书的价格。书籍广告在荷兰最早的广告中占很大比例，英国也一样。在英国，数量不等的广告在新旧政府交替期间第一次出现在新闻期刊中。[36] 经常在书摊或商店里卖报纸的书商清楚地看到了吸引买家来看其他有趣的新货的商机。

荷兰报纸的广告种类迅速扩大。它们通常分为三类：销售或服务通知、公共服务通知，以及个人事项。荷兰共和国是早期公开拍卖画作和书籍的中心，这些即将举行的拍卖活动经常在报纸上刊登广告。家庭教师和学校教师为他们的服务刊登广告。乌得勒支市甚至刊登了一系列广告，宣布新大学于 1636 年开学。其他的公告包括集市日、新的邮政路线和通缉令：最古老的例子是对一个涉嫌谋杀韦斯普市长的鞋匠的通缉令。阿姆斯特丹也是欧洲钻石贸易的中心，交易商们欣然许诺悬赏被盗货物。个别市民会刊登广告寻回遗失的财产或逃亡的仆人。还有一则让人痛心的广告，其内容是一位母亲渴求与年幼的孩子团聚。[37]

荷兰人在报业发展方面比较超前。到 1650 年代，广告经常占据最后一栏的一半版面，即总版面的八分之一。相比之下，早期德意志报纸一开始不愿意接受除书籍广告之外的内容，因此德意志的付费广告市场发展较慢。在英国，虽然广告在 1650 年代才出现，但其数量增长得很快。同样，新书书讯是最常见的，但是报纸也很快开始刊登失物招领、对逃跑的仆人的通缉令和专利药品的广告。药物广告将成为英语广告的支柱，部分原因是书商经常在他们的书旁放一些专利药水。[38] 作为一份新闻纪实报纸，《伦敦公报》连续六年一直抵制广告，直到 1671 年才开始接受个人广告。必须承认，这些广告往往相当优越。在 1671 年 9 月 21 日的那一期报纸上，女王呼吁归还一只走失的、有着毛茸茸的脚和深褐色斑点的西班牙猎犬。最引人注目的当属 1685 年 5 月 4 日詹姆斯二世加冕后在《伦敦公报》上刊登的失物招领启事：

> 加冕礼上丢失了陛下权杖上的宝球，上面镶着二十四颗小钻石、三颗红宝石和三颗绿宝石；还丢失了陛下长袍上的一颗九克拉、三十格令的吊坠珍珠，以及金链上的大约十六个大链环。凡将失物去向的线索告知女王珠宝屋官员的人必受重赏。[39]

广告以两种截然不同的方式对新闻业的发展起着重要作用。首先，在仍然由外国、军事和外交新闻占主导地位的报纸上，广告引入了重要的本地元素，通常与教区相关。有时，整份报纸上只有广告可以称得上是本地或国内新闻。其次，广告很快在支撑行业经济方面发挥越来越重要的作用。17 世纪中叶，英国的广告商通常收取每条六便士的广告费用，但当马查蒙特·尼德汉姆在克伦威尔的统治下获得垄断地位后，他将广告的费率提高到了两先令六便士。这使他大发横财。1657 年，他对市场充满信心，试图创办一份新的广告报纸——《大众报》。[40] 其中包含了许多对公众有用的信息，比如海运和驿站马车时间表、房地产和马匹的销售、仆人和各色商品的广告，比如巧克力和咖啡。约翰·霍顿的商业信息报纸《畜牧业改进汇编》在发行了第一期后就失败了，霍顿通过一个精心策划的广告策略使其得以重生。通过感兴趣的订阅者注入的现金，霍顿用新一期来试水不同类型服务的市场。因此，在 1694 年 4 月，他向他的顾客提问："我请求相关人士判断，伦敦的学校和房屋住宿广告是否有用。"到了 6 月，他已经准备好列出其服务的完整清单：

> 我卖巧克力，我知道它对肠胃不适和体弱之人好处巨大。我将为他们的健康负责。
>
> 我也卖真正的德意志温泉水和西米。
>
> 如果有需求，我会努力帮助雇主寻找办事员、学徒和其他有价值的仆人，也帮他们寻找雇主。外科医生和船长同理。[1]
>
> 我发现学校或房屋招租的广告很有用。
>
> 我知道有待出售的优质房产。
>
> 我想给优秀的商人寻找几个学徒。
>
> 我能帮助任何图书馆筹集资金，无论大小。[41]

这些年还出版了一些完全由广告组成的免费报纸。如通常在皇家交易所附近分发的、发展历史曲折的《城市信使报》。[42] 它们一般以单张形式出版，而且发行时间并不完全遵循规律，只有在收到足够多的广告以盈利时才印刷和分销。即便如此，它们似乎也只是在《伦

---

[1]　当时有法律规定，如果船员在航海时所受的伤持续恶化，船长有必要对此负责。

敦公报》垄断的时代才能存活。当这种垄断被打破后，这些免费广告报纸很快就被结合了新闻和广告的报纸所取代。

虽然这些免费的报纸只对消费史做出了微薄的贡献，但它们却有着杰出的血统，因为其在理念上不逊色于法国思想家蒙田，后者在 1591 年首次提出设立"商业交易局"，将买家和有东西要卖的人聚集在一起。这一提议具有非凡的影响力：英国首次尝试设立这样一个机构时，在其招股说明书中直接引用了蒙田的话。[43] 1611 年，这一计划成了英国王室欲望的牺牲品，其企图收取过高的年费来换取拟议中的垄断，但类似的计划在整个世纪中不时出现，并最终催生了马查蒙特·尼德汉姆那短命的广告报纸《大众报》。这些计划中最成功的是由泰奥夫拉斯特·勒诺多在巴黎建立的"广告局"（Bureau d'Adresse），他后来成为巴黎《公报》的编辑。勒诺多认为他的这种商业交换服务是支持他作为贫民总代表所要承担的医疗职责的一种手段。这种利他主义引起了相当大的怀疑，1644 年勒诺多被迫关闭了这一机构。此后他和他的继承人只能用垄断法国新闻出版物所带来的广告收入来自我安慰。1731 年于伦敦创办的《每日广告报》最纯粹地表达了广告报纸的概念，但这一概念很快又动摇了。不到一个月，人们就意识到这是行不通的：人们熟悉的广告与新闻的组合现在已经无法被动摇了。通过承诺"每天刊登国内外最近和最新的报道"，《每日广告报》加入了普通报纸的行列。[44]

尽管这次决策失误，但很明显，如果没有充足的广告收入，17 世纪晚期英国报纸的激增将是不可想象的。在 18 世纪早期，新的期刊也严重依赖广告。《闲谈者》还畅销时，每期刊登多达十八个广告，而《旁观者》杂志的广告占据了全部版面的一半。[45] 广告还创造了全部利润。更为高档的期刊为那些反映伦敦商业活力的各色异国商品做广告：假发、奴隶、鸟笼、鞋油、化妆品和药品。

广告在地方媒体的发展中起着更为重要的作用。由于愿意支付两便士购买一份周报的潜在客户池要小得多，很难想象出版商仅凭标价就能获利。必须考虑到销售者的利润以及把副本送到分散的读者圈的运费。《伯明翰公报》的编辑托马斯·阿维斯用残酷的经济理论阐述了严峻的经济现状。由于当地的竞争，阿维斯试图以三个半便士的价格出售他的报纸。这是一场艰苦的斗争：

> 这种性质的出版物可能在极短的时间内就亏损一大笔钱，对此任何人都不会感到奇怪，因为每一张报纸中有半便士给了印花税务局，半便士给了销售者，而印刷所需的纸张是一法新[1]。这样一来，就只剩下不到一法新的钱来支付排版、印刷、购买伦敦报纸，以及到达文特里邮局汇合的费用。最后一项费用很昂贵，更不用说我们驻伦敦通讯员的费用了。[46]

用每份报纸剩下的极少的钱负担如此大的开支，如果没有广告收入，这份报纸注定会亏本。在这一点上，我们可以考虑《西部特快邮报》更合理的经营方式，到 18 世纪中期，它可能会在四页纸上投放四十个广告。如果每条广告的利润为一先令六便士（税后），三英镑四先令六便士的收入将超过一千五百份报纸的销售利润（对于萨默塞特和多塞特的乡村报纸来说，这是不太可能的印量）。[47] 如果每份报纸仅仅按照阿维斯声称的那一点点钱进行结算，那么广告收入就会超过卖出三千多份报纸所得的利润。广告收入是报纸的命脉。

为了确保这一收入来源，经营者必须说服读者，他们的广告将触及广泛的潜在读者圈子。郡级报纸花了相当大的精力在周围的城

---

[1] 英国旧铜币，等于四分之一便士。

镇和村庄建立市场。大多数报纸与书商或杂货商的网络保持着固定的合作，在那里可以购买报纸，并投放广告到下一期，这些地址通常列在最后一页。最野心勃勃的网络之一出现在1725年的《格洛斯特报》上，其中描述了十三个分区或环路，它们将报纸带到了覆盖了一万一千平方英里土地的十二个英格兰和威尔士乡郡。[48]《格洛斯特报》可以在格拉摩根和什罗普郡的拉德洛被阅读，甚至远至伯克郡。在这些最偏远的地区，《格洛斯特报》将与其他城市（最明显的是布里斯托尔和伯明翰）印刷的报纸同台竞争，而它们之间广告收入的竞争无疑是激烈的。这一点在伦敦最为明显，因为那里有大量的报纸和期刊。到18世纪中期，广告市场自身也开始细分，不同的报纸针对特定的子市场：特效药广告、剧场公告等。[49]所有这些报纸都试图以其广泛的发行量以及越来越重要的读者质量来打动潜

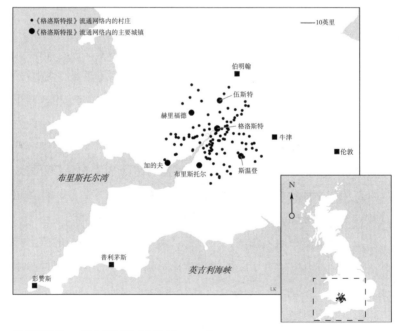

原书所附地图3 《格洛斯特报》的流通网络，1725年。

在的广告商。

正是在此背景下，人们需要看到艾迪生和斯梯尔那众所周知的自吹自擂：每一份《旁观者》都会被二十位读者阅读。[50] 这一说法实际上早已出现在 1694 年伦敦的一份广告报纸《城市信使报》上。[51] 这是研究报业的学者在计算 18 世纪报纸的影响力和影响范围时经常引用的乘数，但并不是艾迪生有意而为之的。这种乐观的评估并没有系统的数据支撑，只不过是在一个拥挤的市场中为广告业务进行的一次判断正确的推销。[52] 作为一种计算读者人数的一般方法，它没有什么价值。

尽管如此，这样的说法确实表明了出版商追求广告事业的精力。广告在新闻行业的发展中发挥了关键作用，不仅在最明显的意义上使边缘业务可行，此外，我们还可以确定广告业带来的三个具有长期意义的影响。首先，刊登广告是印刷报纸区别于手抄新闻书的一个重要方式。[53] 在此之前，这两种传统完全混杂在一起，相互提供情报和副本，为重叠的读者群服务。但手抄新闻服务从不包含广告，尽管这两种传统一直延续到 18 世纪（在报纸出版仍然受到严格限制的法国等地盛行），[54] 现在它们开始出现更大的分歧。在 18 世纪，报纸服务于更广泛、人数更多的客户群，最终发展成为一种自觉独立的出版形式。广告对这一过程的重要性体现在保留报纸的整个头版来做广告，而不是将其放在报纸的最后。到 18 世纪末，这已成为伦敦报纸的惯常做法（这种做法只在相对较近的时期的某些情况下才会被抛弃）。[55]

其次，通过提供强劲的收入来源，广告使报纸更有望实现自给自足，并为编辑提供一份体面的收入：也许最终会有资金来雇用更多的员工。在这一点上，报纸出版几乎一直是一项单人事业，这为编辑的创造力留下的时间和空间极少。原则上，广告收入带来的不断增长的经济回报可能会逐渐鼓励真正的编辑独立的传统。短期内，对媒体过于谨慎的政府不允许这种情况发生。1712 年的《印花税法案》除了规定使用印花纸的义务外，还对每条广告征收了一笔高昂的费用，二者无疑是相关的。随之而来的广告收入不可避免的急剧下降很可能是报纸破产的更主要原因，而非印花税本身。[56]

最后，广告在使媒体人性化方面发挥了重要作用。正如我们所看到的，第一批报纸是相当疏离的。它们提供了一系列以外国新闻为主的报道。读者可能会因为成为这些以前封闭的知识圈子的一部分而感到荣幸，但其内容十分难懂。广告将当地公众的日常生活直接带入了其他消费者的阅读体验中。读者会惊讶于市民们不知何故遗失了的富丽家具和衣服，对那些牵扯到不可靠的仆人的遭遇产生共鸣，享受难以启齿的恶趣味，比如读到恼羞成怒的丈夫被迫公开宣布，他将不再负责妻子的债务的新闻时。[57]

读者可以陶醉在这些混乱不安的生活片段中，他们能感受到那些因火灾而一无所有的人的痛苦，能与专利药品广告带来的怀疑和希望的矛盾情绪做斗争，能对逃犯的恶行感到惊奇——罪犯的罪行和身体特征经常被描述得很详细，他们会和忧虑的邻居们分享他们的恐惧，担心这些罪犯可能就潜伏在附近。有人认为，这些由地方当局作为广告发布的犯罪报告对执法做出了重大贡献，因为当时治安维护还处于初级阶段，公民必须参与维护公共秩序。[58] 当然，在社论出现之前的时代，大部分新闻仍沿袭国外报纸的神圣传统，这些广告使报纸再现了小册子和大报所提供的活泼和欢乐。在 18 世纪初，当大都市的新闻市场第一次接受广告文化时，《伦敦公报》的发行量急剧下降，这并非偶然，该报必然坚持枯燥的官方公告式这一更为保守的风格。[59] 这些对日常生活场景的刻画和对社会阴暗面的戏谑为新闻带来了活力、多样性和一丝危险。从那时起，广告就成了这一行业的主要产品。

第十五章 本报讯

毫无疑问，到18世纪，广大读者对新闻的兴趣已经催生出了一个相当大的产业。在德意志，来自低地国家，尤其是英格兰的报纸引起广泛关注。而在伦敦，多家相互竞争的报纸助长了那个时代的"政治毒瘤"的生长，并向当权者提出了不常见的新闻管理难题。但是，究竟是谁在推动每周甚至每日新闻输出量的大幅增长呢？谁提供了副本所必要的接连不断的内容呢？

到目前为止，实际参与新闻内容生产的人非常少，这一点读者也注意到了。之前提到的大多数新闻工作者，要么是手抄新闻服务的所有者，要么是通过连续出版鼓吹性小册子而成名的作者，比如马查蒙特·尼德汉姆或丹尼尔·笛福。18世纪大多数伟大的新闻记者不是小册子作者（如笛福和斯威夫特）就是智者（如艾迪生和斯梯尔）。因此，尽管这是"记者"一词首次被创造出来的时代，但这个词还不能描述一种独立的职业。

"记者"一词最早出现在1693年的英语报道中。[1]但就像两百年前的德语词"Zeitung"一样，这一词汇当时还未被赋予现代意义。"记者"是靠写作为生的人，但不一定是为报纸工作。这个词汇通常含有轻蔑意味。1710年，作家约翰·托兰将如今鲜为人知的莱斯利描述为一名"记者"时，他是在轻蔑地指示一群新出现的受人委托进行写作的受雇文人，他们按要求写作，有时抄写报纸，但更多的时候是为党派小册子服务。"他们［托利党］在伦敦有一名自己的记者莱斯利，在过去的七八年里，他每周发表三次反动言论。"这个词不礼貌且含义多变。当艾迪生在 1712 年的《旁观者》中称一位女通讯员为记者时，他指的是那些坚持写日记的人——"充满了一种时髦的欢乐和慵懒"。这一新词仍然只是在特殊场合出现。乔纳森·斯威夫特曾尝试用另一种变体"journalier"表示报纸作家，但这种说法并没有流行起来。这个词来源于法语中的"journal"（报纸），最终演变为"jour"（日），至少象征了对时事报道时效性的新强调。在世纪之交充满政治气息的伦敦向有抱负的作家承诺了充足的机会，使其不会有过多的顾虑。

格拉布街

第一批真正的新闻专业人员是手抄新闻服务的提供者。他们通常管理着整个业务流程，通过收集和编辑新闻并亲自撰写原稿来建立自己的声誉。第一代报纸经营者大体上也是如此，他们通常独自管理整个编辑流程。直到 18 世纪末，最明显的例外是繁忙的伦敦市场。在这里，单周或双周发行的新闻报纸有时可以负担雇用一到两名通讯员的费用。这种生活难以维持，从事兼职工作的新闻工作者经常要为多家报纸工作来维持生计。这并不是一份报酬优厚的工作。即使正式雇员每周也几乎不可能挣到一英镑以上，这相当于印刷商付给一个训练有素的排字工人的工资。排字工人是报纸生产过程中必不可少的工种，而在这时候通讯员不是。

我们几乎不可能把一个名字或一张面孔和新闻行业这些说话单调乏味的人联系起来。我们通常只能在冷嘲热讽的竞争对手那些充满敌意的漫画里见到他们。因此，《里德期刊》这样描写为《雾都周报》收集新闻的人：

［其中一人］的任务是搜刮米德尔塞克斯和萨里的监狱的囚犯新闻；另一个有麦酒屋和杜松子酒商店的搜查令，以寻找诸如酗酒致死之人。一个被派到萨伏依去抓逃兵；另一个在炮场里监视卫兵的动向和记录他们的军纪惩罚。[2]

一本代表咖啡厅出版的小册子抨击了那些新闻收集者，称他们"像破门而入的人一样，在公共办公室里闲逛，等待一个小职员接受采访"。[3]这至少有其合理之处。《特快邮报》疯狂且幸灾乐祸的讽刺则

15.1 《三个冠军》。即作家查理德·斯梯尔、丹尼尔·笛福和乔治·里德帕思，此处谴责了他们的党派性和政治联系。
（大英博物馆委托人，伦敦）

不太可信，称为了提高国内新闻的报道质量，《环球观察家》以"每日两便士的固定工资雇用了大量年老的'药草女'"。[4] 这是一个来自同业竞争对手的野蛮讽刺，但它确实间接指向了一个潜在的事实：女性正成为18世纪新闻业的一个重要组成部分，如果不是新闻作家，那么也肯定参与了发行过程。

事实上，18世纪新闻专业的基础结构——那些在这个行业中有固定收入的人——更关心一份报纸的发行，而非生产。从一期发行物的手稿文本离开其创作者手中开始，一家由商业合伙人和临时雇员组成的大公司就被要求将报纸送到读者手中。原稿首先被送到印刷厂进行印刷，然后再从印刷厂送到书商或批发商手中，通过整个街头销售网络进行销售。这些销售人员确保报纸被送到订阅者手中，或在大街上出售。在18世纪早期的伦敦，批发贸易几乎完全落入了被称为"信使女"的女性出版商手中。1720年代，伊丽莎白·纳特和她的女儿们在伦敦市中心开了几家书店。她们负责通过其小贩网络发行《每日邮报》《伦敦日报》和《伦敦晚邮报》。[5] 信使女一般是知名印刷商的妻子或遗孀，因此她们可以依靠广泛的人脉网络。与她们联系的许多小贩也是女性。这些卑微的、大多近乎贫困的日工一直是当局关注的焦点，尤其当他们被认为在散发煽动性材料或反对派报纸时。[6] 当1728年政府试图压制《雾都周报》时，有二十四人被捕，其中包括两名信使女和小贩朱迪丝·萨蒙。三十五年后，压制激进政治家约翰·威尔克斯的类似举动导致四十九人被捕。[7] 以这种方式在新闻界谋生的人相当多。我们必须牢记，这些报业的新闻内容基本上只由一人负责。如果说在这个时代存在一个报业的开端，那么它一定更多依赖于这个行业中的技术工人，而非专业新闻作家这一新的职业。

书商与小贩之间的关系具有些许矛盾性，前者谴责小贩是不承担经营书店的一般固定成本的竞争对手，但随后又利用他们来分销自己的库存。到了 18 世纪的最后几十年，需要五十名小贩在镇上到处分发同一期《阿姆斯特丹报》，不论地位有多低，他们都是这个行业不可或缺的一部分。[8] 小贩在报纸的风格和市场地位的演变过程中也扮演了重要角色，但很少受到重视。他们比大多数人更清楚什么样的新闻会促进临时销售，尤其在低端市场，因为对他们来说，一次有效的推销意味着饱腹和挨饿的区别。通过反馈哪些故事比较受欢迎，他们可以帮助精明的出版商制定出版策略。《特快邮报》在提到《环球观察家》的"药草女"时，可能就受到了这种关系的影响。

这些恶意的嘲笑来自 18 世纪早期相互竞争的报纸的第一次蓬勃发展。随着商业模式变得更加安全，以及国内新闻占比上升，报纸可以在新闻收集方面投入更多的资金。在 1770 年代，《伦敦公报》的编辑列出了十四位通讯员，他们因投稿而获得报酬，包括来自城市、法院和航运的信息。[9] 这些人还不是正式工，作为临时工，他们可以自由地为多家报纸工作。但与一个世纪前相比，这绝对是一个变化，当时威廉森新闻服务的通讯员都是海关官员和邮政局长，提供新闻是他们日常职责（无偿）的补充。[10] 还要注意的是，这些消息提供者基本上都是在大都市工作的当地线人。很少有报纸会在国外派驻通讯员，它们一般依靠传统高效的手抄新闻信札和外国报纸来获取国外新闻。为这些服务支付订阅费当然会增加一笔不小的财务支出。

总体来看，18 世纪的报业只把很小一部分开支用在作家身上。没有几家报纸觉得有必要得到作者的独家服务。毫无疑问，那些熟手在法庭上四处打听以挖掘故事的特殊技能是值得赞赏的，但是这些卑微的角色永远不能期望他们的努力被公开承认。新闻记者作为一种具备专业知识的、见多识广的观察员的概念尚未被发明出来。没有报纸刊登署名记者的报道。从手抄新闻信札中继承的匿名传统投下了长长的阴影，使那些雄心勃勃地想要通过迅速发展的媒体而成名的人感到沮丧。1758 年，《每月评论》的创始人拉尔夫·格里菲思以苦涩的笔调描绘了一位受雇作者的生活惨状："阁楼上的作家和矿井里的奴隶并没有什么区别。他们的任务都是一样的：都必须做苦工和挨饿。他们都无法奢望解脱。"[11] 格里菲思认为，如果所有的作家都停止劳作，那么报纸和期刊就会突然消失，这样一来，广大读者就会欣赏起他们的写作技巧。毫无疑问，人们对这一呼吁充耳不闻。新奇的是，尽管"journalist"一词已于 17 世纪末在英语中扭捏亮相，但描述写作行业的"journalism"一词直到一百四十年后的 1833 年才为人所知。[12]

并非绅士

即使勉强雇用计件工作的新闻采集者，伦敦的报纸也是个例外。直到 18 世纪末，欧洲其他地方（以及英国其他部分）的大部分报纸基本上都是单枪匹马生产的。出版商或编辑会从手抄新闻纸和其他报纸上收集稿件，然后把它送到印刷商那里。他会监督那些把报纸带给读者的小贩或车夫网络，保持订阅数，争取订阅者并招揽广告。虽然有时任务繁重，但办报也不是其唯一的工作。在英国的一些城镇，报纸是由当地印刷商出版的，而在其他地方，报纸通常是由一个同时经营书店的人出版。在德意志以及后来的殖民时期的美国，当地邮政局长通常是当地报纸的所有者，利用自己第一时间接触到外国报纸的特权，并依靠潜在客户经常光顾的事实。

这种异常忙碌的生活几乎没有留出时间给与新闻业相关的活动：寻找或编写故事、研究和撰写文章。周刊的编撰工作将一直持续到印刷前最后一分钟，但为了在一台印刷机上印出一千份整期刊物，最新一期一经完成后几乎就得立即开始准备下一期。可以先处理前一周延搁下来的广告或信件，但出版商知道订阅者是为了新闻才购买报纸，只消几期内容单薄的报纸，他们就会忍无可忍，取消订阅。

《不列颠观察员》的一位读者在 1728 年 12 月写道："我希望您把我的名字从订阅者名单中抹去，除非下次您能给我一个正当的理由来解释您消息的贫乏。"[13] 所以，虽然通过几栏广告来增加收入对于经营者来说很有吸引力，但他们只能走到这么远。不能让信件和其他投稿作品挤占新闻空间。正如塞缪尔·约翰逊在为《伦敦纪事报》第一期（1757 年 1 月）撰写的文章中正确指出的那样，"期刊读者提出的第一个要求是，他应该找到有关国外交易和国内事件的准确记录"。[14]

对于继续在所有报纸中占据首要地位的外国新闻来说，出版商完全依赖于传统来源。很少有人能负担得起在任何一个外国城市雇用通讯员的费用。在有限的资源和严格的时间限制下，他们能每周定期发行期刊可谓是创作的奇迹，也是对精巧和密集的通信网络的赞颂，后者将新闻从里昂带到柏林，从维也纳带到伯明翰。但紧迫的出版期限几乎没有给人们留下思考的时间。18 世纪的报纸明显缺乏设计上的创新。我们能看到的进步都是缓慢和渐进式的，如对空白区域的创造性利用和通过画线分隔不同的栏目。实际上，除了用小幅船舶木刻版画来识别航运新闻外，新闻标题或插图几乎没有任何用处。新闻的顺序在很大程度上是由外部因素，即办公室接收报道的顺序决定的。不能保证最重要的新闻会首先出现，甚至不一定会出现在首页。

总的来说，报纸继续避免发表评论，在那些只有一份报纸的城镇尤其如此。在 18 世纪的欧洲，绝大多数拥有报纸的地方都是如此，因此伦敦存有争议性的报纸在很大程度上是个例外。但偶尔也会有一名新闻工作者跳出这种日常的匿名限制以拥护一项事业。埃克塞特的安德鲁·布赖斯就是这样一个人，他是《布赖斯周刊》的编辑。1726 年，他受情感驱使，对英国西南部监狱的因犯所忍受的恶劣条件提出抗议。布赖斯在一份名为《呼吁正义》的小册子中打响了他的第一枪，几名被关押在埃克塞特监狱的囚犯与他取得了联系，而他在报纸的专栏公开了他们的困境。当一名被囚禁的商人对埃克塞特监狱的看守人乔治·格兰维尔提出具体指控时，事情进展到了关键一步。格兰维尔起诉了布赖斯，尽管布赖斯在周刊中为自己辩护，但此案对他不利。由于无力支付一百零三英镑的罚款，这名编辑潜逃了。故事的结局很糟糕，毫无疑问，德文郡忠诚的公民会坚定地站在执法人员一边，而不是堂吉诃德式的、为重犯的权利辩护的布赖斯那边。作为一个走在时代前列的人，布赖斯是后世推崇的榜样：领导或参加运动的记者。[15]

勇敢的布赖斯在 18 世纪的出版界几乎没有模仿者。大多数报纸出版商在当地政治问题上保持严格中立。伦敦又是一个例外。在这里，18 世纪晚期政治新闻的兴起带来了重大变化，但它们并不一定都有利于报纸作家。在英国，大多数我们所能了解到的职业作家都是政府雇来的代理人。他们不担任任何特定职务，只是按要求给与政府部门交好的报纸提供稿件，美化外国新闻，或者诋毁反对派政客的动机，抹黑他们的名声。他们还为小册子写作：就像半个世纪前的笛福一样，一篇有说服力的文章无论是出现在连载刊物上，还是独立的小册子上，在很大程度上都是无关紧要的。我们对这些人的作品有所耳闻，并不是因为他们特别有天赋，而是因为他们的名字出现在财政部的付款账户上。虽然政府报纸愿意斥巨资来吸引最优秀的人才，但他们的职业大部分时候都是卑劣且不光彩的。即使是喜爱说教的塞缪尔·约翰逊也准备接受乔治三世的宠臣比特伯爵的津贴。为对立阵营服务的约翰·威尔克斯则兴高采烈地称他为"跟班约翰逊"。几年前，约翰逊在使他名声大噪的《词典》（1755）中反思了当时的犬儒主义，当中将"公报作家"定义为"一个近来最为声名狼藉的词语，通常适用于那些受雇为宫廷辩护的可鄙之人"。[16]显然，他还没有意识到自己作为受雇作家的利润丰厚的前景。

　　报纸作家只不过是政客们的有偿代理人这一臆断使得"记者"在 19 世纪背上了骂名。为报纸撰稿被认为是不体面的职业。可能对他们非常有利的是，与一个报业工作者发生冲突在当时被认为是有辱人格的事。根据 1807 年的一项规定，从事报纸有偿工作的人将被禁止从事英国的法律职业。直到 1860 年，一个曾为《泰晤士报》撰稿的人是否会因此失去地方法官的提名资格，显然还是值得严肃讨论的问题。[17]

　　政客们对新闻界人士态度复杂。虽然他们完全确信有必要管理新闻界，但他们仍然蔑视那些以这种方式谋生的人。就连沃尔特·司各特爵士这样的职业作家也把新闻工作看作是一种不光彩的职业。一个典型的、直截了当的观点是："只有彻头彻尾的恶棍才应该去每天报道新闻，除非那是安静的乡村日报。"当有人试图说服他的朋友约翰·吉布森·洛克哈特担任伦敦一份新报纸的编辑时，司各特提出了反对意见："我认为，任何一个年轻人，无论他有何种才能，希望成为目前一般规则的例外，是相当鲁莽的，这至少会在表面上牺牲其很大一部分社会声誉。"另一个朋友也同意："我不会将报纸编辑的工作邀请看作对我身为律师和绅士的感情的赞美，无论它怎样恭维我的才能。"即使报纸在《大改革法案》（1832）的通过中扮演了重要角色，同样的污名依然存在。1835 年，《伦敦评论》坚决主张："那些经常与报界有联系的人多半被排除在最广义的'良好社会'之外。"

　　有趣的是，这种苛评只针对报纸，而非新的政治期刊。在政治期刊中，一位绅士不仅可以展示他的才华，甚至还能名声大噪。关键在于，期刊的作者用自己的名字写作，而报业工作者却隐藏在匿名的外衣之下。正是以上原因，再加上报业工作者见风使舵的倾向，他们才会招致这样的非议：

> 人们怎样才能避免与那些有能力造成隐秘伤害的人接触？而且众所周知，他们有使用这种能力对付其他社会成员的习惯……社会怎么能尊重那些不自重并且也很少尊重他人的人呢？当他们的利益受到威胁，他们确实可以用一种崇高的口吻谈论他们国家的新闻业在才能和正直方面的高尚品质。但他们通常忙着用酒馆里的低俗俚语互相攻击，或互相指责对方极度愚昧和不守信用。[18]

与报纸相比，不仅是政治期刊，连小册子都受到高度尊重，这是一个奇怪的现象。在18世纪末，小册子被认为是一种极有声望的政治讨论媒介。它们的地位自印刷术出现早期以来得到了显著提升。这提醒我们（如果有必要的话），过于简单地将新闻采集看作从手抄稿到印刷品、从小册子到报纸的一系列演化过程，可能会扭曲现实。一直到19世纪，伟大的改革家和政治哲学家都以小册子的形式向公众进行演说。

报业工作者通过收取封口费来隐瞒有关大人物私生活的报道（这种行为被称为兜售"短讯"），这无助于他们的事业。一些小成本的报刊实际上就是特别为了这个目的而创办的。[19]伟大的政治活动家威廉·科贝特认为，他那份短命的报纸之所以失败，是因为他拒绝屈从于这种做法：

> 我发现，这不是天赋的问题，而与手段有关。我不能兜售短讯。我不能含沙射影地中伤一个男人或女人的名誉，好让当事人付钱让我闭嘴。我不能做那些卑鄙无耻之事，而大多数日报都是靠这种勾当活下去的，而且这些勾当可以让报纸老板们坐上凯旋之车，而他们的走卒实际上正一字一句地贩卖着谎言。[20]

新收的信件

在这里，我们面临着 18 世纪新闻界的一大悖论：职业新闻工作者对新闻生产的参与越多，越会被认为是在削弱而非增强新闻的可信度。这就是为什么有那么多的报纸选择逐字逐句地发表官方通讯：没有编辑的干预被视作新闻正直性的保证。同样受欢迎的还有当事人直接发回来的报道，例如由前线将军撰写的报道，或一些重大事件或灾难的目击报道。[21]

这种以私人信件或半公开信件作为新闻报道基础的做法，借鉴了新闻界长期以来的传统，即报道的权威性与新闻工作者的地位密切相关。我们在沿着罗马帝国的邮政路线与值得信任的信使一起派出的指示上，以及在中世纪欧洲的书信往来中，都能看到这一传统。这一传统坚持认为，权威人士在私人通信中交换的新闻是可信的，因为有作者的名誉（荣誉）为传递的消息背书。当级别低的人以牟利为目的用小册子的形式发表新闻时，这种可靠性的假设显然受到了影响。[22]

出版商试图在商业新闻市场中借用私人信件的形式和惯例来对抗这种影射。16 世纪成千上万的新闻小册子都自称是"一封信"（法国的"lettre"、德意志的"Brief"、意大利的"lettera"）、一封"真正的急件"等。有时，他们确实会给出这样一份急件的内容，通常一字不差，完整附上开头的敬语和结尾的问候语。

这种书信形式也可能被滥用。在 16 世纪后期的国际信仰冲突中，最能说明问题的莫过于出版被截获的信件，这些信件揭露了狡诈的对手背信弃义的计划。窘迫的作者不可避免地会控诉这些发表的信件是伪造或虚构的。有时确实如此，尽管部分信件的语气所呈现出的真实性往往是毁灭性的。在 17 世纪，书信形式也是一种可预见的政治讽刺手段，法国投石党运动时期更是如此。在这段疯狂抗议红衣主教马扎然统治的时期，有近五百本小册子自称是"信件"，而当中有些完全是诗歌的事实反而削弱了这一说法。[23] 但是，出版那些真正被截获的信件的做法一直持续到 18 世纪末，而且常常取得显著效果。在美国独立战争中，英国军队毫不意外地刊出了落入他们手中的华盛顿将军的急件，并仔细观察其对敌方士气的影响。[24]

书信享有一种不寻常的地位，因为直到 16 世纪末，它都是有权势和地位的人的特权。能够以正确的格式写信，标志着一个人是受过教育的。只有当作者有条件使用邮政网络或雇用信使时，才有可能确保邮件到达目的地。有关通信的所有这些方面都很昂贵，因此才可能是社会精英的特权。除了学者以外，这些精英一般都是凭借其社会地位活跃在政治圈的见多识广之人。精英阶层之间的私人通信是他们公共生活的自然延伸。除了家庭新闻外，他们还会讨论可能对其社会地位和发展前景产生影响的商业交易和政治事件。斯丘达莫尔子爵的通信就是一个很好的例子，他是一名地方法官和议会成员，曾担任了几年查理一世的驻巴黎大使。[25] 斯丘达莫尔经历过动荡时期，当居住在赫里福德郡的家中时，他觉得有必要了解时事。他也有办法做到这一点。他的四名固定通讯员都是专业的新闻工作者，他们的每周新闻信札年收费高达二十英镑（一个乡村教区牧师合理的基本生活工资）。斯丘达莫尔还经常收到几位政府官员、托斯卡纳的驻伦敦大使及其至交亨利·赫伯特爵士的来信。斯丘达莫尔的兄弟提供军事新闻，其他亲戚则寄来印刷好的小册子。这些信件中有许多是私人信件，但并不完全私密。其中的信息被期待与更多的家庭成员、邻居和当地社会的其他领导者分享。通过这种方式，地方领导集团建立了一个相当于国际商人运营了几个世纪的新闻共享网络。

然而，这种新闻网络几个世纪以来一直是社会精英的专属领域。直到 18 世纪，通信能力才扩展到更广泛的市民。它对欧洲新闻网络产生了非常大的潜在影响。

通信时代

乔治·华盛顿对偶尔出版他那些被截获的信件一事的乐观态度令人钦佩。他写了如此多的信——其中大约有一万两千封留存至今——必定会遗失一部分。此时，与朋友、家人和商业伙伴的书信往来已成日常，不是只有华盛顿这样公认的社会领导人才拥有使用通信网络的特权。在 18 世纪，写信已经突破了精英阶层，成为欧洲和北美数百万人熟悉的社会实践。

18 世纪是通信时代。教育、邮政网络的进步和写作材料成本的下降，推动了写信的潮流。这是第一次几乎对男性和女性产生同等影响的通信革命。18 世纪有效缩小了男女之间巨大的教育差距。到 1780 年，阿姆斯特丹百分之八十五的男性和百分之六十四的女性亲自签署了订婚协议，而 1630 年这一比例分别只有百分之五十七和百分之三十。1690 年，法国只有百分之二十九的男性和百分之十四的女性签名。一百年后，这一比例分别提升至百分之四十八和百分之二十七。这些数字受到法国庞大的农村腹地（城市的识字率要高得多，尤其是在巴黎）的影响，但即便是在农村地区，进步也是惊人的。在意大利北部都灵管辖的农村地区，男性读者的比例在八十年间从百分之二十一上升到百分之六十五，女性读者的比例从百分之六上升至百分之三十。1790 年，在市区内，百分之八十三的丈夫和百分之六十三的妻子可以签署他们的婚约。[26]

在世界经济扩张的推动下，妇女在社会阶层中也具有很强的代表性，她们不同寻常地拥有少量剩余收入。年轻未婚女性不受家庭责任的束缚，特别渴望有机会与家人、朋友和潜在的追求者定期交流。

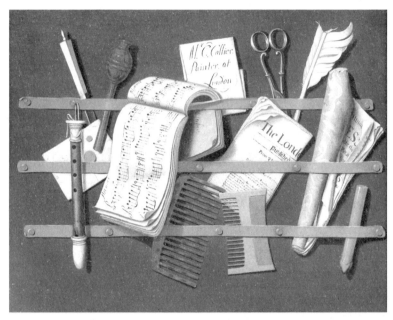

15.2　爱德华·科利尔《信架》。以静物画的形式呈现了 17 世纪晚期的写作和通信媒介。（维基共享）

新的写信热潮得到了强大的基础设施的支持。扩大学校教育（特别是女孩的学校教育）尤为重要。此后，大量的书信手册鼓励人们学习通信的特殊技巧和传统。书信是一种受人敬重的写作类型，从伊拉斯谟把它置于人文主义自我塑造的核心起，它就在上流社会流行起来。他的两本书信写作入门书立即成为畅销书。[27] 伊拉斯谟提供了一个范本，西塞罗提供了另一个。但由于书信写作已经突破了精英阶层，书信写作手册也调整了其风格和内容，以适应不太自信的买家。这是一个循序渐进的过程。在中世纪的书信写作文化中，扼杀个性的书信写作教程（dictamen）传统被证明是非常强大的。1649 年，乔治·斯内尔的《正确教学》提倡一种明显模仿这些中世纪指导的书信写作结构，几本法国文书也是如此。[28] 1789 年 1 月和 2 月，也就是法国大革命前夕，来自法国北部城市特鲁瓦的一位已故印刷商兼书商艾蒂安·加尼耶的物品清单被整理出来。在他数量庞大的藏书中，有三本书信写作指南：《流行书信》《新法国尺牍大全》和《妇女书简》。[29] 其中包括一系列适用于各类社交场合的信件范本。《流行书信》被合宜地分为两类：商务信函（通知、投诉或道歉信）和问候信（祝贺、感谢、慰问信或来访通告）。

尽管加尼尔主要为那些可支配收入较低的客户提供服务——他是生产粗制廉价书籍的专家，它们被统称为蓝皮丛书 [1]——但这些手册非常受欢迎。[30] 他手中这三部书的库存量共计五千八百三十二册。对于他的普通客户群来说，这将是一笔奇怪的买卖：有一定社会地位的高雅之士之间的通信范本，对于那些经常购买蓝皮丛书的工匠和商人来说，几乎没有什么实际用处。这些书中有一些已经连续出版了一个多世纪。然而，随着时间的推移，有进取心的出版商也开始更仔细地汇编书信集以适应新阶层的实际通信需要。《写给特殊朋友的信》便是其中一本由伦敦出版商塞缪尔·理查森收集并出版的内含二百七十二封信件范本的合集。这本书已足够成功，但完全被理查森同年的另一部作品抢去风头：《帕梅拉，又名美德有报》，这部小说的叙事完全是通过一系列私人信件展开的。书信体小说浓缩了通信的新时尚，并在 18 世纪轰动一时，它在利用书信——传达真相的媒介——公认的声誉的同时，为主人公们的私密生活提供了一扇窗口，扣人心弦。

18 世纪出现的通信热潮为通信网络开辟了一个重要的新侧面，我们有理由希望这些保存在私人和公共档案中的成千上万封信件会成为新闻报道的丰富来源。但事实并非如此。那些在这一时期进入通信世界的新手作家们，总体上并没有用他们的书信来讨论公共事

---

[1]　原文为法语 "Bibliothèque bleue"。

务。人们费力地阅读成百上千封这样的信件后发现，除了私人的、纯粹关于家族和商业交易的内容外，对新闻的评论寥寥无几。[31] 这种现象的出现有充分的现实基础。首先是邮政系统的使用，虽然现在要简单、可靠得多，但仍然非常昂贵。信件的费用是根据包裹的重量和运送的距离仔细分级的。只有一小部分快件是寄付现结的。对许多通信者来说，收到一封信的喜悦因需要支付现金而被冲淡了。而这笔钱可能是一个相当大的数目。虽然信件在邮政路线上的运输相当顺利，但抵达后从仓库投递的安排往往还不达标。只有惯常的通信者（主要是商业用户）才会定期到邮局取信。

因此，在这段时期内，对大多数通信者来说，使用邮政系统仍将是一项需要仔细权衡的开支。在殖民时期的费城，本杰明·富兰克林认为，出于成本的考虑，他的妻子不给刚刚丧偶的妹妹写一封慰问信是完全合理的。[32] 虽然有更多的人在使用邮政系统，但很大一部分是商人和商业用户。一项对 1830 年至 1865 年间从巴黎寄出的六百零八封信件(作为免邮的证据保存在邮政博物馆)的调查显示，这些信件中只有百分之十五是私人性质的。其余的涉及商业或银行交易（占比百分之四十七），或是公证人和律师关于法律业务的来信（占比百分之三十八）。[33] 当然，这些都是邮政业务的目标用户：18 世纪由政府主导的邮政服务的大多数更新都是基于商业需要的。[34] 这些商业用户倾向于特别小心地遵循书信手册中规定的惯例和模式，这暴露了新手通信者脆弱的社会自信。他们的通信很少有空间去偏离主题、发表意见或闲聊。

18 世纪的书信风格的确发生了重大变化。16 世纪强调的是展示正式的修辞训练，而 18 世纪则更容易偏离到与密友和家庭相关的内容。现在人们认为，书信应该展现"心灵的真实面貌"。[35] 随着书信写作变得越来越女性化——不仅源于专门针对女性读者的写作手册，也受到书信体小说中女主角的影响——这种情况愈发明显。但是这个新兴的受过良好教育的女性作家阶层却很少涉足政治领域。无论如何，她们是受过教育的社会成员中最有可能置身于新闻圈之外的人，社会习俗也不鼓励她们发表自己的意见。许多此类信件的主题都停留在安全的领域，比如家庭琐事、家庭小闹剧、仆人和当地娱乐活动、天气或者收信确认。

就对新闻网络的贡献而言，18 世纪新的书信作者与新形式的新闻刊物——期刊、杂志和报纸——的热情互动可能是最重要的。所有的报纸都刊登了信件的副本，无论是全文转载的官方公报，还是订阅者的来信。读者用他们的评论、投诉和建议对编辑部"狂轰滥炸"。这是一种通常可以亲手递送的书信形式，因此对通信者来说费用最低。《伦敦公报》声称在 1761 年的四个月内收到了八百六十一封信，[36] 这些来信一定会花去编辑很多时间，尤其是那些伴随着许多其他要求的信件。但读者是不容忽视的。他们有时会提供一些新闻片段以供收录。特别是在远离主要新闻网络的城镇，这些片段可能非常有用。但仅仅依赖这些志愿爱好者也有危险，出版商们都非常清楚这一点。《伯明翰公报》的编辑在 1749 年 5 月写道："我们从什鲁斯伯里得到证实，本报刊登的从那里发来的关于当地激烈争论的报道都是虚假的。"[37] 在报道一个轰动事件时，最安全的做法是说出信息提供者的名字，这样就能使报纸远离任何对不专业的轻信的指控。因此，1727 年的《不列颠观察员或德比邮差报》如此报道：

> 一位住在纽卡斯尔附近的托马斯·博斯托克给我们讲述了以下这则故事，他说，一位住在威尔逊地区的有名的农民……有一个五六岁的女儿，过去几个星期，甚至现在，这个姑娘一直看到某种恶魔、幽灵或空气中的人形物，但它们都很小，除了他的孩子以外，谁也无法察觉。[38]

让订阅者满意并不是一件容易的事，一些编辑偶尔会表现出不耐烦。读者特别坚持提供他们自己的文学作品，希望报纸能为它们腾出空间。虽然报纸通常只在陷入新闻不足的绝望境地时才转而这样做，但这些似乎才是真正受欢迎的内容。通过这种方式，读者让报纸的关注点从单一新闻转向了更加多样化的专题和轻松的文章，他们在阅读杂志时对这些内容越来越熟悉。在未来，这些内容将成为新闻和娱乐更加全面的结合的重要组成部分，而娱乐将成为未来几个世纪报纸吸引力的必要因素。

时事剧场

总的来说，私人通信对于新闻史写作——更确切地说，对于想要确认这些新被赋权的 18 世纪市民如何应对时事变迁——来说是一种令人沮丧和失望的资源。我们可以预料到，只有上流社会的通信者圈子才会关注政治；16 世纪以来，会用信件来分享时事新闻的也是同一批人。有时，我们从通信者那里得到的混杂新闻、八卦和个人信息的内容可能会让人感到有些不安。有关骚乱、饥荒或处决臭名昭著的罪犯的评论中，夹杂着社会丑闻或对"挤脚的鞋子"等琐事的抱怨。犯罪和施刑引起了特别的兴趣，尤其在巴黎，参加公开处决成为一种时尚并受到上流社会的追捧。这导致人们争相挤占能俯瞰到罪犯的运送路径，或者更甚，施刑现场的窗子。[39] 当死刑犯也出身高贵时，情况尤其如此。1699 年，一位巴黎高等法院律师的妻子蒂凯夫人被指控雇人谋杀其丈夫，她最终承认了这一罪行。她在臭名昭著的沙滩广场被执行死刑的那天，巴黎上流社会的人纷纷赶来观看她的死刑。据认识这名犯人的安妮·玛格丽特·迪努瓦耶说："整个宫廷和城市的人都跑去看这个场面。"一些拥有良好视野的房子"给业主带来的收入比他们以前花在这房子上的钱还要多"。

报道这个事件时，迪努瓦耶就像去剧院看戏一样，她在那里获得了一个绝佳的座位。令人高兴的是，主要演员正准备上演一出好戏：

> 我在市政厅的窗户边，看见可怜的蒂凯夫人大约在下午五点到达，穿着白色的衣服……人们会说她研究过自己的角色，因为她亲吻了斩首台，料理好其他所有细节，就好像这只是在演戏一样。最后，她展现出人们从未见过的泰然自若，圣叙尔皮斯的神甫说，她是作为一个真正的基督教女英雄而死的。刽子手也被此景打动，以至于没有砍中（她的头），不得不重复五次才将其斩首……美丽的蒂凯夫人就此香消玉殒，她点缀了整个巴黎。[40]

二十年后，巴黎见证了对臭名昭著的卡图什的处决，卡图什因在该市经营大型犯罪集团而被定罪。他的犯罪活动规模庞大且耸人听闻，加之他面对被车轮碾碎的恐惧时的漫不经心（"一刻钟的糟糕时间很快就过去了"），种种因素结合在一起成了媒体的焦点。甚至在他出庭受审之前，法兰西剧院的演员就考虑过以他的生平和罪行为蓝本上演一出戏剧。虽然有些人认为这属于低级趣味，但这场戏最终还是上演了。此前曾谴责过这个活动的《信使报》也认为它"非常有趣"。在定罪和判刑之后，卡图什被移交审讯，希望他能招供出他的同伙。尽管如此，观众们还是蜂拥至沙滩广场，唯恐错过其激动人心的结局。即使在被处决后，卡图什引起的狂热也久久未能平息。气喘吁吁的科马丹·德布瓦西对他的姐妹说："好几天了，大家谈论的内容除了卡图什之外没有别的。"摄政王的母亲、奥尔良公爵夫人记录道："我碰到德海姆伯爵和德绍布爵士。他们告诉我卡图什昨天被处决的事，我沉浸其中很长时间。"[41]

这些事件和有关它们的报道清楚地提醒我们，即使在 18 世纪，新闻的传播仍然依赖于目击者的描述、通信、口碑和新的印刷媒体的生动结合。这也为我们提供了一个观察欧洲启蒙运动时期的情绪状态的清醒视角。当然，这种将死刑作为公共娱乐活动的现象并非法国独有，在伦敦泰伯恩刑场执行的较常规的死刑往往会吸引更为吵闹并且不那么排外的顾客。[42] 但是，这种做法远远没有达到其最初的目的，即让一个社群聚集在一起见证并肯定罪犯所受惩处的公正性：一种旨在净化社区的程序性驱逐形式。[43] 在以理性的感性为荣的 18 世纪，这种对人类痛苦的冷眼享受似乎特别刺眼。路易十四斥责了几位宫廷女眷，因为她们出现在了蒂凯夫人的处决现场；如果人类富有同情心，那么女性应该是这种情感的缩影。罗贝尔－弗朗索瓦·达米安因企图杀害路易十五而被判死刑，他的处决似乎成为一个重要的转折点。他遭受了对弒君者的传统惩罚。他的身体被热钳撕裂，伤口被灌满了熔化的铅和油，最后被四队马匹扯碎。[44]

为了观看这一大场面，人们从前一晚开始便聚集在广场上。那些找不到位置的人在圣母院的街道边排起了队，达米安在那里做了最后的忏悔。酷刑持续了好几个小时：马匹拉了一个半小时才把他的四肢扯掉。这种骇人听闻的表演似乎最终激起了哲学家和行刑改革者对这种惩罚的狂欢的抗议。人们开始寻找一种更合理、更冷静客观的执行正义的手段：惩罚仍然公开进行，但没有以往执行死刑时的巴洛克式的仪式，也不再仔细划分罪行和等级。

经过三十五年的争论，一种新型的斩首机器终于于 1792 年被采用：理性时代的杀人工具。它将同等适用于所有死刑犯，不论身份地位。这种机器将代替所有先前由刽子手参与的可怕仪式，并将正义交付给一种简单、易复制的装置，这种装置不久后被称为"断头台"（guillotine），它是以一位最先设计出其原型的杰出医生的名字命名的。第一次行刑吸引了一大群人，但结果相当令人失望。几乎没有什么可看的，事情进行得很快，以至于人群开始高喊："把我的木绞架还给我，把我的绞刑架还给我。"[45]

　　失望的观众没有意识到，他们见证了这个时代最后一则新闻事件——法国大革命——的主要角色之一的首次亮相。法国大革命既创造了第一代名人记者和政治家，也将新闻报道和新闻市场的发展推向了一个完全未知的领域。

第十六章 呼喊自由

18 世纪中期是欧洲报刊的巩固期。周刊和月刊的发展扩大了政治话题的评论和反思空间。随着新旧刊物的更替，报纸的数量逐渐增加。稳定增加的新读者支撑着市场。出版商可以通过每周一次或三次向订阅者提供的新闻服务来赚取可观的收入。但这并不是一个新闻市场有巨大创新的时期。在英国，议会政治（现在已经形成了固定的年会模式）保证了间歇性的派系或政策危机能在短时间内引发新闻狂热。在 1737 年的税务危机中，一场报纸运动无疑有助于迫使内阁狼狈让步，并引发反对沃波尔的强烈情绪。但在他于 1742 年倒台后，这股浪潮迅速消失。在法国，免于竞争的《公报》平稳发展。新闻活动增长最快的地方并不在主要的人口中心，而在英国和法国的偏僻城镇（必须指出，后者盛行的主要是与政治无关的广告期刊）与美洲殖民地。[1]越来越多的中等规模的社区由一种报纸提供服务，其通常忠实仿照大都市中心区的报纸。通过采用国际中心城市的风格（它们主要靠摹仿），这些报纸在有意识地缺乏创新的情况下取得了成功。而真正属于当地的声音还没有形成。

在 18 世纪的最后几十年里，这个忙碌、繁荣，但要求不高的新闻界被以惊人的速度彻底重塑。在法国、英国和美洲殖民地，新的政治争议不仅改变了新闻界的作用，也使报纸的数量和发行量大增。报纸第一次不仅在记录，而且在塑造政治事件方面发挥了重要作用。这是通向公认的现代报业的一个重要里程碑。

威尔克斯和自由

对于启蒙时代的哲学家来说，约翰·威尔克斯是一位完全意料之外的声援者。[2] 威尔克斯不择手段、阴险狡诈、野心勃勃，在私生活中放荡不羁，对待公共事务则漫不经心。他一直负债累累，对朋友和应尽的义务漠不关心，在迄今为止平庸的职业生涯的中期，他发现了一项事业和自己的宣传天赋。这份事业便是新闻自由。当他结束这场长期斗争时，公共辩论的可接受范围以及报纸在政治进程中的作用已经被彻底地重新界定。

威尔克斯是幸运的，在摸索公共事业时，新国王乔治三世的即位推动了政党政治的复兴。君主的更迭不可避免地在统治精英中引起了动荡，因为国王试图对事务施加影响。乔治三世决心在政府中发挥积极作用，并选择接受比特伯爵的建议。比特伯爵是一个敏感易怒的苏格兰人，敢于利用政府的庇护权来奖赏亲信和惩罚敌党。一无所有的辉格党人在不受欢迎的和平谈判中为自身的不满情绪找到了一个政治原因，和平谈判在1763年结束了七年战争。而威尔克斯也很高兴能成为他们最尖锐的工具。

威尔克斯的著名政治报纸《北不列颠人》是对比特试图通过自己刚刚建立的报纸《不列颠人》来制造舆论的直接回应。[3] 威尔克斯在第一期开篇就高傲地捍卫了新闻自由的原则，"这是这个国家自由最坚固的堡垒……是糟糕的大臣们感到恐惧的东西"。但如果这看似承诺了一种高尚的政治哲学，那么威尔克斯的新闻原则可以通过他对财政支持者坦普尔勋爵的一份具有代表性的坦率声明得到更好的概括："没有一份政治报纸会受到公众的青睐，除非它添加了个人讽刺。"[4]《北不列颠人》写作风格毫不留情、个性鲜明并且直言不讳。其辉格党盟友源源不断地提供具有破坏性的信息，一份消息来源可靠的新闻调查揭露了军队贪污，并在结尾激烈地抨击了内阁大臣："最奸诈、卑鄙、自私、吝啬、无耻、低级、肮脏的家伙，竟然还能爬上大臣的位置。"

威尔克斯并不怎么把这当回事。当在意大利的中立地带碰面时，威尔克斯因辱骂塞缪尔·约翰逊而受到詹姆斯·博斯韦尔的质疑，威尔克斯很高兴地承认，他私下对约翰逊的评价很高，但"我习惯辱骂反对我或我的朋友的人"。[5] 在这里，新闻业与传播新闻无关，而成为一种党派间相互谩骂的工具。《北不列颠人》的存在是为了"在某人的胸脯上插上匕首"。并非所有的受害者都会表现得同样不以为然，但威尔克斯并不缺乏个人勇气，他与一位愤怒的受到攻击的贵族塔尔博特伯爵进行了一场受到广泛宣传的对决，只会提高他的名气。当政府部门试图承诺提供职位来让他保持沉默，威尔克斯一并将之公之于众。

这与针对沃波尔的激烈的媒体攻势有着许多相似之处。不过他真正的创新之处是将这些批评与国王本人联系起来。在臭名昭著的《北不列颠人》第四十五期中，威尔克斯以前所未有的自由度谴责了国王在议会开幕仪式上代表最高统治者发表的演讲：

> 这个国家的每一位朋友一定会为这样一位具有如此多优秀品质并且和蔼可亲的国君而感到悲哀，他是英国人真正尊敬的人，但他却用自己的圣名支持最可憎的措施……我和王国里的任何人一样，都希望国王的荣誉能以一种真正符合王权的方式得以保持。看到它沦落到被如此滥用的地步，我感到悲痛。[6]

这件事不能无疾而终。当局随即发布了一份通缉令，对任何与该出版物有关的人实施逮捕。这增加了风险。在此之前，《北不列颠人》实质上一直是政治精英内部争论的工具。而现在，随着他的出版商、印刷商、雇佣工和小贩（共四十九人）的被捕，威尔克斯有了他渴望的机会来审视一个真正重要的问题：新闻自由的限度。

法律诉讼围绕两个问题展开：威尔克斯作为议会议员是否享有诽谤罪（尽管它令人憎恶）的逮捕豁免权，以及一般逮捕的有效性，这种逮捕令只列出了所犯之罪，而非列出嫌疑犯的名字。在这两点上，《北不列颠人》都成功平反了。它的印刷工人被释放，并因被不正当逮捕而获得巨额赔偿。威尔克斯成了名人。在审判前，威尔克斯曾担心公众对他并不熟悉。现在这不成问题了，这首先得益于威廉·霍格思（一位保守党人，也是他的敌人）的一份充满敌意但广为流传的印刷品。很快，他的形象似乎变得无处不在：他的名字在庆祝他获释的市井歌谣中被提及，他的头像被印在瓷盘、茶壶和烟纸上。[7]这就是在 18 世纪的伦敦成名的好处。尽管被判处淫秽罪和逃亡罪以扰乱视听，但他仍然赢得了相当多的拥趸。1768 年和 1769 年，他为获得米德尔塞克斯议会议员的席位而进行的斗争使他的案件闻名全国。

如今，更加大胆的新闻界现在开始向其他方面挺进。《伦敦每日邮报和大众广告报》主要是一份广告报纸，直到亨利·伍德福尔和他的儿子亨利·桑普森·伍德福尔担任编辑，让它重获新生。他们将其更名为《公共广告人》，为了配合该报对国内政治的进一步报道，其主要创新之处在于推出了一系列犀利的政治文章，以"朱尼厄斯之信"为名匿名出版。1769 年，他们的报纸刊登了一封以强烈的反政府口吻写给国王的信，导致了小伍德福尔和其他几位编辑被捕，这份报纸重印的内容实际上是对国王惊人的直接人身攻击。朱尼厄斯对国王说："这是你人生的不幸，你永远无法了解语言的真理，除非你聆听你的子民的抱怨。"[8]

三名编辑最终受到审判。高等法院首席大法官曼斯菲尔德指示陪审团定罪，理由是法官一人就能判定是否发生了煽动性的诽谤，

16.1 成名的好处。约翰·威尔克斯在珐琅上获得永生。（大英博物馆委托人，伦敦）

陪审团只需确定被告是否应对其出版负责。陪审团坚持拒绝遵循这一指示，彻底改写了诽谤法，并大大削弱了它作为新闻控制工具的有效性。尽管对煽动性诽谤的定罪仍然笼罩着新闻界，但英国政权现在必须确保有一个合意的陪审团，而不仅仅是一个顺从的法官，对当局而言这是一个更高的挑战。

　　到目前为止，这些报纸的攻击矛头都直指政府的行为，对此，它们通常可以依靠政治精英中对现状不满的派系的支持。现在人们的注意力转移到了议会本身的特权上。自 1640 年查理一世的议会反对派鼓励新闻报道的一个多世纪以来，发表议会记录的权利一直有争议。这种自由在复辟时被查理二世收回，此后被不定期地重申和取消。这通常是一项反对派的事业，而一旦反对派掌权，这项事业又很容易被放弃。报纸被一点点削弱，只刊登一些演讲"摘要"，而这些演讲往往更多来自作者的想象，而非演讲内容的真实体现。塞缪尔·约翰逊作为议会记者声名鹊起，他向朋友们坦言，"老皮特"

的一篇备受推崇的演讲完全是他的作品："那篇演讲是我在埃克塞特街的一个阁楼上写的。"[9]

1771年，此事闹得沸沸扬扬，当时，令人钦佩的《米德尔塞克斯期刊》的印刷商被传唤，针对违规印刷下议院辩论的指控与其他人一道答辩。威尔克斯现在是伦敦的一名地方法官，他能够通过无耻地操纵法律程序来确保此案被驳回，理由是被指控的罪行没有违反任何法令，而只是违反了一项侵犯不可剥夺之权利的宣言。英国议会没有冒险与伦敦舆论直接对抗，而是做出退让。没有出现进一步企图妨碍媒体报道议会辩论的行动，不过，由于禁止记笔记，记者们仍被迫依靠不完整的记忆和生动的想象。[10]

这三场重要的、精心安排的对抗，对新闻自由原则以及新闻自由应享有的报道新闻和提出意见（实际上，还有尖锐的批评）的权利来说，共同构成了一次重大突破。18世纪初，首席大法官霍尔特认为，批评政府是犯罪，因为"对所有政府来说，非常有必要让人民对政府有良好的评价"。[11]六十年后，这样的观点已经是多余的了。新闻界可以"纠正政治家们的错误或惩罚他们的恶行"，这已经成为不言自明的事。[12]像约翰·威尔克斯这样的人只有在态度发生巨大转变的情况下才能生存下来（实际上，他获得了成功）。这使他免于承担鲁莽行为带来的后果，换作上一代人，这定会带来灭顶之灾。

新闻界将如何利用这些新获得的自由还有待观察。对一些人来说，这些报纸似乎只是获得了做出许多过分的无礼行为的权利。1772年，《米德尔塞克斯期刊》关于王室出巡计划发表了一篇评论，在许多人看来，尊重和得体的既定界限已经被打破了：

> 我们听说国王陛下打算到英国各地巡游。虽然他很软弱，但他也很有智慧。他非常清楚王国各处的人们对他的蔑视和憎恶，所以他不会让自己暴露于去任何地方都会遭到

的轻视和侮辱之下。他将把自己葬在邱园，而不是在英国旅行。[13]

政客们最大的希望是，这种狷獗的媒体可能会被其他更有吸引力的"猎物"转移注意力。例如，在1776年夏天，人们以为这些报纸可能会被对美洲殖民地发生的种种不祥事件的焦虑内省所吸引。事实上，几个月来，伦敦一直忙于两项不同寻常（且相互关联）的审判：对金斯顿公爵夫人重婚罪的起诉，以及随后对她的主要迫害者、喜剧作家塞缪尔·富特鸡奸罪的审判。在公爵夫人的案件中，没有重大的法律问题。根据结果，她要么是公爵夫人，要么是布里斯托尔伯爵夫人，如果她的第一次婚姻得到证实。但为了让整个上议院审判一位贵族夫人，威斯敏斯特大厅挤满了人，下议院的会议也被暂停。靠假冒社会名流而大发横财、树敌颇多的富特虽然没受到那么多的关注，但至少（在国王非同寻常的亲自出面干预后）被无罪释放了。[14]在伦敦，就像在当时的巴黎一样，戏剧在名人文化的发展中发挥了至关重要的作用，同时也为贪婪的报纸提供了越来越多的稿件。

毫无疑问，重振旗鼓的无礼的报刊对读者更有吸引力。在18世纪的最后几十年里，政治变成了一项全国性的运动。正如在1760年代和1770年代，地方报纸大量报道了关于威尔克斯的下议院议员资格的长期争议，从1780年代开始，一场声势浩大的议会改革运动获得了全国媒体的支持。[15]地方报纸通常坚持每周出版。相比之下，伦敦的报纸中，日报越来越占优势。这些报纸现在成功变成政治舞台的一部分。它们也越来越擅长将政治评论与广告、社会八卦和外国新闻巧妙地结合在一起。成熟报纸的轮廓逐渐从都市政治和商业生活中浮现出来。

16.2　臭名昭著的塞缪尔·富特。他的政治讽刺风格最终使他与许多有影响力的人结下了仇。（福尔杰莎士比亚图书馆，华盛顿）

一个家庭的分裂

英国新闻界的这种转变在很大程度上归功于人们对政治重新燃起的兴趣：尤其是美洲殖民地的长期危机。但确实值得注意的是，即使这是对英国王权完整性的第一次痛苦挑战，也没有使人退回到迟钝的忠诚。这是真正的里程碑。美国身份认同的危机在英国引发了一场真正的辩论，在殖民地居民坚持自己的权利和特权时，英国也出现了许多捍卫者。

透过新闻界的历史来研究美国革命，就能使人意识到，这始终是一场家族间的恩怨，也因此更加痛苦。两国间的亲缘关系非常深厚，这种联系使得 1760 年代发酵的争端变得十分苦涩且令人困惑。与伦敦之间的脐带关系完全塑造了美国报纸的早期历史：伦敦是新闻的来源地，而伦敦的报纸则是效仿的典范。

报纸在美洲殖民地的发展非常缓慢。[16]虽然波士顿早在 1634 年就有了一家印刷厂，但直到 1690 年才有人试图创办一份新闻期刊——本杰明·哈里斯的《国内外公共事件》，但它仅发行了一期就被查禁了。直到 1704 年，在当局的支持下，当地邮政局长约翰·坎贝尔才获准开始分发他的《波士顿新闻信札》。就像最早的欧洲报纸一样，坎贝尔在这里将现有的服务机械化，因为这位邮政局长已经学会了利用自己作为来稿分发者的特权地位，定期向他青睐的客户发送手抄新闻信札。他印刷的周报几乎没有偏离过这一模式。《波士顿新闻信札》在他的整个管理期间，基本上是一份欧洲并且主要是伦敦的新闻摘要。

坎贝尔不是一个理想的新闻工作者。他脾气暴躁，爱自怨自艾，如果他认为读者不欣赏他的努力，他就会撰写一长篇的自辩来说明。但他对报纸的看法被证明具有深远的影响力。创办的报纸在 1690 年被迅速叫停的本杰明·哈里斯是伦敦一位饱受战争创伤的好辩者，他曾试图让当地社区参与有关波士顿事件的辩论。相比之下，坎贝尔很少发表本地新闻。《波士顿新闻信札》是从伦敦报纸中摘抄的一连串严谨且通常极其枯燥的冗长报道。他决心不偏离这个方向，以至于他对欧洲新闻的报道逐渐落后。到 1719 年，他还在一丝不苟地报道一年多前的欧洲事件。

这将期刊作为"记录者"的原则推向了奇怪的极端，不过好在其他殖民地的新闻工作者没有同样的冲动。从 1719 年起，坎贝尔在波士顿有了一名竞争对手，此后不久，费城、纽约、纽波特和查尔斯顿也相继创办了报纸。但没有报纸能摆脱欧洲事务的主导。对

1723 年至 1765 年期间《宾夕法尼亚公报》内容的分析表明，在这一较长时期内，七成的新闻报道都关于欧洲大陆和不列颠群岛。[17]

尽管如此，地理位置和物流限制最终决定了美国报纸将以不同于其欧洲前身的方式发展。社区之间的距离很远，沿着多岩石的海岸线，不同居住模式的殖民地形成了一系列基本自给自足的市场。尽管人们对欧洲事务十分关注，但在漫长的冬季，跨大西洋通道的中断意味着伦敦的报纸流通将突然终止好几个月。报纸不得不寻找更加富有想象力的解决方案来填满版面：广告、信件、诙谐幽默的文章。1730 年代出现了一波所谓的文学报纸的浪潮。对当地政治争议的评论也越来越多，比如 1720 年代震撼波士顿的免疫接种大辩论。[18]

1740 年之前的一段时期，来自其他殖民地的新闻数量也出现了缓慢而明显的增长。报纸通过这种方式在美洲跨殖民地的共同体意识的增长中发挥了重要的作用。但这种共享价值观的共同体本质上是跨大西洋的。早期美国读者的社会假设——如对新教的坚定信仰、财产、惩罚的争议性、家庭美德、努力工作以及英国人相较于其他民族的优越性——与几个月前读着同样新闻的英国人所假设的几乎没有什么区别。

当两方出现争论时，这使得它更加具有破坏性。近因是一场主要在美洲大陆展开的欧洲冲突，即 1756 年至 1763 年间的七年战争。由于战斗的发生地离本地很近，这大大增加了殖民地报纸对在西半球发生的事件的报道数量。这场危机还引发了殖民时代最令人难忘的画面之一，本杰明·富兰克林将殖民地描绘成一条被斩断的蛇，并配上了"团结，或死亡"的标题。具有讽刺意味的是，这幅漫画（似乎是美洲大陆上的第一幅漫画）最初体现了亲英思想：告诫殖民地联合起来保卫自己，否则将被法国人毁灭。它极其谦逊地首次亮相在富兰克林的《宾夕法尼亚公报》的第二页。[19] 但它很快就被纽约和波士顿的报纸采用和转载。[20] 在《印花税法案》危机爆发时，它被重新发现，并将作为最有力的爱国者集会口号之一被载入史册。

英国在七年战争中取得了胜利，但其国库也因此变得空空如也。在美洲取得的领土优势必须由永久性的驻军来保卫。正是为了支付这笔费用，英国议会决定增加税收，部分由殖民地承担。其中一种方式是对殖民地的报纸征税，就像对英国报纸征税一样：要求它们使用经过特别授权和认证的印花纸。

如果说 1765 年的《印花税法案》危机证明了一件事，那就是比起捍卫经济利益，新闻界在捍卫自由时更能言善辩、自命正直和声音洪亮。也许英国政府已经被 1712 年征收英国印花税的经验迷惑。尽管预言了最可怕的后果，伴随着相对较小的骚乱，英国新闻界还是承担了这种纳税义务。[21] 但美国新闻界并没有英国新闻界那样深厚的根基，从伦敦供应印花纸一事也带来了额外的物流困难。这项税款在一年内就被废除了，但是美国舆论在新闻界的巧妙引导下，第一次尝到了成功的滋味。[22]

16.3 团结，或死亡。本杰明·富兰克林受到启发而创作的亲英宣传。(费城图书馆公司，费城)

《印花税法案》危机在另一方面也是决定性的。这场短暂而激烈的骚动使大多数老牌报纸都效忠于它，尽管它们在最初往往有些不情愿。在接下来十年的革命争论中，这种具有煽动性的党派基调将继续存在，这与殖民地报刊的既定传统背道而驰。由于殖民地的报纸通常是为社区服务的唯一报纸，因此，报纸经营者首先尽量避免冒犯他人。[23] 由于当地政治新闻的报道相对有限，在地方政治争议中刻意保持中立对他们很有帮助。这可以被看作是一个原则问题，本杰明·富兰克林在 1731 年的《印刷商辩白书》中对这一观点的阐述最为有名。他写道："印刷者受到的教育是，当人们意见相左时，双方都应该平等地享有向公众发表意见的权利。"[24] 这个时代的新风气没有给这种超然的情怀留下空间。没有对自由事业表现出足够热情的印刷者们发现报纸的订阅被取消了，以前的朋友也对他们冷淡起来。查尔斯顿的彼得·蒂莫西发现自己从"最受欢迎的人"变成了"当地最不受欢迎的人"。[25] 和其他地方一样，查尔斯顿当地的爱国者们支持创办一份与之竞争的报纸，使自由事业更加火热。许多印刷商都是不情愿的爱国者。但是，公众辩论的激情对于旧有的方式来说太强烈了。

从这个意义上说，革命时期新闻界压倒性的爱国主义论调并不总是自由选择的结果。虽然新闻自由被热烈宣传为革命运动的一项基本原则，但人们普遍认为，这一自由不应该延伸到发表有损公众利益的言论。[26] 爱国作家所阐述的细致的区别被民众以更加粗暴的方式执行，他们建立了自己的大众审查制度，骚扰那些革命政治热情不足的印刷商，必要时还会砸毁他们的商店，毁掉印刷字版。

对《印花税法案》的抗议看似轻而易举地取得了胜利，这在一定程度上具有误导性。殖民地的舆论再也达不到如此明显的一致了。漫长而缓慢的对峙导致殖民地严重分裂。被骚扰的新闻工作者发现要使读者满意是一件很困难的事，在当今问题上，读者往往存在根

本分歧。令人高兴的是，这些年来报纸并没有独自承担塑造政治议
程的重任。最重要和最有影响力的政治声明都是以小册子的形式出
版的。其中最成功的，如托马斯·潘恩的《常识》，销量巨大（据说
有十二万册）。《常识》在美国十三个城市印刷了二十五个版本，它
对独立问题做了精彩的阐述，而且突破了此前辩论主要采用的死抠
法律条文的笔调。[27] 小册子出版随着《印花税法案》的颁布首次达
到高潮，而这只是出版热潮中最著名的一个例子；1775 年至 1776
年敌对行动的开始 [1] 又使其达到第二个高潮。[28] 此后，新闻工作者和
小册子作者都发现这种强度难以维继。战斗破坏了分销网络，迫使
许多印刷厂转移位置。必须重新部署资源以用于军事，关于部队调
动的敏感信息显然不能被广泛报道。

美国独立是一场进展非常缓慢的革命。从康科德战役开始到签
订《巴黎条约》，战争持续了八年（1755—1783）。从《印花税法
案》颁布到第一任总统乔治·华盛顿宣誓就职，整整过了二十四年。
1760 年代那些热情的年轻人在美国成为独立国家之前就已经老了。
危机的戏剧性时刻与长时间的相对静止状态交织在一起。转向彻底
的对抗是以再三犹豫为特征的，其间建议书、忠诚演说和痛苦的抗
议在大西洋的辽阔海域间来回传递。即使在战斗结束后，各个立法
和组织机构仍以令人痛苦的速度缓慢发展。

起义省份为新闻的分发提供了一个非常特殊的背景，因为这些
有着完全不同传统的殖民地试图在广阔的海岸和勉强被驯服的内陆
地区建立一项共同的事业。阅读连续出版的几期报纸，会给人一种
意想不到的平静印象，即社会在正常运转，重大事件只是断断续续
地闯入其中。1775 年的《弗吉尼亚公报》是每周发行的四页对开本，

---

[1] 即美国独立战争。

分三栏，必要时会有增刊。4 月 28 日的那一期以来自君士坦丁堡的新闻开始。[29] 2 月 2 日报道伦敦举行的议会辩论时特载了查塔姆勋爵在上议院发表的长篇演讲。广告从第二页的中间一栏开始，占据了报纸的剩余版面，其内容主要关于种马和呼吁归还逃跑的奴隶。关于列克星敦与康科德战役的第一条新闻刊登在额外的半页上，它是 4 月 24 日（交战五天后）从费城发来的。广告通常暗示了一个社区内动荡的加剧，例如出售那些离开殖民地的人的物品的公告。但生活还在继续。"永远为自由和公众利益着想"的《弗吉尼亚公报》继续刊登着追回逃亡的仆人和奴隶的广告，并不时报道吸引人眼球的暗示家庭不和的内容：

> 鉴于我的妻子弗朗西丝最近对我的态度很不寻常，我在此预先警告所有人，不要因我的缘故与她有任何交易，因为今日起，我将不再对她的任何债务负责。[30]

的确，可以有理有据地说，这场革命使得报纸把自身看得过于重要。在人口密集的港口城镇（这里正是大多数报纸的出版地），居民可以通过家庭、工作场所和商业联系的重叠网络，接触到大量比他们在报纸上读到的许多内容更新鲜、更切己的新闻。[31] 大多数报纸仍然每周只出版一次，最多一周出版两次。报纸上那些来自远方的数月前的新闻引起的关注非常有限，而广告栏里刊登的商业通告对农村订阅者几乎没有用处。特别是在战争年代，旅行者、船长和归国士兵的口耳相传在帮助人们了解不确定的事件方面起了至关重要的作用。

不管新闻界为革命带来了什么，革命无疑对新闻界产生了深远的影响。1763 年至 1775 年间，报纸的发行量翻了一番，到 1790 年又翻了一番。那一年，美国各州在大约六十二个不同的地方资助了九十九份报纸。报纸出版现在是美国出版业最重要的支柱之一。[32] 在一个文学、历史和学术书籍仍依靠大量进口的时代，印刷商几乎必须拥有一份报纸才能维持经营。

在这种情况下，将新闻界与新兴国家的事业联系在一起的不仅是爱国主义，还有经济利益。英国战败后，革命宣传期间阐述的为国献身精神的基调依然存在，并贯穿了随后的宪法辩论。新闻界绝大多数人是联邦主义者，鉴于联邦会议的最初行动之一是决心对其辩论保密，对联邦主义的支持就更加引人注目。保密的目的是使会议代表们免受公众压力的影响，但这也让报纸在漫长的审议过程中失去了源源不断的优质稿件。几年后，法国革命者采纳了明显相反的观点，鼓励记者参加并报道历届立法机构的辩论。在争取法案通过的过程中，新闻界发挥了自己的作用，而一切还远未成定局。只有当弗吉尼亚勉强站到同一条战线上，并且在纽约以微弱的优势击败假定的反联邦主义多数派时，新宪法才能生效。

新闻界对建立新国家的热情付出并没有白费。1790 年，当詹姆斯·麦迪逊受命起草《权利法案》时，宪法的第一修正案保证国会不会"制定任何法律……限制言论自由或新闻自由"。但这些自由仍将被迫经受主流道德、社会习俗和党派政治的考验。当时的观点认为，弗吉尼亚的《权利法案》中"新闻自由是自由的重要堡垒之一，只有专制政府才会限制新闻自由"与 1792 年国家"禁止散布虚假新闻的法案"之间并无矛盾。[33] 这种未被承认的紧张关系为一种充满活力、敌意和高度党派化的公共辩论文化创造了条件，后者对于这一新国家的政治发展而言利弊共存。

空荡的监狱

　　1789 年 7 月 14 日，大约九百名当地民众聚集在巴士底狱外。巴士底狱是巴黎的旧监狱，现在主要被当作军械库。过去那种凭国王的监禁令，未经审判就把犯人关进监狱的专制制度已经所剩无几。尽管如此，这座建筑仍然是一个有影响力的象征，人们决心释放里面仅有的几名囚犯，或至少取出存放的火药。起义军和小守备部队的指挥官洛奈侯爵进行了一上午紧张的谈判。谈判收效甚微，到了下午，混战愈演愈烈，双方发生交火。包括训练有素的士兵在内的更多革命军的到来迫使守备部队投降。洛奈和他的一些士兵被拖出来屠杀，其余的人则在人群控制了大炮时被押走。[34]

　　在这样一个动荡不安、政治意义重大的时期，这些事件中几乎没有任何迹象表明为什么这一天会成为法国历史上标志性的日子：自 1880 年以来，这一天一直是法国举国欢庆的最重要的日子。被释放的囚犯只有七人，数量少得可怜。其中包括四名被判伪造罪的人和两名必须再关进精神病院的人，几乎没有巴士底狱可怕传说中的政治犯。国内外的老牌期刊社对于此事的第一反应受到了压制。《法国公报》自然完全无视这次动乱。外国报刊将其报道为一起骚乱事件，并没有表明其具有更广泛的意义。在真正的政治术语中，相比于"三级会议的召开"、"网球场誓言"或随后国王被迫从凡尔赛宫返回，它几乎不值得被赋予特殊地位。作为一桩革命事件，1788 年格勒诺布尔起义是对旧政权的一次更有力的挑战，尽管它现在几乎没有被记录在革命经典中。

　　正是巴黎新兴的大胆的新闻记者们确保了攻占巴士底狱这一事件不会遭受同样的命运。一大堆庆祝的小册子和配有插图的大报宣称，这座空监狱的倒塌象征着被压迫人民的觉醒。[35] 同样的主题迅速占据了不断发展中的报纸媒体。安托万－路易·戈尔达斯在他的《从凡尔赛到巴黎的信使》一书中写道："昨日将永远被载入我们的史册，它为最伟大的，或许也是最幸运的革命开辟了道路。"[36]

1789 年至 1794 年间发生在法国的这些不寻常的事件，伴随着各种形式的铺天盖地的新闻出版物，如小册子、期刊、大报图片和政治歌曲。[37] 革命前的政治危机和三级会议的召开促使政治小册子的数量稳步增加：1788 年约有一千五百种不同的小册子，1789 年头四个月的会议选举期间至少有两千六百种，与 1787 年以前的十二年里出版的四百多种相比，增幅极大。[38] 在旧政权时期建立并持续了一百五十多年的精心构筑的新闻控制体系现在完全消失了。国民议会就新闻自由进行持久而认真的辩论，而事件和图书贸易也在继续发展。

在 1789 年之后的几年里，巴黎图书公会的宠臣和特权阶层目睹了他们的世界被颠覆。[39] 在过去的两个世纪里，法国君主政体一直有意识地将印刷业集中在首都，并支持少数大公司。对庞大而富裕的人口而言，在图书生产上的有效垄断对创新的抑制作用可想而知。面对巴黎出版社过时的 17 世纪典籍的优质复制品，读者们把目光投向了别处，培养了一个"半容忍"国外非法进口商品的活跃市场。[40] 而现在，在史无前例的事件的压力下，老牌印刷巨头的市场消失不见了。尽管王室努力通过大量的隐性补贴来支持新闻界的盟友，但在 1789 年至 1793 年间，许多巴黎印刷业巨头还是申请了破产。他们的位置被全新的一代所取代，其中许多人是书商，他们察觉到群众对当代政治作品的渴望。为了满足这一需求，他们现在创办了自己的出版社。

从 1789 年起，这些新闻出版商或书商也开始将他们的小册子变为连续出版的期刊。这种转变并未带来立竿见影的效果，也没有获得普遍成功。在庆祝巴士底狱陷落的小册子中，只有一本成为连载刊物的一部分。许多新创办的出版物也同样迅速地消失了。但在

1789年至1790年间,期刊——日报、每周三次或每周一次的报纸——将确立自己作为革命辩论特色机构的地位。

对于一个在旧政权时期有意减少期刊杂志选择的国家来说,这是一个重大的变化。革命时期的小册子浪潮在某些方面非常传统:在17世纪中叶投石党运动时期,王权的崩溃也伴随着一场类似的小册子文学的泛滥。[41] 但这些年巴黎期刊出版物出现爆炸性增长,其规模在欧洲任何地方都是前所未见的。1788年在首都仅有四份期刊,而1789年其数量飙升到一百八十四份,1790年则达到三百三十五份。在革命动乱的高潮时期,街上每天会有多达三十万份的各种出版物。[42] 巴黎突然间充斥着大量激情澎湃、热情洋溢、观点明确的新闻纸。很快,它们就主导了政治议程。

必须承认,这些新出版的连载刊物大都是些不起眼的小手册,与印刷商和读者早已熟悉的那些肮脏廉价的小册子几乎没有什么区别。法国出版业没有像英国报纸那样经历了五十年的稳定发展和演变,这些突然涌现的新报刊的印刷商并没有多少时间与资源来解决设计问题。第一批新闻连载刊物大多都保持着熟悉的小册子格式:按既定体裁中惯用小八开的形式出版,它们通常由八页写得密密麻麻的政治宣传内容组成。经验丰富的夏尔-约瑟夫·庞库克在政治变革的浪潮中显得游刃有余,并设想他的《箴言报》会模仿伦敦报纸的三栏对开的格式。[43] 但这完全是个例外。大多数革命报纸都是不太成熟的印刷厂的产品。当务之急是快速生产,而非精心设计。

因此,这一时期的法国报纸不具有欧洲其他地方的老牌报刊那样的优雅和平衡,内容和主题也缺乏多样性。大革命时期的巴黎报纸全情投入政治。它们在这方面的优势是拥有几乎取之不尽的题材。由于国民议会及其后继机构几乎连续不断地开会,辩论和演讲成为许多报纸的主要内容,有时甚至过多。那些高尚的报纸试图逐字逐句地报道辩论,甚至将最后的咳嗽和诘问的插话都记录下来,在几个月内，它们发现这是一种最令人不满的新闻形式，更可能为其读者带来困惑而非启蒙。但其对报道准确性的投入令人印象深刻。革命年代的所有重大事件，甚至像 1792 年 9 月的监狱大屠杀这样的突发残酷事件，都得到了全面和相对准确的报道和解读。

撇开详尽的事实报道尝试不谈，法国革命报纸通过鼓吹式新闻找到了自己特有的声音。革命时代的所有主要人物，包括马拉、丹东和罗伯斯庇尔，都曾在某种程度上是记者。[44] 包括马拉、卡米耶·德穆兰和乔治·埃贝尔在内的许多人几乎完全是通过写作确立了自己的政治形象。马拉在这里扮演了关键的角色：他那言语过激的散文和对暴力的公开拥护为革命修辞创造了一种更黑暗的基调，预示着当大革命被自身所吞噬时，将出现恐怖统治的可怕暴力。埃贝尔是机智而粗俗的"无套裤汉"代表，也即迪谢纳老爹，他也不赞成软弱的宪法，热衷于接受革命正义的残酷。但最重要的是，革命时期的记者需要能够在规定的期限内以最快的速度写出稿件。邦雅曼·贡斯当说："每日写作的需求简直是天赋的坟墓。"[45] 许多记者都会同意。革命时期最成功、最著名的报纸通常都是每周发行一次或三次。尽管如此，那些革命时期最成功的记者们仍然保持着惊人的产量，有时甚至在一段时间内持续产出。罗兰夫人承认，她的朋友雅克－皮埃尔·布里索的巨大成功在于，他"工作起来很轻松，就像别人抄袭歌曲一样写文章"。[46] 这给深刻的思考留下了很少的空间，但思考几乎没有必要：革命新闻的力量在于不断反刍的政治宣传。1792 年，布里索的一个雅各宾派的敌人问道："一个小人物怎么会对公共福利造成这么大的伤害呢？这是因为他有一份报纸……因为布里索和他的朋友们各种各样带来名望的号角可供使用。"[47]

名望的号角也可能带来丰厚的利润。对新闻的需求是巨大的，有很大的竞争空间。最成功的报纸迅速赢得了大量读者。《晚报》购置了五台印刷机，雇用了六十名工人，每天需要二百个沿街小贩来分发一万份报纸。[48] 但是，它不需要在这样的工业规模的基础上经营就能盈利。一台印刷机一天就能生产出三千本左右的简单的新闻小册子，这个销量足以为他们带来利润：这种出版物的盈亏平衡点可能低至每期四百本。印刷商们通过经营一个非正式的价格垄断联盟来保护他们的投资。尽管出版商会愤怒地谴责竞争对手的观点，但他们从未试图通过降价来削弱对手的竞争力。几乎所有报纸的订阅费都接近革命前进口报纸的惯常定价，每年约三十六里弗。鉴于它们所记录的政治事件非同寻常，这种行业保守主义显得相当古怪。但它对印刷商很有帮助，让他们能够安然度过政治动荡，并为这种出版形式必然带来的风险提供补偿。革命报纸所带来的唯一重大技术革新是在观点性报纸的第一页顶部和标题下提供内容或论点的简短摘要。这是为了帮助那些沿街卖报的小贩。[49]

对于革命时期的一流记者和他们的印刷商来说，新闻市场也带来了可观的经济回报。布里索作为报纸编辑的年薪为六千里弗（和政府部长的薪水一样），而且不只是他有这样的待遇。[50] 事实上，对于主要参与者来说，金钱无疑是次要的：新闻对他们来说是一种革命的武器，是塑造进展迅速的事件的手段。不过这种影响力也带来了风险。这是一种空前致命的交易活动。在革命的最初几年（1790—1791），至少有六分之一的记者在恐怖统治中丧命，其中包括大多数以记者身份自居的政治家。马拉在浴室中被暗杀；布里索和吉伦特派一起倒下，和丹东一起死去。埃贝尔曾在《迪谢纳老爹报》中兴奋地记录了许多在断头台上牺牲的人的最后时刻，当他自己走向死亡时，同样吸引了一大群人。卡米耶·德穆兰是最后几个因罗伯斯庇尔而死去的人之一，后者是他小儿子的教父。

正是在这最难熬的几个月里，革命最终放弃了新闻自由的愿景，而这一愿景曾推动了国民议会早期的许多辩论。[51] 从 1789 年到 1793 年，罗伯斯庇尔一直是这一原则的倡导者，现在他意识到自己行事的错误。6 月 16 日，他邀请公共安全委员会惩罚那些"背信弃义的记者，他们是自由最危险的敌人"。[52] 在下台前不久，罗伯斯庇尔草拟了一份非同寻常的政治教义问答书。这表明，他现在将未经许可的自由视为造成整个革命运动不和谐的核心：

> 我们的目标是什么？就是用宪法是为人民谋福利。
>
> 谁可能反对我们？富人和腐败的人。
>
> 他们将采用什么方法？诽谤和伪善。
>
> 什么因素会鼓励他们使用这种手段？"无套裤汉"的无知。
>
> 因此，人民必须接受管教。
>
> 对他们进行启蒙的障碍是什么？那些收到报酬每天无耻地歪曲事实以误导人民的记者。
>
> 结论是什么？我们应该把这些作家视为这个国家最危险的敌人，剥夺他们的权利，并传播大量优秀的文学作品。[53]

在革命初期充满希望的日子里，米拉博和布里索曾相信新闻界会统一公众舆论。至少在这一点上，他们会感到失望。推翻罗伯斯庇尔的政变伴随着控制媒体的严厉措施。无论是督政府还是随后的拿破仑政权都意识到肆无忌惮的政治批评具有腐蚀性危险。在拿破仑新闻管控制度下所保留的八十家巴黎印刷厂中，只有十九家专营期刊和连载刊物。[54]

在革命宣传的鼎盛时期，感兴趣的读者可以在多达一百种连载出版物中选择。虽然这并不是说报纸发挥了革命领导阶层赋予它们的全部影响力，但从古板受控的旧政权世界中转变的规模是显而易见的。连载出版物与其他有说服力的传统文学形式争夺影响力，尤其是大量出版的非连载的政治小册子。[55] 虽然巴黎是一个文化程度很高的社会（男女识字率都很高），但在全国两千八百万人中，报纸的读者总数可能从未超过三百万。虽然像里昂和图卢兹这样的地方城市也经历了新兴地方报刊的迅速扩张，但首都的政治大熔炉和地方社会仍明显脱节。[56] 在巴黎，许多政治活动是面对面的，依靠口耳相传：在雅各宾俱乐部里，在参加历届国民议会的代表中，在私人客厅里或在辩论厅的地板上。在更广泛的人群中，大多数受号召加入行动的公民，无论社会地位如何，都被临时的街头集会和酒馆里的演讲或谈话所鼓动而武装起来。法国大革命时期是政治歌曲创作异常丰富的时期，而《马赛曲》只是其中最著名和经久不衰的例子。[57]

尽管各类刊物用它们的雄辩鼓吹全民参政，但它们仍然通过受过教育的精英阶层之口说话。马拉那长篇大论的谴责是用严格的古典词汇来表达的。他完全没有试图用普通人说话的方式来表达政见，而是有意识地保持一种距离感。他的《人民之友》每周有好几次会以"给人民的讲话"收尾，如果读者无视他的警告，他会用《旧约》先知的愤怒口吻对未来做不祥预言。

至少在这些革命报纸中，巴黎的读者会对所讨论事件的背景有一个清晰的认识：过去两个世纪以来，欧洲报纸交易中一直充斥着有关外交和军事的令人困惑的叙述，如今这种情况少了许多。在以"迪谢纳老爹报"为题出版的报纸上，我们看到了一种激进而富有想象力的尝试，它试图采用革命时代那些没有受过良好教育的步兵的个性和说话方式。迪谢纳老爹是一个精力充沛的水手，粗俗、率直，不怕与社会上更有地位的人作对。虽然埃贝尔是最著名和最成功的，但有十几位不同的作家都在某些时候借用了这一角色——这有力地证明了政治活动家所面临的困难，他们认识到动员群众运动的必要性，但同时也意识到这些市民还没有政治词汇来表达共同的政治目标。这也提醒我们，革命报纸的市场虽然很大，但竞争也很激烈。

新兴报纸无耻地窃取了成功的竞争对手的刊名，或者随着政治风向的转变而改头换面。许多消失得和它们出现一样容易。当时，欧洲许多其他国家的报纸都已有多年的历史（其中一些已经连续出版了几个世纪），而大多数革命报纸最多只能维持三到四年。

从后见之明的角度来看，这些革命报纸可以被视为法国两个稳定时代之间的一个相对短暂的插曲，这两个时代的新闻制造都受到管控，小心谨慎。尽管如此，它们仍然代表了欧洲新闻业历史上的一个真正的里程碑。法国大革命可以说是欧洲历史上期刊媒体第一次真正发挥了不可或缺的作用的事件。报纸第一次成为印刷文本的主要媒介，尽管是转瞬即逝的，它取代了服务于贵族的祖先——书籍，甚至取代了政治讨论的典型载体——小册子。法国在这方面走在了时代的前面。在欧洲其他地区，例如爱尔兰，政治小册子仍然是政治宣传的主要媒介，就像美国革命期间一样。[58] 在法国，以及在本章研究的相关程度较低的其他案例中，我们看到了欧洲新闻文化的根本性调整的第一个例子。从此以后，定期新闻出版的周期节奏将成为公众对时事形态认知的特征。国内新闻突然成为最紧迫的事务。日报的伟大时代即将到来。

第十七章　塞缪尔·休厄尔如何读报

1704 年 4 月 24 日，波士顿市民塞缪尔·休厄尔带着约翰·坎贝尔的第一期周报《波士顿新闻信札》穿过查尔斯河来到剑桥。休厄尔当时正要把其中的一份送给他的朋友、哈佛学院代理校长塞缪尔·威拉德牧师。威拉德收到后非常高兴，立刻就将其分享给了其他同事。塞缪尔·休厄尔当时是这座美洲殖民地最大的城市的重要居民之一。在过去五十年的大部分时间里，他一直是商业和政府的核心人物。1691 年，他被任命为总督会议委员，每年连任，直到 1725 年退休。作为一位地方法官、父亲和邻居，休厄尔是这个强大的新兴社会的模范公民。

休厄尔也写日记。就我们的目的而言，这超越了他的所有其他成就，使他处于一个特殊的地位，因为休厄尔定期记录他的日常事务：他的工作、他的谈话、他参加的布道，以及他是如何获得新闻的。[1]

对于研究新闻的人来说，这一资料非常宝贵。在这一叙述过程中，我们目睹了新闻供应和可获性的真正转变。到了 18 世纪，能够定期获取新闻的人数大大增加。报纸已经成为生活中不可或缺的一部分。在一些地方，日报即使不够普遍，也越来越容易买到。但是，尽管我们可以很容易地从生产方面描绘新闻的历史，要亲身体验读者对此的看法却要困难得多。像休厄尔这样表达能力强且坚持记录自己对日常新闻文化的感受的读者是相对罕见的。

有时，现有的资料可以告诉我们更多关于相对不善言辞的新闻消费者的信息。在本书中，我们间接使用了一份宝贵的资源，即法庭记录和司法议程，这部分资料当然是正确的。这些文件详细记录了欧洲统治者认为讨论公共事务有损公共利益的事实。更引人注目的是，这种舆论监管并非集中在印刷上，而是口头：即奥格斯堡市议会所称的"危险的空谈"。[2] 新闻没有国界。在一个城市印刷的东西可以在另一个城市被出售和阅读，一旦新闻进入公共领域，就很难阻止它流通。新闻很容易从手稿变成印刷品，从印刷品变成演讲稿。

1640 年加泰罗尼亚起义时颁布的一项非常有启迪作用的法令显示了对不同媒体之间相互联系的微妙理解：

> 任何人不得拥有、阅读或聆听任何为这个公国的起义和战争的继续进行辩护、警告、建议和鼓励的书籍或报纸，无论是印刷的还是手写的；凡熟记这些书籍或报纸中任何部分的人，不准把它们讲述出来，也不准让任何人听到它们。[3]

学者们倾向于优先使用印刷文字，因为它提供了大量过去事件的现存证据。但压力重重的地方法官们从未低估过话语（或者说记忆，正如这个西班牙的例子所表明的）的力量。通过阅读《圣经》，他们知道"生死在舌头的权下"，也知道"愚昧人的口，自取败坏。他的嘴，是他生命的网罗"。[1] 确实，他们对此非常在意。[4] 在欧洲那些拥挤的城市里，生活空间狭窄，人们几乎不知道隐私为何物，到处都是烈酒，谣言如野火般蔓延。当市政当局把一个散布煽动性言

---

[1] 见《旧约·箴言》（据和合本）。

论的人逼入死胡同时，他们总是煞费苦心地想弄清楚这些异端最初是如何听到这个谣言的，后来又向谁说起过。

新世界正在形成，但旧世界并没有被驱逐。新闻交流的多媒体世界，那些带来新闻和听到新闻的人之间的微妙的互动链，并没有在来势汹汹的期刊报纸面前消失。法庭记录提供了一些关于前现代新闻传播的最佳证据：它们揭示了一个充斥着喊叫、侮辱、谣言和歌曲的剑拔弩张的动荡世界。研究发现，歌谣是这一时期一种特别有力的批评载体：巴黎警方在法国大革命前夕仍然非常关注讽刺歌曲的流传，这是有充分理由的。[5] 在这个信息交流丰富多样的世界里，很明显，尽管各种形式和种类的商业新闻纸不断增加，许多市民仍然可以免费获取所有他们需要的新闻。

新闻消费者在某种意义上已属特殊，而记录自己对时事的反思的人更是凤毛麟角。所以，花点时间去了解三个以自己的方式记录想法的人会很有帮助。他们身份各不相同：英国工人、荷兰职员和北美地方法官塞缪尔·休厄尔。不仅是细致入微的日记，这三个人在其他某些方面也很不寻常。但是关注他们时，我们的确得知了很多本书所提供的多媒体世界的内容。尽管现有的新闻媒体日益成熟，但令人惊讶的是，很多东西仍然没有改变。

形势逆转

尼赫迈亚·沃林顿是一个谦逊低调的人。他是伦敦一位木料旋工的儿子，一生都操着父亲留下来的手艺，住在一所离他出生地很近的房子里，位于伦敦桥以北几码的地方。沃林顿对公共事务并不感兴趣，但他生活在一个动荡的时代，正是作为这个时代的编年史家，他后来才有了名气。[6] 沃林顿的生平很不寻常。1618 年，就在他以独立工匠的身份加入旋工公司前不久，他开始在众多笔记本中记录他的宗教思考、时事评论、信件和抄写的部分印刷新闻书。[7] 到 1654 年决定停止写作时，他已经编纂了五十卷书，其中至少有两万页密密麻麻的文字，他成为那个时代首屈一指的工匠编年史家之一。

沃林顿善于内省，有时他会想，这种强迫性地记录自己日常精神之旅的做法是否相当不健康。尽管像其他商人一样时不时有金钱烦恼，沃林顿还是在书籍上花了很多钱。在内战初期激动人心的岁月里，他买了数百本新闻小册子。1642 年，当他悔恨地凝视着堆积在他家四处的小册子时，他意识到这些东西是一种奢侈："这些每周新闻的小册子……是许多小偷，它们在我还没意识到的时候就把我的钱偷走了。"[8]

沃林顿是一个特别有价值的证人，因为他写作的时期，新闻环境变化非常迅速。在 1620 年代和 1630 年代，当沃林顿刚开始编纂他的日记时，英国的新闻连载出版物时不时被禁止，并一直受到严格控制。但作为一个伦敦市民和虔诚的清教徒，沃林顿在首都动荡的政治事件中扮演着热情的观察者角色，偶尔也参与其中。1638 年，尼赫迈亚被星室法庭问及散发煽动性书籍的问题。鉴于书的作者威廉·普林受到了残酷的惩罚，他对此感到惊恐是可以理解的。[9] 三年后，据说有一万五千名伦敦人来到威斯敏斯特，劝说上议院给可恨的斯特拉福德定罪，尼赫迈亚也是其中之一。沃林顿想："我这辈子从没见过这么多人聚在一起，当他们看到有哪个勋爵来的时候，大家都会异口同声地喊，正义！正义！"。[10]

沃林顿非常清楚自己生活在事件的中心，他通过自己根深蒂固的宗教信仰视角来解释这一切。几乎所有他记录的新闻事件都被视为"神的意志"的证据：惩罚有罪之人，或考验主的子民的信仰。他的编年史有整整一卷专门讲述那些亵渎安息日的人所遭受的恶果，这样的例子在这个拥挤的大都市中屡见不鲜。1632 年，他记录了一个有教育意义的故事：一个星期天，两个年轻人在白教堂区的

17.1　尼赫迈亚·沃林顿的手记。（福尔杰莎士比亚图书馆，华盛顿）

一艘船的索具上嬉戏，其中一个坠船身亡。[11]沃林顿从这位受过惩罚的幸存者身上得到这个故事，许多这样的故事——一个孩子在母亲进行每月洗涤时掉进火中；或者一家人在安息日外出时房子被烧毁——都是通过口耳相传的方式传到他这里。内战开始后，沃林顿同样一丝不苟地收集国王的军队轻蔑地称这些敬神的人为圆颅党时，遭遇突发灾祸的实例。沃林顿的上帝很快就通过种种迹象表明他对那些坚持走"直路"和"窄路"的人的偏爱。一个很好的例子就是他对埃吉山战役的特殊描述："上帝在指引子弹方面的令人惊叹的工作。"[12]

在寻找天意运作的证据时，沃林顿毫不怀疑地记录下许多奇怪而具有威胁性的征兆：1626年一场可怕的暴风雨，1628年在伯克郡看见一颗流星。七十年后，对于老练的伦敦新闻工作者来说，这样的报道含蓄地指出了乡下人的轻信，但沃林顿这一代人却没有这样的怀疑。[13]1643年在诺里奇附近发生过一场可怕的风暴，导致一百一十一只白嘴鸦和寒鸦死亡，这一自然现象引出了一个巧妙的解释："我们可以推测，这可能是上帝对那些劫掠财物的骑士叛乱者的审判，他们像白嘴鸦和寒鸦一样，现在靠着老实人的汗水吵闹生活。"[14]

沃林顿细致入微的记录有力地证明了城市人口对重大事件的影响。在尼赫迈亚出生的前几年，托马斯·史密斯爵士就已经非常精确地把英国国民划分为"有官职的人和没有官职的人"。工匠和商人属于后者，他们"在我们的国民中既没有发言权，也没有权威"。[15]沃林顿这代人颠覆了这些自信的假设。虽然他在可获得的新闻出版物上花钱大手大脚，但他的大部分新闻都是通过朋友、偶然相识的人以及教友们紧密联系的网络获得的。对于一些重大事件，如伦敦桥的燃烧，他作为目击者进行记录。另一些记录则是他从小册子中抄来的，比如1618年令詹姆斯国王大为震惊的彗星。[16]

他不顾一切地为1640年代的连载新闻掏腰包，这些新闻在哪些方面影响了这种成熟的新闻意识？沃林顿当然对决定冲突结果的更广泛的战略问题有着深刻的认识。他意识到自己家人所在的爱尔兰将发挥关键作用，并对冲突后期英格兰和苏格兰虔诚教众之间出现的裂痕感到惋惜。他在一封写给在新英格兰的朋友詹姆斯·科尔的颇有见地的信件里，定义并分析了战争的各个阶段：1639年至1640年的"教士战争"、1642年的"渎神战争"和1648年的"虚伪战争"。后来的历史学家们只是改变了他主观判断的名称，但几乎没有改进年表。[17]沃林顿的兴趣并不局限于英国战争。1638年，他手中的一本书揭露了德意志基督教人民的悲惨境遇，1628年，他哀悼了拉罗谢尔的胡格诺派教徒的命运。[18]

沃林顿的小册子是为了一个特定的目的而收集的，即创造一种历史叙事，让"下一代人能够看到上帝所做的一切"。他的记录将把上帝的子民所经历的考验告诉后代。沃林顿对这些考验的感受非常强烈，因为战斗造成了他身边人的伤亡：一个学徒和一个亲密的朋友。在个人与政治的交汇处，新闻网络并不总是运转顺利。直到1643年，在专门讲述天主教在爱尔兰的暴行的章节中，沃林顿才记录下了两年前被谋杀的姐夫的死亡。大概此时他才听到这个可怕的消息。

沃林顿是个老练的读者。有时他会从新闻书中抄写他亲身参与过的事件：在这里，他通过笔记来排列和整理自己的回忆。他对战争年代的详细叙述提供了一部扣人心弦的当代史，它主要根据他收集的小册子和亲身经历编纂而成。很少有人像我们的旋工师傅那样致力于为时事带来秩序；在一个由虔诚塑造的世界观中，他的笔记本成为记录和预言上帝对人类不可言喻的目的的一种手段。

同侪之首

和尼赫迈亚·沃林顿一样，塞缪尔·休厄尔也是一位虔诚的牧师。他结婚之前曾在哈佛接受过培训，最初打算担任神职，神学教育的印记一直伴随着他。他定期合理参加布道，经常在礼拜天出席两次，而且还是安息日的严格捍卫者。波士顿的主要部长都是他最亲密的朋友。作为地方法院的司法专员，休厄尔的首要职责之一就是参与著名的塞勒姆女巫审判案，对被告定罪。他很快就开始后悔自己在这一黑暗勾当中所扮演的角色，还是唯一一个公开否认自己角色的法官；他光着头站在会众面前，他的牧师宣读了一份正式的痛悔短祷。[19]

休厄尔从二十一岁开始写日记，一直写到生命的最后一年，总共长达五十多年。在这段时间里，波士顿从一个与世隔绝的地方变成了一个繁忙的乔治亚城市。休厄尔仍然忠于老一派的价值观，但是他的正直不容置疑，且没有个人的虚荣心，这让他受到整个社区的尊重。

作为波士顿商业和政治精英的一员，休厄尔能够接触到最可靠的信源。他热切地阅读收到的邮件，正如我们所看到的，他也热烈欢迎波士顿第一份周报的出版。他一生都在订阅这份报纸，并把连续几期报纸整齐地装订成册，放在他的图书馆里。但是，尽管这份代表了欧式教养的高雅报刊使他感到快乐，他在《波士顿新闻信札》上读到的内容似乎只对他的新闻世界产生了微不足道的影响。从他的日记中我们可以看到，甚至在报纸出现之前，休厄尔就已经身处一系列相互关联的新闻网络的中心：家庭、商业、司法巡回区和殖民政府。

当休厄尔婚后搬到岳父家时，他立即加入了一个重要的新闻中心。游客和信使带来了定居在马萨诸塞湾附近农场和居民点的家庭成员的信息。在危机时刻，休厄尔会是最早知道这个仍属边陲社会的地方所面临的威胁的人。1690 年，当一位信使带来了印第安人进攻的消息时，休厄尔立即写信给他的父亲和兄弟。就连即将迎娶总督女儿的休厄尔之子的婚礼也被暂时打断，以便总督能大声朗读自己儿子（殖民地司法部长）的一封信，信中描述了抓捕某个海盗这件让他一直奔波的事情。[20]

海盗和他们的命运经常被特别记录在休厄尔的日记中。作为一名法官，他经常碰到对他们的审判，作为一名从事出口贸易的商人，他非常清楚他们对殖民地经济构成的威胁。尽管如此，他还是常常站在仁慈的一边。休厄尔有着令人羡慕的强健体格，他不停地旅行，骑马去波士顿以外的地方做生意，或作为一名法官进行巡回审判。日记中较早的一段文字可以让人感觉到他的熟人圈子内丰富的互动，以及他们作为新闻传播者的角色：

　　乔舒亚·穆迪和我出发前往伊普斯威奇。我住在斯帕克家。第二天，2月12日，我去听了穆迪先生的布道，和科贝特先生共进晚餐后骑马去纽伯里，看望因腹痛而感到不适的理查森先生。2月16日，星期一，我请菲利普斯先生和佩森先生到镇上，过一天斋戒日。穆迪先生上午布道，菲利普斯先生下午布道，伍德布里奇先生和派森先生协助祈祷。这是一场日程相当满的集会，穆迪先生已经通知过大家，他整个安息日都在布道。去韦纳姆和伊普斯威奇时，我们被告

17.2　《波士顿新闻信札》，从副标题到日期的风格都是对《伦敦公报》的盲目模仿。（维基共享）

知安息日（2月8日）那天，大约在下午锻炼结束前，那里和塞勒姆发生了地震。大多数人都听到了一种吓人的阴沉之音，但许多人也感受到了震动。[21]

休厄尔和沃林顿一样，是一位对自然现象和天象不加怀疑的记录者。虔诚的新教徒在早期的日记写作者中占据如此突出的地位是有充分的理由的，他们往往极其坦率：在一个无所不知的上帝的注视下，掩饰是无用的。1717年，休厄尔失去了妻子，他卑微地寻找一位合适的孀妇，想与她共度晚年，这一切都被完整而痛苦地记录下来。在他生命的最后几年里，大众印刷媒体开始在休厄尔获取新闻方面发挥了更重要的作用。这并不是因为报纸本身有了进步，正如我们看到的，约翰·坎贝尔采取了一种固执的老方法来对待新闻工作者的工作。相反，由于休厄尔削减了自己的公共责任，他越来越依赖于二手信息。在他的晚年，他甚至依靠年轻的女性亲戚来打听消息，比如，"表妹简·格林太太告诉我，伯纳州长的任命要来了，我之前从未听说过，虽然前一晚镇上的人就知道了这件事"。[22]

在18世纪的头几十年里，休厄尔的日记最生动地揭示了新闻采集和传播在本质上的等级结构。公共印刷品是社会文化的一部分，波士顿印刷厂出版的小册子可以刺激当地的辩论。但最重要的消息不可避免地首先传到殖民地的主要市民那里，他们再把消息传给亲属、同事和他们认为合适的其他民众。重大消息在波士顿十一座教堂的讲坛上被公开宣布。但是休厄尔和他的同事们认为，有很多新闻没有必要被拿去烦扰社会地位比他们低的人。在乔治亚的波士顿，最有价值的消息还是在亲信的圈子里流传。即使是一个建立在上帝面前人人平等的精神民主原则之上的社会，也对最宝贵的商品——信息——加上了自己的社会过滤器。

波士顿不是一个典型的地方。直到休厄尔的生命接近尾声，这座城市才放松了对特许经营场所的严格控制（他对此并不同意）。在其他地方可能于家中或酒馆里进行的业务，往往在波士顿的公共集会中进行：教会、法庭周围，甚至在葬礼上。当然，波士顿和其他地方一样，容易传播不受控制的谣言，要么是国内发生的戏剧性事件，要么是欧洲发生的重大事件。1685 年 9 月 22 日，休厄尔从邻居法伊菲尔德那里听到了一个相当混乱的故事——法伊菲尔德地位不那么显赫，没有进入休厄尔的日常圈子——关于蒙茅斯公爵的处决（这发生在 7 月 15 日的伦敦）。法伊菲尔德是从一个鱼贩子那里得到这个消息的，后者显然是从一位船长那里听来的。[23] 接下来的一周，休厄尔在日记中进一步记录了借更可靠的信源进行更正后的叙述。在这里，和往常一样，与正常的精英传播渠道相比，不够准确的流言传播得更快。

波士顿是一个独特的实验室：在这里，新闻的筛查比在人口更稠密的欧洲大陆更严格，报纸作为第一新闻来源起着次要的作用。休厄尔致力于印刷业——他年轻时曾管理波士顿出版社三年，是一名出版作家——并孜孜不倦地收集报纸。但大多数时候，他把那些自己精心装订的报纸作为参考资料，用以查阅姓名和日期，或被全文转载的政治文本、演讲和宣言。[24] 波士顿报纸还提供了一些有用的商业参考资料，例如入境船只的靠岸日期。尽管把商品价格纳入其中是波士顿第二份报纸《公报》的创新，但这一创新在波士顿商人的要求下被放弃了，因为他们不希望失去对康涅狄格州和罗得岛的竞争对手的商业优势。[25]

在某些年份，休厄尔为他的装订本准备了一份主要事件的索引，并适当添加了旁注。尽管如此，当地报纸在休厄尔的信息网络中只扮演了一个小角色：事实上，其作用还小于从伦敦和阿姆斯特丹出发的船只带来的进口报纸。也许对于那些没有休厄尔那么有人脉的人来说，情况就不一样了：坎贝尔的报纸扮演着更重要的角色，它将新闻带给波士顿周边规模较小的地区的订阅者。相互竞争的报纸带来了不同的观点，并在一定程度上放松了精英对新闻的控制。但是在波士顿这样的地方，与讲述者信誉密切相关的口头传播方式，在整个殖民时期一直是新闻传播的核心。

业余新闻记者

到了 18 世纪中叶，荷兰共和国已经失去了一些早期的光辉。人们不再因其对国际贸易的无情控制而感到恐惧，也不再因其突然崛起为欧洲第一强国而感到敬畏。但这仍然是一个极复杂精妙的社会；它仍然拥有欧洲最发达的新闻市场之一。它的每个大城市都有一份固定的报纸，其中一些到那时已经创办很久了。《哈勒姆真理报》是直接从 17 世纪中期创办的报纸发展而来的。1650 年到 1750 年，它的发行量扩大了十倍，大约有四千三百人订阅了这份每周发行三次的报纸，而《阿姆斯特丹报》的销量约为六千份。[26] 这些对出版商来说是令人印象深刻的数字，不过考虑到阿姆斯特丹的人口规模和当地缺乏竞争，这个数字就没那么具有冲击力了。18 世纪中叶出版的十份荷兰报纸的每一份都享有地方垄断，受到地方当局的保护和管理。这样的竞争来自相互重叠的市场：《哈勒姆真理报》一半的印量是通过其阿姆斯特丹经销商销售的。

荷兰新闻文化的活力源自其悠久而杰出的小册子制作传统，作为欧洲城市化和文化水平最高、资产阶级化程度最深的国家之一，其在处理公共事务方面明显更加无拘无束。这里是新闻爱好者和业余工作者的天堂，而这些人之中没有人比扬·德布尔更热情。

扬·德布尔是一名职员。[27] 他每周有三天在一个酒商的办公室里工作，这使他有足够的时间从事其他活动。显然，他的生活条件相对宽裕。他积极纳税，在哈勒姆有一间小房子，可以免费租给"穷人"。德布尔还是天主教徒，是一个少数教派的成员，它招致了一些反对，但其成员通常都能和平地进行宗教活动。但是德布尔很清楚，是地方长官保护了他们，有部分人不希望他们有什么好下场。

德布尔的新闻日记很不寻常。与沃林顿或休厄尔留下的记录不同，它几乎没有包含自传材料。德布尔很少写日常活动，他把全部精力都用在记录新闻上。他是在政治危机时开始写日记的：威廉四世被任命为总督，以及 1748 年的税务骚乱使威廉得以巩固自己的权力。德布尔继续写了十二年，才放下他那本精美的书，他为这本书准备了一页装饰华丽的扉页。尽管他运用了自己所有的专业技能来制作这本书，但此举并不是为了扩大发行量。这本书一写完，德布尔就把它和其他手稿一起锁在柜子里。他如愿以偿，这本新闻编年史至今仍是一份未出版的手稿。[28]

德布尔大部分日子都在写他的编年史。除了口耳相传的消息外，他的信源还包括书面报道，其中许多都被他粘贴到书中适当的位置。德布尔是一个有天赋的新闻收集者，他有真正记者的直觉。在被挫败的税务骚乱的两个主谋将被处决的那天，德布尔确保自己提前来到达姆广场，以便研究具体的安排。他确信，在出入口都很窄的情况下，人群的聚集会带来麻烦，事实也证明了这一点。庞大的人群无法控制，枪声四起，在匆忙逃离的过程中，许多人被压死。即使在这场悲剧中，德布尔也能为自己的报道质量而感到庆幸："我知道，没有人像我这样仔细和认真地观察了这一事件，并立即将之全部记录下来。"[29]

德布尔也热衷于读报纸。他是《阿姆斯特丹报》的忠实读者，但《海牙报》在他的日记中被引用的频率也差不多高。这两份报纸轮流于不同的日子（在当地是周二、周四和周六，在海牙是周一、周三和周五）出版，因此订阅这两份报纸的读者实际上等于购买了一份日报。在特别激动人心的时候德布尔还能得到其他的报纸：《莱顿报》，以及来自哈勒姆、鹿特丹和格罗宁根的报纸。大多数都可以在阿姆斯特丹的书店里买到。德布尔还阅读和收集小册子。多伦骚乱促使人们为当前的经济弊病寻找替罪羊，一些小册子公开质疑天主教教徒能否成为忠诚的荷兰市民。德布尔既是这场争论的参与者，也是观察者：他相当自豪地指出，他的诗《祖国》已经出了好几版。小册子经常是他从街头小贩那里购买的，有时朋友们得到了一些已知被地方法官禁止的东西，也会提供给德布尔。虽然德布尔平时遵纪守法，但他很享受这种即使不是特别危险也属半地下的书籍交易。

因为德布尔非常仔细地记录了他获得新闻的渠道，我们能够较为准确地剖析 18 世纪阿姆斯特丹的新闻网络，这一网络允许感兴趣但没有特权的市民进入。结果很有启发性。例如，1748 年，德布尔在他的编年史中记录了一百七十九个新闻故事的来源。其中两成是他亲眼目睹的，四成是他从第三方那里听来的，还有不到四成是通过阅读印刷品获得的。这是阿姆斯特丹政治特别动荡的一年，但即便是在大多数重大事件都发生在其他地方的时候，比如 1755 年的里斯本地震，他的报道也只有不到一半来自印刷材料。[30] 即使在印刷品中，报纸也远不是主要的新闻来源。如果我们调查一下德布尔在他的新闻编年史中插入的内容，就能发现其大部分都来自其他类型的印刷媒体：小册子、政府出版物和一些雕刻画。尽管阿姆斯特丹是 17 世纪最早的报纸贸易中心之一（请记住，该市曾一度有九家相互竞争的报纸），但报纸在 18 世纪阿姆斯特丹的新闻世界中扮演了一个相对低调的角色。

厌烦斯内克

为什么在 18 世纪中叶，即使对扬·德布尔这样一个忠实的新闻追随者来说，报纸仍然是一种令人不满足的新闻来源呢？在荷兰共和国，从 17 世纪继承下来的生机勃勃、富有创新精神的报业实际上受到更多约束。每个城市只允许有一份报纸。作为对其垄断地位的回报，这份报纸要支付一笔可观的费用，而编辑们则小心翼翼地不发表任何地方法官可能反对的东西，以免影响他们的投资。对报纸内容的自我约束并没有被世纪末的伟大革命推翻。19 世纪的法国和低地国家都出现了一种向熟悉的、更为保守的报道模式的倒退。在这方面，英美的争议性政治文化在很大程度上是个例外。更典型的是作为荷兰共和国主要智识中心的《莱顿报》于 1785 年刊载的这篇社论公告：

> 由于报纸的目的是发布新闻事件和印刷官方文件，而不是收集论辩文章，我们恳请投稿人不要用这种稿件来打扰我们。[31]

荷兰读者确实希望参与政治辩论。但这主要局限于小册子和新一类政治期刊。享有特权的、谨慎且有利可图的报纸仍然是不可侵犯的。19 世纪国内新闻的报道将会扩大，成为报纸的核心业务。但在 18 世纪，这一目标还没有实现。

荷兰报纸坚决拒绝宣传当地的政治争议。1786 年，除了弗里斯兰自己的报纸《吕伐登日报》外，每家荷兰报纸都刊登了弗里斯兰爱国者的一封信。《吕伐登日报》意识到它很容易遭到当地政府的反对并被取消有助获利的特权，于是只满足于重印地方法令：例如禁止来自斯内克镇的水果篮（它们明显小于弗里斯兰地区其他地方的水果篮，客户可能买到短斤少两的货物）。[32]

这似乎是一种荒谬的陈词滥调，尽管平庸狭隘的传统在许多地方报纸中仍然存在。但它确实让人们注意到，政府在很大程度上仍是报纸大部分稿件的直接来源。即使在 18 世纪末，官方出版物仍然是新闻和信息的重要渠道。本书上一次讨论到这点时，它被当作 16 世纪新闻市场不断扩大的一个因素，当时欧洲各国政府开始以大报和小册子的形式大量印制公告和法令。[33] 但这并没有随着新的商业新闻出版形式的出现而结束。从 17 世纪开始，官方出版物的摘录和全文被简单收入连载新闻出版物。而政府则继续以传统的方式颁布法令，在公共场所张贴告示，或在市集广场上大声疾呼。在识字普及之前的时代，这种口头发表形式继续在新闻传播中发挥重要作用。

对于新的读者群来说，报纸则在其他方面让人失望。直到 18 世纪末，报纸还完全没有插图。那些想要获得重大事件的视觉呈现的人，如扬·德布尔，不得不单独购买雕刻品或木刻版画。这种间歇性活跃的市场为新闻关注者勾勒出一幅幅重大事件的图景。[34] 但购买者必须自己将这些插画与报纸或小册子上的叙述结合起来。在新闻故事的绘画中巧妙而引人注目地并置文字和图片仍需时日。

读者还担心报纸的准确性。1757 年，德布尔试图了解普鲁士和奥地利之间战争的最新消息。尽管他密切关注着新闻，但还是被相互矛盾的报道搞糊涂了："我实在不懂如何协调这些不同的报道，我将把它留给比我更聪明的人去做。"[35] 真正的问题是，仍然占据报纸主要版面的远方新闻迟迟不能到达。在这方面，从 17 世纪到 19 世纪，新闻的供应并没有很大的改进。格罗宁根的报纸在 1750 年的新闻报道实际上要比 1800 年的更及时。[36] 事实上，一旦欧洲邮政网络在 17 世纪中叶建成，就再没有什么能进一步加快新闻的传播速度了。只有 19 世纪的重大技术革新——电报和铁路，才能带来明显的变化。到那时，变化是惊人的。1823 年，外国新闻平均需要十八天才能传到《吕伐登日报》。五十年后，这个数字减少到四。[37]

这要紧吗？从某种意义上说，新闻对第一次听到或读到它的人来说是新鲜的。它作为娱乐或说教文本的价值并没有因为它在传播过程中所花费的时间而降低。如果它是一个更新过的旧故事，那么它根本不需要新的内容来表达观点。这对于本书中许多新闻的新消费者来说是事实，但对于那些舆论制造者来说，情况显然不是这样，传播速度对他们一直是至关重要的。对他们来说，就像四百年前一样，能获取可靠的新闻来源是权力的核心属性，他们继续从报纸之外的渠道来获取新闻。

从"痒"到"病"

在 14 世纪到 18 世纪之间，能够定期获取新闻的人大大增加。新闻媒体对这种公众的变化适应得很慢，尤其是在语气和风格上。重要的是要记住，专业新闻服务是在"委托人"（client）一词用来描述生产者而非潜在买家的时代首次亮相的。新闻工作者把自己献给一位显赫的贵族或王子，就像诗人献上十四行诗、艺术家献上肖像画，以期得到奖赏一样。甚至当这项服务被货币化时，新闻写作者争取客户的语气也很像一个商人在兜售他的商品。[38] 这种委托关系的传统一直延续到 18 世纪，当时像丹尼尔·笛福或塞缪尔·约翰逊这样的受雇作家通过写作来换取补贴或工资。或者说，在巴黎的公报作者那漫长、慵懒和娇纵的职业生涯中，他通过对王室特权充满敬意的主动歌颂使报纸获得王室垄断的保护而免于竞争。

同样，新闻写作也固执地坚持着通过为欧洲统治阶级提供信息和简报发展起来的风格。新闻从秘密简报演变成商业新闻信札，然后被插入第一批报纸，但它在风格或组织方面没有实质性的变化。可以说，购买这些报纸的新一代读者会感到荣幸，因为他们能得到以前只在统治阶级的秘密顾问之间传递的信息，但他们可能也很难理解这些信息。新闻工作者认为没有义务对此进行解释。如果读者想得到这些外国政治报道的解释，或者想知道与自己生活更相关的那些领域发生了什么，他们就不得不依赖传统的新闻传播机制，即以对话为主。

许多新闻和大部分的解读与分析都是通过口头传达的。这种对读者真实生活经验的漠视，或对想象中的读者的建构，一直延续到法国大革命时期关于让－保罗·马拉的故弄玄虚的古典典故中。到我们这个时代结束的时候，新闻工作者明显给人一种印象，即他们更关心赢得上流社会人士或作家同行的认可，而不是被压迫的读者的认可。新闻以作家为中心，而非公众。读者要么接受，要么放弃，他们必须振作起来，跟上时代。

值得注意的是，许多欧洲市民的确选择进入这个难懂的印刷新闻世界。约翰·库珀在 1667 年写道："你无法想象，人们对新闻的'痒'已经发展到'疾病'的程度。"这一医学上的比喻很能说明问题。对许多人来说，新闻已成为生活的必需品之一。[39] 在重大事件发生时购买小册子，已不怎么令人意外。对解释、规劝或准确性证明的需要足以解释这一时期伴随着所有重大事件的小册子的涌现。更令人惊讶的是，即使在这样一个报纸有时会坦承确实没有新闻的时代，人们也希望定期阅读新闻。

答案似乎是，报纸的价值部分在于其所包含的内容，而至少同样重要的是阅读报纸这一生活方式所代表的事物。它们使读者得以瞥见一个远超日常经验的世界。事实上，他们瞥见了许多世界：从未去过的国家、庆幸从未经历过的战争、永远见不到的权贵——即使见到了，这些人也不会多看他们一眼。他们可以在历史作品或旅行叙事中了解这些世界，但在报纸上，他们却被带入一个不可预知的大杂烩中，没有叙事，只有牛肉派或一夸脱麦芽酒的价格。没有报纸的生活是可行的，但一旦有了报纸，它很快就成为一种文雅生活的配备。它是一种标志，表明市民已经在社会上达到了一定地位，失去这一地位将是痛苦的。报纸已进入欧洲社会的生命线，没有退路了。

结　论

　　很容易理解为什么对于那些被 18 世纪末的动荡事件所吞没的人来说,传播史似乎已经到了一个决定性的时刻。报纸的时代已经到来。法国革命记者皮埃尔 – 路易·勒德雷尔在一篇题为《论思想在社会中的人之间传播的不同方式》的文章中，以令人赞赏的透彻阐述了这一观点。他认为，报纸应:

> 　　只包含最新和最紧迫的新闻，它们比起顾客必须去书店里寻找的书籍或其他形式的印刷品拥有更多的读者，因为，多亏了小贩和邮递员，报纸能找到它们的读者。日报的社会影响比其他媒体更大，因为它们被所有阶层阅读，因为它们每天都在同一时间……到达位于所有公共场所的读者手中，还因为它们几乎是日常交谈的必需品。[1]

　　自从新闻在 16 世纪初首次成为一种商品，此后的三个世纪里，新闻工作者经受了许多磨难。而现在，他们看到了获得影响力和尊严的途径。至少在他们自己看来，他们不再是被轻视、受利用的商人，反而成了"民众领袖"。卡米耶·德穆兰在《法兰西和布拉班特革命报》中写道:

> 在此，我是一名记者，这是一份相当不错的工作。它不
> 再是一份可怜的、受政府奴役的、唯利是图的职业。今天，
> 在法国，是记者拿着便笺和审查官的名簿在审查参议院、执
> 政官和独裁者。[2]

这一对记者职业的无限可能性的期待是显而易见的，它很好地抓住了一种贯穿整个 19 世纪的中心思想。这将是一个"报纸必胜主义"的伟大时代。到了 1835 年，一位美国评论员（自然也是一名记者）问道："什么阻止了一份日报成为社会生活中最重要的组成部分？""书籍有它的时代，剧院有它的时代，宗教有它的时代……报纸可以在人类思想的所有这些伟大时刻起到带头作用。"[3]

这是令人兴奋的事情。法国大革命见证了渴求信息的报刊在混乱中的突然崛起，我们可以理解为什么它会对同时代人产生如此大的影响。在法国，旧政权控制的报刊和革命年代的自由之间的对比尤其鲜明。但即使用他们自己的话来说，他们对报刊的说法也有些言过其实。难道报刊真的比街头的骚乱、国民议会的辩论，或者雅各宾俱乐部中决定丹东命运的激烈讨论更重要吗？罗伯斯庇尔控制了公共安全委员会——一个不超十几人的机构，这为恐怖统治奠定了基础。

在这种对期刊出版物的盛赞中，我们看到了在 15 世纪中叶伴随着印刷术诞生而出现的、此后也时有重现的礼赞的强烈回响。印刷业因其在社会中的变革作用而受到学者和印刷商的广泛赞扬，他们自己也大量参与了这一新行业。回首过去，我们可以从那些对进步表达惊讶的赞颂中看到大量的虚假预言和合理化的利己主义。它提醒我们，在那个繁忙时代的所有技术创新中，印刷术在自我宣传的能力上是独一无二的。大炮、帆船和航海技术的进步都对欧洲在非欧洲世界的统治起着至关重要的作用，但没有什么能以同样的方式

歌颂自己的成就。

所有这些都有助于解释为什么自新闻史首次被撰写以来，报纸的发展一直占据着中心舞台。第一批系统的新闻史是在这样一个时期写就的：报纸不仅是新闻传播的主要形式，而且似乎有可能继续保持这一地位。新闻的历史在很大程度上——至少在电视出现之前——是报纸的历史。报纸发明前的时期被降格为史前状态。

现在，当我们重新进入一个多媒体环境，其中报纸的未来看起来完全不清晰时，我们可以采取一个相当不同的视角。正如本书的第一章所展示的，在报纸出现之前，或者说在印刷术发明之前，新闻的传播还有很大的空间。报纸刚出现时，其发展是停滞且不确定的。从17世纪初第一次（在当时广受赞誉）的期刊出版物的试验，到18世纪末的决定性突破，整整用了两百年。即便欧洲经济的各个方面都在迅速扩张（这有利于一个日益成熟的新闻市场的发展）时，期刊出版物的覆盖范围也显然不完整。西班牙远远落后于其他国家的发展，意大利也是如此，直到16世纪末，意大利一直是世界新闻市场的中心。罗马在18世纪以前没有报纸，在这里，手抄新闻信札仍然是这个城市充满活力的新闻市场的核心。[4]在西班牙，即使是传统的社会领袖，为了追求他们的权力斗争，也会花钱出版大报，在街上分发。[5]直到19世纪中期，报纸才在西欧各地确立了相对完整的覆盖范围。

为什么报纸没有发展得更快呢？一个明显的原因是期刊出版物试图在一个复杂的传播环境中取得成功，新闻已经在其中通过口头、信函、非连载印刷物、公告、小册子等多种方式以相对有效的方式传播着。对许多消费者来说，报纸似乎并没有在这些成熟的新闻渠道上取得多大进展，事实上，在某些方面，报纸代表着一种倒退。要透彻理解这一点，我们只需要看看传统观念中期刊新闻的决定性特征：周期性和规律性、当代性、多样性（呈现许多不同的新闻）

NOTICIAS GENERALES DE EVROPA, VENIDAS
à Barcelona por el Correo de Flandes Viernes 3. de Octubre de 1687.

VENECIA 2. de Setiembre.

Legò el aviso deseado, con expresso del Generalissimo Morosini, de que rindieron las Armas Venecianas la Ciudad famosa, y Fortaleza inexpugnable de Corintho, sin derramamiento de sangre, por el terror, q̃ causó la rota del Serascher, y su fuga ignominiosa en todas las Plaças de la Morea, viendose desamparadas, y sin esperança alguna de socorro. Siguió el exemplo de Corintho con la misma facilidad la Plaça de Castel Tornès: con que no faltando yà sino Napoles de Malvasia para dominar toda aquella bellissima Provincia, ha partido para allà el dicho Generalissimo, y sino presta luego la obediencia dicha Plaça, no se detendrà la Armada Naval, sino que passarà à Negro Ponte à juntarse con el General Conismark, que con el Exercito de tierra le està esperando en aquella Isla, y quedarà reservada para fin de esta Campaña, la Conquista de Malvasia como mas facil, supuestas todas las antecedentes.

MILAN 13. de Setiembre.

No se ha confirmado la reduccion de Teckely, ni la entrega de Mongarz por la Princesa su esposa. El Exercito victorioso de S.S. A. A. de Lorena, y de Baviera, mediante vn trozo que mandó el Principe Luis de Baden, acabó con todos los millares de Turcos que estavan

§   van

18.1 西班牙早期发行的报纸。尽管距离德意志第一份报纸问世已近一个世纪,它的风格仍非常原始。(普林斯顿大学图书馆,福尔克·达尔藏品,普林斯顿)

和可负担的价格。从当时的消费者的角度来看,学者们所描述的重要进展都有缺点。

首先是周期性。我们已经看到,创办报纸的想法最初看起来很有吸引力:把一周内欧洲多地的新闻收集起来,以符合经济效益的方式提供给订阅者。它为我们打开了一扇窗,让我们看到一个复杂的政治世界和仅对少数人开放的上流社会。刚开始,进入宫廷生活和国际外交这一复杂而奇异的世界是相当令人高兴的;但随着时间的推移,它变得相当乏味。外交演习、宫廷进出情况和军事行动不断被重复列举,变得越来越单调:尤其因为这些事件的意义,即使不是一目了然，也从未得到解释。报纸表面上的优点，即其规律性，变成了一种负担。

这不仅仅是一种阅读新闻的新方式。对许多人来说，它重新定义了新闻的概念。大多数关注新闻的人都会不定期地这么做。当新闻激起他们的兴趣时，他们可能会购买一本小册子，尤其在他们出于某种原因受到触动时。而现在，报纸给他们提供了一种未经整理、缺少解释的大杂烩，似乎与他们毫不相干。其中很多内容一定令人费解。

如果我们更仔细地看一看在第一个印刷时代那些担负着报道当代事件的主要责任的小册子，这种转变的程度就显得更加明显。阅读这些作品，我们可以生动地感受到我们的祖先对非凡事物的迷恋。新闻小册子上充斥着不幸、气象灾害、天象、怪兽、战捷、被发现的触目惊心的罪行和惩罚。相比之下，报纸上报道的很多内容都是没有下文的例行公事：船只抵达港口，显贵抵达宫廷，股价涨跌，将领任免。这对于那些在权力和商业圈里的人来说可能是非常重要的信息，但对于偶尔读新闻的人来说，没有什么能与在萨塞克斯看到龙一事相提并论。[6]

小册子和新闻大报让有眼光的读者可以根据自己的喜好来浏览新闻。它们还准确地反映了一个对期刊出版物不利的伟大真理：实际上新闻在某些时刻比其他时候更紧迫。两个世纪以来，定期发布的日报和新闻简报已经培养了我们对这一点的认识。然而，当我们打开一份新闻简报，看到的第一项内容便是议员委员会报告说，政府的某些工作可以做得更好，那么我们或许可以得出结论：我们的祖先是有道理的。

报纸带来的其他重大"进步"也是如此。报纸的当代性要求其对欧洲九个或十个国家首都的最新报道进行说明，这代表着对传统新闻叙事结构的摒弃。一本小册子通常会从头到尾描述一件事。它以了解事件的结果为前提——谁赢得了一场战斗，或有多少人在地震中丧生。它可以提供直接原因、解释和借鉴。相比之下，报纸提供的内容就像是拼图中的随机碎片，而且是不完整的拼图。即使对于定期订阅者，也不能保证所述事件的结果会在后来几期得到呈现。编辑们不可能知道从科隆或维也纳报道的信息中，哪一条是重要的。他们没有办法独立于手抄新闻信札和外国报纸来撰写稿件：他们无法联系在那些地方的通讯员，因为他们还没有通讯员。

这些来自欧洲新闻中心的简报大杂烩对报纸读者寻找最重要的新闻几乎没有提供什么帮助。报纸还没有发展出复杂的设计或编辑能力，以指出最重要的新闻，或引导读者理解。由于逐字逐句的报道和快讯向来被认为更真实，报纸倾向于避免对事实进行修饰，即便一定的修饰实际上会帮助读者理解新闻。而这种形式的编辑指导更有可能在小册子中出现。至于可购性，期刊实际上比看起来更昂贵。虽然每份报纸可能只需要几便士，但定期订阅是一笔更大的投资。它还要求出版商开发一个相当大的基础设施，以便将报纸分发给读者。

所有这些都有助于解释，尽管人们无疑对报纸这一概念非常感兴趣，但为何如此多的新闻期刊都失败了，或者只是靠官方补贴才能成功。连载出版物在政治激情最盛之时繁荣发展也就不足为奇了（当然，当时小册子的产量也大幅增加）。

所有这些都引发了这样一个问题：既然报纸对新读者的考验如此大，为什么它们最终还是成为新闻基础设施中一个成熟（且最终占据主导地位）的部分呢？鉴于这些报纸的内容是如此难以消化，我们可以得出这样的结论：报纸的成功，部分原因在于它们所代表的事物，而非它们所包含的内容。大众读者们第一次获得了以前只有权力圈内的人才能接触到的新闻类型和形式。如果说他们的报纸是一种偷窥秀，那也是一种最讨人喜欢的偷窥秀。即使萨默塞特的乡绅或蒙彼利埃的医生对俄国的王朝危机没有特别的兴趣，仅仅是获得这种情报就能彰显其地位。对于那些拥有一定可支配收入的人来说，报纸是一种非必要的消费，但在这个时代，处于这一位置的人迅速增多，这也促进了报纸的消费。消费社会既受流行的驱动，也受效用的驱动。在 18 世纪，报纸成为上流社会的重要配备。

在这一时期即将结束时，报纸也因为抛弃了其第一个世纪的许多"贞洁美德"而获得了吸引力。在这里起到关键作用的绝对是向国内新闻报道的逐渐扩展。这一现象发生在欧洲不同的地区和完全不同的时期。竞争激烈、充满活力的伦敦新闻市场异乎寻常地早熟，

18.2　《英国人的开心事或各种各样的新闻》。最前面的一页纸上包含了十种不同报纸的名称。（大英博物馆委托人，伦敦）

十分大胆地投身于 18 世纪早期充满争议的党派政治当中。在其他地方，国内新闻报道的发展基本上出现在 18 世纪最后几年，有些地方甚至更晚。

这无疑使越来越多的公众对报纸产生兴趣，他们被鼓励相信自己也可以在政治讨论中发挥知情和积极的作用。随着 18 世纪晚期重大危机的到来，鼓吹式新闻也最终消除了新闻与舆论、报纸与其他关于时事的写作形式之间的区别，如小册子和新兴的受人尊敬的政治期刊。这种转变并不是普遍的，政治中立的传统在许多地方仍然存在，在这些地方，只有一份报纸服务于当地市场，它并不希望疏远任何一部分读者。然而，这种影响是深远和持久的。

这种转变是有代价的。一旦报纸要在形成舆论方面发挥直接作用，政治家们就会希望控制它们，而首先希望获得一种令人满意的生活的记者，并不总是拒绝被控制。英国到 1792 年，政府已买下了一半的报纸。[7] 从创办之日起，《日记或伍德福尔纪事报》就获得了财政部提供的每年四百英镑的补贴。1790 年，更老牌的《先驱晨报》的编辑在牢狱之灾和将其所有权以每年六百英镑的价格租给政府之间选择了后者。六百英镑很可观，在 1795 年，这笔钱足以维持《泰晤士报》的运作。其他报纸的政治影响力不足以获得财政部补贴，于是它们转向敲诈，从公众人物那里收取现金，为其压制有损名誉的流言蜚语。伦敦新闻界是一个极端的例子，但并不独特。在革命时期被广泛赞誉为自由堡垒的美国新闻界很快就变得声名狼藉。[8] 经常受到媒体的谩骂和嘲弄的美国第二任总统约翰·亚当斯不满地断言："过去十年，报刊传播的错误比之前一百年里的还多。"[9]

他曾经的朋友和最终的敌人托马斯·杰斐逊当然不同意这种看法。杰斐逊关于这个问题的著名宣言与其说是一项行动建议，不如说是一句漂亮话："如果让我来决定，我们应该有一个没有报纸的政府，还是一个没有政府的报纸，我会毫不犹豫地选择后者。"但它的精神极大地激励了开国元勋们的工作，并在美国宪法第一修正案中树立了丰碑，保证了新闻自由。

毫无疑问，在这一时期，新闻媒体和新闻市场都进入了一个新的发展阶段。此前的四个世纪最后对准备进入这个新世界贡献了什么？即使在18世纪末期急剧加速变化之前，1750年的新闻世界也与1400年或1500年的新闻世界明显不同。欧洲社会的三个关键发展支撑了这一变化。首先是当时的思想运动使人在解释事件时，从强调神的作用转变为强调人的作用。这种转变绝非彻底。西方社会仍然以信徒为主，他们继续在事件中寻求上帝的旨意。1776年，美国大陆军的一名士兵对英军在纽约取得的胜利回应道："这是神安排的，我又能说什么呢。"[10] 但这一现象有了明显的转变，16世纪的小册子文学中几乎每一件事都可以被描绘成上帝的旨意的寓言，而18世纪报纸的例行报道则更加冷静。

其次，与此不无关联的是，新闻的报道和接收越来越强调及时性。在此之前，当人们从新闻中寻找永恒真理的钥匙时，对及时性的关注远没有那么迫切。关于洪水、谋杀或恶魔附身的报道，无论发生在上周还是一段时间前，无论在当地还是在某个遥远的地区，都可能同样尖锐。在这方面，它的道德力量是永恒的。但是，当新闻不再被视为上帝旨意的钥匙，而更多是行动的催化剂时，及时性就变得至关重要。在为报纸提供了大量稿件的18世纪帝国冲突中，这种紧迫感变得更加明显，这也有助于推动基础设施的逐步改善，从而使新闻传播日益密集。在我们研究的这一时期，邮政网络取得了一系列巨大的飞跃：首先是完成了横跨欧洲大陆的邮政，然后增加了新的分支线。北欧贸易帝国的崛起反过来刺激了一种协同努力，以修复英法邮政网络的长期缺陷，并最终将这些改进扩展到大西洋彼岸。[11]

各国政府一直清楚信息就是力量。马萨诸塞州议会在革命冲突爆发后采取的第一个行动就是在该州建立一个新的邮局网络。控制通信网络是起义者在战争中享有绝对优势的一个方面，在一场长期防御战中，它可能发挥决定性作用。[12]

最后，我们不应低估巨大的新闻流通量的重要性。它在欧洲经历了一系列激增，从宗教改革带来的第一次小册子热潮，到后来的巴黎联盟、英国内战和投石党运动，再到三十年战争对新闻出版业的洗礼、英国政党政治的诞生、美国和法国的革命。这不仅使欧洲社会增加进入新市场的机会，同时也让其见识到报纸流通量和重复印刷的力量。本杰明·富兰克林是观察当代新闻报道力量最具洞察力和分析力的人之一（他的第一份职业是印刷工人），他公开反思了一次精心策划的新闻活动的威力：

> 通过将同样的真理每天刊登在随处可见的报纸上，并以不同的角度反复强调，这种便利为真理得到承认提供了巨大的机会……趁热打铁是正确的，而通过不断地打铁来加热它也是非常可行的。[13]

这三种发展为19世纪新闻市场引人注目的发展奠定了基础。在那时，也只有在那时，日报才成为新闻传播的主要工具。在北美，报纸的数量在1790年至1800年间从九十九种增加到二百三十种。这不仅象征着大众读者的出现，也表现了开国元勋们有意培养知情的市民的行为。在这种情况下，联邦政府提供了强大的财政支持，给予报纸进入邮政网络的高度特权，以确保报纸被经济而及时地分发。[14]在欧洲大陆，报刊的发展更不平衡，但到了新世纪中叶，日报已经在很大程度上取代了周报或双周刊，成为主要的报纸形式。

19世纪的这些发展得益于另外两项关键性的技术革新：蒸汽驱动印刷机和取代碎布纸的木浆纸的发明。蒸汽动力推动了日刊的印刷量的增长，它超过了手工印刷时代三千份的最高效率记录，还翻了许多倍。[15] 木浆纸使开发一种丰富的新资源成为可能。这些技术的发展还促进了至少是城市人口的识字的普及，后者是最重要的新闻消费群体。这反过来又鼓励了先前没有选举权的人增强自身的政治参与，他们成为报纸需求增长的一大推动力。这同时也鼓励了报纸在主题和内容方面的深刻多样化，因为报纸开始在整个文娱活动的范围内满足人们对信息和消遣的需求。这样一来，报纸的篇幅和质量都与以前大不相同。

这是报纸的伟大时代，它将持续一个半世纪。在这一时期，欧洲各国内部的权力竞争推动了为民主而进行的长期斗争，敌对势力之间的竞争埋下了 20 世纪灾难性战争的种子。在这些冲突中，报纸也会发挥自己的作用，但不再是垄断供应商。随着欧洲人运用聪明才智设计出越来越多的更具破坏性的武器和意识形态，科学的进步也为新闻印刷品创造了新的竞争对手：先是广播，然后是电视。随着这些新媒体融入社会，它们迅速展示了自己传播新闻的潜力。它们也必须由那些将信息控制视为权力关键属性的人来塑造和操纵。但是，直到数字媒体的到来，印刷新闻在这个不断发展的生态系统中的作用才受到严重质疑。

印刷品在定期提供及时新闻摘要方面的主导作用已不再被视为理所当然。在这样的背景下，报纸的时代似乎比较短暂，而不是像新闻史最初被撰写时那样被认为是事物的自然秩序。报纸更不像其崇拜者曾经认为的那样，是一种赋权和解放的工具，代表了文明进程的自然顶点。[16]

如今生活在 21 世纪初这个动荡易变的多媒体世界的不确定性中，我们也许更容易明白为什么类似的多样化的新闻传播方式似乎完全适用于本书重点关注的四个世纪。15 世纪中叶印刷术的出现提供了许多新的机遇，但它必须在一个新闻传播网络已经发展起来的世界里有所成就，即一个权力圈子里的人完全熟悉的拥有标准、惯例和社会运力的网络。在随后的几个世纪里，印刷业瓦解并重塑了这一基础设施，将新客户带入了新闻圈，但并未完全取代现有的规范。这个时代的新闻媒体和我们的一样，都呈现出一种多媒体现象。正是这一点赋予了这一时代特殊的魅力。

注 释

引 言

1 *Weekly Review of the Affairs of France* (17 February 1704). 由约翰·麦克维编辑的豪华新版本：*Defoe's Review* (London: Pickering & Chatto, 2003–2011)。William L. Payne, *The Best of Defoe's Review: An Anthology* (New York: Columbia University Press, 1951) 提供了一份有独特氛围的节选。

2 *Review* (fasc. edn, New York, 1938), viii, 708, book 21. 引自 Harold Love, *The Culture and Commerce of Texts* (Amherst, MA: University of Massachusetts Press, 1998), p. 3。也见 Dror Wahrman, *Mr. Collier's Letter Rack: A Tale of Art and Illusion at the Threshold of the Modern Information Age* (Oxford: Oxford University Press, 2012), pp. 19–29。

3 至少可在十部莎士比亚的戏剧中找到例子：*King Henry VI, Part 2*, Act IV, scene 4；*King Henry VI, Part 3*, Act II, scene l；*King Richard III*, Act IV, scenes 2 and 4；*The Taming of the Shrew*, Act V, scene 2；*The Merchant of Venice*, Act 1, scene 2；*Twelfth Night*, Act 1, scene 1；*Hamlet*, Act IV, scene 7；*Timon of Athens*, Act 1, scene 2；*King Lear*, Act 1, scene 2；*Macbeth*, Act 1, scene 7。例子由保罗·阿布拉斯特提供。

4 Claude Holyband, *The French Littelton* (London: Richard Field, 1593). 见下文第六章。

5 阿伯康威修道院和弗罗里达的斯特拉特修道院的定期信使交换记录在 *The historie of Cambria, now called Wales* (1584), sig. vr。感谢我的同事亚历克斯·伍尔夫提供这一参考资料。

6 Jürg Zulliger, "'Ohne Kommunikation würde Chaos herrschen'. Zur Bedeutung von Informationsaustauch, Briefverkehr und Boten bei Bernhard von Clairvaux", *Archiv für Kulturgeschichte*, 78 (1996), pp. 251–276. 见下文第一章。

7 见下文第二章。

8 见下文第七章。

9 Nate Silver, *The Signal and the Noise: Why So Many Predictions Fail but Some Don't* (New York: Penguin, 2012).

10 Ulinka Rublack, *The Crimes of Women in Early Modern Germany* (Oxford: Oxford University Press, 1999), pp. 16–19.

11 Matthew Lundin, *Paper Memory: A Sixteenth-Century Townsman Writes his World* (Cambridge, MA: Harvard University Press, 2012).

12 Ibid., p. 243.

13　见下文第五章。

14　Andrew Pettegree, *The Book in the Renaissance* (New Haven, CT, and London: Yale University Press, 2010).

15　见下文第四章。

16　见下文第七章。

17　Allyson Creasman, *Censorship and Civic Order in Reformation Germany, 1517–1648* (Aldershot: Ashgate, 2012).

18　Jan Bloemendal, Peter G. F. Eversmann and Else Strietman (eds.), *Drama, Performance and Debate: Theatre and Public Opinion in the Early Modern Period* (Leiden: Brill, 2013). 见后文第十二章中对伦敦剧院和报纸之间竞争的评论。

19　正如法语"publier"。见 Kate van Orden, "Cheap Print and Street Song Following the Saint Bartholomew's Massacres of 1572", van Orden (ed.), *Music and the Cultures of Print* (New York: Garland Publishing, 2000), pp. 271–323。

20　Maximilian Novak, *Daniel Defoe, Master of Fictions: His Life and Ideas* (Oxford: Oxford University Press, 2001).

21　见下文第十五章。

第一章

1　Larry Silver, *Marketing Maximilian: The Visual Ideology of a Holy Roman Emperor* (Princeton, NJ: Princeton University Press, 2008).

2　Wolfgang Behringer, *Thurn und Taxis: Die Geschichte ihrer Post und ihrer Unternehmen* (Munich: Piper, 1990); idem, *Im Zeichen des Merkur: Reichspost und Kommunikationsrevolution in der Frühen Neuzeit* (Göttingen: Vandenhoeck & Ruprecht, 2003).

3　A. M. Ramsay, "A Roman Postal Service under the Republic", *Journal of Roman Studies*, 10 (1920), pp. 79–86.

4　Alan K. Bowman, *Life and Letters on the Roman Frontier: Vindolanda and its People*, 2nd edn (London: British Museum, 2003); Anthony Birley, *Garrison Life at Vindolanda* (Stroud: History Press, 2007).

5　Alan K. Bowman and Greg Woolf, *Literacy and Power in the Ancient World* (Cambridge: Cambridge University Press, 1994); Greg Woolf, "Monumental Writing and the Expansion of Roman Society in the Early Empire", *Journal of Roman Studies*, 86 (1996), pp. 22–39.

6　M. T. Clanchy, *From Memory to Written Record: England 1066–1307* (Oxford: Blackwell, 1979).

7　Ibid., p. 261.

8　Jürg Zulliger, "'Ohne Kommunikation würde Chaos herrschen': Zur Bedeutung von Informationsaustauch, Briefverkehr und Boten bei Bernhard von Clairvaux", *Archiv für Kulturgeschichte*, 78 (1996), pp. 251–276.

9　Chris Given-Wilson, *Chronicles: The Writing of History in Medieval England* (London: Hambledon, 2004), p. 21.

10　Ibid., p. 13.

11　J. K. Hyde, "Italian Pilgrim Literature in the Late Middle Ages", *Literacy and its Uses: Studies on Late Medieval Italy* (Manchester: Manchester University Press, 1993), pp. 136–161.

12　Sophia Menache, *The Vox Dei: Communication in the Middle Ages* (New York: Oxford University

Press, 1990), p. 116.

13 Lorraine Daston and Katharine Park, *Wonders and the Order of Nature, 1150–1750* (New York: Zone, 2001).

14 Hyde, "Ethnographers in Search of an Audience", *Literacy and its Uses*, pp. 162–216.

15 Jonathan Sumption, *Pilgrimage: An Image of Medieval Religion* (London: Faber, 1975), p. 257; Debra Birch, "Jacques de Vitry and the Ideology of Pilgrimage", J. Stopford (ed.), *Pilgrimage Explored* (Woodbridge: York Medieval Press, 1999).

16 Dianna Webb, *Pilgrims and Pilgrimage in the Medieval West* (London: I. B. Tauris, 2001); Sumption, *Pilgrimage*.

17 Albert Kapr, *Johann Gutenberg: The Man and his Invention* (London: Scolar Press, 1996), pp. 71–75.

18 Debra Birch, *Pilgrimage to Rome in the Middle Ages* (Woodbridge: Boydell, 1998).

19 图片载于 Peter Spufford, *Power and Profit: The Merchant in Medieval Europe* (London: Thames and Hudson, 2002), p. 23。

20 下文第五章将讨论大使的通信。

21 Yves Renouard, "Comment les papes d'Avignon expédiaient leur courrier", *Revue historique*, 180 (1937), pp. 1–29; idem, *The Avignon Papacy, 1305–1403* (London: Faber, 1970); Anne Marie Hayez, "Les courriers des papes d'Avignon sous Innocent VI et Urbain V (1352–1370)", *La circulation des nouvelles au moyen âge* (Paris: Sorbonne, 1994), pp. 37–46.

22 Renouard, "Les papes d'Avignon", pp. 20–23.

23 写于 1321 年 3 月 3 日、目的地是罗马的一封信直到 4 月 18 日才从阿维尼翁出发。写于 1321 年 10 月 6 日、目的地是威尼斯的一封信于 10 月 31 日离开。1360 年目的地是普瓦捷的一封信被推迟了两个月才发出。Renouard, "Les papes d'Avignon", p. 28.

24 Suzanne Budelot, *Messageries universitaires et messageries royales* (Paris: Domat, 1934).

25 巴黎的四个 "国家" 定义非常宽泛，它们是法国、皮卡第、诺曼底和英国。英国 "国家" 包括来自中欧和北欧的学生。Hilde de Rodder-Symoens (ed.), *A History of the University in Europe. Volume I: Universities in the Middle Ages* (Cambridge: Cambridge University Press, 1992), p. 114.

26 C. H. Haskins, "The Lives of Mediaeval Students as Illustrated in their Letters", *Studies in Mediaeval Culture* (Oxford: Oxford University Press, 1929), pp. 1–35.

27 Alain Boureau, "The Letter-Writing Norm, a Mediaeval Invention", Roger Chartier (ed.), *Correspondence: Models of Letter-Writing from the Middle Ages to the Nineteenth Century* (Cambridge: Polity, 1997), pp. 24–58.

28 Haskins, "Lives of Medieval Students", p. 10.

29 Ibid., pp. 15–16.

30 见下文第十五章。

31 Philip O. Beale, *A History of the Post in England from the Romans to the Stuarts* (Aldershot: Ashgate, 1998), p. 22.

32 Ibid., pp. 24–27.

33 J. K. Hyde, "The Role of Diplomatic Correspondence and Reporting", *Literacy and its Uses*, pp. 217–259, 见 pp. 224–226。

34 Ibid., p. 244.

35 见下文第五章。

36 Beale, *History of the Post*, pp. 30–39.

37 Given-Wilson, *Chronicles*, p. 109.

38 Beale, *History of the Post*, pp. 84–86.

39 *La circulation des nouvelles*.

40 C. A. J. Armstrong, "Some Examples of the Distribution and Speed of News in England at the Time of the Wars of the Roses", *England, France and Burgundy in the Fifteenth Century* (London: Hambledon, 1983), pp. 97–122.

41 见 Armstrong, "Some Examples", p. 100; James Gairdner (ed.), *Three Fifteenth-Century Chronicles* (London: Camden Society, 1880), pp. 156 ff.。

42 见下文第四章。

43 B. Guenée, "Les campagnes de lettres qui ont suivi le meurtre de Jean sans Peur, duc de Bourgogne (septembre 1419–février 1420)", *Annuaire-Bulletin de la Société de l'Histoire de France* (1993), pp. 45–65.

44 Craig Taylor, "War, Propaganda and Diplomacy in Fifteenth-Century France and England", Christopher Allmand (ed.), *War, Government and Power in Late Medieval France* (Liverpool: Liverpool University Press, 2000), pp. 70–91.

45 Armstrong, "Some Examples", p. 99.

46 Budelot, *Messageries universitaires et messageries royales*; E. John B. Allen, "The Royal Posts of France in the Fifteenth and Sixteenth Centuries", *Postal History Journal*, 15 (January 1971).

47 Armstrong, "Some Examples", p. 107.

48 Menache, *Vox Dei*.

49 Armstrong, "Some Examples', p. 101.

第二章

1 Iris Origo, *The Merchant of Prato: Francesco di Marco Datini* (London: Jonathan Cape, 1957), p. 90.

2 此外，还有一万封达蒂尼和他妻子之间的通信，当达蒂尼搬到佛罗伦萨时，他妻子被留在普拉托照管家务。这些是奥里戈研究的主要焦点。

3 David Nicholas, *Medieval Flanders* (London: Longman, 1992). James M. Murray, *Bruges, Cradle of Capitalism, 1280–1390* (Cambridge: Cambridge University Press, 2005).

4 Edwin S. Hunt, *The Medieval Super-Companies: A Study of the Peruzzi Company of Florence* (Cambridge: Cambridge University Press, 1994).

5 Raymond de Roover, *Money, Banking and Credit in Medieval Bruges* (Cambridge, MA: 1948).

6 见此处 14 世纪的 "Itinéraire de Bruges", E.-T. Hamy (ed.), in Gilles le Bouvier, *Le livre de la description des pays* (Paris: Leroux, 1908), pp. 157–216。

7 Peter Spufford, *Power and Profit: The Merchant in Medieval Europe* (London: Thames and Hudson, 2002), pp. 143–152.

8 Frederic C. Lane, *Andrea Barbarigo, Merchant of Venice, 1418–1449* (Baltimore, MD: Johns Hopkins University Press, 1944), p. 20.

9 Spufford, *Power and Profit*, pp. 25–28.

10 Lane, *Andrea Barbarigo*, pp. 199–200. 巴尔巴里戈从瓦伦西亚寄来的信件很少在三十天内到达，通常要近四十天。

11 Federigo Melis, "Intensità e regolarità nella diffusione dell'informazione economica generale nel Mediterraneo e in Occidente alla fine del Medioevo", *Mélanges en l'honneur de Fernand Braudel*, 2 vols. (Toulouse: Privat, 1973), I, 389–424. Spufford, *Power and Profit*, p. 27.

12 Philip O. Beale, *A History of the Post in England from the Romans to the Stuarts* (Aldershot: Ashgate, 1998), p. 33.

13 C. A. J. Armstrong, "Some Examples of the Distribution and Speed of News in England at the Time of the Wars of the Roses", *England, France and Burgundy in the Fifteenth Century* (London: Hambledon, 1983), pp. 97–122, 见 p. 109。

14 A. Grunzweig, *Correspondence de la filiale de Bruges de Medici* (Brussels: Lamertin, 1931), I, 130–145.

15 见下文第五章。

16 Hunt, *Medieval Super-Companies*, p. 73.

17 当米兰外交官推荐使用商人邮政时，他推崇的一点是："热那亚的信袋将派上用场，但找多一些信任的佛罗伦萨商人，因为他们的信件可以毫无阻碍地通过法国，而且很少被搜查。"引自 Beale, *A History of the Post in England*, p. 160。

18 E. John B. Allen, *Post and Courier Service in the Diplomacy of Early Modern Europe*, vol. 3 (The Hague: Nijhoff, International Archive of the History of Ideas, 1972).

19 Richard Goldthwaite, *The Economy of Renaissance Florence* (Baltimore, MD: Johns Hopkins University Press), p. 94.

20 Origo, *Datini*, pp. 85–86.

21 Ibid., p. 86.

22 Robert S. Lopez and Irving W. Raymond, *Medieval Trade in the Mediterranean World: Illustrative Documents* (Oxford: Oxford University Press, 1955), no. 193; Gunnar Dahl, *Trade, Trust and Networks: Commercial Cultures in Late Medieval Italy* (Lund: Nordic Academic Press, 1998), p. 82.

23 Lopez and Raymond, *Medieval Trade*, no. 194; Dahl, *Trade*, p. 82.

24 Dahl, *Trade*, p. 83.

25 Gertrude R. B. Richards (ed.), *Florentine Merchants in the Age of the Medici: Letters and Documents from the Selfridge Collection of Medici Manuscripts* (Cambridge, MA: Harvard University Press, 1932), p. 109; Dahl, *Trade*, p. 83.

26 Paolo da Certaldo, *Libro di buoni costumi*, Alfredo Schiaffini (ed.) (Florence, 1946), pp. 149–150.

27 Goldthwaite, *Economy of Renaissance Florence*, p. 95.

28 Theodor Gustav Werner, "Das kaufmännische Nachrichtenwesen im späten Mittelalter und in der frühen Neuzeit und sein Einfluss auf die Entstehung der handschriftlichen Zeitung", *Scripta Mercaturae* (1975), pp. 3–51.

29 Goldthwaite, *Economy of Renaissance Florence*, p. 94.

30 George Christ, "A Newsletter in 1419? Antonio Morosini's Chronicle in the Light of Commercial Correspondence between Venice and Alexandria", *Mediterranean Historical Review*, 20 (2005), pp. 35–66, 见 pp. 41–42。

31 Richards, *Florentine Merchants*, 263; Dahl, *Trade*, p. 116.

32 Dahl, *Trade*, p. 104. 但他们被允许下棋以消磨漫漫长夜。

33 Dahl, *Trade*, p. 119.

34 Lane, *Andrea Barbarigo*, pp. 127–128.

35 Marin Sanudo, *I diarii*, 58 vols. (Venice: Visentini, 1879–1903); Pierre Sardella, *Nouvelles et*

spéculations à Venise au début du XVI *siècle* (Paris: Colin, 1949). 萨努多选集的一份优雅的英译本可以在 Patricia H. Labalme and Laura Sanguieti White (eds.), *Cità Excelentissima: Selections from the Renaissance Diaries of Marin Sanudo* (Baltimore, MD: Johns Hopkins University Press, 2008) 中找到。

36 Sardella, *Nouvelles*, p. 21.

37 Ibid., p. 32.

38 G. Priuli, *I diarii*, 4 vols. (Bologna: Zanichelli, 1912–1939), I, 153，转引自 Mario Infelise, "From Merchants' Letters to Handwritten Political *Avvisi*: Notes on the Origins of Public Information", Francisco Bethercourt and Florike Egmond (eds.), *Correspondence and Cultural Exchange in Europe, 1400–1700* (Cambridge: Cambridge University Press, 2007), pp. 33–52。

39 Sardella, *Nouvelles*, p. 42.

40 Ibid., p. 50.

41 收费标准来自 1538 年的一个例子；Sardella, *Nouvelles*, p. 50。

42 Wolfgang Behringer, *Im Zeichen des Merkur: Reichspost und Kommunikationsrevolution in der Frühen Neuzeit* (Göttingen: Vandenhoeck & Ruprecht, 2003), p. 51.

43 Sardella, *Nouvelles*, pp. 56–71.

44 Philippe Dollinger, *The German Hansa* (London: Macmillan, 1970); Tom Scott, *The City State in Europe, 1000–1600* (Oxford: Oxford University Press, 2012).

45 Lore Sporhan-Krempel, *Nürnberg als Nachrichtenzentrum zwischen 1400 und 1700* (Nuremberg: Vereins für Geschichte der Stadt Nürnberg, 1968), p. 19.

46 Steven Ozment, *Three Behaim Boys: Growing up in Early Modern Germany* (New Haven, CT: Yale University Press, 1990).

47 Sporhan-Krempel, *Nürnberg als Nachrichtenzentrum*, p. 21; below, Chapter 3.

48 Werner, "Das kaufmännische Nachrichtenwesen", p. 11.

49 Sporhan-Krempel, *Nürnberg als Nachrichtenzentrum*, p. 23.

50 Werner, "Das kaufmännische Nachrichtenwesen", p. 7; Sporhan-Krempel, *Nürnberg als Nachrichtenzentrum*, p. 21.

51 Sporhan-Krempel, *Nürnberg als Nachrichtenzentrum*, p. 23.

第三章

1 Phyllis Goodhart Gordan, *Two Renaissance Book Hunters: The Letters of Poggius Bracciolini to Nicolaus de Niccolis* (New York: Columbia University Press, 1974).

2 Albert Kapr, *Johann Gutenberg: The Man and his Invention* (Aldershot: Scolar Press, 1996).

3 更多相关内容见 Andrew Pettegree, *The Book in the Renaissance* (New Haven, CT, and London: Yale University Press, 2010)。

4 Margaret Meserve, "News from Negroponte: Politics, Popular Opinion and Information Exchange in the First Decade of the Italian Press', *Renaissance Quarterly*, 59 (2006), pp. 440–480. 关于罗得的内容见 Universal Short Title Catalogue (USTC) (搜索 Rhodes – 1480)。

5 Victor Scholderer, "The Petition of Sweynheim and Pannartz to Sixtus IV", *The Library*, 3rd ser., 6 (1915), pp. 186–190, 重印于他的 *Fifty Essays in Fifteenth- and Sixteenth-Century Bibliography* (Amsterdam: Hertzberger, 1966), pp. 72–73。

6 见下文第四章。

7　此处尤见 Falk Eisermann, *Verzeichnis der typographischen Einblattdrucke des 15. Jahrhunderts im Heiligen Römischen Reich Deutscher Nation: VE 15* (Wiesbaden: Reichert, 2004)。

8　R. N. Swanson, *Indulgences in Late Mediaeval England: Passport to Paradise?* (Cambridge: Cambridge University Press, 2007).

9　Pettegree, *Book in the Renaissance*, pp. 93–94; Paul Needham, *The Printer and the Pardoner* (Washington, DC: Library of Congress, 1986), p. 31.

10　例子见 USTC 743954，1454 年就抵抗土耳其立下战功的赎罪券。

11　*Eyn Manung der Christenheit Widder die Durken* (1454). ISTC it00503500. GW M19909; Kapr, *Gutenberg*, pp. 212–214.

12　Calixtus III, *Bulla Turcorum* (1456). ISTC ic00060000. GW 0591610N. *Die Bulla widder die Turcken*. ISTC ic00060100. GW 05916.

13　Robert Schwoebel, *The Shadow of the Crescent: The Renaissance Image of the Turk (1453–1517)* (Nieuwkoop: De Graaf, 1967).

14　Ibid., pp. 157–160, 166–171.

15　Janus Møller Jensen, *Denmark and the Crusades, 1400–1650* (Leiden: Brill, 2007), pp. 131–132; Schwoebel, *Shadow of the Crescent*, pp. 157–160, 166–171.

16　ISTC 确定了一百七十九份在德国由佩劳迪或为他出版的项目。当中的大部分（一百七十份）是大报。也见 Nikolaus Paulus, "Raimund Peraudi als Ablasskommissar", *Historisches Jahrbuch*, 21 (1900), pp. 645–682。

17　Falk Eisermann, "The Indulgence as a Media Event", R. N. Swanson (ed.), *Promissory Notes on the Treasury of Merits: Indulgences in Late Mediaeval Europe* (Leiden: Brill, 2006), pp. 309–330，见 pp. 315–316。

18　Jensen, *Denmark and the Crusades*, p. 138.

19　Ingrid D. Rowland, "A Contemporary Account of the Ensisheim Meteorite, 1492", *Meteoritics*, 25 (1990), pp. 19–22.

20　Martin Davies, *Columbus in Italy* (London: British Library, 1991).

21　Renate Pieper, *Die Vermittlung einer Neuen Welt: Amerika im Nachrichtennetz des Habsburgischen Imperiums, 1493–1598* (Mainz: Von Zabern, 2000), pp. 86, 287.

22　见上文第二章。

23　USTC 列举了他的《新世界》的拉丁文、意大利文、法文和德文版，它们在十四个不同的地区出版。

24　Pieper, *Die Vermittlung einer Neuen Welt*.

25　Meserve, "News from Negroponte".

26　三个有名的印本列举在 Josef Benzing, *Lutherbibliographie. Verzeichnis der gedruckten Schriften Martin Luthers bis zu dessen Tod*, 2nd edn (Baden-Baden: Heitz, 1989), nos. 87–89。两份大报版本没有收在 VD16，因为大报不属于本书参考文献范围内。

27　Theodor Gustav, Werner, "Das kaufmännische Nachrichtenwesen im späten Mittelalter und in der frühen Neuzeit und sein Einfluss auf die Entstehung der handschriftlichen Zeitung", *Scripta Mercaturae* (1975), p. 32.

28　Léon-E. Halkin, *Erasmus: A Critical Biography* (Oxford: Blackwell, 1993), pp. 146–159.

29　*Ein Sermon von Ablass und gnade*; Benzing, *Lutherbibliographie*, nos. 90–112.

30　Mark U. Edwards, *Printing, Propaganda and Martin Luther* (Berkeley, CA: University of California Press, 1994), p. 21，考虑到后来为 USTC 开展的工作而作了调整，http://www.ustc.

ac.uk/。

31 USTC 列出了 1601 年之前在维滕堡印刷的九千四百六十九种书，其中只有一百二十三种是
1517 年之前出版的。

32 关于克拉纳赫见最新的 Steven Ozment, *The Serpent and the Lamb* (New Haven, CT, and Lon-
don: Yale University Press, 2011)。

33 Max J. Friedländer and Jakob Rosenberg, *The Paintings of Lucas Cranach* (New York: Tabard
Press, 1978); Werner Hofmann, *Köpfe der Lutherzeit* (Munich: Prestel, 1983).

34 *Cranach im Detail. Buchschmuck Lucas Cranachs des Älteren und seiner Werkstatt* (exhibition,
Lutherhalle Wittenberg, 1994). 关于扉页的发展，也见 Margaret Smith, *The Title Page: Its Early
Development, 1460–1510* (London: British Library, 2000)。

35 Paul Roth, *Die Neuen Zeitungen in Deutschland im 15. und 16. Jahrhundert* (Leipzig: B. G. Teub-
ner, 1914).

36 一个例子是路易·雅盖沃于 1526 年在摩哈赤被打败后的漫长历史；Carl Göllner, *Turcica.
Die europäischen Türkendrucke des 16. Jahrhundert*, 3 vols. (Bucharest: Academiei, 1961–
1978)。

37 William Layher, "Horrors of the East: Printing *Dracole Wayda* in 15th-Century Germany", *Daph-
nis*, 37 (2008), pp. 11–32.

38 见下文第五章。

39 "新报道"一词首次出现在 1502 年的一张双面大报 *Newe zeytung von orient und auff gange*
上，但此处是作为一个附属新闻的小标题。有一份传真版：Hans H. Bockwitz, *Newe zeytung
von orient und auff gange. Facsimileabdruck eines zeitungsgeschichtlichen Dokuments vom Jahre
1502 mit Begleitwort* (Leipzig: Deutsches Museum für Buch und Schrift, 1920)。

40 这一计算建立在对 USTC 数据的分析上。

41 *Newe Tzeittug von Padua und von vil anderen Stetten in welschen landen gelegen kurtzlich ergan-
gen* (Nuremberg, s.n., 1509); USTC 677285. *Neutzeytug ausz welschen landen eyns handels fryde
czu machen czwischen Bebstlicher Heyligkeit unnd dem Koenige von Franckreich durch mittel der
oratores Kayserlichen Majestat der Koenige von Hyspanien und Engelant* (Nuremberg: Johann
Weißenburger, 1510); USTC 677019.

42 Göllner, *Turcica* 提供了一份有用但稍微过时的研究。

43 见下文第四章（大报）和第六章（民谣）。

44 USTC 705457: "Von Rom geschriben an einen guten freund in Deudtschlandt"; USTC 705584:
"Von einer glaubwirdigen person auß Bibrach einem guten freunde zugeschrieben"; USTC 705464:
"Auß der statt Achen an einen guten freundt geschriben"; USTC 705068: "Von einer glaubwirdi-
gen person entpfangen: an seinen guten freund einen geschrieben und erklehret'.

45 USTC 659718: "Aus gewissen Zeitungen so ausser dem feldlager uberschickt worden".

46 Lisa Ferraro Parmelee, *Good Newes from Fraunce: French Anti-League Propaganda in Late Eliza-
bethan England* (Rochester, NY: University of Rochester Press, 1996).

第四章

1 奥格斯堡、马格德堡、美因茨、帕绍、斯特拉斯堡、斯图加特和乌尔姆。还有一个版本称来
自安特卫普。USTC（搜索 Maximilian – 1486）．

2 *Gefangenschaft des Römischen Königs Maximilian in Brügge* (Augsburg: Erhard Ratdolt, 1488),

USTC 747013；另一个奥格斯堡版本（Augsburg: Peter Berger, 1488），USTC 747014；一个
纽伦堡版本（Nuremberg: Marx Ayrer, 1488），USTC 747015。

3   见上文第一章。

4   Jean-Pierre Seguin, "L'information à la fin du XVᵉ siècle en France. Pièces d'actualité sous le règne de Charles VIII", *Arts et traditions populaires*, 4 (1956), pp. 309–330, 1–2; (1957), pp. 46–74; David Potter, *Renaissance France at War: Armies, Culture and Society, c. 1480–1560* (Woodbridge: Boydell, 2008), pp. 255–284.

5   三个版本：ISTC it00421850；ISTC it00421880；ISTC it00421860。

6   David Potter, "War, Propaganda, Literature and National Identity in Renaissance France, c. 1490–1560", Robert Stein and Judith Pollmann (eds.), *Networks, Regions and Nations: Shaping Identity in the Low Countries, 1300–1650* (Leiden: Brill, 2010), pp. 173–193，见 p. 188。

7   Jean-Pierre Seguin, *L'information en France de Louis XII à Henri II* (Geneva: Droz, 1961).

8   Frederic J. Baumgartner, *Louis XII* (London: Macmillan, 1996), p. 216; Michael Sherman, "Political Propaganda and Renaissance Culture: French Reactions to the League of Cambrai, 1509–1510", *Sixteenth Century Journal*, 8 (1977), pp. 97–128.

9   Seguin, *L'information en France*，现由 USTC 增强。

10 Lauro Martines, *Strong Words: Writing and Social Strain in the Italian Renaissance* (Baltimore, MD: Johns Hopkins University Press, 2001), Chapter 11, "Crisis in the Generation of 1494".

11 USTC; Stefano Dall'Aglio, *Savonarola and Savonarolism* (Toronto: Center for Reformation and Renaissance Studies, 2010).

12 USTC（搜索 Antwerp + news). Steven Gunn, David Grummitt and Hans Cool, *War, State and Society in England and the Netherlands, 1477–1559* (Oxford: Oxford University Press, 2007).

13 Seguin, *L'information en France*, nos. 167–170.

14 Andrew Pettegree, "A Provincial News Community in Sixteenth-Century France", *The French Book and the European Book World* (Leiden: Brill, 2007), pp. 19–42.

15 Potter, *Renaissance France at War*, p. 267.

16 Ibid., p. 277.

17 Gunn, Grummitt and Cool, *War, State and Society*, p. 263.

18 Steven Gunn, "War and Identity in the Habsburg Netherlands", Stein and Pollman (eds.), *Networks, Regions and Nations*, p. 160.

19 Alastair Duke, "From King and Country to King or Country? Loyalty and Treason in the Revolt of the Netherlands", *Reformation and Revolt in the Low Countries* (London: Hambledon, 1990), pp. 175–197.

20 Potter, *Renaissance France at War*, pp. 267–268.

21 Lauren Jee-Su Kim, "French Royal Acts Printed before 1601: A Bibliographical Study" (University of St Andrews PhD dissertation, 2007); Potter, *Renaissance France at War*, p. 262.

22 Paul L. Hughes and James F. Larkin, *Tudor Royal Proclamations*, 3 vols. (New Haven, CT: Yale University Press, 1969), no. 390.

23 Adam Fox, *Oral and Literate Culture in England, 1500–1700* (Oxford: Oxford University Press, 2000), p. 367.

24 Wallace T. MacCaffrey, "The Newhaven Expedition, 1562–1563", *Historical Journal*, 40 (1997), pp. 1–21.

25 Hughes and Larkin, *Tudor Royal Proclamations*, no. 510.

26　G. R. Elton, *Policy and Police: The Enforcement of the Reformation in the Age of Thomas Crom-well* (Cambridge: Cambridge University Press, 1972), p. 134.

27　它们被列入 Léon Voet, *The Plantin Press (1555–1589): A Bibliography of the Works Printed and Published by Christopher Plantin at Antwerp and Leiden*, 6 vols. (Amsterdam: Van Hoeve, 1980–1983)。

28　规范家禽贸易的法令可以在以下文件中找到：Voet, *The Plantin Press*, nos. 144, 169, 438, 528。

29　Pieter Spierenburg, *The Spectacle of Suffering* (Cambridge: Cambridge University Press, 1984).

30　Matthias Senn, *Die Wickiana. Johann Jakob Wicks Nachrichtensammlung aus dem 16 Jahrhundert* (Zurich: Raggi, 1975); Franz Mauelshagen, *Wunderkammer auf Papier. Die "Wickiana" zwischen Reformation und Volksglaube* (Zurich: Bibliotheca academica, 2011).

31　Zurich ZB, Pas II 12:76，翻印于 Walter L. Strauss, *The German Single-Leaf Woodcut, 1550–1600*, 3 vols. (New York: Abaris, 1975), p. 842. 维克拥有不少于四份描述了这一无疑臭名昭著的罪行的单独大报。

32　Strauss, *German Single-Leaf Woodcut*, pp. 246, 700, 701, 831.

33　Ibid., p. 1,086 (separate panels), Zurich ZB Pas II 27:7; ibid., 848 (narrative), Zurich ZB, Pas II 22:10.

34　*A most straunge, rare, and horrible murther committed by a Frenchman of the age of too or three and twentie yeares who hath slaine and most cruelly murthered three severall persons* (London: Purfoot, 1586); STC 11377.

35　Joseph H. Marshburn, *Murder and Witchcraft in England, 1550–1640, as Recounted in Pamphlets, Ballads, Broadsides, and Plays* (Norman, OK: University of Oklahoma Press, 1971); Peter Lake and Michael Questier, *The Antichrist's Lewd Hat: Protestants, Papists and Players in Post-Reformation England* (New Haven, CT: Yale University Press, 2002), pp. 3–53.

36　J. A. Sharpe, "Last Dying Speeches: Religion, Ideology and Public Execution in Seventeenth Century England', *Past and Present*, 107 (1985), pp. 144–167.

37　Senn, *Wickiana*, p. 149.

38　Strauss, *German Single-Leaf Woodcut*, p. 488.

39　Jennifer Spinks, *Monstrous Births and Visual Culture in Sixteenth-Century Germany* (London: Chatto & Pickering, 2009); Aaron W. Kitch, "Printing Bastards: Monstrous Birth Broadsides in Early Modern England", Douglas A. Brooks (ed.), *Printing and Parenting in Early Modern England* (Aldershot: Ashgate, 2005), pp. 221–236.

40　Zurich ZB, PAS II 15:17, Strauss, *German Single-Leaf Woodcut*, p. 481.

41　Senn, *Wickiana*, pp. 216–217.

42　Ulinka Rublack, *The Crimes of Women in Early Modern Germany* (Oxford: Oxford University Press, 1999).

43　Strauss, *German Single-Leaf Woodcut*, p. 936.

44　Ibid., p. 395, Zurich ZB PAS II 2:23; Zurich ZB PAS II 12:78. 关于同一事件的小册子见 USTC 699843；"Shower of Wheat that Fell in Wiltshire", J. Paul Hunter, *Before Novels: The Cultural Contexts of Eighteenth-Century English Fiction* (New York: Norton, 1990), p. 186。

45　Burkard Waldis, *Eyne warhafftige und gantz erschreckliche historien* (Marburg, 1551). 引自 Joy Wiltenburg，"Crime and Christianity in Early Sensationalism", Marjorie Plummer and Robin Barnes (eds.), *Ideas and Cultural Margins in Early Modern Germany* (Aldershot: Ashgate, 2009), pp. 131–145，见 p. 135。

46 Wiltenburg, "Crime and Christianity", p. 140.

47 Joy Wiltenburg, "True Crime: The Origins of Modern Sensationalism", *American Historical Review*, 109 (2004), pp. 1377–1404.

48 Wolfgang Behringer, "Witchcraft and the Media", Marjorie Plummer and Robin Barnes (eds.), *Ideas and Cultural Margins in Early Modern Germany* (Aldershot: Ashgate, 2009), pp. 217–236 充分论证了这一点。

49 我们在 USTC 中记录了二十六个在 1600 年之前出版的版本。

50 *De lamiis et phitonicis mulieribus*，二十五个拉丁文和德语译本。

51 Max Geisberg, *The German Single-Leaf Woodcut, 1500–1550* (New York: Hacker, 1974), vol. 1,206.

52 Behringer, "Witchcraft and the Media", pp. 221–222.

53 尽管法国学者让·博丹是一个重要的制衡者，也是邪恶巫术坚定的信徒。Johannes Weyer, *Cinq livres de l'imposture et tromperie des diables, des enchantements et sorcelleries* (Paris: Jacques du Puys, 1567); USTC 1465; Jean Bodin, *De la demonomanie des sorciers* (Paris: Jacques du Puys, 1580); USTC 1660.

54 *Zwo Newe Zeittung, was man für Hexen und Unholden verbrendt hat* (Basel, 1580); USTC 707209; Behringer, "Witchcraft and the Media", p. 227.

第五章

1 David Randall, *Credibility in Elizabethan and Early Stuart Military News* (London: Pickering & Chatto, 2008) 提出了这一点。

2 M. S. Anderson, *The Rise of Modern Diplomacy, 1450–1919* (London: Longman, 1993), p. 9. 具有开创意义的文本是 Garrett Mattingly, *Renaissance Diplomacy* (London: Jonathan Cape, 1955)，以及 Donald E. Queller, *The Office of Ambassador in the Middle Ages* (Princeton, NJ: Princeton University Press, 1967)。

3 引自 Mattingly, *Renaissance Diplomacy*, p. 45。

4 J. K. Hyde, "The Role of Diplomatic Correspondence and Reporting: News and Chronicles", *Literacy and its Uses: Studies on Late Medieval Italy* (Manchester: Manchester University Press, 1993), pp. 217–259.

5 Donald E. Queller, *Early Venetian Legislation on Ambassadors* (Geneva: Droz, 1967), p. 82 (no. 43).

6 Donald E. Queller, "The Development of Ambassadorial Relazioni", in J. R. Hale (ed.), *Renaissance Venice* (London: Faber & Faber, 1973), pp. 174–196.

7 Queller, "Development", pp. 177–178.

8 *Traité du gouvernement de la cité et seigneurie de Venise*, in P.-M. Perret, *Relations de la France avec Venise*, 2 vols. (Paris, 1896), II, 292.

9 Mattingly, *Renaissance Diplomacy*, pp. 135–136.

10 自加勒特·马丁利 1935 年未发表的博士论文以来，一直没有专门针对沙皮的全面研究。见 Mattingly, *Renaissance Diplomacy*, pp. 232–235；Richard Lundell, "Renaissance Diplomacy and the Limits of Empire: Eustace Chapuys, Habsburg Imperialisms, and Dissimulation as Method", Tonio Andrade and William Reger (eds.), *The Limits of Empire: European Imperial Formations in*

新闻的发明

Early Modern World History: Essays in Honour of Geoffrey Parker (Farnham: Ashgate, 2012), pp. 205–222。

11　Michael J. Levin, *Agents of Empire: Spanish Ambassadors in Sixteenth-Century Italy* (Ithaca, NY: Cornell University Press, 2005), p. 44.

12　Mai to Charles V, 31 July 1530；引自 Levin, *Agents of Empire*, p. 52。

13　Catherine Fletcher, *Our Man in Rome: Henry VIII and his Italian Ambassador* (London: Bodley Head, 2012); idem, "War, Diplomacy and Social Mobility: The Casali Family in the Service of Henry VIII", *Journal of Early Modern History*, 14 (2010), pp. 559–578.

14　Levin, *Agents of Empire*, pp. 18–23.

15　Ibid., p. 167.

16　Frederic J. Baumgartner, "Henry II and the Papal Conclave of 1549", *Sixteenth Century Journal*, 16 (1985), pp. 301–314.

17　Levin, *Agents of Empire*, p. 65.

18　Ermolao Barbaro, *Epistolae, Orationes et Carmina*, ed. V. Branca, 2 vols. (Florence: Bibliopolis, 1943).

19　引自 Mattingly, *Renaissance Diplomacy*, p. 188。

20　Geoffrey Parker, *The Grand Strategy of Philip II* (New Haven, CT, and London: Yale University Press, 1998), p. 214; Katy Gibbons, *English Catholic Exiles in Late Sixteenth-Century Paris* (Woodbridge: Boydell & Brewer, 2011).

21　Parker, *Grand Strategy*, pp. 209–223; M. Leimon and Geoffrey Parker, "Treason and Plot in Elizabethan England: The Fame of Sir Edward Stafford Reconsidered", *English Historical Review*, 106 (1996), pp. 1134–1158.

22　在以下文件的附录中可以找到关于西班牙外交密码的有用介绍和一些例子：De Lamar Jensen, *Diplomacy and Dogmatism: Bernardino de Mendoza and the French Catholic League* (Cambridge, MA: Harvard University Press, 1964), pp. 231–238。

23　John Bossy, *Under the Molehill: An Elizabethan Spy Story* (New Haven, CT: Yale University Press, 2001).

24　René Ancel, "Étude critique sur quelques recueils d'avvisi", *Mélanges d'archéologie et d'histoire*, 28 (1908), pp. 115–139，见 p. 130。

25　Philip Beale, *A History of the Post in England from the Romans to the Stuarts* (Aldershot: Ashgate, 1988), p. 148. 这很可能是弗朗西斯·恩格尔菲尔德爵士，最臭名昭著的英国天主教流亡者之一。

26　Jensen, *Diplomacy and Dogmatism*, pp. 171–189.

27　Wolfgang Behringer, *Im Zeichen des Merkur: Reichspost und Kommunikationsrevolution in der Frühen Neuzeit* (Göttingen: Vandenhoeck & Ruprecht, 2003), p. 340.

28　基础文献：Mario Infelise, *Prima dei giornali: alle origini della pubblica informazione (secoli XVI–XVII)* (Rome: Laterza, 2002)。也见 "From Merchants" Letters to Handwritten Political Avvisi: Notes on the Origins of Public Information', Francisco Bethercourt and Florike Egmond (eds.), *Correspondence and Cultural Exchange in Europe, 1400–1700* (Cambridge: Cambridge University Press, 2007), pp. 33–52，以及 "Roman Avvisi: Information and Politics in the Seventeenth Century", Gianvittorio Signorotto and Maria Antonietta Visceglia (eds.), *Court and Politics in Papal Rome, 1400–1800* (Cambridge: Cambridge University Press, 2002)。

29　George Holmes, "A Letter from Lucca to London in 1303", Peter Denley and Caroline Elam (eds.),

Florence and Italy: Renaissance Studies in Honour of Nicolai Rubinstein (London: University of London, 1988), pp. 227–233.

30 见上文第二章。

31 Carolyn James (ed.), *The Letters of Giovanni Sabadino degli Arienti (1481–1510)* (Florence: Olschki, 2001); Bernard Chandler, "A Renaissance News Correspondent", *Italica*, 29 (1952), pp. 158–163.

32 C. Marzi, "Degli antecessori dei giornali", *Rivista delle biblioteche e degli archivi*, 24 (1913), 181–185. 翻译节选自 Infelise, "Merchants' Letters", p. 39。

33 James, *Letters of Giovanni Sabadino degli Arienti*, pp. 48–50.

34 Infelise, "Merchants' Letters", pp. 39–40.

35 Jean Delumeau, *Vie économique et sociale de Rome dans la seconde moitié du XVIᵉ siècle* (Paris: Boccard, 1957–9), pp. 26–79，见 p. 28。

36 *The Merchant of Venice*, Act 3, scene 1 呼应了 Shylock to Bassano, Act 1, scene 3。

37 Delumeau, *Vie économique et sociale de Rome*, pp. 877–878.

38 Infelise, "Roman Avvisi", p. 216.

39 Brian Richardson, *Manuscript Culture in Renaissance Italy* (Cambridge: Cambridge University Press, 2009), p. 159.

40 Ibid., pp. 117–121.

41 见下文第七章。

42 Delumeau, *Vie économique et sociale de Rome*, p. 31.

43 Richardson, *Manuscript Culture*, p. 159.

44 Delumeau, *Vie économique et sociale de Rome*, p. 64.

45 见下文第八章。

46 Mark Häberlein, *The Fuggers of Augsburg: Pursuing Wealth and Honor in Renaissance Germany* (Charlottesville, VA: University of Virginia Press, 2012); Jacob Strieder, *Jakob Fugger the Rich: Merchant and Banker of Augsburg, 1459–1525* (Westport, CT: Greenwood Press, 1984); Götz von Pölnitz, *Die Fugger* (Frankfurt: Scheffler, 1960); Richard Ehrenberg, *Das Zeitalter der Fugger: Geldkapital und Creditverkehr im 16. Jahrhundert* (Jena: Fischer, 1922).

47 Vienna, ONB, Cod. 8949–8975; Mathilde A. H. Fitzler, *Die Entstehung der sogenannten Fuggerzeitungen in der Wiener Nationalbibliothek* (Baden bei Wien: Rohrer, 1937); Oswald Bauer, *Zeitungen vor der Zeitung. Die Fuggerzeitungen (1568–1605) und das frühmoderne Nachrichtensystem* (Berlin: Akademie Verlag, 2011).

48 Ancel, "Étude critique", pp. 115–139.

49 Behringer, *Im Zeichen des Merkur*, p. 327.

50 Fitzler, *Entstehung*, p. 22.

51 Behringer, *Im Zeichen des Merkur*, p. 328.

52 Fitzler, *Entstehung*, p. 78. It was published as *Warhafftige Abconterfectur und eigentlicher bericht der gewaltigen Schiffbrucken, Blochheusser und unerhörter wundergebew die der Printz von Barma vor der Statt Antorff auf dem Wasser hat bawen lassen.* 慕尼黑国家博物馆藏有一份副本，Cod. Germ. 5864/2 f. 38。

53 Albert Ganado and Maurice Agius-Valadà, *A Study in Depth of 143 Maps Representing the Great Siege of Malta of 1565* (Valetta: Bank of Valetta, 1994).

54 Behringer, *Im Zeichen des Merkur*, pp. 330–331.

55   William S. Powell, *John Pory, 1572–1636: The Life and Letters of a Man of Many Parts* (Chapel Hill, NC: University of North Carolina Press, 1976).

<h1 style="text-align:center">第六章</h1>

1   G. R. Elton, *Policy and Police: The Enforcement of the Reformation in the Age of Thomas Cromwell* (Cambridge: Cambridge University Press, 1972).

2   Adam Fox, *Oral and Literate Culture in England, 1500–1700* (Oxford: Oxford University Press, 2000), pp. 346, 349.

3   Peter Clark (ed.), *Small Towns in Early Modern Europe* (Cambridge: Cambridge University Press, 1995).

4   Adam Fox, "Rumour, News and Popular Political Opinion in Elizabethan and Early Stuart England", *Historical Journal*, 40 (1997), p. 604.

5   Ibid., p. 605.

6   Ibid., p. 609.

7   Pieter Spierenburg, *The Spectacle of Suffering* (Cambridge: Cambridge University Press, 1984); Paul Friedland, *Seeing Justice Done: The Age of Spectacular Capital Punishment in France* (Oxford: Oxford University Press, 2012); David Nicholls, "The Theatre of Martyrdom in the French Reformation", *Past and Present*, 121 (188), pp. 49–73; J. A. Sharpe, "Last Dying Speeches: Religion, Ideology and Public Execution in Seventeenth-Century England', *Past and Present*, 107 (1985), pp. 144–167.

8   见第四章。

9   更现实的时间表见臭名昭著的斧头杀人犯伊诺克·埃文的案例，他于 1633 年 8 月 20 日在什鲁斯伯里被处决。在这一年的年底，有两本简短的小册子出版，第一本由书籍出版业公会在 9 月 20 日登记。Peter Lake and Michael Questier, *The Antichrist's Lewd Hat: Protestants, Papists and Players in Post-Reformation England* (New Haven, CT: Yale University Press, 2002), pp. 6–7.

10   Laurence Fontaine, *History of Pedlars in Europe* (Durham, NC: Duke University Press, 1996).

11   Clive Griffin, "Itinerant Booksellers, Printers and Pedlars in Sixteenth-Century Spain and Portugal", Robin Myers, Michael Harris and Giles Mandelbrote, *Fairs, Markets and the Itinerant Book Trade* (London: British Library, 2007), pp. 43–59.

12   E. M. Wilson, "Samuel Pepys's Spanish Chapbooks", *Transactions of the Cambridge Bibliographical Society*, 2 (1955–7), pp. 127–154, 229–268, 305–322.

13   Clive Griffin, *Journeymen Printers, Heresy and the Inquisition in Sixteenth-Century Spain* (Oxford: Oxford University Press, 2005).

14   Alastair Duke, "Posters, Pamphlets and Prints", *Dissident Identities in the Early Modern Low Countries* (Aldershot: Ashgate, 2009), pp. 157–177.

15   F. Madan, "The Daily Ledger of John Dorne, 1520", C. R. L. Fletcher (ed.), *Collectanea* (Oxford: Oxford Historical Society, 1885), pp. 71–177. 他也出售圣诞颂歌，同是单张，售价不变。

16   Rosa Salzberg and Massimo Rospocher, "Street Singers in Italian Renaissance Urban Culture and Communication", *Cultural and Social History*, 9 (2012), pp. 9–26.

17   Giancarlo Petrella, "Ippolito Ferrarese, a Travelling 'Cerratano' and Publisher in Sixteenth-Century Italy", Benito Rial Costas (ed.), *Print Culture and Peripheries in Early Modern Europe* (Leiden: Brill, 2013), pp. 201–226.

18 Salzberg and Rospocher, "Street Singers".

19 Massimo Rospocher, "Print and Political Propaganda under Pope Julius II (1503–1513)", Pollie Bromilow (ed.), *Authority in European Book Culture* (New York: Ashgate, 2013).

20 Salzberg and Rospocher, "Street Singers".

21 *Cantique de victoire pour l'Eglise de Lyon. A Lyon, Le jour de la victoire, dernier du mois d'Avril. 1562* (Lyon: Jean Saugrain, 1562). USTC 37138.

22 罗莎·扎尔茨贝格的结论，也是她最有说服力的一句话。Salzberg and Rospocher, "Street Singers".

23 见上文第五章。

24 Tommaso Garzoni, *La piazza universale di tutte le professionini del mondo* (1585).

25 Andrew Pettegree, *Reformation and the Culture of Persuasion* (Cambridge: Cambridge University Press, 2005), Chapter 3.

26 Nathan Rein, *The Chancery of God: Protestant Print, Polemic and Propaganda against the Emperor, Magdeburg 1546–1551* (Aldershot: Ashgate, 2008).

27 载于以下文件的附录：Thomas Kaufmann, *Das Ende der Reformation: Magdeburgs "Herrgotts Kanzlei" (1548–1551/2)* (Tübingen: Mohr Siebeck, 2003)。

28 Rebecca Wagner Oettinger, *Music as Propaganda in the German Reformation* (Aldershot: Ashgate, 2001), p. 137, Chapter "Popular Song as Resistance".

29 Wagner Oettinger, *Music as Propaganda*, pp. 118–119. Oettinger's table 4.2 (p. 113) 提供了一系列 "犹大之歌" 的换词歌。

30 Jane Finucane, "Rebuking the Princes: Erasmus Alber in Magdeburg, 1548–1552", Bromilow (ed.), *Authority in European Book Culture.* 关于阿尔贝的作品见 Kaufmann, *Ende der Reformation*, appendix I and pp. 371–397。

31 Allyson Creasman, *Censorship and Civic Order in Reformation Germany, 1517–1648* (Aldershot: Ashgate, 2012), pp. 27–30, 73.

32 Ibid., p. 106.

33 Ibid., pp. 147–184. 关于历法的争议也见 C. Scott Dixon, "Urban Order and Religious Coexistence in the German Imperial City: Augsburg and Donauwörth, 1548–1608', *Central European History* (2007), 40, pp. 1–33。

34 Alexander J. Fisher, "Song, Confession and Criminality: Trial Records as Sources for Popular Music Culture in Early Modern Europe", *Journal of Musicology*, 18 (2001), pp. 616–657.

35 Creasman, *Censorship and Civic Order*.

36 Allyson F. Creasman, "Lies as Truth: Policing Print and Oral Culture in the Early Modern City", Marjorie Plummer and Robin Barnes (eds.), *Ideas and Cultural Margins in Early Modern Germany* (Aldershot: Ashgate, 2009), pp. 255–270.

37 Tessa Watt, *Cheap Print and Popular Piety, 1550–1640* (Cambridge: Cambridge University Press, 1991); Natasha Würzbach, *The Rise of the English Street Ballad, 1550–1650* (Cambridge: Cambridge University Press, 1990); Christopher Marsh, *Music and Society in Early Modern England* (Cambridge: Cambridge University Press, 2010).

38 Marsh, *Music and Society*, p. 255.

39 Ibid., p. 251.

40 Nancy Lyman Roelker, *The Paris of Henry of Navarre as Seen by Pierre de L'Estoile* (Cambridge, MA: Harvard University Press, 1958).

41　Patricia Fumerton and Anit Guerrini, "Introduction: Straws in the Wind", *Ballads and Broadsides in Britain, 1500–1800* (Aldershot: Ashgate, 2010), p. 1.

42　Marsh, *Music and Society*, pp. 245–246.

43　Ibid., p. 246.

44　Alan Everitt, "The English Urban Inn, 1560–1760", in idem, *Perspectives in English Urban History* (London: Macmillan, 1973), pp. 91–137，见 p. 93；也见 Peter Clark, *The English Alehouse: A Social History, 1200–1830* (London: Longman, 1983)。

45　Peter Spufford, *Power and Profit: The Merchant in Medieval Europe* (London: Thames and Hudson, 2002), pp. 205–206.

46　Everitt, "English Urban Inn", pp. 104–105.

47　Beat Kümin, *Drinking Matters: Public Houses and Social Exchange in Early Modern Central Europe* (London: Palgrave Macmillan, 2007), p. 121.

48　Ibid.

49　Ibid., pp. 134–135.

50　剑桥的白马酒馆很有名。Elisabeth Leedham-Green, *A Concise History of the University of Cambridge* (Cambridge: Cambridge University Press, 1996), p.44.

51　M. Kobelt-Groch, "Unter Zechern, Spielern und Häschern. Täufer im Wirtshaus", N. Fischer and M. Kobelt-Groch (eds.), *Aussenseiter zwischen Mittelalter und Neuzeit* (Leiden: Brill, 1997), pp. 111–126.

52　此处尤见 Tom Scott, *Freiburg and the Breisgau: Town–Country Relations in the Age of Reformation and Peasants' War* (Oxford: Oxford University Press, 1986)。

53　Hans-Christoph Rublack (ed.), "The Song of Contz Anahans: Communication and Revolt in Nördlingen, 1525", R. Po-Chia Hsia (ed.), *The German People and the Reformation* (Ithaca, NY: Cornell University Press, 1988), pp. 108–109.

54　宗教裁判所不懈的调查尤见 Clive Griffin, *Journeymen-Printers, Heresy and the Inquisition in Sixteenth-Century Spain* (Oxford: Oxford University Press, 2005)。

55　瓜里尼纽斯转引自 Kümin, *Drinking Matters*, p. 129。

56　Michael Frank, "Satan's Servants or Authorities' Agent? Publicans in Eighteenth-Century Germany", Beat Kümin and B. Ann Tlusty (eds.), *The World of the Tavern: Public Houses in Early Modern Europe* (Aldershot: Ashgate, 2002), p. 32. 也见 B. Ann Tlusty, *Bacchus and Civic Order: The Culture of Drink in Early Modern Germany* (Charlottesville, VA: University of Virginia Press, 2001)。

57　Fox, *Oral and Literate Culture*, p. 364.

58　Ibid., p. 369.

59　Adam Fox, "Rumour, News and Popular Political Opinion in Elizabethan and Early Stuart England", *Historical Journal*, 40 (1997), pp. 597–620; Rebecca Lemon, *Treason by Words: Literature, Law, and Rebellion in Shakespeare's England* (Ithaca, NY: Cornell University Press, 2006).

60　Fox, "Rumour", p. 599.

61　Fox, *Oral and Literate Culture*, p. 341.

62　Claude Holyband, *The French Littelton* (London: Richard Field, 1593), pp. 46–47. STC 6742. USTC 75635.

63　Fox, "Rumour", p. 601.

64　Carolyn Muessig (ed.), *Preacher, Sermon and Audience in the Middle Ages* (Leiden: Brill, 2002).

65　见上文第三章。

66　尤 见 Larissa Taylor (ed.), *Preachers and People in the Reformations and Early Modern Period* (Leiden: Brill, 2001)；Pettegree, *Reformation and the Culture of Persuasion*, Chapter 2。

67　Pettegree, *Reformation and the Culture of Persuasion*, p. 18.

68　Ibid., pp. 24–25. 这种布道旅游有时会出现惊人的结果，见关于弗洛里蒙·德拉蒙的描述，载于 Alastair Duke, Gillian Lewis and Andrew Pettegree (eds.), *Calvinism in Europe: A Collection of Documents* (Manchester: Manchester University Press, 1992), pp. 37–38。

69　他关于《弥迦书》的布道的一个范例抄录于 Duke, Lewis and Pettegree (eds.), *Calvinism in Europe*, pp. 30–34。

70　William G. Naphy, *Calvin and the Consolidation of the Genevan Reformation* (Manchester: Manchester University Press, 1994), pp. 159, 161.

71　Heiko Oberman, *Luther: Man between God and the Devil* (New Haven, CT: Yale University Press, 1992), pp. 3–12.

72　Arnold Hunt, *The Art of Hearing: English Preachers and their Audiences, 1590–1640* (Cambridge: Cambridge University Press, 2010), p. 106. 关于远征的新闻事件见第九章。

73　这一点在以下文件中得到令人信服的证明：Hunt, *The Art of Hearing*, pp. 150–154。17 世纪英国高度政治化的布道见 Tony Clayton, "The Sermon, the 'Public Sphere' and the Political Culture of Late Seventeenth-Century England", L. A. Ferrell and P. McCullough (eds.), *The English Sermon Revised: Religious Literature and History, 1600–1750* (Manchester: Manchester University Press, 2001), pp. 208–234。

74　Millar MacLure, *The Paul's Cross Sermons, 1534–1642* (Toronto: University of Toronto Press, 1958); idem, *Register of Sermons Preached at Paul's Cross, 1534–1642* (Ottawa: Dovehouse editions, 1989).

75　Hunt, *The Art of Hearing*, p. 212. 保罗十字教堂布道的高度政治性和时事性见 Lake and Questier, *Antichrist's Lewd Hat*, pp. 335–376。

76　Emily Michelson, "An Italian Explains the English Reformation", in Michelson et al. (eds.), *A Linking of Heaven and Earth* (Aldershot: Ashgate, 2012), pp. 33–48.

77　Hunt, *The Art of Hearing*, Chapter 1.

78　Ibid., p. 64.

79　Margo Todd, *The Culture of Protestantism in Early Modern Scotland* (London: Yale University Press, 2002), pp. 28–48.

第七章

1　Iain Fenlon, *The Ceremonial City: History, Memory and Myth in Renaissance Venice* (New Haven, CT, and London: Yale University Press, 2007).

2　Margaret Meserve, "News from Negroponte: Politics, Popular Opinion and Information Exchange in the First Decade of the Italian Press", *Renaissance Quarterly*, 59 (2006), pp. 440–480; Robert Schwoebel, *The Shadow of the Crescent: The Renaissance Image of the Turk (1453–1517)* (Nieuwkoop: De Graaf, 1967); Carl Göllner, *Turcica. Die europäischen Türkendrucke des XVI Jahrhunderts*, 3 vols. (Bucharest: Academiei, 1961–1978).

3　见上文第三章。

4　Margaret Meserve, *Empires of Islam in Renaissance Historical Thought* (Cambridge, MA: Harvard

University Press, 2008).

5　Albert Ganado and Maurice Agius-Vadalà, *A Study in Depth of 143 Maps Representing the Great Siege of Malta of 1565* (Valetta: Bank of Valetta, 1994).

6　Henry Kamen, *Philip of Spain* (New Haven, CT, and London: Yale University Press, 1997), p. 139.

7　Geoffrey Parker, *The Grand Strategy of Philip II* (New Haven, CT, and London: Yale University Press, 1998), p. 19，腓力的工作模式见下文。

8　Fenlon, *Ceremonial City*.

9　Barbarics Zsuzsa and Renate Pieper, "Handwritten Newsletters as a Means of Communication in Early Modern Europe", Francisco Bethercourt and Florike Egmond, *Correspondence and Cultural Exchange in Europe, 1400–1700* (Cambridge: Cambridge University Press, 2007), pp. 75–76.

10　Göllner, *Turcica*, vol. 2, no. 1396.

11　Ibid., vol. 2.

12　Ibid., nos. 1435–1439.

13　有趣的是，格尔纳列出的两本小册子都以遗失的原件为依据。

14　Basel, Ulm, Nuremberg, Leipzig and Breslau. Göllner, *Turcica*, nos. 1398–1404, 1448, 1477–1496.

15　Zurich ZB: PAS II 24/17.

16　Barbara Diefendorf, *Beneath the Cross: Catholics and Huguenots in Sixteenth-Century Paris* (New York: Oxford University Press, 1991). 关于地方的大屠杀和改信，见 Philip Benedict, *Rouen during the Wars of Religion* (Cambridge: Cambridge University Press, 1981)。

17　Robert M. Kingdon, *Myths about the St Bartholomew's Day Massacre* (Cambridge, MA: Harvard University Press, 1988).

18　*Correspondance de Théodore de Bèze, 13 (1572)*, Hippolyte Aubert (ed.) (Geneva: Droz, 1988), no. 938, p. 179; Scott M. Manetsch, *Theodore Beza and the Quest for Peace in France, 1572–1598* (Leiden: Brill, 2000), p. 34.

19　Manetsch, *Theodore Beza and the Quest for Peace*, p. 34.

20　*Correspondance de Théodore de Bèze*, no. 939.

21　Donald Kelley, *François Hotman: A Revolutionary's Ordeal* (Princeton, NJ: Princeton University Press, 1973), p. 219.

22　John Cooper, *The Queen's Agent: Francis Walsingham at the Court of Elizabeth I* (London: Faber & Faber, 2011); Conyers Read, *Mr. Secretary Walsingham and the Policy of Queen Elizabeth*, 3 vols. (Oxford: Clarendon Press, 1925).

23　Bertrand de Salignac de La Mothe Fénélon, *Correspondance diplomatique*, T. H. A. Teulet (ed.), 7 vols. (Paris, 1838–1840), V, 21; Conyers Read, *Lord Burghley and Queen Elizabeth* (London: Jonathan Cape, 1960), p. 87.

24　Read, *Lord Burghley and Queen Elizabeth*, p. 91.

25　Pierre Hurtubise, "Comment Rome apprit la nouvelle du massacre de la Saint-Barthélemy", *Archivum Historiae Pontificiae*, 10 (1972), pp. 187–209.

26　Ibid., pp. 198–199.

27　Kamen, *Philip of Spain*, p. 141.

28　Parker, *Grand Strategy*, p. 101.

29　Paula Sutter Fichtner, *Emperor Maximilian II* (New Haven, CT: Yale University Press, 2001), pp. 183–184.

30　*Declaration de la cause et occasion de la mort de l'admiral* (Paris: Jean Dallier, 1572); FB 12209–

12217, 12230–12231.

31 Hurtubise, "Comment Rome apprit la nouvelle", p. 202.

32 *Le stratagem ou la ruse de Charles IX* (Geneva: Jacob Stoer, 1574); FB 8814. 原始的意大利版本（罗马，1572）见 USTC 818499。

33 Kingdon, *Myths about the St Bartholomew's Day Massacre.* 对这一文献的经典处理见 Quentin Skinner, *The Foundations of Modern Political Thought* (Cambridge: Cambridge University Press, 1978)。

34 Kingdon, *Myths about the St Bartholomew's Day Massacre*, pp. 28–50. 许多当代发表的最重要的文献载于 Simon Goulart, *Mémoires de l'estat de France sous Charles neufiesme* (Geneva: Vignon, 1576)。

35 最好的记述见 Colin Martin and Geoffrey Parker, *The Spanish Armada*, 2nd edn (Manchester: Manchester University Press, 1999)。为本研究打下基础的突破性考古调查见 Colin Martin, *Full Fathom Five: The Wrecks of the Spanish Armada* (London: Chatto & Windus, 1975)。

36 Jean Delumeau, *Vie économique et sociale de Rome dans la seconde moitié du XVI' siècle* (Paris: Boccard, 1957–1959), p. 60.

37 Ibid., p. 35.

38 De Lamar Jensen, *Diplomacy and Dogmatism: Bernardino de Mendoza and the French Catholic League* (Cambridge, MA: Harvard University Press, 1964), pp. 156–157.

39 *Copie d'une lettre envoyée de Dieppe, sur la rencontre des armées d'Espaigne & d'Angleterre* (Paris: Guillaume Chaudiere, 1588); USTC 8949. 加上里昂和图卢兹的重印版，共有四个 1588 年的版本。USTC 12721, USTC 53285.

40 *Discours veritable de ce qui s'est passé entre les deux armées de Mer d'Angleterre & d'Espaigne* (s.l, s.n. 1588). 不过它在坚定的新教城市拉罗谢尔和其他地方重版了，后者是以匿名的方式。拉罗谢尔版本见 USTC 19491。

41 Bertrand T. Whitehead, *Brags and Boasts: Propaganda in the Year of the Armada* (Stroud: Alan Sutton, 1994), p. 109.

42 Parker, *Grand Strategy*, pp. 223–224. 关于伊丽莎白在收集情报方面的努力见 Alan Haynes, *Invisible Power: The Elizabethan Secret Service, 1570–1603* (Stroud: Sutton, 1992)；Stephen Alford, *The Watchers: A Secret History of the Reign of Elizabeth I* (London: Allen Lane, 2012)。

43 Parker, *Grand Strategy*, p. 270.

44 Stuart Carroll, *Martyrs and Murderers: The Guise Family and the Making of Europe* (Oxford: Oxford University Press, 2009), pp. 281–292.

45 Delumeau, *Vie économique et sociale de Rome*, p. 54.

46 Ibid., p. 59.

47 Ibid., p. 61.

48 这些谈判的背景见 Michael Wolfe, *The Conversion of Henry IV* (Cambridge, MA: Harvard University Press, 1993)。

49 Delumeau, *Vie économique et sociale de Rome*, p. 58.

50 *Corte verhael vande groote victorie die Godt almachtich de conincklijcke mayesteyt van Enghelant verleent heft, over de Spaensche armada* (Amsterdam: Barent Adriaesnz, 1588); USTC 422639.

51 *Le discourse de la deffette des Anglois par l'armée espagnolle conduicte par le marquis de Saincte Croix espagnol, aux Illes Orcades* (Paris: François Le Fèvre, 1588); USTC 9650.

52 报道于 9 月 3 日的一份新闻信札。Brendan Dooley, "Sources and Methods in Information His-

tory: The Case of Medici Florence, the Armada and the Siege of Ostende", Joop W. Koopmans (ed.), *News and Politics in Early Modern Europe (1500–1800)* (Louvain: Peeters, 2005), p. 39。

53 在书籍出版业登记出版的民谣列于 Whitehead, *Brags and Boasts*, pp. 209–211。John J. McAleer, "Ballads on the Spanish Armada", *Texas Studies in Literature and Language*, 4 (1963), pp. 602–612.

54 STC 6558. 插图载于 Whitehead, *Brags and Boasts*, p. 126。

55 *A true discourse of the Armie which the kinge of Spaine caused to be assembled in the haven of Lisbon* (London: John Wolfe, 1588); STC 22999, USTC 510911.

56 *Le vray discours de l'armee, que le roy catholique a faict assembler ay port de la ville de Lisbone* (Paris: Chaudière, 1588); USTC 19534. 还有一个简略的荷兰文版本：*De wonderlijcke groote Armade die den Coninck van Spaengien heft toegherust op Enghelandt* (Gent: Jan van Salenson, 1588)；USTC 413911。

57 *A pack of Spanish lyes sent abroad in the world* (London: Christopher Barker, 1588); STC 23011, USTC 510912; Whitehead, *Brags and Boasts*, pp. 197–198. 当然，讽刺的是，英国是最后一个放弃老式哥特体而采用罗马体的印刷文化之一。在这方面，西班牙走得很远。

58 Christina Borreguero Beltrán, "Philip of Spain: The Spider's Web of News and Information', Brendan Dooley (ed.), *The Dissemination of News and the Emergence of Contemporaneity in Early Modern Europe* (Aldershot: Ashgate, 2010), pp. 23–49，见 p. 31。

59 Beltrán, "Philip of Spain", p. 33.

60 见下文第八章。

61 Parker, *Grand Strategy*, p. 244.

62 不少于十个意大利城邦在西班牙设有常驻大使，更何况还有来自西方民族国家的大使。Parker, *Grand Strategy*, p. 218。

63 Ibid., p. 20.

64 Ibid.

65 Ibid., p. 65.

66 Geoffrey Parker, *The Dutch Revolt* (London: Allan Lane, 1977).

第八章

1 Johannes Weber, "Strassburg 1605: The Origins of the Newspaper in Europe", *German History*, 24 (2006), pp. 387–412.

2 见下文以及上文第二章。

3 Wolfgang Behringer, *Thurn und Taxis. Die Geschichte ihrer Post und ihrer Unternehmen* (Munich: Piper, 1990); idem, *Im Zeichen des Merkur. Reichspost und Kommunikationsrevolution in der Frühen Neuzeit* (Göttingen:Vandenhoeck & Ruprecht, 2003). 该论点的摘要载于 Wolfgang Behringer, "Communications Revolutions", in *German History*, 24 (2006), pp. 333–374。

4 Behringer, *Thurn und Taxis*, p. 18.

5 Ibid., pp. 41–46; idem, *Im Zeichen des Merkur*, p. 63.

6 Behringer, *Im Zeichen des Merkur*, pp. 80–82.

7 Behringer, *Thurn und Taxis*, pp. 52–54, 79–83.

8 E. John B. Allen, "The Royal Posts of France in the Fifteenth and Sixteenth Centuries", *Postal History Journal*, 15 (1971), pp. 13–17.

9   Philip Beale, *A History of the Post in England from the Romans to the Stuarts* (Aldershot: Ashgate, 1988).

10   Ibid., p. 119.

11   Ibid., p. 122.

12   Ibid., p. 142.

13   Philip Beale, Adrian Almond and Mike Scott Archer, *The Corsini Letters* (Stroud: Amberley, 2011).

14   Behringer, *Thurn und Taxis*, pp. 49–50.

15   Wolfgang Behringer, "Fugger und Taxis. Der Anteil Augsburger Kaufleute an der Entstehung des europäischen Kommunikationssystems", Johannes Burkhardt (ed.), *Augsburger Handelshäuser im Wandel des historischen Urteils* (Berlin: Akademie Verlag, 1996), pp. 24–48.

16   汉斯·富格尔和马克思·富格尔在 1572 年成为奥克塔维娅·冯·塔克西斯的教父，汉斯·富格尔还在 1582 年担任奥格斯堡邮政局长塞拉芬的遗嘱执行人。Behringer, "Fugger und Taxis", Burkhardt (ed.), *Augsburger Handelshäuser*, pp. 241–248.

17   Von Sautter, "Auffindung einer grossen Anzahl verschlossener Briefe aus dem Jahre 1585", *Archiv für Post und Telegraphie*, 4 (1909), pp. 97–115.

18   Von Sautter, "Briefe aus dem Jahre 1585", pp. 107–109.

19   A. L. E. Verheyden, "Une correspondance ineditée addressée par des familles protestantes des Pays-Bas à leurs coreligionnaires d'Angleterre (11 novembre 1569–25 février 1570)", *Bulletin de la Commission Royale d'Histoire*, 120 (1955), pp. 95–257.

20   对信件的讨论载于 Andrew Pettegree, *Foreign Protestant Communities in Sixteenth-Century London* (Oxford: Oxford University Press, 1986), pp. 221–225。

21   见上文第七章。

22   M. A. H. Fitzler, *Die Entstehung der sogenannten Fuggerzeitungen in der Wiener Nationalbibliothek* (Vienna: Rohrer, 1937), p. 61.

23   Behringer, *Thurn und Taxis*, p. 52.

24   Ibid., p. 56.

25   Behringer, *Im Zeichen des Merkur*, pp. 132–136.

26   Erich Kuhlmann, "Aus Hamburgs älterer Postgeschichte", *Archiv für deutsche Postgeschichte*, *Sonderheft* (1984), pp. 36–68.

27   Behringer, *Thurn und Taxis*, p. 58.

28   在以下资料中重制：ibid., pp. 70–71。

29   Behringer, *Im Zeichen des Merkur*, pp. 177–188.

30   Ibid., p. 178.

31   Ibid., pp. 205–211.

32   1936 年，在斯德哥尔摩皇家图书馆的仓库中发现了已知现存最大的 17 世纪报纸收藏，这生动地证明了瑞典这些年的国际外交参与。见 Folke Dahl, *The Birth of the European Press as Reflected in the Newspaper Collection of the Royal Library* (Stockholm: Rundqvists Boktryckeri, 1960)。

33   见下文第十章。

34   Klaus Beyrer, *Die Postkutschenreise* (Tübingen: Ludwig-Uhland-Instituts, 1985); idem, "The Mail-Coach Revolution: Landmarks in Travel in Germany between the Seventeenth and Nineteenth Centuries", *German History*, 24 (2006), pp. 375–386.

第九章

1 Johannes Weber, "Strassburg 1605: The Origins of the Newspaper in Europe", *German History*, 24 (2006), pp. 387–412.

2 Elizabeth Armstrong, *Before Copyright: The French Book-Privilege System, 1498–1526* (Cambridge: Cambridge University Press, 1990).

3 海德堡大学这一年有几乎完整的使用自由，它现在已被数字化：http://digi.ub.uni-heidelberg. de/diglit/relation1609。

4 Johannes Weber, "'Unterthenige Supplication Johann Caroli, Buchtruckers'. Der Beginn gedruckter politischer Wochenzeitungen im Jahre 1605", *Archiv für Geschichte des Buchwesens*, 38 (1992), pp. 257–265.

5 德国早期报纸的标准目录：Else Bogel and Elgar Blühm, *Die deutschen Zeitungen des 17. Jahrhunderts. Ein Bestandverzeichnis*, 2 vols. (Bremen: Schünemann, 1971)；*Nachtrag* (Munich: Saur, 1985)。也见 Holger Böning, *Deutsche Presse. Biobibliographische Handbücher zur Geschichte der deutschsprachigen periodischen Presse von den Anfängen bis 1815*, 6 vols. (Stuttgart-Bad Cannstatt: Frommann-Holzboog, 1996–2003)。

6 Paul Ries, "The Anatomy of a Seventeenth-Century Newspaper", *Daphnis*, 6 (1977), pp. 171–232; idem, "Der Inhalt der Wochenzeitungen von 1609 im Computer", *Deutsche Presseforschung*, 26 (1987), pp. 113–125.

7 Weber, "Strassburg 1605", p. 398.

8 Karl Heinz Kremer, *Johann von den Birghden, 1582–1645. Kaiserlicher und koniglich- schwedischer Postmeister zu Frankfurt am Main* (Bremen: Lumière, 2005); idem, "Johann von den Birghden, 1582–1645", *Archiv für deutsche Postgeschichte* (1984), pp. 7–43.

9 Bogel and Blühm, *Deutschen Zeitungen*, no. 5.

10 Ibid., no. 15.

11 Ibid., no. 16.

12 在这方面，迈尔决定把他于 1630 年开始发行的第二份周刊也称为《邮报》，这无疑是一种不必要的挑衅。

13 因此，迈尔的 *Wöchentliche Zeitung auss mehrerley örther*，周二版被称作 *Prima*，周四版则叫 *Wöchentliche Zeitung*。见 Bogel and Blühm, *Deutschen Zeitungen*, no. 15。

14 Folke Dahl, *Dutch Corantos, 1618–1650: A Bibliography* (The Hague: Koninklijke Bibliotheek, 1946); Folke Dahl, *The Birth of the European Press as Reflected in the Newspaper Collection of the Royal Library* (Stockholm: Rundqvists Boktryckeri, 1960).

15 Folke Dahl, "Amsterdam, Earliest Newspaper Centre of Western Europe: New Contributions to the History of the first Dutch and French Corantos", *Het Boek*, XXV (1939), III, pp. 161–197，一份副本存于斯德哥尔摩皇家图书馆。也见 D. H. Couvée, "The First Couranteers – The Flow of the News in the 1620s", *Gazette*, 8 (1962), pp. 22–36。

16 这意味着，在两种印刷品的副本存世的情况下，它们很可能表现出微小的印刷差异。Dahl, *Dutch Corantos*, pp. 20–23，其副本存于斯德哥尔摩皇家图书馆和巴黎马扎然图书馆。

17 Dahl, *Dutch Corantos*, pp. 23–26.

18 Dahl, "Amsterdam, Earliest Newspaper Centre", pp. 190–191.

19 Ibid., pp. 185–186.

20 广告见 ibid., pp. 161–198，以及下文十四章。

21　Michiel van Groesen, "A Week to Remember: Dutch Publishers and the Competition for News from Brazil, 26 August–2 September 1624", *Quaerendo*, 40 (2010), pp. 26–49.

22　Paul Arblaster, "Current Affairs Publishing in the Habsburg Netherlands, 1620–1660" (Oxford University DPhil dissertation, 1999); Leon Voet, "Abraham Verhoeven en de Antwerpse pers", *De Gulden Passer*, 31 (1953), pp. 1–37. 最新的也见 Stéphane Brabant, *L'imprimeur Abraham Verhoeven (1575–1652) et les débuts de la presse "belge"* (Paris: A.E.E.F, 2009)。

23　见 Christiaan Schuckman, *Hollstein's Dutch and Flemish Etchings, Engravings and Woodcuts, ca. 1450–1700*, vol. XXXV (Roosendaal: van Poll, 1990), pp. 217–226, nos. 2–5。

24　特许状全文见 Brabant, *Verhoeven*, p. 281。

25　插图见 Dahl, *The Birth of the European Press*, p. 18。

26　Augustus, 1621, 112. *Tijdinghe wt Weenen, ende hoe dat het doodt lichaem . . . van Bucquoy, binnen . . . Weenen op chrijschmaniere . . . is ghebrocht, ende in baren ghestelt, inde kercke vande minimen.* 副本存于安特卫普遗产图书馆：B 17885: II, 112，以及伦敦大英图书馆：PP. 3444 af (269)。

27　Paul Arblaster, *Antwerp and the World: Richard Verstegen and the International Culture of Catholic Reformation* (Louvain: Louvain University Press, 2004).

28　如以下资料所示：Andrew Pettegree, "Tabloid Values: On the Trail of Europe's First News Hound", Richard Kirwan and Sophie Mullins (eds.), *Specialist Markets in the Early Modern Book World* (Leiden: Brill, 2014)。

29　引自 Paul Arblaster, "Policy and Publishing in the Habsburg Netherlands, 1585–1690", Brendan Dooley and Sabrina Baron (eds.), *The Politics of Information in Early Modern Europe* (London: Routledge, 2001), p. 185。

30　Lisa Ferraro Parmelee, *Good Newes from Fraunce: French Anti-League Propaganda in Late Elizabethan England* (Rochester, NY: University of Rochester Press, 1996).

31　I. Atherton, "The Itch Grown a Disease: Manuscript Transmission of News in the Seventeenth Century", Joad Raymond, *News, Newspapers, and Society in Early Modern Britain* (London: Cass, 1999). 一个特殊的新闻信札中间商的职业，见 William S. Powell, *John Pory, 1572–1636: The Life and Letters of a Man of Many Parts* (Chapel Hill, NC: University of North Carolina Press, 1976)。

32　Folke Dahl, A *Bibliography of English Corantos and Periodical Newsbooks, 1620–1642* (London: Bibliographical Society, 1952), nos. 1–16（附插图）。印刷商是约里斯·韦塞勒，他曾为范登基尔印刷荷兰版。Dahl, *Birth of the European Press*, p. 29. 见 STC 18507.1–17。

33　Dahl, *Birth of the European Press*; STC 18507.18–25 (Amsterdam: Jansz.; or London for Thomas Archer). STC 18507.29–35 (London: N. Butter).

34　STC 18507.35–81.

35　Dahl, *Bibliography*, nos. 80 ff.

36　插图见 Dahl, *Birth of the European Press*, p. 30。

37　Nicholas Brownlees, *Corantos and Newsbooks: Language and Discourse in the First English Newspapers* (1620–1641) (Pisa: Ets, 1999); Nicholas Brownlees, *The Language of Periodical News in Seventeenth-Century England* (Newcastle: Cambridge Scholars, 2011).

38　C. John Sommerville, *The News Revolution in England: Cultural Dynamics of Daily Information* (Oxford: Oxford University Press, 1996), p. 26.

39　Ibid.

40 一个例子见 Jason Peacey and Chris R. Kyle, *Breaking News: Renaissance Journalism and the Birth of the Newspaper* (Baltimore, MD: Johns Hopkins University Press, 2009), p. 55："此处我给你附上了我上一封信后的动向，这实际上是我们所有的外国新闻。"

41 Michael Frearson, "The Distribution and Readership of London Corantos in the 1620s", Robin Myers and Michael Harris (eds.), *Serials and their Readers, 1620–1914* (Winchester: St Paul's Bibliographies, 1993), p. 17.

42 Thomas Cogswell, "'Published by Authoritie': Newsbooks and the Duke of Buckingham's Expedition to the Ile de Ré", *Huntington Library Quarterly*, 67 (2004), pp. 1–26，见 p. 4。

43 原文："一、当在宗教或服从的问题上出现任何违抗或倒退时（在粗俗的人当中通常会产生谣言），要想办法用同样的方式把他们吸引过来，在他们中间散布尽可能有利于我们目标的报道。二、确立一种迅速而易于操作的方法，在整个国家的血管中散布一种物质，使人尽可能温驯，并服从于首脑和主要成员的安排。三、想办法振奋人们的精神，刺激他们的概念……逐渐将人们的意识延伸至正确的理性规则的概念，从而使他们易于服从那些通过这些规则来控制他们的人。"Powell, *Pory* (1976), p. 52.

44 见精彩文章 Thomas Cogswell, "'Published by Authoritie'"。

45 Ibid., p. 14.

46 Frearson, "London Corantos", p. 3.

47 Jayne E. E. Boys, *London's News Press and the Thirty Years War* (Woodbridge: Boydell, 2011).

48 Jeffrey K. Sawyer, *Printed Poison: Pamphlet Propaganda, Faction Politics, and the Public Sphere in Early Seventeenth-Century France* (Berkeley, CA: University of California Press, 1990).

49 Christian Jouhaud, "Printing the Event: From La Rochelle to Paris", Roger Chartier (ed.), *The Culture of Print: Power and Uses of Print in Early Modern Europe* (Princeton, NJ: Princeton University Press, 1989), pp. 290–333.

50 Dahl, *Birth of the European Press*, pp. 23–24.

51 见文章 Gilles Feyel in Jean Sgard, *Dictionnaire des Journaux 1600–1789* (Paris: Universitas, and Oxford: Voltaire Foundation, 1991), pp. 967–970。

52 Howard M. Solomon, *Public Welfare, Science, and Propaganda in Seventeenth-Century France: The Innovations of Théophraste Renaudot* (Princeton, NJ: Princeton University Press, 1972); Christian Bailly, *Théophraste Renaudot: un homme d'influence au temps de Louis XIII et de la Fronde* (Paris: Le Pré aux Clercs, 1987).

53 Gilles Feyel, *L'annonce et la nouvelle. La presse d'information en France sous l'ancien régime (1630–1788)* (Oxford: Voltaire Foundation, 2000), pp. 131–190.

54 Solomon, *Public Welfare*, p. 126.

55 Ibid., p. 129；也见 idem, "The *Gazette* and Antistatist Propaganda: The Medium of Print in the First Half of the Seventeenth Century", *Canadian Journal of History*, 9 (1974), pp. 1–17。

56 Feyel, *L'annonce et la nouvelle*, pp. 476–503.

57 权威著作：C. Moreau, *Bibliographie des Mazarinades* (Paris: Société de l'histoire de France, 1850–1851)，虽然在区分同一名称不同版本的作品方面，它只做了最基础的尝试。

58 *Remerciment des imprimeurs a monseigneur le Cardinal Mazarin* (N. Boisset, 1649), p. 4; Moreau, *Mazarinades*, no. 3,280.

59 *Avis burlesque du cheval de Mazarin à son maître* (Paris: veuve Musnier, 1649); Moreau, *Mazarinades*, no. 494.

60 Moreau, *Mazarinades*, nos. 811–835 (*Courier*), 1,466–1,472 (*Gazette*), 1,740–1,764 (*Journal*),

2,451–2,457 (*Mercury*).

61　*Le gazettier des-interressé* (Paris: Jean Brunet, 1649), sig. B2r; Moreau, *Mazarinades*, no. 1,466.

62　Moreau, *Mazarinades*, no. 830.

63　Ibid., I, pp. 249–250 确认了厄塞布和伊萨克·勒诺多是《信使》的出版商。见 H. Carrier, *La Presse de la Fronde (1648–1653): les Mazarinades* (Paris: Droz, 1989), I, 188–189 and note 605。

64　Moreau, *Mazarinades*, no. 718.

65　见下文第十一章；Stéphane Haffemayer, *L'information dans la France du XVIIe siècle: La Gazette de Renaudot de 1647 à 1663* (Paris: Champion, 2002)。

66　Filippo de Vivo, *Information and Communication in Venice: Rethinking Early Modern Politics* (Oxford: Oxford University Press, 2007).

67　引自 Brendan Dooley, *The Social History of Skepticism: Experience and Doubt in Early Modern Culture* (Baltimore, MD: Johns Hopkins University Press, 1999), p. 34。

68　Ibid., Filippo de Vivo, "Paolo Sarpi and the Uses of Information in Seventeenth-Century Venice", *Media History*, 11 (2005), pp. 37–51.

69　Dooley, *Skepticism*, p. 54.

70　盈利的例子出自 ibid., p. 42。

71　Ibid., p. 46.

第十章

1　Johannes Weber, "Der grosse Krieg und die frühe Zeitung. Gestalt und Entwicklung der deutschen Nachrichtenpresse in der ersten Hälfte des 17. Jahrhunderts", *Jahrbuch für Kommunikationsgeschichte*, 1 (1999), pp. 23–61，见 p. 25。

2　Karl Heinz Kremer, *Johann von den Birghden, 1582–1645. Kaiserlicher und koniglichschwedischer Postmeister zu Frankfurt am Main* (Bremen: Lumière, 2005); idem, "Johann von den Birghden, 1582–1645", *Archiv für deutsche Postgeschichte* (1984), pp. 7–43.

3　Esther-Beate Körber, "Deutschsprachige Flugschriften des Dreissigjährigen Krieges 1618 bis 1629", *Jahrbuch für Kommunikationsgeschichte*, 3 (2001), pp. 1–37.

4　Weber, "Der grosse Krieg und die frühe Zeitung", p. 25: the victims were described as Herr Slawata, Herr Schmozonsky, and Herr Philip P, Secretarius.

5　Ibid., p. 29.

6　Else Bogel and Elgar Blühm, *Die deutschen Zeitungen des 17. Jahrhunderts. Ein Bestandverzeichnis*, 2 vols. (Bremen: Schünemann, 1971); Else Bogel and Elgar Bluhm, *Nachtrag* (Munich: Saur, 1985), vol. I, pp. 48–51; II, pp. 50–51.

7　Johannes Weber, "Kontrollmechanismen im deutschen Zeitungswesen des 17. Jahrhunderts", *Jahrbuch für Kommunikationsgeschichte*, 6 (2004), pp. 56–73.

8　尤见 John Roger Paas, *The German Political Broadsheet, 1600–1700*, 11 vols. (Wiesbaden: Harrassowitz, 1985–2012)；Elmer A. Beller, *Propaganda during the Thirty Years War* (Princeton, NJ: Princeton University Press, 1940) 提供了一部分大报的内容，有用的是，还提供了相应文本的英语翻译。

9　见上文第四章。

10　经典研究：Robert W. Scribner, *For the Sake of Simple Folk: Popular Propaganda for the German Reformation* (Cambridge: Cambridge University Press, 1981)。对顾客的社会阶层一般比小册子

购买者低这一隐含论点的批评，见我的 *Reformation: The Culture of Persuasion* (Cambridge: Cambridge University Press, 2005), Chapter 5。16 世纪下半叶天主教有效使用论战图像的例子见 Andrew Pettegree, "Catholic Pamphleteering", Alexandra Bamji et al. (eds.), *The Ashgate Research Companion to the Counter-Reformation* (Aldershot: Ashgate, 2013), pp. 109–126。

11 Paas, *German Political Broadsheet*, vol. 2, P272–337.

12 William A. Coupe, *The German Illustrated Broadsheet in the Seventeenth Century: Historical and Iconographical Studies*, 2 vols. (Baden Baden: Heintz, 1966).

13 Beller, *Propaganda*, plate II, pp. 18–20.

14 Paas, *German Political Broadsheet*, vol. 2, P452–456.

15 寻找腓特烈的各种图画见 Ibid., vol. 3, P652–659。甚至有法国和荷兰版：vol. 3, PA133–139。

16 Ibid., P784–790.

17 Ibid., P708–713.

18 Ibid., P675–676.

19 Ibid., vol. 1, P23.

20 W. Lahne, *Magdeburgs Zerstöring in der zeitgenössischen Publizistik* (Magdeburg: Verlag des Magdeburger Geschichtsvereins, 1931). 更简短的英语叙述见 Andrew Cunningham and Ole Peter Grell, *The Four Horsemen of the Apocalypse: Religion, War, Famine and Death in Reformation Europe* (Cambridge: Cambridge University Press, 2000), pp. 170–199。

21 Weber, "Der grosse Krieg und die frühe Zeitung", pp. 36–37.

22 Ibid., pp. 38–39.

23 Paas, *German Political Broadsheet*, vol. 5, P1336–1347.

24 Lahne, *Magdeburgs Zerstörung*, pp. 147–155; Cunningham and Grell, *Four Horsemen*, p. 182.

25 瑞典的宣传尤见 G. Rystad, *Kriegsnachrichten und Propaganda während des Dreissigjährigen Krieges* (Lund: Gleerup, 1960)。

26 其中一些带翻译的文本翻印见 Paas, *German Political Broadsheet*, vol. 5, P1430–1452; Beller, *Propaganda*, plate XI, pp. 30–31。

27 Paas, *German Political Broadsheet*, vol. 6, P1585, 1587.

28 Kremer, "Johann von den Birghden", pp. 31–34.

29 Ibid., pp. 34–39.

30 Paas, *German Political Broadsheet*, vol. 6, P1770–1778.

31 Ibid., P1554–1555, 1614–1615.

32 Ibid., P1635–1636, 1812.

33 例如，大英博物馆的 1750.b.29 是一个含一百多份记录的对开本。

34 Weber, "Der grosse Krieg und die frühe Zeitung", pp. 39–40.

35 Paas, *German Political Broadsheet*, vol. 7, P2174–2175.

36 Nadine Akkerman, "The Postmistress, the Diplomat and a Black Chamber?: Alexandrine of Taxis, Sir Balthazar Gerbier and the Power of Postal Control", Robyn Adams and Rosanna Cox (eds.), *Diplomacy and Early Modern Culture* (Basingstoke: Palgrave, 2011), pp. 172–188.

37 见上文第九章。

38 这一时期已经引起了学术界的极大关注，尤见 Joad Raymond, *Pamphlets and Pamphleteering in Early Modern Britain* (Cambridge: Cambridge University Press, 2003)；Jason Peacey, *Politicians and Pamphleteers: Propaganda during the English Civil Wars and Interregnum* (Aldershot:

Ashgate, 2004)。依然有用的旧研究：Joseph Frank, *The Beginnings of the English Newspaper, 1620–1660* (Cambridge, MA: Harvard University Press, 1961)。

39 Caroline Nelson and Matthew Seccombe, *British Newspapers and Periodicals, 1641–1700: A Short-Title Catalogue* (New York: Modern Language Association of America, 1987).

40 数据载于John Barnard and Maureen Bell, "Statistical Tables", Barnard and D. F. McKenzie (eds.), *The Cambridge History of the Book in Britain. Volume IV, 1557–1695* (Cambridge: Cambridge University Press, 2002), pp. 779–784; Raymond, *Pamphlets and Pamphleteering*, pp. 202–275。

41 Jason McElligott, "1641", Joad Raymond (ed.), *The Oxford History of Popular Print Culture. I: Cheap Print in Britain and Ireland to 1660* (Oxford: Oxford University Press), pp. 599–608.

42 Ethan Shagan, "Constructing Discord: Ideology, Propaganda and the English Responses to the Irish Rebellion of 1641", *Journal of British Studies*, 36 (1997), pp. 4–34.

43 日报的节选见 Joad Raymond, *Making the News: An Anthology of the Newsbooks of Revolutionary England 1641–1660* (Moreton-in-Marsh: Windrush Press, 1993), pp. 35–52。

44 有时印刷量相当大。1649 年，从印刷商那里订购了九千到一万两千份向英格兰所有教区分发的大报。Angela McShane, "Ballads and Broadsides", in Raymond (ed.), *Popular Print Culture*, p. 348.

45 C. John Sommerville, *The News Revolution in England: Cultural Dynamics of Daily Information* (Oxford: Oxford University Press, 1996).

46 Ibid., p. 35.

47 Raymond, *Making the News*, pp. 92–99. 其主编见 P. W. Thomas, *Sir John Berkenhead, 1617–1679: A Royalist Career in Politics and Polemics* (Oxford: Oxford University Press, 1969)。

48 Sommerville, *News Revolution*, p. 51.

49 Jason Peacey, "The Struggle for Mercurius Britanicus: Factional Politics and the Parliamentarian Press, 1643–6", *Huntington Library Quarterly*, 68 (2005), pp. 517–543.

50 Joseph Frank, *Cromwell's Press Agent: A Critical Biography of Marchamont Nedham, 1620–1678* (Lanham, MD: University Press of America, 1980). 《不列颠信使报》的节选见 Raymond, *Making the News*, pp. 332–350。

51 Sommerville, *News Revolution*, p. 40.

52 Raymond, *Making the News*, pp. 350–374.

53 Helmer J. Helmers, "The Royalist Republic: Literature, Politics and Religion in the AngloDutch Public Sphere (1639–1660)" (Doctoral Dissertation, Leiden, 2011).

54 Paas, *German Political Broadsheet*, vol. 8, P2225–2236.

55 Peacey, *Politicians and Pamphleteers*, pp. 132–154.

56 Francis F. Madan, *A New Bibliography of the Eikon Basilike* (Oxford: Oxford Bibliographical Society Publications, III, 1949).

57 Blair Worden, *Literature and Politics in Cromwellian England: John Milton, Andrew Marvell, Marchamont Nedham* (Oxford: Oxford University Press, 2007); idem, "Marchamont Nedham and the Beginnings of English Republicanism, 1649–1656", David Wootton (ed.), *Republicanism, Liberty and Commercial Society, 1649–1776* (Stanford, CA: Stanford University Press, 1994), pp. 45–81.

58 Jason Peacey, "Cromwellian England: A Propaganda State?", *History*, 91 (2006), pp. 176–199; Raymond, *Making the News*, pp. 364–379.

59 最好的现代研究见 Jonathan Israel, *The Dutch Republic: Its Rise, Greatness and Fall, 1477–1806*

(Oxford: Oxford University Press, 1995)。

60 Folke Dahl, "Amsterdam, Earliest Newspaper Centre of Western Europe: New Contributions to the History of the First Dutch and French Corantos", *Het Boek*, XXV (1939), 3, pp. 185–186.

61 Helmers, "Royalist Republic".

62 见下文第十四章。

63 Meredith Hale, "Political Martyrs and Popular Prints in the Netherlands in 1672", Martin Gosman (ed.), *Selling and Rejecting Politics in Early Modern Europe* (Louvain: Peeters, 2007), pp. 119–134.

64 Michel Reinders, *Printed Pandemonium: Popular Print and Politics in the Netherlands 1650–72* (Leiden: Brill, 2013).

65 见上文第九章。Hubert Carrier, *La presse et la Fronde, 1648–1653: Les Mazarinades. I. La conquête de l'opinion.* II. *Les hommes du livre*, 2 vols. (Geneva: Droz, 1989–1991).

第十一章

1 Maximillian E. Novak, *Daniel Defoe, Master of Fictions* (Oxford: Oxford University Press, 2001), pp. 289–328.

2 Craig Calhoun (ed.), *Habermas and the Public Sphere* (Cambridge, MA: Harvard University Press, 1992); Nick Crossley and John Michael Roberts, *After Habermas: New Perspectives on the Public Sphere* (Oxford: Blackwell, 2004).

3 Aytoun Ellis, *The Penny Universities: A History of the Coffee-House* (London: Secker & Warburg, 1956); Heinrich Jacob, *Coffee: The Epic of a Commodity* (London, 1935; reprinted Short Hills, NJ: Burford Books, 1998); Brian Cowan, *The Social Life of Coffee: The Emergence of the British Coffeehouse* (New Haven, CT: Yale University Press, 2005); Steve Pincus, "Coffee Politicians Does Create: Coffeehouses and Restoration Political Culture", *Journal of Modern History*, 67 (1995), pp. 807–834; Mark Knights, *Representation and Misrepresentation in Later Stuart Britain: Partisanship and Political Culture* (Oxford: Oxford University Press, 2005).

4 Gilles Feyel, *L'annonce et la nouvelle. La presse d'information en France sous l'ancien régime (1630–1788)* (Oxford: Voltaire Foundation, 2000).

5 Peter Burke, *The Fabrication of Louis XIV* (New Haven, CT: Yale University Press, 1992).

6 Roger Mettam, "Power, Status and Precedence: Rivalries among the Provincial Elites of Louis XIV's France", *Transactions of the Royal Historical Society* (5th series), 38 (1988), pp. 43–62.

7 Feyel, *L'annonce et la nouvelle*, pp. 476–492.

8 这一时间安排重构于 ibid., pp. 486–492。

9 Burke, *Fabrication*, p. 76.

10 *Gazette extraordinaire*, 77, July 1673. 引自 Feyel, *L'annonce et la nouvelle*, p. 435。

11 Feyel, *L'annonce et la nouvelle*, p. 501.

12 Ibid., p. 466.

13 François Moureau, *Répertoire des Nouvelles à la Main. Dictionnaire de la presse manuscrite clandestine XVIᵉ–XVIIIᵉ siècle* (Oxford: Voltaire Foundation, 1999); Moreau (ed.), *De bonne main. La communication manuscrite au XVIII siècle* (Paris: Universitas, and Oxford: Voltaire Foundation, 1993).

14 Joseph Klaits, *Printed Propaganda under Louis XIV: Absolute Monarchy and Public Opinion*

(Princeton, NJ: Princeton University Press, 1976), pp. 50–56.

15 Jane McLeod, *Licensing Loyalty: Printers, Patrons and the State in Early Modern France* (University Park, PA: Pennsylvania State University Press, 2011).

16 它一般以更难使用的标题 *Nouvelles extraordinaires de divers endroits* 出版。

17 Jeremy D. Popkin, *News and Politics in the Age of Revolution: Jean Luzac's Gazette de Leyde* (Ithaca, NY: Cornell University Press, 1989).

18 Klaits, *Propaganda*, p. 91.

19 ibid., p. 169.

20 ibid., p. 248.

21 James Sutherland, *The Restoration Newspaper and its Development* (Cambridge: Cambridge University Press, 1986); Harold Weber, *Paper Bullets: Print and Kingship under Charles II* (Lexington, KY: University Press of Kentucky, 1996); Knights, *Representation and Misrepresentation*.

22 J. G. Muddiman, *The King's Journalist* (London: Bodley Head, 1923).

23 Anne Dunan-Page and Beth Lynch (eds.), *Roger L'Estrange and the Making of Restoration Culture* (Aldershot: Ashgate, 2008).

24 *The Intelligencer*, 31 August 1663.

25 P. M. Handover, *A History of the London Gazette, 1665–1965* (London: HMSO, 1965).

26 Ibid.; Peter Fraser, *The Intelligence of the Secretaries of State & their Monopoly of Licensed News, 1660–1688* (Cambridge: Cambridge University Press, 1956), pp. 43–56; Alan Marshall, *Intelligence and Espionage in the Reign of Charles II* (Cambridge: Cambridge University Press, 1994).

27 Fraser, *Intelligence*, pp. 30–32.

28 Alan Marshall, *The Strange Death of Edmund Godfrey: Plots and Politics in Restoration London* (Stroud: Sutton, 1999); Peter Hinds, *The Horrid Popish Plot: Roger L'Estrange and the Circulation of Political Discourse in Late Seventeenth-Century London* (Oxford: Oxford University Press, 2010). 经典的处理见 John Kenyon, *The Popish Plot* (London: Heinemann, 1972)。

29 Sutherland, *Restoration Newspaper*, p. 15.

30 经典调查：Bryant Lillywhite, *London Coffee Houses: A Reference Book of the Coffee Houses of the Seventeenth, Eighteenth and Nineteenth Centuries* (London: George Allen & Unwin, 1963)。

31 Fraser, *Intelligence*, p. 119.

32 Cowan, *The Social Life of Coffee*, pp. 196–198.

33 Frank Staff, *The Penny Post, 1680–1918* (London: Lutterworth, 1964), pp. 34–51; Thomas Todd, *William Dockwra and the Rest of the Undertakers: The Story of the London Penny Post, 1680–2* (Edinburgh: Cousland, 1952); Duncan Campbell-Smith, *Masters of the Post: The Authorised History of the Royal Mail* (London: Allen Lane, 2011), pp. 59–61.

34 Fraser, *Intelligence*; Marshall, *Intelligence and Espionage*, pp. 78–95.

35 Sutherland, *Restoration Newspaper*, p. 18.

36 Mark Goldie, "Roger L'Estrange's *Observator* and the Exorcism of the Plot", Dunan-Page and Lynch (eds.), *Roger L'Estrange*, pp. 67–88.

37 Mark Knights, *Politics and Opinion in the Exclusion Crisis, 1678–1681* (Cambridge: Cambridge University Press, 1994), p. 168. 印刷活动的总体水平见以下图表：John Barnard and Maureen Bell, "Statistical Tables", Barnard and D. F. McKenzie (eds.), *The Cambridge History of the Book in Britain. Volume IV, 1557–1695* (Cambridge: Cambridge University Press, 2002), pp. 779–784。

38 Knights, *Politics and Opinion*, p. 169.

39　Sutherland, *Restoration Newspaper*, p. 23.

40　William B. Ewald, *The Newsmen of Queen Anne* (Oxford: Basil Blackwell, 1956), p. 7; Julian Hoppit, *A Land of Liberty? England 1689–1727* (Oxford: Oxford University Press, 2000), p. 178.

41　G. A. Cranfield, *The Development of the Provincial Newspaper, 1700–1760* (Oxford: Oxford University Press, 1962); R. M. Wiles, *Freshest Advices: Early Provincial Newspapers in England* (Columbus, OH: Ohio State University Press, 1965).

42　Wiles, *Freshest Advices*, p. 192.

43　Ibid.

44　*Daily Courant*, 15 August 1704; *Flying Post*, 2 September 1704; Ewald, *Newsmen of Queen Anne*, pp. 34–35, 38–40.

45　Sutherland, *Restoration Newspaper*, pp. 91–122.

46　*Daily Courant*, 11 March 1702，引自 Wiles, *Freshest Advices*, p. 269。

47　Hoppit, *Land of Liberty?* p. 181; Geoffrey Holmes, *The Trial of Doctor Sacheverell* (London: Eyre Methuen, 1973); Mark Knights (ed.), *Faction Displayed: Reconsidering the Trial of Dr Henry Sacheverell* (London: Parliamentary Yearbook Trust, 2012).

48　Wiles, *Freshest Advices*, pp. 46 ff.

第十二章

1　*The true report of the burning of the steeple and church of Paul's in London* (London: William Seres, 1561). 现代重印于 A. F. Pollard, *Tudor Tracts, 1532–1588* (Westminster: Constable 1903), p. 405，STC 19930，USTC 505897。也有法语译本：*Récit veritable du grand temple et clocher de la cité de Londres, en Angleterre, nommé saint Paul, ruïné et destruit par la foudre du tonnerre* (Lyon: Jean Saugrain, 1561)，USTC 37109。

2　Pollard, *Tudor Tracts*, p. 406.

3　Ibid., p. 407. 圣保罗大教堂的火灾也在以下资料中被讨论：Alexandra Walsham, *Providence in Early Modern England* (Oxford: Oxford University Press, 1999), pp. 232–234。

4　M. A. Overall, "The Exploitation of Francesco Spiera", *Sixteenth Century Journal*, 26 (1995), pp. 619–637. 即使在 1690 年代，一份完全不同的、来自一个悔悟的无神论者的临终忏悔也能利用斯皮耶拉的持久名声。这本所谓的《第二个斯皮耶拉》在被揭露为骗局之前卖出了三万册。J. Paul Hunter, *Before Novels: The Cultural Contexts of Eighteenth-Century English Fiction* (New York: Norton, 1990), pp. 182–184.

5　尼赫迈亚·沃林顿拥有一份由纳撒尼尔·培根于 1638 年出版的关于斯皮耶拉的故事的手稿副本。David Booy, *The Notebooks of Nehemiah Wallington, 1618–1654* (Aldershot: Ashgate, 2007), pp. 154, 274–275. 关于沃林顿也见下文第十六章。

6　Michel Chomarat and Jean-Paul Laroche, *Bibliographie Nostradamus* (Baden Baden: Koerner, 1989).

7　Norman Jones, *The Birth of the Elizabethan Age: England in the 1560s* (Oxford: Blackwell, 1993), p. 40.

8　B. S. Capp, *Astrology and the Popular Press: English Almanacs, 1500–1800* (London: Faber and Faber, 1979).

9　关于布兰特见上文第三章。在 USTC 中记录的四百份附插图的德意志大报中，有一百三十多份涉及这些天象。关于其他形式的附插图的新闻大报，见上文第四章。

10 Walter L. Strauss, *The German Single-Leaf Woodcut, 1550–1600*, 3 vols. (New York: Abaris, 1975), pp. 163, 480, 648, 939 (comet of 1577), 399, 656 (multiple suns).

11 Ibid., pp. 481, 949.

12 Ibid., pp. 350, 396, 860.

13 Andrew Cunningham and Ole Peter Grell, *The Four Horsemen of the Apocalypse: Religion, War, Famine and Death in Reformation Europe* (Cambridge: Cambridge University Press, 2000), p. 174.

14 Nehemiah Wallington, *Historical notices of events occurring chiefly in the reign of Charles I*, R. Webb (ed.) (London: Bentley, 1869), pp. 150–151.

15 Jennifer Spinks, *Monstrous Births and Visual Culture in Sixteenth-Century Germany* (London: Chatto & Pickering, 2009); Julie Crawford, *Marvelous Protestantism: Monstrous Births in Post-Reformation England* (Baltimore, MD: Johns Hopkins University Press, 2005).

16 Spinks, *Monstrous Births*, pp. 59–79.

17 *The true description of two monstrous children born at Herne in Kent* (London, 1565). STC 6774. 同一时期和类型的其他大报在以下资料中得到说明：Crawford, *Marvelous Protestantism*。

18 David Cressy, *Agnes Bowker's Cat: Travesties and Transgressions in Tudor and Stuart England* (Oxford: Oxford University Press, 2000); Jones, *Birth of the Elizabethan Age*, pp. 45–47.

19 Andrew Hadfield, "News of the Sussex Dragon", *Reformation*, 17 (2012), pp. 99–113.

20 见上文第十章。

21 Leo Noordegraaf and Gerrit Valk, *De Gave Gods: De pest in Holland vanaf de late Middeleeuwen*, 2nd edn (Amsterdam: Bakker, 1996); Cunningham and Grell, *Four Horsemen*, Chapter 5.

22 Claire Tomalin, *Samuel Pepys* (London: Viking, 2002), pp. 227–235.

23 Steven Shapin, *A Social History of Truth: Civility and Science in Seventeenth-Century England* (Chicago, IL: University of Chicago Press, 1994).

24 见上文第一章。新闻中的荣誉概念在以下资料中得到了特别的发展：David Randall, *Credibility in Elizabethan and Early Stuart Military News* (London: Pickering & Chatto, 2008)。C.f. Shapin, *Social History of Truth*, pp. 65–125.

25 James Shirley, *Love Tricks or the School of Complemen*, 引自 Jayne E. E. Boys, *London's News Press and the Thirty Years War* (Woodbridge: Boydell, 2011), p. 170。

26 引自 Stephen J. A. Ward, *The Invention of Journalism Ethics* (Montreal: McGill University Press, 2004), p. 119。

27 20 October 1631, STC 18507.227；引自 Boys, *London News Press*, p. 175。

28 引自 Boys, *London News Press*, p. 171。

29 Ibid., p. 170.

30 Ben Jonson, *A Staple of News*, Act I, scene 4, lines 10–11. 少许价值（A groat）指四便士。

31 讲究和富有洞察力的评论见 Massimo Petta, "Wild Nature and Religious Readings of Events: Natural Disaster in Milanese Printed Reports (16th–17th Century)", Bo-Jan Borstner et al. (eds.), *Historicizing Religion: Critical Approaches to Contemporary Concerns* (Pisa: PLUS-Pisa University Press, 2010), pp. 199–231。

32 Ahasver Fritsch, *Discursus de Novellarum, quas vocant Neue Zeitungen, hodierno usu et abusu* (1676); Otto Groth, *Die Geschichte der Deutschen Zeitungswissenschaft* (Munich: Weinmayer, 1948), p. 15. 德意志报纸辩论的不同参与者的摘录见 Elger Blühm and Rolf Engelsing (eds.), *Die Zeitung. Deutsche Urteile und Dokumente von den Anfängen bis zur Gegenwart* (Bremen:

Schünemann, 1967)。

33　Johann Ludwig Hartman, *Unzeitige Neue Zeitungs-sucht* (Rotenburg: Lipß, 1679).

34　Daniel Hartnack, *Erachten von Einrichtung der Alten Teutsch und Neuen Europäischen Historien* (Hamburg: Zelle, 1688).

35　Kaspar Stieler, *Zeitungs Lust und Nutz* (Hamburg: Schiller, 1695)，引自 Groth, *Geschichte*, p. 19。

36　这一内容跟在以下出色讨论后：Stieler in Jeremy Popkin, "New Perspectives on the Early Modern European Press", Joop W. Koopmans, *News and Politics in Early Modern Europe (1500–1800)* (Louvain: Peeters, 2005), pp. 127，见 p. 10。

37　Mark Knights, *Representation and Misrepresentation in Later Stuart Britain: Partisanship and Political Culture* (Oxford: Oxford University Press, 2005) 对活跃的政治文化（和活跃的媒体）的后果进行了深刻的探讨。

38　William B. Ewald, *The Newsmen of Queen Anne* (Oxford: Basil Blackwell, 1956), pp. 14–15.

39　*Tatler*, no. 178，引自 Ewald, *Newsmen*, p. 15。

40　*The Spectator*, no. 452，引自 Ewald, *Newsmen*, p. 15。

41　Johannes Weber, "Strassburg 1605: The Origins of the Newspaper in Europe", *German History*, 24 (2006), p. 393.

42　*Daily Courant*, 11 March 1702，引自 Ewald, *Newsmen*, p. 14。

43　Brendan Dooley, *The Social History of Skepticism: Experience and Doubt in Early Modern Culture* (Baltimore, MD: Johns Hopkins University Press, 1999), p. 129.

44　Stieler, *Zeitungs Lust und Nutz*，引自 Popkin, "New Perspectives", p. 11。

45　Ward, *The Invention of Journalism Ethics*, p. 124.

46　见下文第十六章。

47　C. John Sommerville, *The News Revolution in England: Cultural Dynamics of Daily Information* (Oxford: Oxford University Press, 1996), pp. 132–133.

第十三章

1　John Brewer and Roy Porter, *Consumption and the World of Goods* (London: Routledge, 1993).

2　David A. Kronick, *A History of Scientific and Technical Periodicals* (Methuen, NJ: Scarecrow, 1976).

3　Margery Purver, *The Royal Society: Concept and Creation* (Cambridge, MA: MIT University Press, 1967); Steven Shapin, *A Social History of Truth: Civility and Science in Seventeenth-Century England* (Chicago, IL: University of Chicago Press, 1994).

4　David A. Kronick, "Notes on the Printing History of the Early *Philosophical Transactions*", *"Devant le deluge" and Other Essays on Early Modern Scientific Communication* (Oxford: Scarecrow, 2004), pp. 153–179，见 p. 164。

5　见下文第十八章。

6　Jack R. Censer, *The French Press in the Age of Enlightenment* (London: Routledge, 1994).

7　James Sutherland, *The Restoration Newspaper and its Development* (Cambridge: Cambridge University Press, 1986), Chapter 3: "Country News".

8　Gilbert D. McEwen, *The Oracle of the Coffee House: John Dunton's Athenian Mercury* (San Marino, CA: Huntington Library, 1972); Helen Berry, *Gender, Society and Print Culture in Late Stuart*

England: The Cultural World of the "Athenian Mercury" (Aldershot: Ashgate, 2003); C. John Sommerville, *The News Revolution in England: Cultural Dynamics of Daily Information* (Oxford: Oxford University Press, 1996), pp. 103–109.

9 McEwen, *Oracle*, pp. 113–140.

10 分别见 1691 年 6 月 9 日、4 月 18 日和 4 月 14 日的《雅典信使报》; Sommerville, *News Revolution*, pp. 106–107。

11 Robert J. Allen, *The Clubs of Augustan London* (Hamden, CT: Archon, 1967), pp. 189–229.

12 Monique Vincent, *Mercure galant. Extraordinaire affaires du temps. Table analytique* (Paris: Champion, 1998); Jean Sgard, "La multiplication des périodiques", *Histoire de l'édition française. II: Le livre triomphant, 1660–1830* (Paris: Promodis, 1984), pp. 198–205.

13 Richmond P. Bond, *Tatler: The Making of a Literary Journal* (Cambridge, MA: Harvard University Press, 1972). 关于这本刊物和其承袭者见 Alvin Sullivan (ed.), *British Literary Magazines: The Augustan Age and the Age of Johnson, 1698–1788* (Westport, CT: Greenwood Press, 1983), 它提供了精彩的简介和发展历程。

14 Charles A. Knight, *A Political Biography of Richard Steele* (London: Pickering & Chatto, 2009).

15 广告也见下文第十四章。

16 Erin Mackie (ed.), *The Commerce of Everyday Life: Selections from the Tatler and the Spectator* (Boston, MA: Bedford/St. Martin's, 1998).

17 *Tatler*, 6 April 1710; Mackie, *Commerce of Everyday Life*, pp. 58–59.

18 Sullivan, *British Literary Magazines*, pp. 113–119; J. A. Downie, *Jonathan Swift, Political Writer* (London: Routledge, 1985).

19 C. Lennart Carlson, *The First Magazine: A History of the Gentleman's Magazine* (Providence, RI: Brown, 1938); Sullivan, *British Literary Magazines*, pp. 136–140.

20 P. J. Buijnsters, *Spectoriale geschriften* (Utrecht: HES, 1991); idem, "Bibliographie des périodiques rédigés selon le modèle des Spectateurs", Marianne Couperus (ed.), *L'étude des périodiques anciens. Colloque d'Utrecht* (Paris: Nizet, 1972), pp. 111–120; Dorothée Sturkenboom, *Spectators van de hartstocht: sekte en emotionele cultuur in de achttiende eeuw* (Hilversum: Verloren, 1998).

21 Sgard, "Multiplication des périodiques", p. 204.

22 引自 Jeremy D. Popkin, "The Business of Political Enlightenment in France, 1770–1800", John Brewer and Roy Porter (eds.), *Consumption and the World of Goods* (London: Routledge, 1993), p. 413。

23 Sgard, "Multiplication des périodiques", p. 200.

24 Robert Darnton, *The Forbidden Bestsellers of Pre-Revolutionary France* (New York: Norton, 1995).

25 Berry, *Gender, Society and Print Culture*; Bertha-Monica Stearns, "The First English Periodical for Women", *Modern Philology*, 28 (1930–1931), pp. 45–59; Sommerville, *News Revolution*, p. 105.

26 Kathryn Shevelow, *Women and Print Culture: The Construction of Femininity in the Early Periodical* (London: Routledge, 1989).

27 Ibid., p. 149.

28 Olwen Hufton, *The Prospect before Her: A History of Women in Western Europe, 1500–1800* (London: HarperCollins, 1995), p. 455.

29 Censer, *French Press in the Age of Enlightenment*, pp. 88, 99.

注
释

30 Susan Broomhall, *Women and the Print Trade in Sixteenth-Century France* (Aldershot: Ashgate, 2002); Jef Tombeur, *Femmes & metiers du livre* (Soignies: Talus d'approche, 2004); Maureen Bell, "Women in the English Book Trade, 1557–1700", *Leipziger Jahrbuch*, 6 (1996); Helen Smith, *"Grossly Material Things": Women and Book Production in Early Modern England* (Oxford: Oxford University Press, 2012).

31 Wolfgang Behringer, *Thurn und Taxis. Die Geschichte ihrer Post und ihrer Unternehmen* (Munich: Piper, 1990), pp. 87–90; Nadine Akkerman, 'The Postmistress, the Diplomat and a Black Chamber?: Alexandrine of Taxis, Sir Balthazar Gerbier and the Power of Postal Control", Robyn Adams and Rosanna Cox (eds.), *Diplomacy and Early Modern Culture* (Basingstoke: Palgrave, 2011), pp. 172–188.

32 关于迈尔见上文第九章。

33 见下文第十五章。

34 Eliza Haywood, *The Female Spectator*, Gabrielle M. Firmager (ed.) (Melksham: Bristol Classical Press, 1993); Sullivan, *British Literary Magazines*, pp. 120–123; Alison Adburgham, *Women in Print: Writing Women and Women's Magazines from the Restoration to the Accession of Victoria* (London: George Allen & Unwin, 1972); J. Hodges, "The Female Spectator", Richmond P. Bond (ed.), *Studies in the Early English Periodical* (Westwood, CT: Greenwood Press, 1957), pp. 151–182.

35 法文版见 Firmager, *Female Spectator*, p. 10。Finny Bottinga, "Eliza Haywood's Female Spectator and its Dutch Translation *De Engelsche Spectatrice*", Suzan van Dijk et al. (eds.), *"I have heard of you": Foreign Women's Writing Crossing the Dutch Border* (Hilversum: Verloren, 2004), pp. 217–224.

36 *Female Spectator*, November 1744; Firmager, *Female Spectator*, p. 98.

37 Ian Atherton, "The Itch Grown a Disease: Manuscript Transmission of News in the Seventeenth Century", *Prose Studies*, 21 (1998), pp. 39–65，见 p. 49。

38 D. Osborne, *Letters to Sir William Temple*, K. Parker (ed.) (Harmondsworth: Penguin, 1987), p. 116.

39 Jacqueline Eales, *Puritans and Roundheads: The Harleys of Brampton Bryan and the Outbreak of the English Civil War* (Cambridge: Cambridge University Press, 1990), pp. 92–95.

40 Bertha-Monica Stearns, "Early English Periodicals for Ladies (1700–1760)", *Proceedings of the Modern Languages Association*, 48 (1933), pp. 38–60.

41 Ibid., p. 57.

42 Jeremy D. Popkin, "Political Communication in the German Enlightenment: Gottlob Benedikt von Shirach's *Politische Journal*", *Eighteenth-Century Life*, 20, no. 1 (February 1996), pp. 24–41.

43 Ibid., p. 28.

44 Popkin, "The Business of Political Enlightenment", pp. 414 ff.

45 Ibid., p. 420.

46 Suzanne Tucoo-Chala, *Charles-Joseph Panckoucke et la libraire française* (Paris: Éditions Marrimpouey jeune, 1977).

47 David I. Kulstine, "The Ideas of Charles-Joseph Panckoucke", *French Historical Studies*, 4 (1966), pp. 304–319.

48 George B. Watts, "The Comte de Buffon and his Friend and Publisher Charles-Joseph Panckoucke", *Modern Language Quarterly*, 18 (1957), pp. 313–322.

49　Ibid., p. 314.

50　Ian Maclean, "Murder, Debt and Retribution in the Italico-Franco-Spanish Book Trade", *Learning and the Market Place* (Leiden: Brill, 2009), pp. 227–272 对一个主要的学术出版商的存货进行了有趣的分析。

第十四章

1　他的故事见 Anne Goldger, *Tulipmania: Money, Honor and Knowledge in the Dutch Golden Age* (Chicago, IL: University of Chicago Press, 2007), p. 168。

2　Simon Schama, *The Embarrassment of Riches* (London: Collins, 1997), pp. 350–370. 人们对郁金香的狂热在很大程度上也归功于此书非同寻常的成功和长盛不衰：Charles Mackay, *Extraordinary Popular Delusions and the Madness of Crowds*，它于 1841 年在伦敦首次出版，但仍然具有极大的影响力。

3　Goldger, *Tulipmania*, pp. 202, 235.

4　Ibid., p. 238.

5　见上文第二章和第五章。

6　John J. McCusker and Cora Gravesteijn, *The Beginnings of Commercial and Financial Journalism: The Commodity Price Currents, Exchange Rate Currents, and Money Currents of Early Modern Europe* (Amsterdam: NEHA, 1991).

7　Ibid., pp. 22–23.

8　John J. McCusker, "The Role of Antwerp in the Emergence of Commercial and Financial Newspapers in Early Modern Europe", *La ville et la transmission des valeurs culturelles au bas moyen âge et aux temps modernes* (Brussels: Crédit communal, Collection histoire, 96, 1996), pp. 303–332.

9　McCusker and Gravesteijn, *Beginnings*, pp. 44–45.

10　Ibid., pp. 399–404.

11　Ibid., pp. 291–300; Anne Murphy, *The Origins of English Financial Markets: Investment and Speculation before the South Sea Bubble* (Cambridge: Cambridge University Press, 2009).

12　McCusker and Gravesteijn, *Beginnings*, p. 313. 在邮日发行表明卡斯坦显然考虑到了伦敦外、国外以及城市的客户群。

13　Murphy, *Origins of English Financial Markets*, p. 99; Blanche B. Elliott, *A History of English Advertising* (London: Batsford, 1962), pp. 313–344.

14　Ibid., p. 91.

15　Ibid., pp. 94–95.

16　Julian Hoppit, *A Land of Liberty? England 1689–1727* (Oxford: Oxford University Press, 2000), pp. 313–344.

17　Murphy, *Origins of English Financial Markets*, p. 109.

18　Grant Hannis, "Daniel Defoe's Pioneering Consumer Journalism in the *Review*", *British Journal for Eighteenth-Century Studies*, 30 (2007), pp. 13–26，见 p. 16。

19　Murphy, *Origins of English Financial Markets*, pp. 107–108.

20　Hannis, "Defoe's Pioneering Consumer Journalism", p. 22.

21　Murphy, *Origins of English Financial Markets*, pp. 114–136.

22　最好的研究仍是 John Carswell, *The South Sea Bubble*, 2nd edn (Stroud: Alan Sutton, 1993)。

23　1720 年 6 月 1 日、2 日、3 日和 24 日的《每日新闻》可在伦敦市政厅图书馆查阅。

24　见 *Daily Courant*, 8 June 1720。

25　引自 Hoppit, *A Land of Liberty?* p. 335。

26　Julian Hoppit, "The Myths of the South Sea Bubble", *Transactions of the Royal Historical Society*, 6th ser., 12 (2002), pp. 141–165.

27　Carswell, *South Sea Bubble*, pp. 95–96

28　见 ibid., Chapters 13 and 14（作为第二版的新材料加入）。

29　关于最早意识到经济下滑的人，1990 年代的网络书籍提出了一个观点。John Cassidy, *dot. con* (New York: HarperCollins, 2002).

30　见 1720 年 10 月 31 日和 11 月 7 日的《每日新闻》（第二版）。

31　刊载广告的其他小册子包括 The South-Sea scheme examined (*Daily Courant* for 18 October) 和 *The case of contracts for South Sea Stock* (9 November)，还有一份冷静的小册子：the bishop of Carlisle: *The honest and dishonest ways of getting wealth* (12 December)。

32　1720 年 10 月 18 至 20 日、11 月 8 至 10 日的《邮童报》刻在伦敦市政厅图书馆查阅。哈佛商学院的网站上有对整套材料（来自贝克图书馆，克雷斯藏品）的说明：http://www.library. hbs.edu/hc/ssb/recreationandarts/cards.html。

33　Hoppit, *A Land of Liberty?* p. 344.

34　William B. Ewald, *The Newsmen of Queen Anne* (Oxford: Basil Blackwell, 1956), pp. 30–31.

35　Folke Dahl, "Amsterdam, Earliest Newspaper Centre of Western Europe: New Contributions to the History of the First Dutch and French Corantos", *Het Boek*, XXV (1939), III, pp. 161–198，见 p. 179。

36　Elliott, *A History of English Advertising*, pp. 22–29，讨论了追溯到 1620 年代的最早的例子。

37　Dahl, "Amsterdam, Earliest Newspaper Centre", pp. 179–182.

38　Maura Ratia and Carla Suhr, "Medical Pamphlets: Controversy and Advertising", Irma Taavit-sainen and Paivi Pahta (eds.), *Medical Writings in Early Modern English* (Cambridge: Cambridge University Press, 2011), p. 183.

39　C. John Sommerville, *The News Revolution in England: Cultural Dynamics of Daily Information* (Oxford: Oxford University Press, 1996), p. 70.

40　Elliott, *History of English Advertising*, pp. 37–45.

41　Michael Harris, "Timely Notices: The Uses of Advertising and its Relationship to News during the Late Seventeenth Century", *Prose Studies*, 21 (1998), p. 152.

42　R. B. Walker, "Advertising in London Newspapers, 1650–1750", *Business History*, 15 (1973), pp. 114–115; Elliott, *History of English Advertising*, pp. 57–73.

43　Elliott, *History of English Advertising*, pp. 30–36.

44　Ibid., pp. 94–95.

45　Sommerville, *News Revolution*, pp. 147–148; Lawrence Lewis, *The Advertisements of the Specta-tor* (London: Houghton Mifflin, 1909).

46　R. M. Wiles, *Freshest Advices: Early Provincial Newspapers in England* (Columbus, OH: Ohio State University Press, 1965), p. 101.

47　Ibid., p. 142.

48　Ibid., pp. 367–372.

49　Walker, "Advertising", pp. 112–130.

50　*The Spectator*, no. 10, Monday 12 March 1711.

51　Sommerville, *News Revolution*, p. 43.

52 涉及到政治影响的地方，经营者们准备提出更奢侈的要求，如一位作者对 1732 年批评沃波尔的周报《工匠》提出警告，说它 "至少被四十万人读过……最多允许四十人阅读一份报纸"。引自 Michael Harris, *London Newspapers in the Age of Walpole: A Study of the Origins of the Modern English Press* (London: Associated University Presses, 1987), p. 48。

53 Harris, "Timely Notices", p. 144.

54 François Moureau (ed.), *De bonne main. La communication manuscrite au XVIII siècle* (Paris, Universitas, and Oxford: Voltaire Foundation, 1993).

55 Lucyle Werkmeister, *A Newspaper History of England, 1792–1793* (Lincoln, NB: University of Nebraska Press, 1967), p. 19. 1966 年《泰晤上报》才开始在头版印刷新闻。

56 见 Walker, "Advertising", p. 119。

57 弗吉尼亚州殖民地的一个例子见下文第十六章。

58 John Styles, "Print and Policing: Crime Advertising in Eighteenth-Century Provincial England", Douglas Hay and Francis Snyder (eds.), *Policing and Prosecution in Britain, 1750–1850* (Oxford: Oxford University Press, 1989), pp. 55–111.

59 从 1705 年的一万一千份到 1717 年的不足两千五百份。Walker, "Advertising", pp. 116–117.

第十五章

1 http://www.oed.com/view/Entry/101740. J. Paul Hunter, *Before Novels: The Cultural Contexts of Eighteenth-Century English Fiction* (New York: Norton, 1990), pp. 167–172.

2 *Weekly Journal or British Gazeteer*, 12 September 1724. 引自 Michael Harris, "Journalism as a Profession or Trade in the Eighteenth Century", Robin Myers and Michael Harris (eds.), *Author/ Publisher Relations during the Eighteenth and Nineteenth Centuries* (Oxford: Oxford Polytechnic Press, 1983), p. 42。

3 *The case of the coffee-men of London and Westminster* (London, 1729), p. 5.

4 *Flying Post or Weekly Medley*, 21 December 1728; Harris, "Journalism", p. 41.

5 Paula McDowell, *The Women of Grubstreet: Press, Politics and Gender in the London Literary Marketplace, 1678–1730* (Oxford: Oxford University Press, 1998), pp. 55–57, 101–102.

6 Jeroen Salman, *Pedlars and the Popular Press: Itinerant Distribution Networks in England and the Netherlands, 1600–1850* (Leiden: Brill, 2014).

7 见下文第十六章。

8 Salman, *Pedlars and the Popular Press*, Chapter 4.

9 Hannah Barker, *Newspapers, Politics and Public Opinion in Late Eighteenth-Century England* (Oxford: Oxford University Press, 1998), p. 101; Robert L. Haig, *The Gazetteer, 1735–1797: A Study in the Eighteenth-Century Newspaper* (Carbondale, IL: Southern Illinois University Press, 1960), pp. 178–180.

10 Peter Fraser, *The Intelligence of the Secretaries of State and their Monopoly of Licensed News, 1660–1688* (Cambridge: Cambridge University Press, 1956), pp. 30–32.

11 James Ralph, *The case of authors by profession or trade stated* (London, 1758), pp. 22, 61–67; Harris, "Journalism", pp. 37–38.

12 http://www.oed.com/view/Entry/101739.

13 R. M. Wiles, *Freshest Advices: Early Provincial Newspapers in England* (Columbus, OH: Ohio State University Press, 1965), p. 192.

14 Ibid.

15 Ibid., pp. 290–291.

16 P. M. Handover, *A History of the London Gazette, 1665–1965* (London: HMSO, 1965), p. 53.

17 这一段和下一段在很大程度上利用了 A. Aspinall, "The Social Status of Journalists at the Beginning of the Nineteenth Century", *Review of English Studies*, 21 (1945), pp. 216–232。

18 J. A. Robuck, *The London Review and the Periodical Press* (London, 1835), 引自 Aspinall, "Social Status of Journalists", pp. 222–223。

19 Lucyle Werkmeister, *A Newspaper History of England, 1792–1793* (Lincoln, NB: University of Nebraska Press, 1967), pp. 21, 35.

20 Cobbett, *The Political Register*, 4 January 1817 提到了他的《箭猪公报》，该报于 1801 年停刊；Aspinall, "Social Status of Journalists", p. 225。

21 安妮女王统治时期的例子见上文第十一章。

22 Steven Shapin, *A Social History of Truth: Civility and Science in Seventeenth-Century England* (Chicago, IL: University of Chicago Press, 1994), pp. 65–125 对出身和正直之间的关系做了有趣的反思。

23 C. Moreau, *Bibliographie des Mazarinades*, 3 vols. (Paris: Renouard, 1850–1851), nos. 1809–2294.

24 Konstantin Dierks, *In My Power: Letter Writing and Communications in Early America* (Philadelphia, PA: University of Pennsylvania, 2009), pp. 206–214.

25 I. Atherton, "The Itch Grown a Disease: Manuscript Transmission of News in the Seventeenth Century", *Prose Studies*, 21 (1998), pp. 39–65. 也见 Joad Raymond (ed.), *News, Newspapers, and Society in Early Modern Britain* (London: Frank Cass, 1999)。

26 数据收集于 Roger Chartier, "The Practical Impact of Writing", *A History of Private Life. III. Passions of the Renaissance*, R. Chartier (ed.) (Cambridge, MA: Harvard University Press, 1989), pp. 112–115。

27 Judith Rice Henderson, "Erasmian Ciceronians: Reformation Teachers of Letter-Writing', *Rhetorica*, 10 (1992), pp. 273–302; eadem, "Humanism and the Humanities", *Letter-Writing Manuals*, pp. 141–149; *De conscribendis epistolis*, Charles Fantazzi (ed.), *Collected Works of Erasmus*, vol. 25 (Toronto: University of Toronto Press, 1985).

28 Linda C. Mitchell, "Letter-Writing Instruction Manuals in Seventeenth- and Eighteenth-Century England", Carol Poster and Linda C. Mitchell, *Letter-Writing Manuals* (Columbia, SC: University of South Carolina Press, 2007), pp. 179–180.

29 Roger Chartier, "Secrétaires for the People", Roger Chartier, Alain Boureau and Céline Dauphin, *Correspondence: Models of Letter-Writing from the Middle Ages to the Nineteenth Century* (London: Polity Press, 1997), pp. 59–111.

30 Alfred Morin, *Catalogue descriptive de la bibliothèque bleue de Troyes* (Geneva: Droz, 1974).

31 Clare Brant, *Eighteenth-Century Letters and British Culture* (Basingstoke: Palgrave Macmillan, 2008).

32 *The Letters of Benjamin Franklin and Jane Mecom*, Carl van Doren (ed.) (Princeton, NJ: Princeton University Press, 1950), p. 81; David M. Henkin, *The Postal Age: The Emergence of Modern Communications in Nineteenth-Century America* (Chicago, IL: University of Chicago Press, 2006), p. 180, n. 10.

33 Roger Chartier, "An Ordinary Kind of Writing", *Correspondence*, p. 17.

34　Dierks, *In My Power*, pp. 25–32.

35　Ibid.; Brant, *Eighteenth-Century Letters*, Chapter 4: "Writing as a Lover".

36　Brant, *Eighteenth-Century Letters*, p. 172.

37　Wiles, *Freshest Advices*, p. 194.

38　Ibid., pp. 194–195.

39　这一部分在很大程度上利用了 Paul Friedland, *Seeing Justice Done: The Age of Spectacular Capital Punishment in France* (Oxford: Oxford University Press, 2012)。

40　Ibid., p. 156.

41　Ibid., pp. 168–172, 231.

42　V. A. C. Gatrell, *The Hanging Tree: Execution and the English People, 1770–1868* (Oxford: Oxford University Press, 1994).

43　见上文第六章。

44　Michel Foucault, *Discipline and Punish: The Birth of the Prison* (London: Allen Lane, 1977).

45　Friedland, *Seeing Justice Done*, pp. 247–248.

第十六章

1　G. A. Cranfield, *The Development of the Provincial Newspaper, 1700–1760* (Oxford: Oxford University Press, 1962); Charles C. Clark, *The Public Prints: The Newspaper in AngloAmerican Culture, 1665–1740* (New York: Oxford University Press, 1994). 关于法国的广告期刊见 Gilles Feyel, *L'annonce et la nouvelle. La presse d'information en France sous l'ancien régime (1630–1788)* (Oxford: Voltaire Foundation, 2000), pp. 929–1274。

2　Arthur H. Cash, *John Wilkes: The Scandalous Father of Civil Liberties* (New Haven, CT: Yale University Press, 2006); Peter D. G. Thomas, *John Wilkes: A Friend to Liberty* (Oxford: Oxford University Press, 1996).

3　《不列颠人》从 1762 年 5 月 29 日至 1763 年 2 月 12 日期间共出版了三十八期，由杰出的苏格兰小说家托拜厄斯·斯摩莱特为比特编辑。http://www.oxforddnb.com/view/article/25947.

4　引自 Cash, *Wilkes*, p. 79。

5　Ibid., p. 85.

6　*The North Briton*, 45, 23 April 1763. 引自 Bob Clarke, *From Grub Street to Fleet Street: An Illustrated History of English Newspapers to 1899* (Aldershot: Ashgate, 2004), p. 88。

7　Cash, *Wilkes*, p. 119.

8　*Public Advertiser*, 17 December 1769. 引自 Clarke, *Grub Street*, p. 90。

9　Clarke, *Grub Street*, p. 92.

10　直到 1972 年，议会才正式放弃禁止报道其辩论的规定。

11　Robert R. Rea, *The English Press in Politics, 1760–1774* (Lincoln, NB: University of Nebraska Press, 1963), p. 5; Stephen J. A. Ward, *The Invention of Journalism Ethics* (Montreal: McGill University Press, 2004), p. 155.

12　*The political beacon: or the life of Oliver Cromwell, impartially illustrated* (London, 1770), p. 3, 引自 Clare Brant, *Eighteenth-Century Letters and British Culture* (Basingstoke: Palgrave Macmillan, 2006), p. 176。

13　Clarke, *Grub Street*, p. 95.

14　Ian Kelly, *Mr Foote's Other Leg: Comedy, Tragedy and Murder in Georgian London* (Basingstoke:

Picador, 2012) 精彩地讲述了这个故事。

15 Hannah Barker, *Newspapers, Politics and Public Opinion in Late Eighteenth-Century England* (Oxford: Oxford University Press, 1998).

16 一份缜密的调查：Clark, *Public Prints*。

17 Ibid., p. 216.

18 John B. Blake, "The Inoculation Controversy in Boston: 1721–1722", *New England Quarterly*, 25 (1952), pp. 489–506.

19 *Pennsylvania Gazette*, no. 1324, 9 May 1754. 可在费城图书馆公司的图书馆查阅。

20 《纽约公报》《纽约信使报》《波士顿公报》和《波士顿新闻信札》。

21 见上文第十一章。

22 Arthur M. Schlesinger, *Prelude to Independence: The Newspaper War on Britain, 1764–1776* (New York: Knopf, 1958).

23 Clarence S. Brigham, *History and Bibliography of American Newspapers, 1690–1820*, 2 vols. (London: Archon Books, 1962).

24 Stephen Botein, "Printers and the American Revolution", Bernard Bailyn and John B. Hench (eds.), *The Press and the American Revolution* (Worcester, MA: American Antiquarian Society, 1980), p. 20.

25 Botein, "Printers", p. 26.

26 Richard D. Brown, "Shifting Freedoms of the Press", High Amory and David D. Hall, *A History of the Book in America. Volume 1: The Colonial Book in the Atlantic World* (Cambridge: Cambridge University Press, 2000), pp. 366–376.

27 Philip Davidson, *Propaganda and the American Revolution, 1763–1783* (Chapel Hill, NC: 1941).

28 G. Thomas Tanselle, "Some Statistics on American Printing, 1764–1783", Amory and Hall, *Book in America*, pp. 349–357.

29 可在弗吉尼亚州威廉斯堡市威廉玛丽学院的特别收藏中查阅。

30 *Virginia Gazette*, 9 June 1775.

31 这一观点出自 Richard D. Brown, *Knowledge is Power: The Diffusion of Information in Early America, 1700–1865* (New York: Oxford University Press, 1989), p. 128。

32 Clarke, "Early American Journalism", Amory and Hall, *Book in America*, p. 361.

33 Brown, "Shifting Freedoms", p. 375.

34 现在的权威说法见 Hans-Jürgen Lüsebrink and Rolf Reichardt, *The Bastille: A History of a Symbol of Despotism and Freedom* (Durham, NC: Duke University Press, 1997)。

35 Ibid.；大报见 Rolf Reichardt, "Prints: Images of the Bastille", Robert Darnton and Daniel Roche (eds.), *Revolution in Print: The Press in France, 1775–1800* (Berkeley, CA: University of California Press, 1989), pp. 235–251。

36 *Courier de Versailles à Paris*, 15 July 1789. 引自 Jeremy D. Popkin, *Revolutionary News: The Press in France, 1789–1799* (Durham, NC: Duke University Press, 1990), pp. 127–128。

37 歌曲见 Laura Mason, *Singing the French Revolution: Popular Culture and Politics, 1787–1799* (Ithaca, NY: Cornell University Press, 1996)；idem, "Songs: Mixing Media", Darnton and Roche, *Revolution in Print*, pp. 252–269。

38 Popkin, *Revolutionary News*, pp. 25–26; Antoine de Baecque, "Pamphlets: Libels and Political Mythology", Darnton and Roche, *Revolution in Print*, pp. 165–176.

39 Carla Hesse, "Economic Upheavals in Publishing", Darnton and Roche, *Revolution in Print*, pp.

69–97.

40 Robert Darnton, *The Forbidden Bestsellers of Pre-Revolutionary France* (New York: Norton, 1995).

41 大约有五千个版本，而在革命初期的五年间，至少有一万个版本。Christian Jouhaud, *Mazarinades: la Fronde des mots* (Paris: Aubier, 1985).

42 Pierre Rétat, *Les Journaux de 1789. Bibliographie critique* (Paris: CNRS, 1988); Hesse, "Economic Upheavals", p. 92; Popkin, *Revolutionary News*, p. 84.

43 尽管他与革命前的印刷界有联系，但在 1793 年到 1794 年间，庞库克仍然经营着二十七家印刷厂，雇用了一百名工人。Robert Darnton, "L'imprimerie de Panckoucke en l'an II", *Revue française d'histoire du livre*, 23 (1979), pp. 359–369.

44 Jack R. Censer, "Robespierre the Journalist", Harvey Chisick (ed.), *The Press in the French Revolution* (Oxford: Voltaire Foundation, 1991), pp. 189–196.

45 Popkin, *Revolutionary News*, p. 57.

46 Ibid.

47 Ibid., p. 55.

48 Jeremy D. Popkin, "Journals: The New Face of the News", Darnton and Roche, *Revolution in Print*, pp. 145–147.

49 Popkin, *Revolutionary News*, p. 8.

50 W. J. Murray, "Journalism as a Career Choice in 1789", Chisick (ed.), *Press in the French Revolution*, pp. 161–188，见 p. 180。

51 此处尤见 Charles Walton, *Policing Public Opinion in the French Revolution: The Culture of Calumny and the Problem of Free Speech* (Oxford: Oxford University Press, 2011)。

52 Hugh Gough, *The Newspaper Press in the French Revolution* (London: Routledge, 1988), p. 98.

53 引自 Ruth Scurr, *Fatal Purity: Robespierre and the French Revolution* (London: Chatto & Windus, 2006), p. 255。

54 Hesse, "Economic Upheavals", p. 93.

55 1789 年到 1793 年出版的刊物仅法国国家图书馆就藏有约一万个版本，相当于至少一千万册。

56 Gilles Feyel, "La presse provincial au XVIIIᵉ siècle", *Revue historique*, 272 (1984), pp. 353–374. 关于里昂见 Gough, *Newspaper Press*, p. 65。

57 Mason, *Singing the French Revolution*.

58 R. E. Foster, *Modern Ireland, 1600–1972* (London: Allen Lane, 1988), p. 282; Bernard Bailyn, *The Ideological Origins of the American Revolution* (Cambridge, MA: Belknap Press, 1967).

第十七章

1 M. Halsey Thomas (ed.), *The Diary of Samuel Sewall*, 2 vols. (New York: Farrar, Straus & Giroux, 1973). 拜访哈佛见 vol. I, pp. 501–502。Richard D. Brown, *Knowledge is Power: The Diffusion of Information in Early America, 1700–1865* (New York: Oxford University Press 1989), pp. 16–41 描述了休厄尔的新闻世界。

2 Adam Fox, *Oral and Literate Culture in England, 1500–1700* (Oxford: Oxford University Press, 2000)；Allyson Creasman, *Censorship and Civic Order in Reformation Germany, 1517–1648* (Aldershot: Ashgate, 2012)；见上文第六章。

3 Antonio Castillo Gómez, "'There are lots of papers going around and it'd be better if there weren't'.

Broadsides and Public Opinion in the Spanish Monarchy in the Seventeenth Century", Massimo Rospocher (ed.), *Beyond the Public Sphere: Opinions, Publics, Spaces in Early Modern Europe* (Bologna: Mulino, 2012), p. 244.

4　Proverbs 18:21; 12:13.

5　R. Reichardt and H. Schneider, "Chanson et musique populaires devant l'histoire à la fin de l'Ancien Regime", *Dix-huitième siècle*, 18 (1986), pp. 117–136; Robert Darnton, *Poetry and the Police: Communications Networks in Eighteenth-Century France* (Cambridge, MA: Belknap Press, 2010).

6　主要通过以下的突破性研究：Paul Seaver, *Wallington's World: A Puritan Artisan in Seventeenth-Century London* (Stanford, CA: Stanford University Press, 1985)；David Booy, *The Notebooks of Nehemiah Wallington, 1618–1654* (Aldershot: Ashgate, 2007) 是一本他未发表日记的精彩节选。

7　尤其是新闻书构成了以下资料的主要部分：R. Webb's edition of Wallington's *Historical notices of events occurring chiefly in the reign of Charles I* (London: Bentley, 1869)。

8　Booy, *Notebooks*, p. 156.

9　他的 *Historical notices*, pp. xxxviii–xlv 复述了他的审讯。

10　Ibid., p. 242.

11　Ibid., pp. 52–53.

12　Ibid., pp. 152–153.

13　James Sutherland, *The Restoration Newspaper and its Development* (Cambridge: Cambridge University Press, 1986), pp. 98–99.

14　Booy, *Notebooks*, p. 101; *Historical notices*, pp. 148–149.

15　Sir Thomas Smith, *De Republicana Anglorum*, 引自 Seaver, *Wallington's World*, pp. 145–146。

16　*Historical notices*, pp. 11–12.

17　Ibid., pp. l–li.

18　Seaver, *Wallington's World*, pp. 104, 156.

19　Brown, *Knowledge*, p. 20.

20　*Diary of Samuel Sewall*, I, p. 256 (15 April 1690); pp. 474–475 (15 September 1702).

21　Ibid., p. 58 (11 February 1685).

22　Ibid., pp. 1061–1062 (23 June 1728).

23　Ibid., I, p. 78.

24　休厄尔的一套早期《波士顿新闻信札》现存于纽约历史学会图书馆。

25　Brown, *Knowledge*, p. 38.

26　Joop K. Koopmans, "Supply and Speed of Foreign News in the Netherlands", *News and Politics in Early Modern Europe (1500–1800)* (Louvain: Peeters, 2005), pp. 185–201。

27　Jeroen Blaak, *Literacy in Everyday Life: Reading and Writing in early Modern Dutch Diaries* (Leiden: Brill, 2009), pp. 189–264 考察了他的新闻纪事。

28　存于海牙的荷兰皇家图书馆，Mss 71 A 8–12。

29　Blaak, *Literacy*, p. 211.

30　Ibid., p. 351 (tables 5 and 6).

31　引自 Marcel Broersman, "Constructing Public Opinion: Dutch Newspapers on the Eve of a Revolution (1780–1795)", Joop W. Koopmans, *News and Politics in Early Modern Europe (1500–1800)* (Louvain: Peeters, 2005), p. 227。

32　Broersman, "Constructing Public Opinion", pp. 229–230.

33 见上文第四章。

34 见 Roger Paas, *The German Political Broadsheet, 1600–1700*, 11 vols. (Wiesbaden: O. Harrassow-itz, 1985–2012)。

35 Blaak, *Literacy*, p. 231.

36 Koopmans, "Supply and Speed of Foreign News", pp. 200–201.

37 Ibid., p. 193.

38 见上文第五章。

39 I. Atherton, "The Itch Grown a Disease: Manuscript Transmission of News in the Seventeenth Century", *Prose Studies*, 21 (1998), p. 3；重印于 Joad Raymond, *News, Newspapers, and Society in Early Modern Britain* (London: Frank Cass, 1999), pp. 39–65。

结　论

1 引自 Elizabeth L. Eisenstein, *Divine Art, Infernal Machine: The Reception of Printing in the West from First Impressions to the Sense of an Ending* (Philadelphia, PA: University of Pennsylvania Press, 2011), p. 199。

2 Ibid., p. 204.

3 *New York Herald*, 31 August 1835; Eisenstein, *Divine Art*, p. 208.

4 巴黎《公报》中关于意大利的内容见 Stéphane Haffemayer, *L'information dans la France du XVIIe siècle: La Gazette de Renaudot de 1647 à 1663* (Paris: Champion, 2002), pp. 68–124。

5 Antonio Castillo Gómez, "'There are lots of papers going around and it'd be better if there weren't': Broadsides and Public Opinion in the Spanish Monarchy in the Seventeenth Century", Massimo Rospocher (ed.), *Beyond the Public Sphere: Opinions, Publics, Spaces in Early Modern Europe (XVI–XVIII)* (Bologna: Mulino, 2012), pp. 230–234.

6 Andrew Hadfield, "News of the Sussex Dragon", *Reformation*, 17 (2012), pp. 99–113.

7 Lucyle Werkmeister, *A Newspaper History of England, 1792–1793* (Lincoln, NB: University of Ne-braska Press, 1967).

8 Marcus Daniel, *Scandal and Civility: Journalism and the Birth of American Democracy* (Oxford: Oxford University Press, 2009).

9 Eisenstein, *Divine Art*, p. 151.

10 Konstantin Dierks, *In My Power: Letter Writing and Communications in Early America* (Philadel-phia, PA: University of Pennsylvania Press, 2009), p. 225.

11 Ibid.; Ian K. Steele, *The English Atlantic, 1675–1740: An Exploration of Communication and Community* (New York: Oxford University Press, 1986), pp. 113–131, 168–188.

12 Dierks, *In My Power*, pp. 189–234.

13 Eisenstein, *Divine Art*, p. 140.

14 Richard R. John, *Spreading the News: The American Postal System from Franklin to Morse* (Cam-bridge, MA: Harvard University Press, 1995).

15 Aileen Fyfe, *Steam-Powered Knowledge: William Chambers and the Business of Publishing, 1820–1860* (Chicago, IL: University of Chicago Press, 2012).

16 Eisenstein, *Divine Art*, Chapter 4.

索 引

（按拼音顺序排列）

X

致　谢

　　写作此书，可谓妙趣横生。此前，我参与这个项目是因为这本书历史专业方面的原因，并且我本人对价格低廉的印刷品也特别感兴趣。这使我意识到新闻的重要性，但我也明白我要不断拓展我选择参考的边界，也要加入手稿、口语词、歌曲和戏剧。所做的必要的研究已经使我有机会跨越现代视角回到中世纪时期。在此过程中，我发现了手抄新闻作家们、文德兰达木简和格拉布街中的大千世界。这与该领域中的杰出学者们已经开展的大量工作是分不开的。这也是我们大学体系的殊荣之一，学术教师们确实具有一种使命感，愿意花时间从事研究工作，而研究工作反过来又会指导教学，教研相长。在这个项目的进程中，我也了解了许多在传播史方面有着卓著贡献的学者的作品，并对此深感钦佩。在目前这一领域的践行者中，我要感谢保罗·阿布拉斯特、沃尔夫冈·贝林格、阿莉森·克里斯曼、吉勒斯·费耶尔、马里奥·因菲利斯、理查德·约翰、马克·奈特、杰弗里·帕克、贾森·皮西、乔德·雷蒙德、罗莎·萨尔兹伯格和很多其他人，他们深入透彻的研究对我观点的形成给予了帮助。但这是历史写作的一个特色（或是习惯），即我们可以利用数年前甚至数十年前出版的依然保有奇异的生命力和洞察力的作品。本书中一些引用到的资料是三十年、五十年，甚或一百年前出版的，在这部分经典研究中，最有用的一些由研究集邮报刊中的邮政服务的历史学家出版。我尤其感谢柏林通信博物馆，让我徜徉于图书馆中，查阅到了大量相关资料。

　　本书的其他研究工作是在英国、欧洲大陆和美国的一系列图书馆中进行的。我十分感谢伦敦吉尔德霍尔市政厅图书馆、哥本哈根皇家图书馆和费城图书馆公司使我能够获取早期报纸，比利时安特卫普的普朗坦－莫雷图斯博物馆、阿姆斯特丹大学图书馆的善本室、布鲁塞尔皇家图书馆使我能够接触到 17 世纪珍稀的期刊和小册子。我得以在阿森纳图书馆、巴黎的国家图书馆、曼彻斯特的约翰·赖兰兹图书馆和牛津的泰勒研究所阅读攻击马扎然的文章和歌曲。我在柏林德国历史博物馆的资料室研究宗教改革小册子文学，也能够在柏林国家图书馆探索官方大报的精彩收藏。大英图书馆在这个项目中发挥了重要作用，就像它帮助大多数英国学术作家一样。在研究的后期阶段，我得以处理伟大的早期新闻报纸学者福尔克·达尔的收藏（今藏于普林斯顿大学图书馆）。我特别感谢善本室的工作人员，他们允许我接触这些文件并使用数码相机。我还要向两个平行研究项目致敬：研究富格尔报纸的维也纳项目，以及由利华休姆信托基金赞助的乔德·雷蒙德的关于早期现代欧洲的新闻网络的研究。感谢乔德和他的项目经理诺厄·莫克塞姆，让我在这个为了研究而集结起来的学者圈子里感到宾至如归。这项工作的一些内容试着在安特卫普、都柏林、纽约、费城和伦敦的观众中做了展示，感谢所有这些地方的主办方。弗拉维娅·布鲁尼、杰奎琳·罗斯、格兰特·塔普塞尔和彼得·特鲁斯代尔都非常友好地阅读了大段内容，并提出了更正、修改和进一步阅读的建议。我对他们非常感激。卢卡斯·克里纳友好地绘制了地图。与以往一样，圣安德鲁斯图书史小组的同事们一直是我的灵感源泉和可靠的建议者，我也很感谢项目的技术经理格雷姆·肯普和在他之前的菲利普·约翰，他们帮助我在这个难以应付的媒体转型时代中坚持下去。我在图书项目小组的共同负责人马尔科姆·瓦尔斯比，十年来一直是我最亲密的学术合作者，感谢他在这个项目成形时提供的帮助和建议。耶鲁大学出版社的希瑟·麦卡勒姆从一开始就是这个项目强有力的、富有想象力的支持者，而在最后阶段，该项目极大地受益于编辑理查德·梅森的专业和优雅。我的妻子简是第一个通读了本书书稿的人，我们一起在文德兰达游历，她一直是帮助我探索、在这方面和其他方面给予我颇有洞见的指导的不竭源泉。简、梅甘和索菲让这一切都变得值得。

安德鲁·佩蒂格里

2013 年 4 月，于圣安德鲁斯大学